Information und Recht

Band 20

Schriftenreihe Information und Recht

Herausgegeben von
Prof. Dr. Thomas Hoeren
Prof. Dr. Gerald Spindler
Prof. Dr. Bernd Holznagel, LL.M.
Prof. Dr. Georgios Gounalakis
PD Dr. Herbert Burkert

Band 20

Verlag C.H. Beck München 2001

Unternehmensrecht und Internet

herausgegeben von

Prof. Dr. Ulrich Noack
Universität Düsseldorf

und

Prof. Dr. Gerald Spindler
Universität Göttingen

Verlag C.H. Beck München 2001

> Die Deutsche Bibliothek – Einheitsaufnahme
>
> Unternehmensrecht und Internet / hrsg. von Ulrich Noack
> und Gerald Spindler. – München : Beck, 2001
> (Schriftenreihe Information und Recht ; Bd. 20)
> ISBN 3-406-47532-9

ISBN 3 406 47532 9

© 2001 Verlag C. H. Beck oHG
Wilhelmstraße 9, 80801 München

Druck: Nomos Verlagsgesellschaft
In den Lissen 12, 76547 Sinzheim

Gedruckt auf säurefreiem, alterungsbeständigem Papier
(hergestellt aus chlorfrei gebleichtem Zellstoff)

Vorwort

Nachdem das Internet bereits weite Teile des Handels revolutioniert hat, deuten sich auch im Unternehmensrecht gravierende Änderungen an, die letztlich sogar zu einem neuen Ansatz in der Corporate Governance deutscher Unternehmen führen könnte. Die neuen Formen der Kommunikation begünstigen nicht nur den Abbau von Hierarchien im Unternehmen, sondern erleichtern auch die Beziehungen zu den Investoren, den Aktionären. Die hiermit zusammenhängenden Probleme sind Gegenstand des ersten Teils dieses Buches. Schwerpunktmäßig werden hier die neuartigen Formen der elektronischen Hauptversammlung und die nach geltendem und zukünftigem Recht möglichen Stimmrechtsvertretungsmodelle behandelt.

Die erleichterte Kommunikation ist aber nicht nur für den mitgliedschaftlichen Binnenbereich der Unternehmen von Relevanz, sondern auch im Hinblick auf den Kapitalmarkt. Zahlreiche Fragen, angefangen von Emissionen über das Internet, insbesondere in internationaler Hinsicht, über die Ad-Hoc-Publizität mittels Veröffentlichungen auf Homepages bis hin zu Investor Relation Chats mit Anlegern, harren hier noch der Klärung. Der zweite Teil des Buches beschäftigt sich daher im wesentlichen mit den im Kapitalmarktrecht angesiedelten Problemen.

Die Einführung des Internet begünstigt ferner Kooperationen zwischen Unternehmen, die teilweise sogar spontan über das Netz eingegangen werden. Wie solche Kooperationen rechtlich zu qualifizieren und welche Schranken ihnen gezogen sind, ist daher eine essenzielle Frage der New Economy, der sich ein weiterer Beitrag widmet. Aber auch die verschwimmenden Grenzen zwischen Selbstständigkeit und Arbeitnehmereigenschaft kennzeichnen die Zukunft der Unternehmen in Gestalt der Telearbeit. Outsourcing und virtuelle Anbindung der Arbeitnehmer sind Tendenzen, die gerade in der Software- und IT-Branche zu beobachten sind, die aber auch andere Bereiche der Old Economy erfasst haben. Last but not least können zivil- und gesellschaftsrechtliche Gestaltungen an steuerrechtlichen Hürden scheitern, so dass der Blick in das Steuerrecht conditio sine qua non ist, um das Gestaltungs-, aber auch Gefahrenpotenzial von Internetaktivitäten der Unternehmen auszuloten.

Abgeschlossen wird der Band mit einem rechtspolitischen Ausblick auf Vorhaben der EU sowie des Bundesgesetzgebers: Die Geschwindigkeit beider Gesetzgeber hat inzwischen ein atemberaubendes Tempo angenommen, da die Ausformung des Rechts der Informationsgesellschaft weit oben auf der Prioritätenliste steht. Daher lag es nahe, Vertreter des

Bundes als auch der EU über die neuesten Entwicklungen und die in Zukunft beabsichtigten Projekte referieren zu lassen.

Das Buch ist aus einer (lebhaften) Tagung in Düsseldorf im Mai 2000 hervorgegangen. Der Dank der Herausgeber gilt nochmals allen Referentinnen und Referenten, die sich der mühevollen Aufgabe unterzogen haben, ihre Referate in schriftlicher Fassung in kürzester Zeit vorzulegen und – soweit wie möglich – noch den neuesten Entwicklungen im Gesetzgebungsprozess anzupassen. Auch der Verlag hat sich dankenswerterweise bereit erklärt, den Tagungsband in dieser Form zu veröffentlichen. Dass die Gesetzgebung inzwischen schneller ist als eine Buchproduktion, spricht im Übrigen für sich und die Rasanz der Internetentwicklung.

Düsseldorf/Göttingen, November 2000 *Prof. Dr. Ulrich Noack*
Prof. Dr. Gerald Spindler

Inhaltsverzeichnis

Vorwort.. V
Bearbeiterverzeichnis... XV

A. Herausforderungen für das Wirtschaftsrecht durch Neue Medien
(Christoph G. Paulus)

I. Die juristische Arbeitsweise in Anbetracht von Neuem 1
II. Herausforderungen 2
   1. Wo gibt es Neuerungen? 2
   2. Worin bestehen die Neuerungen? 4
      a) Erweiterte Aktionsradien 4
      b) Virtualität und Ubiquität 5
      c) Gewandelte Grundmuster 1 7
      d) Gewandelte Grundmuster 2 9
III. Resüme 11

B. Die internetgestützte Hauptversammlung
(Ulrich Noack)

I. Ausgangslage 13
II. Öffnung der Präsenz-HV 13
   1. Grundkonstruktion des Vertretermodells 13
   2. Übertragung der HV 15
      a) Nichtöffentlichkeit der HV 15
      b) Übertragung der Verwaltungsbeiträge 15
      c) Übertragung der Aussprache 16
III. Internetgestützte Online-Mitwirkung 18
   1. Stimmabgabe online: direct voting 18
   2. Online-Teilnahme des abwesenden Aktionärs 20
   3. Person des Vertreters 21
      a) Banken und Aktionärsvereinigungen 22
      b) Stimmrechtskomitee der Gesellschaft 22
         aa) Ablehnung des Verwaltungsstimmrechts 23
         bb) Vertreter mit gebundener Marschroute 23
   4. Stimmrechtsdirektiven online 25
   5. Kommunikationsstörungen 26
      a) Sachliche Kommunikation 26
      b) Technische Kommunikation 27
   6. Einzelheiten der Vollmacht des Online-Mitwirkenden 28
      a) Schriftliche Bevollmächtigung nach altem Recht 28
      b) Elektronische Bevollmächtigung 29
         aa) Änderung des BGB 29
         bb) Neues Aktienrecht 30
   7. Einsatzmöglichkeiten des Vertreter-Modells 32

    a) Internetandockung an Präsenz-HV 32
    b) Variante: „Tele-Hauptversammlung" 32
    c) Kleine AG 33
IV. Übergang zur Cyber-HV? 34
V. Fazit 35

C. Der Einsatz von E-Mail-Sheets für Stimmrechtsvollmacht und Stimmrechtsausübung
(Uta K. Klawitter)

I. Ausgangslage und Motive für die Einführung elektronischer Stimmrechtsausübung 37
II. Möglichkeiten der digitalen Stimmrechtsausübung – de lege lata... 39
   1. Stimmabgabe nur durch in der Hauptversammlung anwesende natürliche Personen 39
   2. Erfordernis einer schriftlichen Vollmacht 40
   3. Möglichkeiten der elektronischen Stimmabgabe im Rahmen der derzeit geltenden gesetzlichen Bestimmungen 41
    a) Stimmrechtsvertreter 42
    b) Praktische Durchführung 43
      aa) Gestaltung der Einladungsmaterialien 43
      bb) Legitimation für den Internetzugang 44
      cc) Weisungsserver 45
      dd) Argumente für eine Internetweisungsfaszilität 45
III. Möglichkeiten der digitalen Stimmrechtsausübung – de lege ferenda 46

D. Herausforderungen für das Wirtschaftsrecht durch Neue Medien
(Harald Kallmeyer)

I. Qualitative Veränderung der Entscheidungsprozesse 47
II. Unternehmensleitung 48
III. Konzernleitung 48
IV. Vertretung 49

E. Stimmrecht und Hauptversammlung im Internetzeitalter aus Sicht der Anlegervereinigung
(Carsten Heise)

I. Sinkende Präsenzen 51
II. Erhöhung der Präsenzen durch das Internet 52
III. Erste Ansätze zum E-Voting in Deutschland 53
IV. Vorbereitungen der Celanese AG für die Hauptversammlung 2001 54
V. Auskunftsrecht der Aktionäre im Internet ungeklärt 55
VI. Fazit 56

F. Sinnvoller Einsatz elektronischer Kommunikationstechnologien
bei der Hauptversammlung
(Reinhard Marsch-Barner)
  I. Vorbereitung der Hauptversammlung 57
 II. Übertragung der Hauptversammlung im Internet 59
III. Veröffentlichungen nach der Hauptversammlung 60
IV. Mögliche Erleichterungen bei der Durchführung der Hauptversammlung 62
    1. Vorbereitung der Teilnahme............................ 62
    2. Ausübung der versammlungsgebundenen Aktionärsrechte 64
       a) Ausübung durch Vertreter 64
       b) Ausübung durch den Aktionär selbst.................. 66

G. Aktienrechtliche Binnenkommunikation im Unternehmen
(Wolfgang Zöllner)
  I. Einleitende Bemerkung: Informationsnutzung für Entscheidung
     und Kontrolle... 69
 II. Informationsströme im Unternehmen 70
III. Informations- und Kommunikationsbedarf des Vorstands........ 71
    1. Informationsbedarf zur Erfüllung der Grundaufgabe des
       Vorstands.. 71
    2. Rechtliche Regelungen über die Informationsbeschaffung...... 72
       a) Wenige Direktregelungen........................... 72
       b) Mittelbare Erschließung aus Berichtspflichten und Auskunftspflichten.................................... 73
       c) Informationsbeschaffungspflichten aus außeraktienrechtlichen Verhaltenspflichten 73
       d) § 93 AktG als Pflichtenquelle?....................... 74
       e) Keine Pflicht zur systematischen Erfassung aller dem
          Unternehmen möglicherweise drohenden Schäden......... 75
       f) Zur Problematik des § 91 Abs. 2 AktG: Risikoüberwachungssysteme („Frühwarnsysteme") und Risikomanagementsysteme 76
IV. Kommunikationswege zum Aufsichtsrat 79
    1. Informierung des Aufsichtsrats durch regelmäßige Pflichtberichte... 79
       a) Pflichtberichte zur Geschäftspolitik und Unternehmensplanung... 79
       b) Pflichtberichte zur Rentabilität der Gesellschaft 80
       c) Pflichtberichte zum Geschäftsgang und zur Lage der
          Gesellschaft 81
    2. Ad-hoc-Berichterstattung............................... 81
       a) Berichterstattung an den Vorsitzenden................. 81
       b) Berichterstattung an den Aufsichtsrat auf Verlangen 82
    3. Ad-hoc-Berichte über künftige Geschäfte von erheblicher
       Bedeutung... 82
    4. Schwächen der Information im Berichtsweg 83
    5. Freiwillige Eröffnung zusätzlicher Kommunikationswege 84

3. Verbreitung „falscher" Analysen und Prognosen	115
4. Verbreitung „halber Wahrheiten"	117
5. Beeinflussung des Marktangebots, insbesondere durch Stillhalteabkommen mit den Aktionären	118
V. Zusammenfassung in Leitsätzen	120

J. Zivilrechtliche Probleme des Wertpapiergeschäfts im Internet
(Reinhard Marsch-Barner)

I. Einführung	123
II. Darstellung einzelner Problemfelder	124
1. Begründung der Geschäftsbeziehung zu einer Internetbank	124
2. Benutzung individueller Zugangsnummern	126
3. Technische Störungen/Überlastung der Systeme	127
4. Ausschluss der Beratung	129
5. Pflicht zur Information und Aufklärung	131
6. Daytrading	132
7. Rechtsfragen bei IPO's	133

K. Emissionen im Internet: Kapitalmarktrecht und Kollisionsrecht
(Gerald Spindler)

I. Einleitung	137
II. E-Commerce-Richtlinie und Kapitalmarktkollisionsrecht	139
III. Prospektpflichten bei Emissionen (VerkaufsprospektG) und Kollisionsrecht	141
1. Grundlagen	141
2. Angebot im Inland: Marktortprinzip	142
3. Disclaimer	145
IV. Angebote, Werbung	148
V. Hyperlinks und Angebote über Dritte	149
VI. Öffentlichkeit des Angebots und individualisierte Ansprache	151
VII. WertpapierhandelsG	152
VIII. Schluss	153

L. SEC and E-Commerce: Delivery, Site Content, Offering
(Vincent Paul Dolan)

I. History of SEC Pronouncements	155
II. May Release: Use of Electronic Media	157
1. Electronic Delivery	157
2. Web Site Content	158
3. Online Offerings	158
4. Technology Concepts	159
III. Offering No Action Letters	159
1. Angel Capital Electronic Network	159
2. IPONET	159
3. Lamp Technologies	159
4. Technology Funding Securities Corporation	160
5. Wit Capital Corporation	160

IV. Adjudicative Jurisdiction and Regulatory Supervision 160
 1. Adjudicative Jurisdiction: Bright Line or Sliding Scale 162
  a) Bright Line 163
  b) Sliding Scale 163
 2. Regulatory Supervision: Location, Target Group and Fraud ... 164
  a) The General Problem of Location 164
  b) Securities Location: Target Group 165
  c) Securities Police: Fraud 166
V. Conclusion 165

M. Virtuelle Unternehmen
(Knut Werner Lange)

I. Einleitung 169
II. Begrifflichkeiten 170
 1. Definitionsversuche 170
  a) Zweckorientiert 170
  b) Technikorientiert 170
  c) Institutionenorientiert 170
  d) Synthetische Definition 171
 2. Stellungnahme 171
  a) Wesentliche Merkmale 172
  b) Zusätzliche Merkmale 173
III. Typische Erscheinungsformen virtueller Unternehmen 174
 1. Spontane und flüchtige virtuelle Unternehmen 174
 2. Dauerhafte virtuelle Unternehmen ohne zentrales Management 174
 3. Dauerhafte virtuelle Unternehmen mit Koordinator 175
 4. Dauerhafte virtuelle Unternehmen mit Zentrale 176
 5. Ergebnis 177
IV. Die rechtliche Betrachtung des virtuellen Unternehmens 177
 1. Virtuelles Unternehmen als Gesellschaft bürgerlichen Rechts .. 177
  a) Erscheinungsformen 177
  b) Problematik des gemeinsamen Zwecks 179
  c) Förderungspflicht 181
  d) Folgen der Annahme einer GbR 181
  e) Ergebnis 182
 2. Virtuelles Unternehmen und die Anwendung des Handelsrechts 183
  a) Der Begriff des Handelsgewerbes 183
   aa) Gewerbebegriff 183
   bb) Art und Umfang 185
  b) Träger der Kaufmannseigenschaft 185
   aa) Natürliche und juristische Personen 186
   bb) Personen(handels-)gesellschaften 186
  c) Ergebnis 188
 3. Virtuelle Unternehmen und Kartellrecht 188
  a) Kartellrechtliche Bedeutung virtueller Unternehmen 188
  b) Anwendbarkeit des Kartellrechts 189
   aa) Deutsches Kartellrecht 189

bb)	Europäisches Kartellrecht	190
c)	Relevanter Markt	190
	aa) Räumlich relevanter Markt	191
	bb) Virtuelle Märkte?	191
d)	Unternehmenskooperation als Wettbewerbsbeschränkung	193
	aa) Kartellverbot	193
	bb) Abgestimmte Verhaltensweise	194
	cc) Missbrauchskontrolle	195
	dd) Zusammenschlusskontrolle	196
e)	Ergebnis	198
V. Schluss		198

N. Rechtsfragen virtueller Unternehmensorganisation: Telearbeit
(*Monika Schlachter*)

I. Arbeit ohne Betrieb?		199
1. Telearbeit		199
	a) Begriffsbestimmung	200
	b) Organisatorische Voraussetzungen für Telearbeit	202
	c) Schlussfolgerungen	204
2. „Virtuelle Unternehmen"		204
II. Rechtlicher Status der Telearbeiter		205
1. Arbeitsverhältnis		206
2. Arbeitnehmerähnliche Personen		208
3. Telearbeitsunternehmer		209
III. Individual-arbeitsrechtliche Probleme der Telearbeit		210
1. Einführung von Telearbeit		210
2. Durchführung		212
	a) Haftung	212
	b) Aufwendungsersatz	213
	c) Arbeitszeit	214
	d) Datenschutz	214
3. Zugangsrechte zum Arbeitsplatz		215
IV. Betriebsverfassungsrechtliche Probleme der Telearbeit		217
1. Beteiligungsrechte des Betriebsrats		217
2. Telearbeit für einen Betrieb		218
	a) Arbeitnehmer	218
	b) Betrieb	219
3. Telearbeit für ein virtuelles Unternehmen		221
	a) Eingliederung in eine Organisation	221
	b) Virtueller Betrieb	222
	c) Sonderformen	224
	d) Realisierungshemmnisse	226
V. Internationale Telearbeit		226
1. Arbeitnehmer		227
2. Anwendbares Recht		227
3. Die Internationalität des virtuellen Unternehmens		230

O. Rechtsfragen virtueller Unternehmensorganisationen: Ertragsteuerrechtliche Fragen moderner Organisationskonzepte
(Ulrich Prinz)

I. Ausgangspunkt: Einige wirtschaftsreale Beobachtungen moderner Organisationskonzepte. 233
II. Geltendes Recht: Ertragsteuerliche Problemzonen 236
III. Ausgewählte Beispiele für Steuerfragen moderner Organisationskonzepte. 239
   1. Überblick: Moderne Gestaltungstrends 239
   2. Beispiel 1: Anerkennung der gewerbesteuerlichen Mehrmütterorganschaft bei Joint Ventures. 241
   3. Beispiel 2: Dual-Resident-Gesellschaften nach der Centros-Entscheidung des EuGH v. 09.03.1999. 243
IV. Paradigmenwechsel und Modernisierung durch Unternehmenssteuerreform ab 1.1.2001?. 247
   1. Gesetzgebungsstand: Abschaffung des körperschaftsteuerlichen Vollanrechnungsverfahrens; erste Einschätzung. 247
   2. Optionsmodell für Personenunternehmen: „Virtuelle Kapitalgesellschaft" (§ 4 a KStG-E) 248
   3. Joint Venture „auf Zeit" wegen geplanter Veräußerungsgewinnbefreiung (§ 8 b Abs. 2 KStG-E) 249
V. Zusammenfassung und Ausblick 250

P. Unternehmensrecht und Internet – Ausblick aus der Sicht der deutschen Rechtspolitik
(Ulrich Seibert)

I. Aufgabenstellung. 251
II. Internationalisierung und Digitalisierung. 252
III. EDV und Handelsregister. 252
   1. Umsetzung in den Ländern 253
   2. Zum RegisSTAR-Projekt. 253
   3. Zeithorizont 253
IV. EU-Kommission: SLIM IV 254
V. Form der einzureichenden Unterlagen 255
VI. Das Namensaktiengesetz 255
   1. Regelungen zur Namensaktie 256
   2. Regelungen zur Öffnung des Aktienrechts für neue Medien ... 257
   3. Weitere Deregulierungen 258
VII. Die Zukunftsthemen 258

Q. Rechtspolitischer und internationaler Ausblick
(Harald Kallmeyer)

I. Die SLIM-Gruppe zur Vereinfachung des Gesellschaftsrechts 263
II. Unionsweiter Zugang zu den Dokumenten von Handelsgesellschaften 263
III. Das Sprachenproblem 265
IV. Zweigniederlassungen 265
V. Ausblick. 266

Bearbeiterverzeichnis

Dr. **Vincent Paul Dolan**, Counsel, Dresdner Bank AG, Frankfurt

Georg Dreyling, Vizepräsident des Bundesaufsichtsamt für den Werpapierhandel, Frankfurt

Professor Dr. **Jens Ekkenga**, Universität Gießen

Carsten Heise, Bundesgeschäftsführer DSW

Dr. **Harald Kallmeyer**, Syndikus, Henkel KGaA, Düsseldorf

Dr. **Uta Klawitter**, Syndika, DaimlerChrysler AG

Professor Dr. **Knut Werner Lange**, Privatuniversität Witten/Herdecke

Dr. **Reinhard Marsch-Barner**, Syndikus, Deutsche Bank AG, Frankfurt/M.

Professor Dr. **Ulrich Noack**, Heinrich-Heine-Universität Düsseldorf

Professor Dr. **Christoph G. Paulus**, LL.M., Humboldt-Universität, Berlin

Dipl.-Kfm. Dr. **Ulrich Prinz**, WP/StB und Partner der Sozietät Flick Gocke Schaumburg, Bonn, Berlin, Frankfurt/M.

Professor Dr. **Monika Schlachter**, Friedrich-Schiller-Universität Jena

Ministerialrat Dr. **Ulrich Seibert**, Leiter des Referats für Gesellschaftsrecht im Bundesministerium der Justiz, Berlin

Professor Dr. **Gerald Spindler**, Georg-August-Universität Göttingen

Professor Dr. **Wolfgang Zöllner**, Eberhard-Karls-Universität Tübingen

A. Herausforderungen für das Wirtschaftsrecht durch Neue Medien

(Christoph G. Paulus)

I. Die juristische Arbeitsweise in Anbetracht von Neuem

Die anfängliche Aufregung hat sich gelegt: Die ursprünglich verbreitete Auffassung, dass das Internet als der prominenteste Repräsentant und Darstellungsort der Neuen Medien ein rechtsfreier Raum sei, ist der Erkenntnis gewichen, dass das Gegenteil richtig ist.[1] Wie angesichts einer uralten Erfahrung nicht anders zu erwarten, gibt es beim Zusammentreffen der Menschen auch im Cyberspace Ungewissheit und Streit – und somit Regelungsbedürfnis. Auch hier bedarf es mithin des Rechts und der Juristen. Und eben diese Juristen füllen die vermeintliche Rechtsleere heute im Prinzip nicht anders aus, als es vor gut 2500 Jahren schon die Römer gemacht haben: Als sie sich ein umfassendes Gesetz geben wollten, haben sie zur Bewältigung dieser neuen Herausforderung ein 10-Männer-Gremium nach Griechenland geschickt, das mal nachsehen sollte, was es in Sachen geschriebener Gesetze in der Welt so gibt. Auch sie haben also versucht, sich an bereits Vorhandenem zu orientieren, und haben schließlich das XII-Tafel-Gesetz abgefasst, das der Historiker *Livius* gut 400 Jahre später noch als Quelle allen Rechts bezeichnete (ab urbe condita 3.34.6).

Zur Klarstellung: Ich will damit nur das Prinzip juristischer Vorgehensweise aufdecken, nicht aber etwa prognostizieren, dass auch wir durch die Studienreise in ein Griechenland – welches auch? – ein Grundgesetz des Multimedia-Rechts für die nächsten Jahrhunderte zu schaffen vermögen. Dieses Prinzip aber hat den großen Vorzug, dass es den Blick auf die eigentlichen Probleme klar hält, ohne ihn durch die Aufgeregtheiten angesichts des neuen Umfeldes zu beeinträchtigen.

---

[1] Zur Bestätigung genügt der Blick in jedwedes Buch über Internet-Recht, Cyberlaw oder wie immer futuristisch sonst der Titel sein mag. Statt vieler also etwa Cyberlaw von *Schwerdtfeger/Evertz/Kreuzer/Peschel-Mehner/Poeck*, 1999.

II. Herausforderungen

Mit diesem Vorverständnis und dem damit verbundenen Versuch eines klaren Blickes soll nunmehr die vorliegende Thematik erörtert werden. Dass dies zwangsläufig bestenfalls in kursorischer Weise geschehen kann, bedarf angesichts der Weite des Themas keiner besonderen Betonung. Ich will danach unterscheiden, erstens wo die Neuen Medien das Wirtschaftsrecht herausfordern und, zweitens, worin diese Herausforderungen liegen.

1. Wo gibt es Neuerungen?

Bei der Frage nach dem „wo?" fasse ich mich kurz. Denn erstens habe ich mich dazu bereits an anderer Stelle geäußert,[2] und zweitens wäre eine Auflistung buchstäblich endlos. Infolgedessen will ich es hier bei einer kurzen Zusammenfassung in Verbindung mit einem eklektischen Up-Grading belassen.

– Beim Vertragsrecht, auf das ich weiter unten noch einmal in einem anderen Kontext zu sprechen kommen will, ist neben etwa den bekannten Vertragsschlussfragen, den Typisierungen,[3] den Problemen mit und um das Signaturgesetz und dem Verbraucherschutz[4] noch die Problematik mit den online-Versteigerungen hinzuzufügen. Nicht nur Versteigerungsgegenstand – von menschlichen Organen oder gar Säuglingen bis hin zu Hakenkreuzfahnen –, sondern auch der an und für sich in § 156 BGB, also im Kontext der §§ 145 ff. BGB, geregelte Vertragsschluss werfen neue Fragen auf.[5]

– Im Arbeitsrecht ergeben sich neuerdings regelungsbedürftige Probleme etwa aus der menschlichen Psyche: Da hat man mit den neuen Medien die Möglichkeit, die Entfremdung durch die Arbeit endlich zu überwinden und die Arbeit daheim zu erledigen – schon macht sich Frust breit, weil der nunmehr als kreativ verstandene unmittelbare, d. h. aus dem direkten Kontakt mit den Arbeitskollegen resultierende Konkurrenzdruck entfällt. Muss etwa Multimedia zur Kompensation virtuelle Mitarbeiter in das häusliche Arbeitszimmer projizieren?

– Die wettbewerbsrechtlichen Probleme erstrecken sich vom Spamming[6] über die Varianten faktischer wie rechtlicher Zurechenbarkeit von Be-

---

[2] Multimedia: Herausforderung an das Wirtschaftsrecht, MMR 1999, 443.
[3] *Bartsch*, CR 2000, 3.
[4] *Spindler*, MMR 2000, 18.
[5] *Huppertz*, MMR 2000, 65; *Ernst*, CR 2000, 304; *Wiebe*, MMR 2000, 323. S. auch AG *Sinsheim*, MMR 2000, 181, sowie LG *Münster*, DB 2000, 663 mit (richtiger Weise ablehnender) Anm. *Mankowski*, EWiR 2000, 415.
[6] *Ziem*, MMR 2000, 129.

zugsformen – Hyperlink, Framing – bis hin zur Haftung gemäß den jeweiligen § 5 TDG und § 5 MDStV.
– Das Kennzeichenrecht wird nach wie vor dominiert[7] von den diversen Kämpfen um die Domain Names: Muss der Privatname der gleichnamigen Firma weichen?[8] Hat ein Land Anspruch auf Freihaltung seines Namens? – wenn ja, in welcher Sprache? etwa Griechenland, Greece, Ellas, etc.? Spielt die Top-Level-Domain in diesem Kontext eine Rolle?[9]
– Das Urheberrecht gerät an seine Grenzen, weil die Konvergenz der Neuen Medien – an deren Ende voraussichtlich der eine Multimedia-Apparat stehen wird – eine Mischung, Kombination und Verstümmelung je individueller Urheberrechte in einem bislang unerreichten Umfang und einer entsprechenden Häufigkeit ermöglicht.[10]

Ich breche die Aufzählung hier ab und betone, dass dies naturgemäß nur ein verschwindend kleiner Ausschnitt aus einem großen Areal von Rechtsgebieten ist, in dem die Neuen Medien eine Herausforderung darstellen. Allein schon die weiteren Beiträge dieses Tagungsbandes bringen durch die spezifische Behandlung des Unternehmensrechts eine Vielzahl weiterer Gebiete zur Sprache. Die bislang unternommen und vorgeschlagenen Versuche des Rechts, sich diesen Herausforderungen zu stellen, sind vielfältig:[11] Sie umfassen beispielsweise hard law in Gestalt von Gesetzen wie soft law in Gestalt etwa der diversen Vorschläge zur netiquette oder des Policy Brief on Electronic Commerce der *OECD*,[12] sie sind nationalen, europäischen oder gar weltweiten Ursprungs wie im Fall des *UNCITRAL* Model Law on Electronic Commerce, und sie werden schließlich keineswegs allein vom Gesetzgeber betrieben, sondern auch von den Unternehmensjuristen und Rechtslehrern.[13] Sie alle bemühen sich auf die eine oder andere Weise, den Cyberspace mit einer feinmaschigen Matrix des Rechts zu überziehen, um auf diese Weise das bislang

---

[7] Man streitet sich freilich auch um Weiteres – etwa die Erstreckung des Schutzes auf „lautlich nicht aussprechbare Buchstabenkombinationen – IPF, *OLG Köln*, MMR 2000, 161.
[8] Nicht unbedingt: vgl. *OLG Hamm*, MMR 1998, 214 einerseits, *LG Paderborn*, MMR 2000, 49, andererseits. Der Begriff „Hauptbahnhof" etwa ist der *Deutschen Bundesbahn AG* vorbehalten, *LG Köln*, MMR 2000, 45.
[9] Hierzu statt vieler *Poeck* (o. Fußn. 1), S. 83 ff., insb. S. 104 ff. zu *LG Braunschweig*, CR 1998, 364. S. auch *OLG München*, MMR 2000, 100 zur TLD „.de" als Bestandteil einer Firma.
[10] Hierzu – aus verschiedenen Blickwinkeln etwa *Hoeren*, MMR 2000, 3; *Dreier*, CR 2000, 45, sowie *Lehmann*, CR 2000, 50.
[11] Einen guten Überblick geben etwa *Diedrich*, DAJV- Newsletter 2000, 12, und *Mayer*, European Journal of International Law 2000, 149. S. auch *Moritz*, CR 2000, 61.
[12] Zur Selbstregulierung im Internet etwa *Christiansen*, MMR 2000, 123.
[13] Ein herausragendes Beispiel für Letzteres findet sich unten bei der Darstellung der Hauptversammlung im Internetzeitalter.

noch weitgehend fehlende Vertrauen in die Rechtlichkeit dieses Areals zu fördern[14] bzw. das kommunikative Potential des neuen Mediums auszuschöpfen.

2. Worin bestehen die Neuerungen?

Stärkeres Gewicht möchte ich im folgenden auf die Frage legen, worin denn eigentlich die Neuerungen bestehen, die dann auch tatsächlich als Herausforderung an das Wirtschaftsrecht verstanden werden können.

a) Erweiterte Aktionsradien

Was einem zunächst als Neuerung ins Auge springt, ist der durch die Neuen Medien erweiterte Aktionsradius. Das zeigt sich etwa bei der Hauptversammlung im Netz, bei den Auktionen oder auch beim Online-(Schieds-)Gericht. Aber wie schon das vorerwähnte Beispiel der Telearbeit demonstriert, liegt darin allein eigentlich keine (oder zumindest keine erhebliche[15]) Herausforderung an das Recht. Eine solche ergibt sich vielmehr erst aus den durch den erweiterten Aktionsradius geänderten Fakten. Der arbeitende Mensch fühlt sich isoliert; oder es verändert sich in der Hauptversammlung die herkömmlicherweise räumlich wie zeitlich gebündelte Dramatik des Geschehens in ein mosaikartig aufgespaltenes Stückwerk, in welchem zudem über Gleichzeitigkeit neu nachgedacht werden muss;[16] oder in einer Online-Gerichtsverhandlung bedarf es einer Neubestimmung beispielsweise des Unmittelbarkeitsgrundsatzes – denn die Wahrnehmbarkeiten etwa bei einer Partei- oder Zeugenvernehmung sind gegenüber der physischen – und damit sehr viel mehr Sinne ansprechenden – Präsenz deutlich reduziert.

Damit ist ein Punkt angesprochen, den ich für essenziell halte: Vergleichbar etwa der frühen Law & Economics-Bewegung, die sich dem berechtigten Vorwurf der Reduzierung des Menschen auf einen schlichten Nutzen-Kosten-Rechenapparat ausgesetzt sah, findet sich im neuen Multimedia- oder Informationsrecht bisweilen ein vergleichbarer Fehler, in dem man den Menschen zu einer Kommunikationsmaschine verkümmern lässt. So banal die Aussage auch erscheinen mag – es gilt immer in Erinnerung zu halten, dass der Mensch nicht monokausal, sondern deutlich komplexer und vielschichtiger angelegt ist. Das Recht hat das natürlich zu berücksichtigen und muss diesem Umstand Rechnung tragen. *Hoeren* hat in einem anderen Zusammenhang vollkommen zu Recht darauf

---

[14] Die Schaffung des Vertrauens in diesen neuen Marktplatz ist eine entscheidende Herausforderung an das Recht wie auch an die Partizipanten. In den USA denkt der Gesetzgeber an die Ermöglichung einer elektronischen Selbsthilfe, Einzelheiten bei *Diedrich*, (o. Fußn. 11), S. 18 zu dem vorgeschlagenen Art. 2B UCC.
[15] Vgl. immerhin den Beitrag von *Klawitter*.
[16] Vgl. hierzu den Beitrag von *Balz*.

hingewiesen, dass das Informationsrecht die Langsamkeit des Menschen zu entdecken habe.[17]

b) **Virtualität und Ubiquität**

Zu den vorgenannten neuen Fakten zählen auch – und ganz besonders – die Virtualität sowie die damit zwangsläufig einhergehende Ubiquität des Geschehens in den Neuen Medien. Auch dazu habe ich mich bereits andernorts geäußert und unter Hinweis auf das römische Recht zu zeigen versucht, dass hierin nicht eigentlich eine Neuerung liegt.[18] Denn das virtuelle Phänomen etwa, dass ich von meinem Schuldner die Leistung verlangen kann, vergegenständlichen wir Juristen seit Jahrtausenden in Gestalt einer Forderung – gern auch, höchst gegenständlich, als Band oder vinculum iuris bezeichnet –, um diese sodann als Rechtsobjekt juristisch handhaben zu können. Wir können also mit ubiquitären Virtualitäten umgehen! Es fragt sich daher umso mehr, worin dann aber die Neuerung liegt?

Ich bleibe zunächst bei dem Beispiel der Forderung: Die Juristen machen sie operationabel, indem sie für bestimmte Rechtsvorgänge gewissermaßen einen Stellvertreter – einen realen Gegenstand oder Vorgang – in der handgreiflichen, sichtbaren Welt verlangen. Ihre Entstehung verdankt sie etwa einem Vertragsschluss oder einem Delikt – es muss also beispielsweise einen Autounfall gegeben haben oder eine schriftliche, mündliche bzw. konkludent zum Ausdruck gebrachte Einigung. Eine solche Einigung verlangen die Juristen auch für die Abtretung der Forderung. Es gibt aber auch noch andere Vergegenständlichungen für Forderungen: Nach Art. 28 Abs. 2 EGBGB kommt es etwa für die Rechtswahl bezüglich eines Vertrages auf den gewöhnlichen Aufenthalt derjenigen Partei an, die die charakteristische Leistung zu erbringen hat; bei der Bestimmung der Belegenheit einer Forderung im Rahmen des besonderen Vermögensgerichtsstandes auf den Wohnsitz des Schuldners, § 23 ZPO.

Durchforstet man, auf dieses Vergegenständlichungsphänomen aufmerksam geworden, das Recht nach weiteren Beispielen, erkennt man gewisse Grundmuster: Absolute Rechte wie etwa Eigentum, Erbrecht oder Urheberrecht werden mit einer Person verknüpft, die diese virtuellen Gebilde sozusagen im virtuellen Tornister mit sich herumtragen, wo immer sie sich befinden. Relative Rechte werden regelmäßig an ein Geschehnis oder an eine Vereinbarung geknüpft. Eine solche Vereinbarung kann dann auch schon mal genügen, um bereits die Idee eines virtuellen Rechts juristisch operationabel zu machen. Dies zeigt etwa § 40 UrhG, der ein Schriftformerfordernis statuiert, wenn Nutzungsrechte eingeräumt wer-

---

[17] Internet und Recht – Neue Paradigmen des Informationsrechts, NJW 1998, 2849.
[18] Wie o. Fußn. 2.

den sollen an künftigen Werken, „die überhaupt nicht näher oder nur der Gattung nach bestimmt sind." Die Vergegenständlichung muss also intensiver als eine bloße Einigung sein. Es sei am Rande vermerkt, dass dieses Erfordernis nicht ganz konsequent ist, wenn man es mit der durch § 185 Abs. 2 Satz 1 BGB ermöglichten Übertragung einer künftigen Forderung vergleicht – auch hier existiert allein die Idee der Virtualität ‚Forderung'. Denn hierbei wird allein eine formfreie Einigung gem. § 398 BGB verlangt.

Auch wenn das folgende Beispiel nicht exakt in den vorliegenden Kontext passt, ist es der Erwähnung wert, weil man an ihm einen weiteren Vergegenständlichungsweg erkennt. Es handelt sich um eine überaus diskussionswürdige wie -bedürftige Strafrechtsentscheidung des *Kammergerichts*:[19] Deutsche Neonazis waren nach Szabze in Polen gereist, um sich dort unter die Zuschauer des Fußballländerspiels Polen gegen Deutschland zu mischen. Wie sie richtig einkalkuliert hatten, waren sie in der deutschen Fankurve in demjenigen Tribünenausschnitt, der von den mitgereisten deutschen Fernsehkameras erfasst war. Als eben diese Kameras auf sie gerichtet waren, entfalteten sie ihre volksverhetzenden Transparente, so dass diese in den deutschen Wohnzimmern deutlich sichtbar waren. Die strafrechtliche Schwierigkeit bestand für die Richter darin, dass für eine Strafbarkeit die Begehung der Tat im Inland erfolgt sein musste. Sie bejahten das – nicht anders als man das auch im Rahmen des Wettbewerbsrechts beim Marktortprinzip macht[20] – im Hinblick auf die Finalität des Täterhandelns, das sich die im Ausland postierten Kameras zur Demonstration im Inland zunutze gemacht hatte.

Die Sammlung der bereits im bestehenden Recht vorfindlichen Vergegenständlichungspunkte dürfte sich wohl noch beträchtlich vergrößern lassen – man denke nur etwa an viel gescholtene Herkunftslandprinzip des Art. 3 der E-Commerce-Richtlinie. Doch welchen Nutzen kann man hieraus für die vorliegende Fragestellung ziehen? – oder, andersherum formuliert: worin liegt die Herausforderung? Nützlich ist die Erkenntnis, dass es eines derartigen Fixpunktes in der realen Welt bedarf – also eine Maus-Klicks, des Erscheinens auf dem Bildschirm, der Installation eines Providers, etc. Die Herausforderung liegt darin, dass sich die Frage stellt, ob dies für die jeweils in Frage stehende Rechtsfrage geeignete Anknüpfungspunkte sind.[21]

Genau an dieser Stelle eröffnen sich dem Rechtshistoriker erneut spannende Perspektiven: Denn unter den genannten Rechtsfragen versteht

---

[19] NJW 1999, 3500.
[20] Vgl. zu diesem Prinzip insb. den Beitrag von *Spindler*.
[21] Das *LG München I* hat nunmehr klargestellt, dass der Wohnsitz des Geschäftsführers des Access-Providers kein geeigneter Anknüpfungspunkt ist, um pornografische Inhalte im Netz bestrafen zu können, MMR 2000, 171.

man sofort die – zur Not – prozessuale Durchsetzbarkeit des fraglichen Rechts und argumentiert dabei in einer Weise, die man in der Rechtsgeschichte als aktionenrechtliches Denken zu bezeichnen pflegt. Dieses wird üblicherweise mit Erscheinen der Monographie von *Windscheid* über die „Actio des römischen Civilrechts" im Jahre 1856 als überwunden angesehen, weil von da an die materiell-rechtlichen Positionen von ihrer prozessualen Durchsetzbarkeit getrennt betrachtet und behandelt werden.[22] Ermöglicht wurde dieses Auseinander-Driften der beiden, ursprünglich nur zusammen auftretenden Rechtsmaterien durch die Herausbildung des Justizgewährungsanspruchs. Er macht die Frage danach überflüssig, ob es überhaupt eine prozessuale Realisierung des materiellen Rechts gibt. Fehlt jedoch eine solche Prozessgarantie – wie im weltumspannenden Einflussbereich der Neuen Medien –, kann man nicht über Rechte ohne ihre potentielle prozessuale Durchsetzbarkeit reden.

c) Gewandelte Grundmuster 1

Eine weitere Herausforderung liegt in den gewandelten Grundmustern der zur rechtlichen Regelung anstehenden Probleme. Was ich damit meine, will ich zunächst anhand des schlichten Beispiels eines Kaufvertrages verdeutlichen. Die §§ 433 ff. BGB stammen ziemlich direkt vom römischen (Sklaven-)Markt her – genauer: von dem Edikt der Ädilen, die diesen Vertragstyp dort eingehend geregelt haben. In diesem Kontext stellt die ediktale Regelung denn auch eine ideale Wiedergabe der Fakten durch das Recht dar. Die Leute kamen auf den Markt, inspizierten die ausgestellten Waren und einigten sich bei Wunsch oder Bedarf auf den Erwerb dieser dort handgreiflich stehenden Sache. Hier gab es Bedenkzeit, Freiwilligkeit und unmittelbare Besichtigungsmöglichkeit. Das Denken der römischen Juristen orientierte sich an diesen konkreten Vorgängen;[23] *Savigny* formuliert das so: „Die Begriffe und Sätze ihrer Wissenschaft erscheinen ihnen nicht wie durch Willkür hervorgebracht, es sind wirkliche Wesen, deren Dasein und Genealogie ihnen durch langen vertrauten Umgang bekannt geworden ist."[24]

Dieses Denken wirkt bis heute fort. Es ist kaum verwunderlich, dass beispielsweise der Rechtsvergleicher *Ernst Rabel* in seinem epochalen Werk über „Das Recht des Warenkaufs"[25] auf *Rabel* den Rechtshistoriker zurückgreift und – in schöner römisch-rechtlicher Tradition – als ‚Ware' alle beweglichen Sachen mit Ausnahme von Wertpapieren und Geld bezeichnet. Auf unser Denken und Handeln treffen die römisch-rechtlichen Anschauungen aber schon lange nicht mehr zu – *Oswald Spengler* hat

---

22 Dazu höchst aufschlussreich *Zöllner*, AcP 190, 1990, S. 471.
23 Dazu statt vieler etwa *Flume*, Rechtsakt und Rechtsverhältnis, 1990, passim.
24 Vom Beruf unserer Zeit für Gesetzgebung und Rechtswissenschaft, 3. Aufl. 1849, S. 29.
25 Band 1, 1936, S. 55.

dazu schon vor geraumer Zeit Tiefsinniges festgestellt.[26] Dementsprechend wird heute genau an diesem Punkt die große Herausforderung sichtbar, die die Neuen Medien allein schon an den Kaufvertrag[27] als dem Grundtypus jeden Wirtschaftens darstellen.

Es ist hier nicht der Ort, den langen Weg des Kaufrechts vom römischen Sklavenmarkt in die Moderne nachzuzeichnen. Lediglich drei wichtige Etappen seien aber doch wenigstens kurz erwähnt:

– Erstens, die Streckung des ursprünglich zeitgleichen Austauschgeschäfts in eine Art von Dauerschuldverhältnis mit Hilfe der Abzahlungsmöglichkeit oder – noch abstrakter – der Kreditkarte. Dieser Wandel trägt übrigens einen Gutteil der Verantwortung dafür, dass das Verbraucherinsolvenzrecht heute eine solch eminente Rolle spielt. Denn die Gefahr hinter dem verlockenden „erwerbe jetzt, zahle später" wird allzu selten durchschaut – schon gar nicht in einer Zeit, die wie die heutige als Motto trägt „consumo, ergo sum".

– Zweitens, der enorme Bedeutungszuwachs des Gattungskaufs zu Lasten des Stückkaufs; gekauft wird die Funktion und nicht der konkrete Gegenstand. Das ist Folge der Massenproduktion, die das gleichwohl bestehende Bedürfnis nach Individualität dadurch befriedigt, dass sie etwa besondere Bezeichnungen („special edition") oder Namen anbietet oder – wie etwa bei Neuwagen – frei zusammenstellbare Ausstattungspakete.

– Drittens, Verkäufer warten nicht mehr auf das Erscheinen der Kunden, sondern sie kommen zu ihnen. Dadurch geht die im römischen Vorbild noch vorhandene Bedenkzeit und Freiwilligkeit bei der Auswahl des Kaufgegenstandes – oder, wie schon erwähnt, die Langsamkeit – verloren. Der Gesetzgeber bleibt am Grundmodell des Kaufvertrages haften, modifiziert ihn aber im Beispielsfall mit Hilfe des Haustürwiderrufgesetzes. Er stellt also die Langsamkeit dadurch wieder her, dass er dem Käufer ein Widerrufsrecht einräumt und somit die ursprünglich ex ante bestehende Freiheit in eine solche ex post umwandelt.[28]

Angesichts dieser angedeuteten Entwicklung stellt sich also die Frage, wie das, was wir als Kaufvertrag zu bezeichnen gewohnt sind, im Zeitalter der Neuen Medien, insb. mit seinem E-Commerce, regulativ erfasst werden kann bzw. soll. Es wäre denkbar, dass man hierbei künftig unterschei-

---

[26] In: Der Untergang des Abendlandes – Welthistorische Perspektiven, 1. Kap. III (S. 624 – 655 der dtv-Ausgabe von 1973). S. auch in diesem Zusammenhang *Joost*, JZ 1995, 11.

[27] Ein beliebig gewähltes, in der Praxis aber eminent wichtiges weiteres Beispiel des konkret-gegenständlichen Denkens im BGB ist die Behandlung des Geldes als Münzgeld. Durch dieses Grundverständnis wird Geldwäsche wesentlich erleichtert, sofern es nur als Buchgeld verschoben wird.

[28] Nach diesem Verlangsamungsmuster verfahren viele Gesetze – vorliegend genügt der Hinweis auf die Fernabsatz-Richtlinie.

den muss: Waren im römisch-rabelschen Sinn, für deren Erwerb man dem Erwerber fairer Weise eine Möglichkeit zur Ansicht in natura einräumen sollte, für die also das auf der Website enthaltene Vorzeigebild als Präsentation nicht ausreichend ist, benötigen eine Rechtskonstruktion, die zusätzlich zu der Langsamkeit ein solches Ansichtsrecht gewährt. Für diese Waren ist es also durchaus ein Schritt in die richtige Richtung, wenn ein derartiges Recht wenigstens im Nachhinein gewährt wird. Gleichwohl lässt sich der Warenkauf im E-Commerce mit dem Regelungsmechanismus der modernen Verbraucherschutzgesetze nicht vollständig und adäquat erfassen. Denn die Risikoverteilung hinsichtlich der Ware muss – wenigstens grosso modo – derjenigen entsprechen, die hinsichtlich der Bezahlung besteht. Das ist solange nicht der Fall, als den Käufer de facto eine Vorleistungspflicht trifft – er also das Ansichtsrecht erst nach Zahlung ausüben kann.[29] Abhilfe – und damit das oben schon einmal angesprochene Vertrauen in den E-Commerce – würde hier etwa ein Cyber-Cash schaffen, das dem Verkäufer erst mit Ablauf der Widerrufsfrist zur Verfügung steht.[30]

Waren dagegen, deren Erwerb nicht von einer Besichtigung in natura abhängt, sind nach wie vor von dem herkömmlichen Regelungsmechanismus des Kaufs einigermaßen gut erfasst – man denke nur etwa an Aktien als pars pro toto, die man online erwirbt.

d) Gewandelte Grundmuster 2

Das soeben beschriebene, gewandelte Grundmuster des Kaufvertrages ist freilich nur ein Teil eines mit den Neuen Medien und der mit ihnen verbundenen New Economy insgesamt einher gehenden Paradigmenwechsels. Über die erwähnten Aktien komme ich zu dem, was nach meiner Einschätzung die größte Herausforderung an das Regulierungsvermögen des Wirtschaftsrechts – oder eigentlich des Zivilrechts insgesamt – darstellt: nämlich die grundlegende Änderung dessen, was das Vermögen ausmacht. Ein letztes Mal verweise ich auf die Römer. Von ihnen haben wir die Trias ‚Mobilien, Immobilien und Forderungen' übernommen, mit der wir auf Grund der von ihnen übernommenen Gesetze souverän hantieren können. Das Zwangsvollstreckungsrecht basiert im wesentlichen – eine Ausnahme stellt insoweit § 857 ZPO dar – auf dieser Dreiteilung[31] und das Insolvenzrecht nimmt sie über die §§ 35, 36 InsO auf. Stellt man sich diese beiden Gesetze einmal als den Fluchtpunkt des Wirtschaftsrechts vor, auf den alles Wirtschaften in irgendeiner Weise ausgerichtet

---

[29] Zutreffend *Diedrich* (o. Fußn. 11), S. 19.
[30] Über diesen Mechanismus könnte der in § 495 BGB geregelte Kauf auf Probe zu ungeahnter Aktualität avancieren.
[31] Es ist von nachhaltigem Interesse, dass das *LG Essen* die Pfändbarkeit der Domain für zulässig erachtet hat, CR 2000, 247.

ist – und zwar mit der Maßgabe, möglichst den Kontakt mit diesem Fluchtpunkt zu vermeiden, so erkennt man die zentrale Funktion und Bedeutung dieser Regelwerke und damit zugleich die Tragweite der Neuerung.

Das Vermögen wird zunehmend dematerialisiert. Ich rede nicht mehr über Forderungen, sondern über andere immaterielle Güter wie etwa Know-how, Good-will, den Kundenstamm oder gar noch Unbenanntes. Der Wert eines Unternehmens steht nicht mehr – oder vorsichtiger: nicht mehr unbedingt – in einer wie auch immer gearteten Relation zu seinem wirtschaftlichen Ertrag. Unternehmen, die in der Old Economy Pleitegänger wären, boomen in der New Economy; es genügt der Hinweis auf die hinlänglich bekannten dotcom-Firmen wie *amazon* oder *yahoo*.

Dies impliziert nach meiner Einschätzung einen fundamentalen Paradigmenwechsel, für den die Juristen, soweit ersichtlich, noch lange keine Antwort haben. Wenn sich der Wert eines Unternehmens nach der Anzahl seiner Kunden bemisst, und jeder dieser Kunden – unabhängig von seinem tatsächlichen Ertrag – mit DM 8000 zu Buche schlägt, so können wir dieses Phänomen sachenrechtlich so gut wie gar nicht erfassen. Als Folge davon verweisen wir beispielsweise die hochaktuelle Frage der Einsetzbarkeit eines derartigen Wertes als Sicherungsgut in das Vertragsrecht, was aus insolvenzrechtlicher Perspektive immer nur die zweitbeste Lösung ist.[32] Die sicherungsübereignete Website ist ein ähnlicher Fall, bei dem wir überdies mit der beliebigen Duplizierbarkeit der digitalisierten Werte konfrontiert werden.

Wer für diese hier naturgemäß nur angerissenen Problemfelder nach Lösungen sucht, muss vordringlich den Wesenskern der neuen Werte herauszufiltern versuchen. Es scheint so, dass das recht häufig eine Information ist, bisweilen ist es – wie beim Kunden – eine gewisse Verfügbarkeit, bisweilen aber – es genügt der Hinweis allein auf *amazon.com* – wohl nur eine Hoffnung oder Spekulation. Wie sodann ein solcher Wesenskern juristisch operationabel gemacht werden kann, ist die sich daran anschließende Folgefrage. Mit der Vergegenständlichung im oben genannten Sinne allein ist das natürlich nicht getan, denn die hätten wir bereits mit der Person des Informations-, Verfügungs- oder Hoffnungsträgers. Infolgedessen muss des weiteren untersucht werden, was der eigentliche Unterschied zwischen einem absoluten und einem relativen Recht ist. Die herkömmliche Antwort, das eine wirke gegenüber jedermann, das andere nur gegenüber dem relativ Verbundenen, hilft da nicht weiter, weil sie das Nachzuweisende voraussetzt. Wie schwer die richtige Antwort fällt, wird anhand der Diskussion um die Verdinglichung obligatorischer Rechte

---

[32] Freilich fällt dieser Wert im Insolvenzfall selbst – wie jeder Börsenwert – in sich zusammen.

erkennbar – ist der vormerkungsgeschützte Anspruch ein dingliches Recht oder nicht?

III. Resüme

Fragen über Fragen. Ich breche an dieser Stelle ab und wiederhole, dass ich die zentrale Herausforderung der Neuen Medien an das Wirtschaftsrecht in den zuletzt genannten Problemen sehe. Ihre Lösung wird vermutlich noch auf sich warten lassen, und Fortschritte werden sich erfahrungsgemäß nur schrittweise herauskristallisieren.

B. Die internetgestützte Hauptversammlung

(Ulrich Noack)

I. Ausgangslage

Grundsätzlich gibt es zwei Möglichkeiten, wie Internet und Hauptversammlung (HV) zusammenkommen. Die erste Option ist: Die Hauptversammlung bleibt als physisches Meeting der Aktionäre bestehen, wird jedoch mit dem Internet verkuppelt. Das mag man dann eine internetgestützte HV nennen. Auf sie werden sich die folgenden Ausführungen konzentrieren, da diese Gestaltung praktisch vor der Haustür steht und rechtlich ohne weiteres machbar ist.

Die zweite Option ist, die Hauptversammlung als virtuelles Meeting (Cyber-HV) zu begreifen, also mit der Dematerialisierung Ernst zu machen und auf eine körperliche Präsenzversammlung ganz zu verzichten. Hier sind deutlich mehr Fragezeichen anzubringen. Dieser eher futuristische Teil soll am Ende der Überlegungen stehen.

Die Abhandlung befasst sich mit der Durchführung der Hauptversammlung mittels Internetunterstützung. Der nicht minder wichtige Einsatz elektronischer Medien für die Vorbereitung des Ereignisses „Hauptversammlung" wird hier, abgesehen von der Vollmachtserteilung, ausgespart.[1]

II. Öffnung der Präsenz-HV

1. Grundkonstruktion des Vertretermodells

Mit Hilfe eines Vertreters ist eine internetgestützte Stimmrechtsausübung heute möglich – vor allem nach der jüngsten Aktienrechtsnovelle 2001. Der Aktionär erteilt eine Vollmacht, die grundsätzlich mit einer Weisung für die Stimmabgabe auf der Hauptversammlung verbunden ist. Das ist alles.

Die Prozedur ist von der individuellen Vertretung her wohlbekannt: Der vermögende Investor lässt sich auf der HV durch eine Person seines Vertrauens, etwa durch den Hausanwalt, vertreten. Sollte Anlass zur Rückfrage bestehen, weil sich Unvorhergesehenes am Versammlungstage

---

[1] Dazu *Marsch-Barner* (in diesem Band), S. 57 ff.

zuträgt, wird der Anwalt zu seinem Mobiltelefon greifen, um zu erfahren, wie er sich zu verhalten hat. Diese für den Vertretenen komfortable Lage war im Massengeschäft, bei organisierter Vertretung zahlreicher Anleger, bislang nicht darstellbar. Eine Bank konnte nicht zigtausende Aktionäre zeitnah über relevante Geschehnisse informieren und um neue Stimmrechtsorder bitten, vor der HV nicht und erst recht nicht während einer laufenden HV. Aber es war eine technische Grenze, keine rechtliche, die eine schnelle Rückkopplung mit dem Auftraggeber verhinderte.

Das Aktiengesetz hat diese Situation berücksichtigt, indem es in § 135 Abs. 5 AktG bestimmt, eine Abweichung von den eigenen Abstimmungsvorschlägen könne erfolgen, wenn „das Kreditinstitut den Umständen nach annehmen darf, dass der Aktionär bei Kenntnis der Sachlage die abweichende Ausübung des Stimmrechts billigen würde". Auch von einer ausdrücklichen Weisung des Depotkunden kann der Bankvertreter unter den genannten Voraussetzungen abweichen.[2] Selbst wenn dem Kreditinstitut insofern eine Fehleinschätzung vorzuwerfen ist, ändert dies nichts an der Wirksamkeit der Stimmabgabe (§ 135 Abs. 6 AktG). Das Kreditinstitut hat eine Mitteilung über seine Abweichung unter Angabe der Gründe zu machen (§ 135 Abs. 8 AktG).[3] Diese aktienrechtliche Vorschrift wiederholt der Sache nach die entsprechenden BGB-Regelungen (§§ 665, 666 BGB), die ebenfalls in besonderen Situationen ein Abweichen von den Weisungen des Auftraggebers erlauben, verbunden mit einer Rechenschaftspflicht. Nun ist es für die Depotbanken und die anderen in § 135 AktG genannten Stimmrechtsvertreter keine angenehme Situation, dass sie in zugespitzten Entscheidungslagen eine Abweichung von der zugesagten bzw vereinbarten Stimmrechtsausübung ins Kalkül zu nehmen haben.[4] Daher wäre es auch aus der Interessenlage der organisierten Stimmrechtsvertreter heraus vorteilhaft, wenn eine Rückbindung zu dem vertretenen Aktionär zu Gebote stünde.

Um eine große Zahl von ortsabwesenden Aktionären in die Lage zu versetzen, zeitnah über ihr vertretenes Stimmrecht disponieren zu können, sind lediglich zwei Dinge vonnöten:
– Man muss die Hauptversammlung audiovisuell übertragen, damit sich die externen Aktionäre ein Bild machen können.
– Man muss für einen Rückkanal zu dem Vertreter sorgen, damit er bis zur Abstimmung erfährt, was seine Klientel wünscht.

An beide Gestaltungen knüpfen sich einige rechtliche Fragen, denen im folgenden nachzugehen ist.

---

[2] *Zöllner*, in: Kölner Komm., § 135 Rdnr. 58; *Than*, ZHR 157 (1993), 125 (143).
[3] *Zöllner*, in Kölner Komm. § 135 Rdnr. 61.
[4] Eindringlich aus der Sicht der Bankpraxis *Than*, ZHR 157 (1993), 125 (141 ff.).

2. Übertragung der HV

a) Nichtöffentlichkeit der HV

Die Hauptversammlung ist eine nicht öffentliche Veranstaltung der Mitglieder einer Korporation.[5] Nicht öffentlich bedeutet, dass der Zugang zu ihr nicht beliebigen Personen offensteht, sondern nur denjenigen, die ein Teilnahmerecht besitzen.[6] Gegen den Willen der Versammlung sind also auch Journalisten und andere Medienleute an der Teilnahme gehindert. § 6 Abs. 2 Versammlungsgesetz gilt nicht, weil keine öffentliche Versammlung im Sinne dieses Gesetzes vorliegt.

Damit ist aber nur gesagt, dass die Versammlung nichtberechtigte Interessenten fernhalten kann, da diese kein Anwesenheitsrecht haben. Ob und wieweit sich die Versammlung ganz oder teilweise öffnen darf, ist eine weitere, bislang wenig erörterte Frage. Als Grundkonsens wird man festhalten können, dass letztlich die Versammlung über die Teilnahmeberechtigung autonom entscheidet; meistens wird gesagt, es liege bei dem Versammlungsleiter, ob er Dritten (Referendaren zu Ausbildungszwecken, Angestellten des Unternehmens, Schulklassen, Rundfunk und Fernsehen) die Anwesenheit gestatte.[7] Erhebt sich Widerspruch, so hat die Hauptversammlung darüber zu befinden, wobei eine Mehrheitsentscheidung genügt.

Im hier zu diskutierenden Zusammenhang geht es nicht um den Zutritt Dritter in eine Präsenzversammlung, sondern um den Einblick von Aktionären und Dritten in eben diese physisch reale Zusammenkunft. Anders gewendet: eine unbekannte Zahl Dritter schaut der Hauptversammlung zu. Diese Gestaltung bedarf einer differenzierten Betrachtung, die auch die moderne Hauptversammlungspraxis berücksichtigt. Danach gliedert sich die typische Hauptversammlung einer (börsennotierten) Gesellschaft in drei Teile. Zuerst tragen Vorstand und Aufsichtsrat vor, dann kommen die Aktionäre in einer Art Generaldebatte zu Wort, schließlich folgt als Block die Abstimmung über alle Tagesordnungspunkte am Ende der Veranstaltung.

b) Übertragung der Verwaltungsbeiträge

Von zahlreichen Gesellschaften werden seit 1998 die Reden des Vorstands und des Ausichtsrats „in das Internet gestellt", d.h. über eine entsprechende Abspielsoftware im WWW live verfügbar gemacht. Die me-

---

[5] *Zöllner*, in: Kölner Komm., § 118 Rdnr. 29, § 119 Rdnr. 75 (Stand 1973); *Mülbert*, Großkomm AktG, Vor §§ 118–147 Rdnr. 63 f. Kritisch dazu unter kapitalmarktrechtlichen Aspekten *Merkt*, Unternehmenspublizität, 2000.
[6] *Zöllner*, in: Kölner Komm., § 119 Rdnr. 75; *Mülbert*, Großkomm AktG, Vor §§ 118–147 Rdnr. 63 f.
[7] *Zöllner*, in: Kölner Komm., § 119 Rdnr. 76; zust *Hüffer*, AktG, § 118 Rdnr. 16; *Mülbert*, GroßkommAktG, § 118 Rdnr. 75.

diale Publikation nur dieser Auftaktreden ist aktienrechtlich nicht zu beanstanden, auch dann nicht, wenn – wie in der Praxis – Nichtaktionäre Zugang haben. Ein Problem kann allerdings die Wahrung der kapitalmarktrechtlichen Pflichten darstellen. Sollte die Verwaltung auf der Hauptversammlung eine kursrelevante Tatsache mitteilen, so muss für die Einhaltung von § 15 WPHG gesorgt werden, insbesondere ist zuvor die Börse und das Bundesaufsichtsamt zu unterrichten.[8]

c) Übertragung der Aussprache

Etwas schwerer tut man sich mit der Übertragung der Aussprache, die regelmäßig auf die Beiträge der Verwaltung folgt. Hier lauern zwei Fallstricke. Der erste ist persönlichkeitsrechtlicher, der zweite korporationsrechtlicher Natur. Letztgenannter Gesichtspunkt greift die vorstehend genannte Überlegung auf, die Hauptversammlung sei doch keine öffentliche Veranstaltung. Das ist im Ansatz zutreffend. Indessen ist zwingendes Gesetzesrecht hierzu textlich nicht vorhanden; eine Herleitung aus „allgemeinen Grundsätzen" überzeugt nicht. Man sollte anerkennen, dass über den Grad der Öffentlichkeit die AG selbst befinden kann. In der Satzung oder auch in der Geschäftsordnung für die Hauptversammlung (§ 129 Abs. 1 Satz 1 AktG) ist daher zu regeln, wie es mit den alten und neuen Medien gehalten wird. Potenziell streitanfällig ist, wenn man die Frage allein dem Versammlungsleiter überlässt.[9] Es geht eben nicht mehr nur darum, die Versammlung ordentlich über die Bühne zu bringen, sondern um die vorgelagerte Frage, inwieweit der Vorhang zu lüften ist. Dazu muss sich die Hauptversammlung äußern können.[10] Jedenfalls die Übertragung nur für den geschlossenen Benutzerkreis der Aktionäre ist zulässig.[11] Freilich ist trotz diverser technischer Möglichkeiten nicht sicher zu gewährleisten, dass die Übertragung auf zugangsberechtigte Anteilsinhaber beschränkt bleibt, zB wenn Großbildschirme aufgestellt werden.

In der Bejahung der Zulässigkeit der Übertragung liegt daher bereits ein bis zu einem gewissen Grad rechtsfortbildender Schritt hin auf eine größere Öffnung der HV. Ein solcher Schritt scheint jedenfalls für börsen-

---

[8] Zum Problem der Mitteilung kursrelevanter Tatsachen bei der Beantwortung von Aktionärsfragen *U.H.Schneider/Singhof*, FS Kraft, 1998, S. 585 ff.; *Hirte*, Das Zweite Finanzmarktförderungsgesetz in der praktischen Umsetzung – Bankrechtstag 1995, 1996, S. 56 ff.; *Claussen*, Insiderhandelsverbot, 1996, Rdnr. 43; *Benner-Heinacher* DB 1995, 765; *Schneider/Assmann/Cramer*, WpHG, 2. Aufl. 1999, § 14 Rdnr. 50 ff.

[9] So *Riegger/Mutter* ZIP 1998, 637 (638); *Schaaf*, Die Praxis der Hauptversammlung, 2. Aufl. 1999, Rdnr. 910; *Semler* in: MünchHandbuch AG, 2. Aufl. 1999, § 36 Rdnr. 50.

[10] *Noack*, BB 1998, 2533 (2534); wohl auch *Hüffer*, AktG, § 118 Rdnr. 16 a.E.; zur anders gelagerten Frage der bloßen Zulassung von Pressevertretern *Martens*, Leitfaden für die Leitung der Hauptversammlung einer Aktiengesellschaft, 1992, S. 21; *Stützle/Walgenbach* ZHR 155 (1991), 516 (526).

[11] Ebenso: *Däubler-Gmelin* in: www.humboldt-forum-recht.de/1-2000/.

B. Die internetgestützte Hauptversammlung

notierte Gesellschaften vertretbar, ja sogar geboten. Gesellschaften, die ihren Kapitalbedarf am öffentlich zugänglichen Markt der Börse decken und damit Anleger in aller Welt zu gewinnen suchen sowie den allgemeinen Handel ihrer Anteile wollen, müssen sich den neuen Möglichkeiten der Partizipation dieser Mitglieder öffnen,[12] auch wenn damit gewisse Gefahren an sich unzulässiger Bildung von Nebenöffentlichkeiten verbunden sind.

Trotz der satzungsrechtlichen oder der ad-hoc-Legitimation von Medienübertragungen ist noch offen, ob ein Aktionär verlangen kann, dass die Übertragung just dann unterbrochen wird, wenn er an die Reihe kommt.[13] Das wird überwiegend mit Hinweis auf eine nicht ganz eindeutige *BGH*-Entscheidung zu Tonbandaufnahmen befürwortet.[14] Dort heißt es: „Der Leiter einer Hauptversammlung muß auf die Absicht, die Redebeiträge auf Tonträger mitzuschneiden, ausdrücklich aufmerksam machen und die Teilnehmer darauf hinweisen, daß sie für die Dauer ihres Redebeitrages die Unterbrechung der Aufnahme verlangen können (*Werner*, in: Groß-Komm. z. AktG, 4. Aufl., § 130 Rdnr. 124; *Semler*. in: Münchener Handbuch des Gesellschaftsrechts, Bd. 4, AG,1988, § 36 Rdnr. 48; *Martens*, Leitfaden für die Leitung der Hauptversammlung einer AG,1992, S. 31; *Max*, AG 1991, 77 [81]; vgl. BGHZ 44, 245 [254]), um sicherzustellen, daß durch die Tonaufzeichnung nicht in unzulässiger Weise in das allgemeine Persönlichkeitsrecht der Redner (Art. 2 Abs. 1 i. V. m. Art. 1 Abs. 1 GG) eingegriffen wird".

Eingewandt wird, das Persönlichkeitsrecht sei betroffen; zudem gebe es eine Hemmschwelle bei der Ausübung des Fragerechts nach § 131 AktG, wenn „das Fernsehen dabei ist". Doch wenn bekannt ist, dass übertragen wird, leuchtet das nicht ein. Wer dann aufsteht und spricht, weiß was er tut. Das sog. Persönlichkeitsrecht ist bekanntlich ein offener Tatbestand, der eine Interessenabwägung in sich schließt. Diese Abwägung fällt zugunsten der Gesellschaft und der Mitaktionäre aus, die online teilhaben. Auch wenn einer ausdrücklich nur zu den präsent Versammelten sprechen möchte, ist das Abschalten der Apparate nicht notwendig.[15] Um es deutlich zu sagen: ohne eine solche Öffnung funktioniert die internetgestützte Hauptversammlung nicht. Der Aktionär muss imstande sein, über sein privates Terminal (Fernseher, PC, künftig: Handy) die Hauptversammlung zu verfolgen.

---

[12] Ebenso: *Merkt* (o. Fußn. 5).
[13] Eine praktische Handhabung geht dahin (Hauptversammlung der *Deutschen Telekom AG*), bei der Wortmeldung die Zustimmung/Ablehnung der Übertragung zu erfragen. Wer sich erst am Rednerpult ziert, wird damit nicht mehr gehört.
[14] *BGH*, ZIP 1994, 1597; *Schaaf* (Fn. 9) Rdnr. 906 f.; *Max* AG 1991, 77 (82); *Martens* WM 1981, 1010 (1014 ff.).
[15] Abw. die noch h. M.; für sie repräsentativ *Mülbert*, GroßkommAktG, Vor §§ 118–147, Rdnr. 177.

Wenn die Internet-Übertragung eine Grundlage in der Satzung oder Geschäftsordnung hat, damit also bekannt ist, so hat sich der Aktionär auf diese modernen Zeiten einzurichten.[16] Auf der anderen Seite steht die Befürchtung, dass Aktionäre sich als Selbstdarsteller versuchen. Hier kann aber nicht die Abschaltung der Medienübertragung helfen, sondern eine Beschränkung der Redezeit.[17] Selbstverständlich darf die Gesellschaft nicht die Übertragung ausgerechnet dann stoppen, wenn aus den Reihen der Aktionäre unangenehme Dinge zur Sprache gebracht werden.

III. Internetgestützte Online-Mitwirkung

„Online-Mitwirkung" kann zweierlei bedeuten: Zum einen die Ausübung des Stimmrechts durch einen Vertreter, dem der Aktionär bis in die Hauptversammlung hinein Weisung erteilt. Das mag, wer will, als „Proxy-Voting" bezeichnen.[18] Mit dem US-amerikanischen System hat dieser Vorgang die rechtstechnische Abwicklung über einen Vertreter gemeinsam; hingegen ist die materielle Regulierung des Vorgangs in Deutschland noch unbekannt (dazu noch unten S. 27).

Die andere Variante wäre die direkte Mitwirkung ohne die „Brücke" des Vertreters. Die rechtliche Tragfähigkeit dieses Ansatzes ist zuerst zu besprechen.

1. Stimmabgabe online: direct voting

Eine technisch ohne weiteres zu realisierende Möglichkeit wäre die Abgabe der Stimme über Online-Verbindungen. Die Stimmabgabe ist ein sehr einfacher Vorgang, da es im Prinzip nur um die Ja-Nein-Alternative geht.[19] Zur Entgegennahme solcher einfach strukturierter Massenerklärungen ist der Computer geradezu prädestiniert. Das Votum des als berechtigt identifizierten Aktionärs liefe im eröffneten Abstimmungszeitraum auf dem Rechner der Gesellschaft auf. Bei Kommunalwahlen und bei universitären Gremienwahlen hat man eine solche moderne Briefwahl bereits veranstaltet. Die nächste Parlamentswahl in den Niederlanden sowie die Europaparlamentswahlen 2004 sollen, wie zu hören ist, auch über das WWW organisiert werden.[20]

---

[16] *Noack*, Entwicklungen im Aktienrecht 1999/2000, 1999, S. 37; zust. *Hasselbach/Schumacher*, ZGR 2000, 258 (263).
[17] Dazu billigend jetzt *BVerfG*, ZIP 1999, 1798.
[18] Zu der US-Praxis des proxy voting und dem Einsatz des Internet hierbei: *Spindler/Hüther*, RIW 2000, 329 ff.
[19] *Seibert*, BB 1998, 2536 (2537).
[20] *Rüß*, MMR 2000, 73; Bericht in net-business v. 26.6.2000, S. 12; http://www.ivote.de; http://www.internetwahlen.de.

B. Die internetgestützte Hauptversammlung 19

Indessen ist eine Briefwahl im deutschen Aktienrecht nicht vorgesehen. Nur auf der Hauptversammlung anwesende oder vertretene Aktionäre können wirksam ihre Stimme abgeben. Dieser Übergang zur Briefwahl wurde politisch allerdings schon gefordert[21], um die zeitliche und ortsbedingte Abwesenheit von Wählern ausreichend zu berücksichtigen. Die Begründung zum NaStraG formuliert, der Wechsel vom System der Stimmabgabe in der HV (persönlich oder durch Vertreter) zur (elektronischen) Briefwahl sei „mit diesem Entwurf nicht vollzogen", ohne dass dadurch die zukünftige Entwicklung abgeschnitten sein soll. Gemeint ist wohl, dass dieser Gesetzentwurf die Reihe kleiner, aber effektiver Reformschritte fortsetzen will, die seit dem Gesetz zur kleinen AG (1994) die Szenerie beherrschen.

Die herkömmliche Briefwahl würde dazu führen, dass der unternehmerische und sonstige Entscheidungsspielraum der Hauptversammlung noch weiter beschnitten würde.[22] Wenn von dieser Möglichkeit zahlreiche Aktionäre Gebrauch machten, stünden in nicht wenigen Fällen die Abstimmungsergebnisse schon fest. Die Folge wäre, dass eine Reaktion auf der Hauptversammlung, etwa unter dem Eindruck der Aussprache und neuester Entwicklungen, nicht mehr möglich ist. Vor der Erleichterung des Bezugsrechtsausschlusses durch „*Siemens/Nold*"[23] konnte als Beispiel angeführt werden, dass der Vorstand neue Informationen zu den Vorhaben bekanntgibt, die einen Ausschluss tragen sollen, aus der Sicht des Aktionärs indessen eine Veränderung seiner Interessenlage bewirken, ja zu einer Anfechtbarkeit führen können.[24] Wer seine Stimme bereits im Vorfeld der Hauptversammlung abgegeben hat, kann darauf nicht mehr reagieren. Indessen greifen diese Bedenken nicht durch, wenn bis zum Beginn der Abstimmung eine Online-Stimmabgabe möglich ist. Im Unterschied zur klassischen Briefwahl muss ja bei der Nutzung moderner Kommunikationstechniken nicht gewisse Zeit vorher gestimmt werden, sondern es kann der Verlauf der Verhandlungen in die Entscheidung einbezogen werden. Rechtspolitische Kritik an einer möglichen Vorabfestlegung ist gerade nicht angebracht.

Wie dem auch sei: Das Aktiengesetz formuliert, wie bereits erwähnt, „die Aktionäre üben ihre Rechte in der Hauptversammlung aus" (§ 118 Abs. 1 AktG). Solange man auf dem traditionellen Versammlungsbild

---

[21] Antrag der Fraktion „Die Grünen", BT-Drs. 11/5401, S. 2 f. (1989); ferner *Hirte*, FS Buxbaum, 2000, S. 283 (288). Im italienischen Recht gibt es seit 1999 die Möglichkeit der schriftlichen Stimmabgabe in Hauptversammlungen börsennotierter Gesellschaften (näher *Hasselbach/Schumacher*, ZGR 2000, 258 [282]).
[22] Andeutungsweise *Westermann*, in: *Feddersen/Hommelhoff/Schneider*, Corporate Governance, 1996, S. 264 (273).
[23] BGHZ, 136, 133; dazu sehr kritisch *Lutter*, JZ 1998, 50 ff.; ferner *Kindler*, ZGR 1998, 35; *Bungert*, NZG 1998, 488; *Volhard* AG 1998, 397.
[24] *Than* ZHR 157 (1993), 125 (144).

beharrt, wonach es sich um eine Zusammenkunft körperlich vorhandener Personen in einem umgrenzten Raum handele, wird man die audiovisuell partizipierenden Online-Teilnehmer nicht als in „der Versammlung" präsent ansehen dürfen. Diese Vorstellung von „Versammlung" könnte zukünftig aber sehr viel weiter gefasst werden,[25] wenn sich die Grenzen von realem und virtuellem Geschehen weiter verschieben.

Indessen muss man fragen, ob nicht die *Satzung* eine solche elektronische (oder auch schriftliche) Stimmabgabe außerhalb der Präsenzversammlung einführen kann. Der in jüngerer Zeit sehr umstrittene § 23 Abs. 5 AktG[26] wird hiergegen angeführt: Satzungsabweichungen sind nur erlaubt, wenn das Aktiengesetz sie ausdrücklich zulässt. Man kann indes mit guten Gründen die Vorschrift auch so verstehen, dass sie einen Mindeststandard vorsieht, der nicht zu Ungunsten der Aktionäre verlassen werden darf. Sofern allerdings eine gleichwertige Satzungslösung gefunden wird, sperrt sich das Aktiengesetz nicht. Da es mit Blick auf das Aktionärsrecht keinen Unterschied begründet, ob der Stimmblock während der Versammlung freundlichen Hostessen in die Hand gedrückt wird oder ob zu Hause der PC entsprechend bedient wird, ist der von *Hirte* unternommene Vorstoß, ein nicht versammlungsgebundenes Voting statutarisch zuzulassen, durchaus plausibel.[27]

Bleibt es zunächst bei dem herkömmlichen Versammlungsbegriff und billigt man entgegen der vorgenannten Meinung von *Hirte* keine abweichende Satzungsklausel, dann kann der versammlungsabwesende Aktionär seine Rechte nicht unmittelbar online ausüben.

2. Online-Teilnahme des abwesenden Aktionärs

Für die folgende, an praktisch verwertbaren Ergebnissen interessierte Untersuchung soll zunächst der klassische Versammlungsbegriff zugrunde gelegt werden.

Da das Gesetz nichts anderes bestimmt, ist das Stimmrecht (§ 133 AktG) „in der Hauptversammlung" (§ 118 AktG) auszuüben; man spricht hierbei von einem versammlungsgebundenen Recht. Damit schränkt das AktG die Möglichkeit der Abgabe einer Willenserklärung (darum handelt es sich im Grundsatz bei der Stimmabgabe) im Gegensatz zu den allgemeinen Regeln des BGB erheblich ein.

Eine zweite Einschränkung ist die Aussage, das Stimmrecht könne durch einen Vertreter ausgeübt werden (§ 134 Abs. 3 Satz 1 AktG). Da-

---

[25] So *Hasselbach/Schumacher*, ZGR 2000, 258 (261).
[26] *Hirte*, in: *Lutter/Wiedemann* (Hrsg.), Gestaltungsfreiheit im Gesellschaftsrecht (ZGR-Sonderheft 13), 1998, S. 61, 86 ff.; *Spindler* AG 1998, 53 ff.; *Claussen*, in: *Dörner/Menold/Pfitzer*, Reform des Aktienrechts, der Rechnungslegung und Prüfung, 1999, S. 297 (314 ff.); *Mertens*, ZGR 1994, 426 ff.
[27] *Hirte*, FS Buxbaum, 2000, S. 283 (289 f.); *Hasselbach/Schumacher*, ZGR 2000, 258.

mit ist korporationsrechtlich klargestellt, dass die Stimmabgabe nichts höchstpersönliches ist. Der abwesende Aktionär hat im Wesentlichen zwei Rechte[28], deren Ausübung in Frage steht: das Stimmrecht[29] und das Auskunftsrecht. Die folgenden Ausführungen konzentrieren sich auf die Geltendmachung des Stimmrechts.

Anwesenheit auf der Hauptversammlung wird nicht verlangt, vielmehr kann sich der Aktionär vertreten lassen (§ 134 Abs. 3 Satz 1 AktG, §§ 164 ff. BGB). Die Vertretung umfasst Willenserklärungen, insbesondere die Ausübung des Stimmrechts; ferner kann man auch bei rechtserheblichen Realakten, nämlich bei der Ausübung des Auskunftsrechts (§ 131 AktG), „vertreten" sein.[30] Hingegen ist die Abgabe der Aktionärsstimme mittels eines Boten im Aktiengesetz nicht vorgesehen[31] (anders bei Abstimmungen im Aufsichtsrat; § 108 Abs. 3 AktG).

Die Vertretung des Aktionärs ist aktienrechtlich im wesentlichen in zwei Bestimmungen geregelt. § 134 AktG stellt die Stimmrechtsvertretung frei, dies übrigens im Gegensatz zu nicht wenigen europäischen Aktienrechten.[32] § 135 AktG gibt einschränkende Sondervorschriften für bestimmte Vertreter, betreffend das Zustandekommen und die Durchführung des Vertretungsverhältnisses.

Ein Vertreter steht zu dem Vertretenen in einem zweifachen Rechtsverhältnis. Zum einen ist es die Bevollmächtigung gem §§ 164 ff. BGB, die dem Vertreter die Befugnis zum rechtsgeschäftlichen Handeln gibt; zum zweiten besteht in der Regel eine Innenbeziehung, die Auftrag, Geschäftsbesorgung, Dienstvertrag u. a. sein kann.

3. Person des Vertreters

Das deutsche Aktienrecht kennt keine Beschränkungen für die Vertretung in Hauptversammlungen. Grundsätzlich kann jede Person als Vertreter agieren. Das bedeutet wiederum, dass die hier vorgestellte Online-Anbindung unabhängig von der Gesellschaft eingerichtet werden könnte. Allerdings ist der Aufwand für ein solches Internet-Modell noch relativ hoch, aus Altruismus werden die depotführenden Kreditinstitute hier nicht investieren.

---

[28] Von der Obliegenheit, zur Erhaltung der Anfechtungsbefugnis Widerspruch zur Niederschrift zu erklären (§ 245 Nr. 1 AktG; dazu *Noack*, AG 1989, 87 ff.) sei hier abgesehen.
[29] Von Vorzugsaktien ohne Stimmrecht (§§ 139 ff. AktG) wird hier abgesehen.
[30] *Zöllner*, in: Kölner Komm., 1. Aufl. 1973, § 131 Rdnr. 8.
[31] *Zöllner*, in: Kölner Komm., § 134 Rdnr. 70.
[32] *Baums/Wymeersch* (Hrsg.), Shareholder Voting in the European Union, 1999; vgl. ferner die aktuelle und umfassende Europastudie der *Deutschen Schutzvereinigung für Wertpapierbesitz* (DSW), 1999; *Abad*, Das Institut der Stimmrechtsvertretung im Aktienrecht – ein europäischer Vergleich, Diss. Münster 1995; *Becker*, Die institutionelle Stimmrechtsvertretung der Aktionäre in Europa, 2000.

a) Banken und Aktionärsvereinigungen

Die Banken verabschieden sich gegenwärtig übrigens mehr und mehr aus der organisierten Stimmrechtsvertretung. Eine Grund dafür ist die Wandlung zum bloßen Broker; die Dienstleistung „Vertretung in der HV" wird aus der Mischkalkulation herausgenommen. Ein anderer Grund liegt in dem Trend zur Namensaktie: die Banken verlieren den Kontakt zum Aktionär, der persönlich von der Gesellschaft angesprochen wird.[33] Aktionärsvereinigungen haben sich auf die neue Lage noch nicht eingestellt.

b) Stimmrechtskomitee der Gesellschaft

Die Gesellschaft, der an hohen Präsenzquoten gelegen ist, kann den Aktionären anbieten, dass sie selbst oder eine von ihr nominierte Person das Stimmrecht auf der Hauptversammlung ausübt. Diese Organisation der Stimmrechtswahrnehmung durch die Gesellschaft kann in zwei Gestaltungen geschehen. Einmal kommt in Betracht, dass ein Dritter diese Aufgabe im Auftrag und auf Kosten der Gesellschaft besorgt. Einen umstrittenen Versuch in diese Richtung hat 1997 die *Deutsche Telekom AG* unternommen[34], als sie eine international tätige Wirtschaftsprüfungsgesellschaft (Pricewaterhouse) zur Stimmrechtswahrnehmung engagiert hat. Hintergrund war die Überlegung, vor allem den ausländischen Telekomaktionären eine international bekannte Adresse anzubieten, denen sie ihre Stimmrechte anvertrauen können.

Die zweite in der aktuellen Praxis zu beobachtende Gestaltung ist die Wahrnehmung der Stimmrechte durch Angestellte der Gesellschaft. Die *Siemens-AG* hat diese Vertretung für ihre Hauptversammlung im Februar 2000 als „besonderen Service" (Einladung) angeboten; die *Daimler-Chrysler AG* organisierte für ihre Hauptversammlung im April 2000 ähnliches, ging aber insofern noch darüber hinaus, als eine Weisungserteilung an den bevollmächtigten Gesellschaftsmitarbeiter noch bis vier Tage vor dem Hauptversammlungstag über Internet ermöglicht wurde. Auch die *Celanese AG*, die *Deutsche Bank AG* und die *Deutsche Telekom AG* haben Gesellschaftsmitarbeiter mit der Stimmrechtswahrnehmung betraut und dies den Aktionären öffentlich angeboten.

---

[33] *Bachmann*, WM 1999, 2100 (2101).
[34] *OLG Karlsruhe*, ZIP 1999, 750.

aa) Ablehnung des Verwaltungsstimmrechts

Die genannten Gestaltungen sind allerdings rechtlich nicht zweifelsfrei. Vor allem der Vorwurf liegt nahe, hier werde ein unzulässiges „Verwaltungsstimmrecht" geschaffen.[35] Darunter ist die Ausübung des Stimmrechts für fremde Aktien durch die Aktiengesellschaft auf ihrer eigenen Hauptversammlung zu verstehen.[36] Gegen diese Stimmrechtswahrnehmung werden eine Reihe von Bedenken geltend gemacht. Die Kritik moniert insbesondere eine Verwischung der Gewaltenteilung in der AG. Die mit Aktionärsstimmrechten wohlfeil ausgestattete Verwaltung erfahre dadurch einen höchst unerwünschten, aktienrechtlich als unzulässig anzusehenden Machtzuwachs auf der Hauptversammlung.[37] Die herrschende Lehre gibt an, es gehöre zu den ungeschriebenen „hergebrachten Grundsätzen des deutschen Aktienrechts, dass die Verwaltung in ihrer eigenen HV nicht stimmberechtigt ist".[38] Das stützende Argument für diesen hergebrachten Grundsatz ist, dass die Verwaltung keinen dominierenden Einfluss auf die Willensbildung der Hauptversammlung bekommen darf, ein Gedanke, der in § 136 Abs. 2 AktG in gewisser Weise gesetzlichen Ausdruck gefunden hat.

bb) Vertreter mit gebundener Marschroute

Der Grundansatz der Gegner eines „Verwaltungsstimmrechts" ist zutreffend. Das Trommeln von Aktien darf es nicht geben, der Vorstand soll nicht über ein Stimmrechtspolster vertrauensseliger Aktionäre disponieren können. Die Verwaltung darf nicht ihre eigene Hauptversammlung mittels eingeworbener Aktionärsstimmrechte, über deren Ausübung sie frei bestimmt, dominieren. Das würde zu einer faktischen Verschiebung in der innergesellschaftlichen Kompetenzordnung führen, die dem Leitbild des Aktiengesetzes nicht entspricht. Die Verwaltung könnte sich unangreifbar machen, was einer Feudalisierung des Managements entgegenkommt. Auch der Gedanke, dass eine Interessenkollision ausgeschlossen sein muss, der Vorstand also nicht kraft Vollmacht über seine eigenen Vorschläge abstimmen darf,[39] ist überzeugend.

Bei alledem spielt es grundsätzlich keine Rolle, ob nun die Gesellschaft selbst als Vertreter auftritt, ob dies Angestellte der Gesellschaft tun oder ob von der Gesellschaft bezahlte Agenten dieses Geschäft besorgen.[40] Selbstverständlich ist es möglich, ein individuelles Mandat zu erteilen, etwa wenn der Bruder des Finanzvorstands bittet, seine Aktien zu vertre-

---

35 *Zöllner*, in: Kölner Komm., § 134 Rdnr. 79; *Hüffer*, AktG, § 134 Rdnr. 25, § 135 Rdnr. 3, § 136 Rdnr. 25; *K. Schmidt*, Gesellschaftsrecht, § 28 IV 4 c (S. 862).
36 So der Titel des Beitrags von *Zöllner*, FS Westermann, 1974, S. 603.
37 *Zöllner*, FS Westermann, 1974, S. 603 (605–608).
38 *Lutter*, in: Kölner Komm., § 71b Rdnr. 9.
39 *Bachmann*, WM 1999, 2100 (2104).
40 In diesem Sinne bereits *Schilling*, FS Möhring, 1975, S. 257 (258 f.).

ten oder – gängige Praxis- wenn der HV-Besucher vor der Abstimmung die Versammlung verlässt und seinen Stimmblock einem dazu benannten Gesellschaftsangehörigen überlässt.

Zur Debatte steht hier aber die organisierte Vertretung, also das breitflächige Einwerben von Stimmrechten. Das kennt man aus dem US-amerikanischen Recht als Proxy-System. Dort wird das öffentliche Einsammeln von Stimmrechten durch das Management oder managementnahe Einrichtungen eingehend reguliert, mit einer Fülle von Informationspflichten verbunden und – vor allem – von der Kapitalmarktaufsicht überwacht.[41] Das ist eine mögliche Lösung des Interessenkonflikts, der bei dem Verwaltungsstimmrecht notwendig auftritt. Aus etlichen Gründen ist eine solche hoheitliche Aufsicht bei der Ausgestaltung eines privatrechtlichen Vorgangs beim gegenwärtigen Stand der Dinge nicht wünschenswert. Was tun? Es ist doch an sich besser, wenn Stimmrechte wahrgenommen werden und nicht verfallen. Also muss man genauer hinsehen und erkennen, dass das Verdikt gegen das Verwaltungsstimmrecht dem Grunde nach berechtigt ist, aber dann nicht mehr, wenn die Verwaltung wie ein Bote agiert. Nun soll es das Botenstimmrecht im Aktienrecht nicht geben (oben S. 21), aber eine Vollmacht mit ausdrücklicher Weisung hat denselben Effekt.

Bei organisierter Vertretung, wie sie in den oben genannten Sachverhalten anzutreffen ist, müssen stets die Restriktionen des § 135 AktG beachtet werden. Das bedeutet z.B., dass die Vollmacht nur isoliert und zeitlich begrenzt erteilt werden kann. Vor allem aber ist § 135 Abs. 1 Satz 2 AktG zu beachten. Dort ist bestimmt, dass eine Bank-AG auf der eigenen Hauptversammlung das Stimmrecht auf Grund der Vollmacht nur ausüben darf, soweit der Aktionär eine ausdrückliche Weisung zu den einzelnen Gegenständen der Tagesordnung erteilt hat. Diese Norm trifft immer dann zu, wenn der organisierte Stimmrechtsvertreter die Gesellschaft selbst ist, wobei es keine Rolle spielt, ob es sich um ein Kreditinstitut oder um eine Gesellschaft mit anderem Geschäftsgegenstand handelt. Sie trifft mit ihrem Rechtsgedanken zu, wenn es sich um gesellschaftsnahe Beauftragte handelt. Die Gerichte haben den Telekom-Fall im Ergebnis richtig entschieden, als sie die weisungsgebundene Stimmrechtswahrnehmung durch eine Wirtschaftsprüfer-Gesellschaft mit Hinweis auf § 135 Abs. 1 Satz 2 AktG billigten.[42]

Wenn die ausdrückliche Erteilung von Weisungen gefordert ist, verfängt das Argument nicht mehr, der Verwaltung wachse durch die Wahrnehmung von Stimmrechten aus fremden Aktien ein ungebührliches, in-

---

[41] Oben Fußn. 18 und unten Fußn. 50.
[42] *OLG Karlsruhe*, ZIP 1999, 750 (752 f); *LG Karlsruhe*, ZIP 1998, 1308 (1311); früher bereits *LG Stuttgart*, AG 1974, 260; *Busse* NJW 1960, 1981 (1984); wohl auch *Westermann* (o. Fußn. 22), S. 271; *Dreher/Schnorbus*, EwiR 1998, 675.

haltlich offenes Machtpotential zu.⁴³ Der tragende Grund für die Untersagung des „Verwaltungsstimmrechts" ist in dem hier behandelten Zusammenhang entfallen. Dabei ist klarzustellen, dass eine „ausdrückliche Weisung" nur vorliegt, wenn der Aktionär positiv erklärt hat, wie abzustimmen ist. Nicht etwa genügt, dass das Schweigen auf ein angekündigtes Abstimmungsverhalten als Weisungserteilung gewürdigt wird. Problematisch könnten sich auch Verführungen zur Stimmrechtsvollmacht im Sinne der Verwaltung erweisen, etwa wenn (wie bei der *DTAG*) im Internetformular zuerst ein Button angeboten wird, mit dessen Anklicken alle Abstimmungsvorschläge der Verwaltung als Stimmrechtsweisung übernommen werden.⁴⁴ Hier ist noch Feinarbeit vonnöten, ohne das Grundmodell (Einzelweisung, um Vertreter mit strikt gebundener Marschroute zu schaffen) in Frage zu stellen.

4. Stimmrechtsdirektiven online

Die Gesellschaft bzw die von ihr beauftragten Personen empfangen ihre Weisung grundsätzlich vor der Hauptversammlung. Wenn nur Vollmacht, aber noch keine Einzelweisung erteilt wurde, enthält sich der Vertreter der Stimme.⁴⁵ Es besteht die bis zum Abstimmungsbeginn gegebene Möglichkeit, die erteilte Weisung zu ändern. Dazu ist vorzusehen, dass der Vertreter eine Online-Verbindung zu den vertretenen Aktionären hat. Ist der ortsabwesende Aktionär in der Lage, sich realtime über die Vorgänge auf der Hauptversammlung zu informieren, so ist es nur folgerichtig, wenn er seinem Vertreter ggf. noch Weisungen bis zum Abstimmungsbeginn erteilen kann. Das in der HV-Saison 2000 praktizierte Verfahren einzelner Gesellschaften⁴⁶ war demgegenüber noch zurückhaltend, denn Weisungen bzw Weisungsänderungen konnten nur bis zu zwei Tagen vor HV-Beginn online angebracht werden.

Diese Direktiven können bei organisierter Vertretung wiederum aus naheliegenden Kapazitätsgründen nicht einzeln telefonisch durchgegeben werden, sondern sind elektronisch in das EDV-System des Vertreters zu übermitteln.⁴⁷ Bei neuen Anträgen oder Veränderungen, die angekündigten Anträgen zur Tagesordnung widerfahren, hat der Stimmrechtsvertreter sein „order sheet" entsprechend zu verändern, um seiner Online-Mandantschaft das aktuelle Formular zur Einbuchung zur Verfügung zu stellen. Damit ist auch klar, warum ein solches Angebot zur Stimmrechts-

---

⁴³ So jetzt auch *Zöllner*, ZHR 155 (1991), 168 (183 f.) (gegen seine weitergehende Auffassung in: FS Westermann, 1974, S. 612 f.).
⁴⁴ Darauf hat *Bachmann* in der Diskussion auf der MMR-Tagung (vgl. Vorwort) hingewiesen.
⁴⁵ So die Praxis bei der *DCX*-Hauptversammlung April 2000.
⁴⁶ *DaimlerChrysler; Deutsche Telekom; Deutsche Bank.*
⁴⁷ *Noack*, Entwicklungen im Aktienrecht 1999/2000, 1999, S. 41.

wahrnehmung in erster Linie von der Gesellschaft bzw Gesellschaftsbeauftragten ausgeht. Die Einbindung in das System der bei großen und mittleren Gesellschaften meist vollelektronischen HV-Abwicklung verlangt Schnittstellen, die Dritten nicht ohne weiteres offenstehen, sondern nur bei entsprechenden Vereinbarungen.

Um Verdächtigungen oder auch nur Unklarheiten vorzubeugen, sollte jeder Datenübermittlungsvorgang aufgezeichnet und eine gewisse Zeit aufbewahrt werden. Datenschutzrechtliche Grundlage ist das mit dem Vertreter begründete Rechtsverhältnis. Es muss EDV-technisch nachprüfbar sein, von wem eine Weisung kam, ob und wie sie in der HV-Abstimmung ausgeführt wurde. Damit geht diese Anforderung über diejenige hinaus, die bei organisierter Stimmrechtsvertretung durch Dritte gilt. Dort besteht für Kreditinstitute eine Pflicht, die Vollmacht intern zu dokumentieren, da sich die Depotprüfung hierauf erstreckt. Nach dem NastraG wird die Pflicht der Kreditinstitute ausdrücklich im Gesetz festgeschrieben: Die Depotbanken müssen die Vollmachtserteilung (nicht: die Weisungen innerhalb des Vollmachtsverhältnisses) „nachprüfbar festhalten" (§ 135 Abs. 2 Satz 4 AktG).

Im zuletzt genannten Bereich wird es zu technischen Spezifikationen kommen, wie eine ordnungsgemäße HV-Abwicklung mit Hilfe der IT auszusehen hat. Denkbar ist, dass Notare und andere neutrale Kreise „Grundsätze ordnungsgemäßer HV-Durchführung" formulieren, die ähnlich den Wirtschaftsprüferrichtlinien wirken.[48]

5. Kommunikationsstörungen

a) Sachliche Kommunikation

Der Gesellschaft kann es nach bisheriger Rechtsauffassung im Grundsatz gleichgültig sein kann, ob und wie die Kommunikation zwischen dem Vertreter und dem vertretenen Aktionär funktioniert. Das betrifft sowohl die sachliche Kommunikation (Weitergabe von Mitteilungen, Abstimmungsvorschläge; vgl. §§ 128, 243 Abs. 3 AktG) als auch die technische Kommunikation (Serverausfall usw). Wenn also der Vertreter online nicht erreichbar ist[49], so kann der Aktionär, der seine Weisung nicht rechtzeitig erteilen oder ändern vermag, daraus keine (Anfechtungs-) Rechte gegen die AG ableiten. Es ist – salopp ausgedrückt – grundsätzlich sein Problem, mit wem er sich zur Wahrnehmung seiner Aktionärsverwaltungsrechte einlässt.

---

[48] *Limmer* (Deutsches Notarinstitut) auf der MMR-Tagung (vgl. Vorwort).

[49] Das Problem ist aus dem anders gelagerten Bereich Direktbank-Kunde wohlbekannt; es hat dort im März 2000 zu Ermahnungen des *Bundesaufsichtsamtes für das Wertpapierwesen* geführt, da eine ordnungsgemäße Geschäftsführung dieser Finanzdienstleister fraglich geworden war.

Das könnte in Zukunft anders gesehen werden, wenn das neuestens praktizierte deutsche Modell des Proxy Voting (Stimmrechtskomitee der Gesellschaft) Schule macht. In den USA ist das Einwerben von Stimmrechtsvollmachten (proxy) durch die Verwaltung bzw ihr nahestehende Einrichtungen weit verbreitet.[50] Wegen des vorstehend (für das deutsche Recht, aber an sich allgemeingültig) beschriebenen Interessenkonflikts sorgt hier die Kapitalmarktaufsicht (*SEC*) bei börsennotierten Gesellschaften für Ordnung. Insbesondere muss die Information, die von der Verwaltung in Gestalt sog „proxy statements" gegeben wird, richtig und vollständig sein. Ist die Fehlinformation geeignet, die Abstimmung zu beeinflussen, so kann nach bundesstaatlichem US-Recht gegen den darauf beruhenden Beschluss geklagt werden.[51] Diese Erstreckung von Fehlern in der Willensbildung für die Stimmabgabe, die aus dem Innenverhältnis zwischen Aktionär und Stimmrechtsvertreter herrührt, auf die Beschlusswirksamkeit wäre konsequent jedenfalls dann, wenn die Verwaltung es ist, die eine Vertretung auf der Grundlage ihrer Informationen anbietet.[52]

b) Technische Kommunikation

Die Störung in der technischen Kommunikation ist von den vorstehenden Überlegungen zur Auswirkung mangelhafter Informationen nicht erfasst. Hier kommt ein Durchschlagen auf die Beschlusswirksamkeit nicht in Betracht. Wenn die elektronische Vollmachterteilung (nach In-Kraft-Treten des NaStraG) den Gesellschaftsvertreter nicht erreicht, so ist im Regelfall noch genug Zeit, um die Vollmachtserteilung auf anderem Wege nachzuholen. Sollte die Satzung generell oder für den Fall der Online-Mitwirkung von einem Anmeldeerfordernis absehen, so kann es allerdings geschehen, dass ein Aktionär noch während der Hauptversammlung vergeblich versucht, online per Vollmacht und Weisung mitzuwirken. Indessen wird man diesen Fall dem Risiko des betreffenden Aktionärs zuweisen – vergleichbar dem Sachverhalt, dass er wegen einer Verkehrsstörung nicht oder nicht rechtzeitig zum HV-Ort gelangen kann.

Zu denken ist aber an Ansprüche aus dem Innenverhältnis. Zwischen der Gesellschaft bzw dem von ihr eingeschalteten Angestellten kommt neben dem Vollmachtsverhältnis meist ein Auftragsvertrag zustande. Dieser beinhaltet die Zusage ordnungsgemäßer Abwicklung der Stimmrechtsvertretung. Daher muss der Auftragnehmer die üblichen techni-

---

[50] *Spindler/Hüther*, RIW 2000, 329; *Hoffmann*, Systeme der Stimmrechtsvertretung in der Publikumsgesellschaft, 1999, S. 82 ff.; *Zätzsch/Gröning*, NZG 2000, 393 (399 f.).
[51] *Becker*, Verwaltungskontrolle durch Gesellschafterrechte, 1998, S. 310 ff.; *Baums*, Gutachten für den 63. Deutschen Juristentag, 2000, S. F 11 ff.
[52] Offengelassen für das deutsche Recht von *Baums* (o. Fußn. 51), S. 9; dazu auch *Blank/Zetzsche*, K&R 2000, 486 ff.

schen Vorkehrungen treffen, um eine störungsfreie Verbindung zu gewährleisten. Das heißt nun nicht, dass für jeden Extremfall krimineller Attacken auf die Netzstabilität Vorsorge getroffen werden muss. Andererseits kann es auch nicht angehen, dass die Gesellschaft eine Online-Mitwirkung auslobt, aber dafür keine hinreichende Kapazität bereitstellt bzw ohne Redundanzen arbeitet. Sollte letztgenannter Fall dazu führen, dass der Aktionär über die Ausübung seines Stimmrechts nicht disponieren kann, kommt ein Schadensersatzanspruch wegen mangelhafter Auftragsdurchführung in Betracht.

Auch dann, wenn unmittelbarer Partner des Auftragsvertrags nicht die Gesellschaft, sondern ein Angestellter ist, gilt im Grundsatz nichts anderes. Die Gesellschaft bedient sich des Angestellten, um dem in der Rechtswissenschaft verbreiteten Verdikt zu entgehen, eine Stimmrechtsvollmacht direkt an die Gesellschaft sei nicht zulässig (was nicht zutrifft; oben S. 23 ff.). Rechtlich mag man die Sache so konstruieren, dass aus der Wahrnehmung der Aufgabe „Aktionärsvertretung" (Gesellschaft – Angestellter) eine Schutzwirkung zugunsten der vertretenen Aktionäre abzuleiten ist.

6. Einzelheiten der Vollmacht des Online-Mitwirkenden

a) Schriftliche Bevollmächtigung nach altem Recht

Die Vollmacht, die zur Ausübung des Stimmrechts berechtigt (§ 134 Abs. 3 S. 1 AktG), musste früher in schriftlicher Form erfolgen. Damit war das Aktiengesetz formstrenger als das BGB, das für die Bevollmächtigung grundsätzlich keine Form verlangt, selbst dann nicht, wenn das Rechtsgeschäft der Form bedarf, auf das sich die Vollmacht bezieht (§ 167 BGB).

Schriftliche Form bedeutet, dass eine Papierurkunde vorliegt, die von dem Aussteller eigenhändig durch Namensunterschrift unterzeichnet wurde (§ 126 Abs. 1 BGB). Ein Fax genügt nach neuester Auffassung der Rechtsprechung jetzt dieser Form.[53]

Die sog. digitale Signatur unter einer E-Mail nach dem Signaturgesetz von 1997 kann die vom BGB verlangte „eigenhändige Unterzeichnung" nicht ersetzen. Das Signaturgesetz hat lediglich einen technischen Standard normiert, das materielle Recht hingegen unverändert gelassen. Aus diesem Grunde und wegen des hohen Aufwands ist die digitale Signatur bislang praktisch bedeutungslos geblieben (dazu noch unten S. 30).

---

[53] *Gemeinsamer Senat*, NJW 2000, 2340; a.A. noch *BGHZ* 121, 224 (229); *BGH*, NJW 1997, 3170; *BGH*, NJW-RR 1997, 685; für HV-Vollmacht *OLG Düsseldorf* v. 3.12.1999 – 16 U 217/98; näher *Henneke*, NJW 1998, 2194; *Liwinska*, MDR 2000, 500.

B. Die internetgestützte Hauptversammlung

b) Elektronische Bevollmächtigung

Wäre es bei dieser Rechtslage geblieben, würde die Online-Mitwirkung einen spürbaren Aufwand erfordern, insbesondere wäre ein Medienbruch zu verzeichnen: erst eine schriftliche Korrespondenz der Beteiligten (Einladung mit Vollmachtsaufforderung; Rücksendung der unterschriebenen Vollmacht) würde die elektronische Mitwirkung (Stimmrechtsdirektiven) in Gang bringen können. Um diese Umständlichkeit zu vermeiden, waren und sind Gesetzesänderungen erforderlich.

aa) Änderung des BGB

Der Regierungsentwurf eines „Gesetzes zur Anpassung der Formvorschriften des Privatrechts an den modernen Rechtsgeschäftsverkehr" vom 6.9.2000 sieht vor, § 126 BGB mit folgendem Absatz zu ergänzen: „Die schriftliche Form kann durch die elektronische Form ersetzt werden, wenn sich nicht aus dem Gesetz ein anderes ergibt".

Unter dieser elektronischen Form versteht der einzufügende § 126a BGB in seinem ersten Absatz folgendes:

„Soll die gesetzlich vorgeschriebene schriftliche Form durch die elektronische Form ersetzt werden, so muss der Aussteller der Erklärung dieser seinen Namen hinzufügen und das elektronische Dokument mit einer qualifizierten elektronischen Signatur nach dem Signaturgesetz versehen".

Damit würde endlich im materiellen Recht ein Anwendungsfeld für die digitale Signatur (künftig: qualifizierte elektronische Signatur) geschaffen. Kurz gefasst: die Schriftform und die qualifiziert-elektronische Form sind dann gleichwertig. Für das Aktiengesetz könnte dies bedeuten, dass eine qualifiziert-elektronische Bevollmächtigung möglich ist, auch wenn das AktG nach der Änderung durch das NaStraG weiterhin die Schriftform fordert (unten S. 30). Der Grund liegt darin, dass die Änderung des BGB auch für das AktG maßgebend ist. Zwar heißt es in § 126a BGB, die Gleichstellung solle nur erfolgen, wenn sich aus dem Gesetz nichts anderes ergibt. Das ist aber nicht schon dann anzunehmen, wenn das Gesetz Schriftlichkeit fordert, sondern nur, wenn es bestimmt, dass die elektronische Form ausgeschlossen ist (wie bei dem Entwurf eines § 766 Abs. 1 BGB).

Allerdings erfordert die Erlangung einer digitalen Signatur ein aufwändiges Verfahren (Zertifikat und Schlüsselvergabe durch eine amtlich anerkannte Zertifizierungsstelle), das der Normalaktionär kaum absolvieren wird.[54] Möglicherweise wird sich durch die weniger weitgehenden Anforderungen nach der EU-Richtlinie über einen gemeinsamen Rahmen für elektronische Signaturen v. 18.11.1999[55] ein leichterer Zugang erge-

---
[54] Diesen Aspekt vernachlässigen *Hasselbach/Schumacher*, ZGR 2000, 258 (266 f.).
[55] 1999/93/EG; ABl. EG Nr. L 13 vom 19.1.2000, S. 12 ff.; dazu etwa *Kilian*, BB 2000, 733 ff.

ben. Die Richtlinie verlangt, dass in den Rechtsordnungen der Mitgliedstaaten die qualifizierte elektronische Signatur der handschriftlichen Unterschrift gleichgestellt wird. Die Bundesregierung plant, das Gesetz zur digitalen Signatur v. 22.7.1997 durch ein „Gesetz über Rahmenbedingungen für elektronische Signaturen" abzulösen, wobei vor allem die staatliche Genehmigungspflicht für Zertifizierungsstellen zugunsten eines Aufsichtssystems wegfiele.

Nebenbei bemerkt: Art. 28 Nr. 1 des genannten Gesetzes zur Anpassung der Formvorschriften des Privatrechts an den modernen Rechtsgeschäftsverkehr will die Textform für die Vollmacht bei der GmbH (§ 47 Abs. 3 GmbHG) genügen lassen. Das müsste dann wohl auch für die AG entsprechend geregelt werden (bislang nicht vorgesehen). Textform bedeutet, dass „die Erklärung einem anderen gegenüber so abgegeben werden (muss), dass sie in Schriftzeichen lesbar und die Person des Erklärenden angegeben ist" (Entwurf eines § 126b BGB).

bb) Neues Aktienrecht

Das Gesetz zur Namensaktie und Erleichterung der Stimmrechtsausübung (NaStraG) will für die individuelle Vertretung das Schriftlichkeitserfordernis zwar beibehalten, jedoch der Satzung freigeben, eine „Erleichterung" zu bestimmen. § 134 Abs. 3 AktG n. F. lautet:

> „Für die Vollmacht gilt die schriftliche Form, wenn die Satzung keine Erleichterung bestimmt".

Im Hinblick auf dieses Gesetz hat die Hauptversammlung der *DaimlerChrysler AG* am 19.4.2000 folgende Satzungsänderung beschlossen:

> „Der Aktionär kann Stimmrechtsvollmacht in jeder gesetzlich zulässigen Form erteilen".

Damit wäre DCX in der Lage, bereits zur Hauptversammlung 2001 eine elektronische Kette zu den hauseigenen Stimmrechtsvertretern aufzubauen, die den Medienbruch einer brieflich abzusendenden Vollmacht vermeidet. Andere Gesellschaften formulieren vorsichtiger. Vor allem legen sie fest, dass die Vollmacht nachzuweisen ist. So heißt es bei der *Celanese AG*:

> „Werden Mitglieder des ProxyCommitee der Gesellschaft zur Ausübung des Stimmrechts bevollmächtigt, so kann die Vollmacht auch im Wege elektronischer Post (E-Mail) mit digitaler Signatur oder einem anderen von der Gesellschaft zu bestimmenden technisch üblichen Echtheitsnachweis erteilt werden. Die email-Adresse, an die die Vollmacht in diesem Fall zu senden ist, sowie die weiteren Einzelheiten für die Bevollmächtigung werden zusammen mit der Einberufung der Hauptversammlung in den Gesellschaftsblättern bekannt gemacht".

Die *Deutsche Telekom AG* hat folgende Klausel vorgesehen:

> „Der Aktionär kann Stimmrechtsvollmacht nach Maßgabe der gesetzlichen Vorschriften auch im Wege elektronischer Post (E-Mail) mit

einem von der Gesellschaft zu bestimmenden üblichen Echtheitsnachweis erteilen".
Derartige Vorsicht erscheint ratsam, weil die Regelung des § 134 Abs. 3 AktG kaum die Freistellung von sinnvollen Nachweiserfordernissen bedeuten kann. Von bedeutsamer Seite wurde angeregt, zwar nicht die Erteilung der Vollmacht einer Form zu unterwerfen, aber einen Nachweis zu verlangen, dass eine Vollmacht erteilt wurde. Der *Handelsrechtsausschuss des Deutschen Anwaltsvereins* hat (vergeblich) vorgeschlagen, § 134 Abs. 3 Sätze 2 und 3 AktG wie folgt zu fassen:
„Die Vollmacht ist formlos gültig. Sie ist der Gesellschaft schriftlich, durch Telefax oder in gleichwertiger Form nachzuweisen".

An dieser Formulierung stört die Fixierung auf das überholte „Telefax". Das NaStraG hat mit gutem Grund darauf verzichtet, zur Zeit übliche Kommunikationsmethoden zu benennen, da sonst mit jedem Technologieschritt das Gesetz anzupassen wäre. Aber die Intention der Kritik ist richtig, dass die Gesellschaft die Möglichkeit haben muss, einen Nachweis der Vollmacht zu verlangen, um sich gegen die Teilnahme nicht autorisierter Personen zu sichern. Die „Erleichterung durch die Satzung", von der im Gesetz die Rede ist, kann nicht bedeuten, dass die Gesellschaft Vollmachten zu akzeptieren hat (oder auch nur akzeptieren darf), die lediglich mündlich oder in anderer nicht nachweisbarer Gestalt erteilt worden sind. Schon mit Blick auf einen möglichen Beschlussanfechtungsprozess ist die Gesellschaft verpflichtet, Vollmachtserklärungen nachprüfbar festzuhalten, was durch die EDV-Speicherung geschehen kann. Für die von der Gesellschaft benannten Stimmrechtsvertreter (§ 134 Abs. 3 Satz 3 AktG) hat das Gesetz übrigens einen solchen Nachweis durch das Erfordernis des „nachprüfbar festhalten" angeordnet.

Für die organisierte Vertretung durch Kreditinstitute und Aktionärsvereinigungen wird auf ein Formerfordernis überhaupt verzichtet. § 135 Abs. 3 Satz 1 AktGE formuliert:
„Ein Kreditinstitut darf das Stimmrecht für Aktien ... nur ausüben, wenn es bevollmächtigt ist".

Die bislang vorgesehene Schriftform wird in der Begründung des NaStraG als nicht mehr „zeitgemäß" bezeichnet. Sie entspreche nicht mehr den praktischen Bedürfnissen einer weltweit gestreuten Aktionärsstruktur. Es sei schließlich nicht Aufgabe des AktG, durch Festlegung einer bestimmten Form für die Dokumentations- und Identifikationsbedürfnisse der Beteiligten die Nutzbarmachung moderner Technologien zu behindern.

Die Aufgabe der zwingenden Schriftform bedeutet allerdings nicht, dass auf jeden Nachweis verzichtet wird. In § 135 Abs. 2 Sätze 3 und 4 AktG n. F. heißt es:
„Die Vollmachtserklärung muss vollständig sein und darf nur mit der Stimmrechtsausübung verbundene Erklärungen enthalten. Sie ist vom Kreditinstitut nachprüfbar festzuhalten".

Dieses nachprüfbare Festhalten kann naturgemäß nur bei nicht flüchtigen Erklärungen gelingen. Die mündliche Erteilung einer Depotvollmacht würde also den Anforderungen nur dann genügen, wenn sie auf Tonband festgehalten wird, ähnlich der Praxis beim Telefonbanking. Die elektronisch erteilte Vollmacht erfüllt wegen ihrer Speicherfähigkeit gleichfalls das Kriterium. Im Unterschied zu der individuellen Vertretung ist hier nicht eine qualifiziert elektronisch signierte Erklärung erforderlich, sondern Bank und Depotkunde können sich der zwischen ihnen für Wertpapiergeschäfte verabredeten elektronischen Kommunikationsgestaltung bedienen, also die Legitimation über die üblichen PIN/TAN-Codes herstellen.

7. Einsatzmöglichkeiten des Vertreter-Modells

Ein Blick auf die Einsatzfelder des Vertreter-Modells soll diesen Teil der Überlegungen abrunden:

a) Internetandockung an Präsenz-HV

Die erste Einsatzmöglichkeit einer individuellen Internetandockung erleben wir zur Zeit in der HV-Saison 2000, wobei allerdings die erwähnten beiden Hindernisse den Testlauf wenig attraktiv erscheinen lassen: zum ersten der Medienbruch, zum zweiten der Stopp einige Tage vor der HV. Der Endausbau in den kommenden Jahren geht dahin, dass die ortsabwesenden Aktionäre bis zur Abstimmung in der Lage sind, ihren Vertreter online zu dirigieren.

b) Variante: „Tele-Hauptversammlung"

Eine kollektive Andockung größerer Anlegerkreise kann mit der Tele-HV erreicht werden: Die Gesellschaft beruft eine Präsenz-HV an einen gesetzlich bzw satzungsgemäß vorgesehenen Ort ein. An anderen Orten, etwa an Zweigniederlassungen, bietet sie Satellitenveranstaltungen an.[56] Deren Teilnehmer haben die Möglichkeit, auf Großbildleinwänden die Verhandlungen der Präsenz-HV live zu verfolgen. Das entspricht der heutigen Praxis bei Überfüllung des eigentlichen Präsenzsaales, in dem sich Vorstand, Aufsichtsrat und Notar aufhalten. Eine solche Online-Verbindung wurde in den Gegenanträgen zur DaimlerChrysler-HV 2000 gefordert, da die Reise nach Berlin vielen Klein- und Belegschaftsaktionären aus Baden-Württemberg zu aufwändig sei.

Die Teilnehmer dieser Begleittreffen sind als solche nicht zugleich Teilnehmer der Hauptversammlung. Vielmehr sind die Stimmrechte in diesem Fall ebenfalls über einen Vertreter wahrzunehmen. Vor Ort werden die Vollmachten erteilt und online zur Präsenz-HV übermittelt. So könnten kurz vor der Abstimmung in der Präsenz-HV die Abstimmungen in

---

[56] So bereits *Riegger/Mutter*, ZIP 1998, 637 (640); *Noack*, BB 1998, 2533 (2534).

den Trabantenversammlungen erfolgen. Die „Stimmabgaben" dort sind rechtlich nicht additiver Teil der HV-Abstimmung, sondern dienen lediglich der Ermittlung, wie der gemeinsame Vertreter das ihm übertragene Stimmrecht auszuüben hat.

Der Unterschied zu der zuvor besprochenen individuellen Online-Partizipation ist, dass hier die Gesellschaft selbst aktiv wird und für die Abhaltung einer solchen Satellitenveranstaltung sorgt. Das kann im nationalen Rahmen attraktiv sein, etwa wenn das Ganze mit einer Produktpräsentation usw verbunden wird. Bei international tätigen Unternehmen, die aus Rechtsgründen ihre HV in Deutschland glauben abhalten zu müssen[57], eignen sich solche Parallelveranstaltungen zur Einbindung des ausländischen Aktionärspotentials, bei Fusionen auch zur Rücksichtnahme auf Gepflogenheiten des Partners. In diesem Sinne hatte die *Deutsche Telekom AG* erwogen, im Falle eines geglückten Zusammenschlusses mit der *Telekom Italia*, auch in Rom oder Mailand Aktionärsversammlungen zeitgleich zur Telekom-HV abzuhalten und diese über Satellit zu verknüpfen.[58]

Hier kommt auch in Betracht, dass die Teilnehmer an den Trabantenmeetings Fragen in der eigentlichen HV stellen. Das AktG bestimmt, dass jedem Aktionär „in der Hauptversammlung" vom Vorstand Auskunft zu geben ist. Es verbietet nicht, auch ortsabwesenden Aktionären Auskunft zu erteilen, sondern verpflichtet in der Folge dazu, diese Auskunft in der Hauptversammlung auf Verlangen zu erteilen (§ 131 Abs. 4 Satz 1 AktG). Eine freiwillige Auskunft ist also stets möglich. Um den Vorstand zu zwingen, Auskunft zu erteilen, müsste – um sicher zu gehen – eine in der eigentlichen Hauptversammlung anwesende Person sich die Fragen aus den Trabantenveranstaltungen zu eigen machen. Das ist eine lösbare Organisationsaufgabe. Rechtlich läuft die Gesellschaft keine Gefahr, wegen einer Auskunftspflichtverletzung, da die Fragen der Trabantenteilnehmer nicht auf der Grundlage des § 131 AktG zu beantworten sind.

c) Kleine AG

Eine Zuspitzung in anderer Richtung ist die Vorstellung, dass die Aktionäre sich nur im virtuellen Raum treffen. Bei konsequenter Nutzung des Vertreter-Modells ist es auch hier nicht nötig, die herkömmlichen Sichtweisen von „Versammlung" und „Ort der Versammlung" beiseite zu schieben. Aktionäre können sich über das Internet zusammenschalten, ihre Verhandlungen vornehmen und Entscheidungen treffen. Beispiel: Der Tagungssponsor, die *TON-ART-AG*, ist eine AG mit ca 35 Aktionären. Nehmen wir an, die HV findet in den Geschäftsräumen statt. Dort halten sich im Extremfall nur Vorstand, Aufsichtsrat und ein Vertreter der

---

[57] Zur Zulässigkeit der HV im Ausland *Biehler*, NJW 2000, 1243.
[58] *Balz*, Tagung FORUM-Management zur Online-HV, 10.12.1999.

abwesenden Aktionäre auf. In der Sache sind letztere alle an Bord, indem sie an den Verhandlungen über eine geeignete Kommunikationssoftware, die von eben dieser Gesellschaft entwickelt und vermarktet wird, teilnehmen.

IV. Übergang zur Cyber-HV?

Neuerdings wird versucht, durch eine Interpretation des Versammlungsbegriffs schon de lege lata zu einer Cyber-HV zu gelangen. Auf „Sonderkonstruktionen" wie das soeben vorgestellte Vertreter-Modell könne verzichtet werden, heißt es in einem jüngst publizierten ZGR-Aufsatz von *Hasselbach* und *Schumacher*.[59] Das virtuelle Cyber-Meeting sei auch eine „Versammlung" im Sinne des AktG. Das Wort „Versammlung" bedeute nicht notwendig ein physisches Treffen der Aktionäre in einem Raum und an einem Ort. Die Vorschrift des § 118 Abs. 1 AktG, wonach die Aktionäre ihre Rechte in den Angelegenheiten der Gesellschaft „in der Hauptversammlung" ausüben, sei, „wie viele andere Normen auch, einem gesellschaftlichen und technologischen Wandel unterworfen".[60] Der Gesetzgeber von 1937/1965 habe die technische Weiterentwicklung der auf weltweite Datennetze gestützten Kommunikationsmittel nicht berücksichtigen können. „Das Aktiengesetz muss sich derartigen neuen Entwicklungen gegenüber offen zeigen und auch eine nahezu ausschließlich virtuell (im Internet oder einem vergleichbaren Medium) durchgeführte Hauptversammlung zumindest unter bestimmten Voraussetzungen letztlich akzeptieren".[61]

Diese Vorstellung ist nach geltendem Recht schwerlich umzusetzen. Der wichtigste Hinderungsgrund, die CyberHV der realen HV gleichzustellen, liegt darin, dass das Internet jedenfalls vorerst noch nicht zu den für den Bürger selbstverständlichen Kommunikationsmitteln gehört, die er ohne Schwierigkeiten und ohne nennenswerte Kosten nutzen kann und für die die Vorhaltung der erforderlichen technischen Einrichtungen selbstverständlich ist. Doch ist nicht ausgeschlossen, dass in Zukunft die perfekte audiovisuelle Anbindung eines Online-Aktionärs als Teilnahme im Sinne des Aktienrechts gewertet werden kann. Dann ist in der Tat der Umweg über das Vertreter-Modell, das eher eine Übergangslösung ist, nicht mehr notwendig. Aus den USA, auch aus Australien und Neuseeland, wird berichtet, dass Gesellschaftsgesetze auf das Erfordernis einer körperlichen Zusammenkunft verzichten, wenn gewährleistet ist, dass die Beteiligten angemessen miteinander kommunizieren können – also

---

[59] *Hasselbach/Schumacher*, ZGR 2000, 258 (273) Fußn. 42.
[60] *Hasselbach/Schumacher*, ZGR 2000, 258 (261).
[61] Wörtlich der Appell von *Hasselbach/Schumacher*, ZGR 2000, 258 (261).

die Grundfunktionen einer Versammlung erfüllt sind. Ob das Hören und Sehen bedeutet, ist nicht ganz klar. Nach den Regeln einiger US-Bundesstaaten genügt das Hören (zB Minnesota), etwa bei einer Telefonkonferenz. In Deutschland könnte man diese Internet-HV satzungsdispositiv ermöglichen. Der Aufsichtsrat kann heute schon über eine Videokonferenz zusammenkommen; diese Möglichkeit wird im NaStraG noch eigens unterstrichen (Neufassung des § 108 Abs. 4 AktG). Wenn aber ein AR von 20 Personen so konferieren kann, dann sollte dies doch auch den Mitgliedern einer kleinen AG ermöglicht sein. Die seit den neunziger Jahren eingeleitete Unterscheidung in börsennotierte und nicht börsennotierte AG könnte auch hier herangezogen werden, indem letzterer die Internet-HV gesetzlich gestattet wird.

Doch insgesamt ist für die nächsten Jahre – obwohl man sich mit Prognosen in diesem Felde tunlichst zurückhalten sollte- schon aus technischen Gründen nicht realistisch, dass mittelgroße und große Gesellschaften eine solche Cyber-HV abhalten können. Ebensowenig ist zu erwarten, dass Theorie und Praxis des deutschen Aktienrechts auf das herkömmliche Verständnis von „Versammlung" und „Ort" (§ 121 Abs. 3 Satz 2 AktG) verzichten werden. Eine Auflösung dieser Begriffe hin zum virtuellen Raum zöge eine Fülle von Folgeänderungen nach, was ohne Eingreifen des Gesetzgebers nicht gelingen kann. Das NaStraG hat sich zu einer Politik der kleinen Schritte bekannt[62]; in diesem Gesetz ist eine Bestimmung, wonach die Hauptversammlung als audio-visuelle Zusammenkunft der Anteilseigner abgehalten werden könne, nicht vorgesehen.

V. Fazit

Nach In-Kraft-Treten des NaStraG 2001 ist eine internetgestützte HV-Vorbereitung und HV-Durchführung in weitem Umfang auf rechtlich sicherer Basis möglich. Die Kommunikation mit den (Namens-)Aktionären im Vorfeld der HV mittels Internet ist heute schon zulässig und verbreitet. Zwar geht auch das neue HV-Recht von einer körperlichen Präsenzversammlung aus, doch da eine persönliche Teilnahme des Aktionärs nicht erforderlich ist, kann der ortsferne Aktionär mittels eines Bevollmächtigten teilhaben. Über eine audiovisuelle Zuschaltung in Verbindung mit der Möglichkeit, den Bevollmächtigten anzuweisen, lässt sich die Situation einer „virtuellen" HV herstellen.

---

[62] *Spindler*, ZGR 2000, 420 (445); *Seibert*, ZIP 2000, 937; zu Teilaspekten (Namensaktie) bereits *Noack*, ZIP 1999, 1993.

C. Der Einsatz von E-Mail-Sheets für Stimmrechtsvollmacht und Stimmrechtsausübung

(Uta K. Klawitter)

I. Ausgangslage und Motive für die Einführung elektronischer Stimmrechtsausübung

Die seit einigen Jahren zu beobachtende Tendenz stetig abnehmender Hauptversammlungspräsenz, d. h. des Teils des Grundkapitals, der am Tag der Hauptversammlung persönlich oder durch Bevollmächtigte vertreten ist, hat sich mit der Umstellung von Stamm- auf Namensaktien für diese Gesellschaften noch verstärkt.

So betrug z. B. die Präsenz bei der diesjährigen Hauptversammlung der *DaimlerChrysler AG* 39,64 % und 39,1 % im Jahr 1999, dem ersten Jahr nach der Umstellung auf Namensaktien, im Vergleich zu 63,7 % in der letzten ordentlichen Hauptversammlung der *Daimler-Benz Aktiengesellschaft* im Mai 1998 und 61,9 % in der außerordentlichen (Verschmelzungs-)Hauptversammlung im September 1998, dem Jahr vor der Umstellung auf Namensaktien. Für die wirksame Beschlussfassung durch die Hauptversammlung sind aktienrechtlich keine Quoren vorgesehen[1] und die Annahme oder Ablehnung der zur Beschlussfassung gestellten Tagesordnungspunkte bestimmt sich grundsätzlich nach der Mehrheit der abgegebenen Stimmen bzw. nach Kapitalmehrheiten.

Gleichwohl besteht ein erhebliches Interesse der Gesellschaften an einer hohen Präsenz: Aufsichtsrat und Vorstand wünschen zum einen eine möglichst breite Legitimationsbasis für die von ihnen unterbreiteten Abstimmungsvorschläge. Zum anderen – und dies ist von weitaus größerer Bedeutung – nimmt das relative Stimmgewicht der am Tag der Hauptversammlung vertretenen Anteilseigner mit größerem Aktienbesitz bei niedriger Präsenz zu. Selbst Inhaber vergleichsweise kleiner Aktienpakete können dann einen Anteil am vertretenen Stimmpotenzial erreichen, der einer Sperrminorität (25 % + 1 Stimme) gleichkommt. Die unter dem Namen *Cobra* firmierende Investorengruppe hat mit einem Aktienbesitz von 17 % dieses Potenzial in der diesjährigen Hauptversammlung der *Commerzbank AG* der Geschäftsleitung eindrucksvoll vor Augen geführt. Die *Cobra* konnte bei einer Präsenz von knapp 56 % des Grund-

---

[1] Mit Ausnahme von Nachgründungen, § 52 Abs. 5 AktG.

kapitals ca. 30 % des auf der Anteilseignerversammlung vertretenen Kapitals stellen.[2] Das Risiko einer Geschäftsleitung, mit Abstimmungsvorschlägen aufgrund des überproportionalen Einflusses bestimmter Aktionärsgruppen nicht zu reüssieren, erhöht sich zudem, wenn – im Sinne der Verwaltung – verläßliche, langfristig orientierte Großaktionäre fehlen, die Gegengewichte zu bilden vermögen, also namentlich in Gesellschaften mit hohem Anteil von Streubesitz und institutionellen Investoren, die ihr Stimmpotenzial in der Regel nicht auf Hauptversammlungen vertreten lassen, sondern ihre Beurteilung der Unternehmensperformance durch Ein- und Austritt aus dem Wertpapier dokumentieren.

Es liegt daher im ureigenen Interesse der Verwaltung einer Aktiengesellschaft Wege zu finden, die es den Aktionären ermöglichen, zeit- und kosteneffizient ihre Stimmrechte auszuüben. Die Einführung der Namensaktie bei zahlreichen Aktiengesellschaften hat für zusätzlichen Anpassungsdruck gesorgt. Die sog. 15-Monatsvollmacht der Depotkunden gem. § 135 Abs. 2 AktG, kann bislang für Namensaktien nicht genutzt werden. Gem. § 135 Abs. 4 Satz 3 AktG ist die Vollmacht der Gesellschaft vorzulegen und von dieser zu verwahren. Die der Depotbank erteilte Vollmacht kann nur in den Fällen mehrfach genutzt werden, in denen es sich um eine Stimmrechtsausübung für den, den es angeht handelt, § 135 Abs. 4 Sätze 2 u. 4 AktG. Eine Stimmrechtsausübung für den, den es angeht, ist jedoch im derzeit geltenden Aktiengesetz für Namensaktien nicht vorgesehen, siehe § 135 Abs. 7 AktG. Statt dessen darf ein Kreditinstitut gem. § 135 Abs. 7 Satz 1 AktG das Stimmrecht für Namensaktien nur aufgrund einer schriftlichen Vollmacht ausüben, die gem. § 135 Abs. 7 Satz 2 i. V. m. § 135 Abs. 4 AktG von der Gesellschaft zu verwahren ist. Damit ist vom Aktionär für jede Gesellschaft auf Namensaktien an der er beteiligt ist, eine gesonderte schriftliche Vollmacht zu erteilen. Obgleich die einladenden Gesellschaften in ihren Einladungsmaterialien auf diese Notwendigkeit hingewiesen haben, haben in der vergangenen Hauptversammlungssaison viele Aktionäre auf die Gültigkeit der ihrer Depotbank erteilten 15-Monatsvollmacht vertraut und sind damit auf den Hauptversammlungen der Namensaktiengesellschaften nicht vertreten gewesen. Hinzu kommt, das Aktionäre zunehmend ihre Aktien in Depots von Discountbrokern halten, die eine Stimmrechtsvertretung nicht oder nur gegen zusätzliches Entgelt anbieten.

Um dem Ausfall dieser und der vorgenannten Stimmen entgegenzuwirken, hat insbesondere diese Gruppe der Namensaktiengesellschaften Anstrengungen unternommen, die Stimmabgabe über elektronische Abstimmungsteile zu ermöglichen (zu den unterstützenden gesetzgeberischen Maßnahmen s.u. III.).

---

[2] Handelsblatt Nr. 103 v. 21.5.2000, S.29.

Erste Schritte zur Einführung elektronischer Abstimmungsteile sind ferner durch den Umstand begünstigt worden, dass deutsche Aktiengesellschaften in zunehmendem Maße Kapital auf ausländischen Finanzmärkten nachfragen und das Angebot einer effizienten Stimmrechtsvertretung im Wettbewerb um Investoren Vorteile zu schaffen vermag. Insbesondere von u.s.-amerikanischen Aktionären, die an den Komfort einer Stimmabgabe via Telefon, Telefax und seit einigen Jahren auch über das Internet gewohnt sind, darf für das Erfordernis einer Vollmachtserteilung mit Originalunterschrift nur wenig Verständnis erwartet werden. Deutsche Aktiengesellschaften mit hohem Anteil internationaler Anteilseigner müssen sich also zur Erzielung einer möglichst hohen Hauptversammlungspräsenz darum bemühen, Abstimmungsmechanismen zu entwickeln, die der Erwartungshaltung dieses Anlegerpublikums, das zudem in aller Regel nicht an der deutschen Depotstimmrechtsvertretung teilnimmt, gerecht zu werden. Für ein aktives Bemühen um eine allen Anlegergruppen offenstehende, unkomplizierte Stimmabgabe spricht auch, dass die OECD-Principles on Corporate Governance u. a. die einfache und jedem Anleger kostenneutral mögliche Stimmrechtsausübung zum Kriterium einer guten Corporate Governance machen. In zunehmendem Maße wird eine investorenfreundliche Corporate Governance als Qualitätsmerkmal für das Investment in ein Wertpapier betrachtet. Auch von diesem Aspekt geht daher ein Anreiz für deutsche Gesellschaften aus, eine mit Gesellschaften aus anderen Jurisdiktionen wettbewerbsfähige Stimmrechtsausübung zu ermöglichen.

II. Möglichkeiten der digitalen Stimmrechtsausübung – de lege lata

Aus der Sicht des Aktionärs mit Internetzugang besteht die einfachste Form der Stimmabgabe in der Absendung einer E-Mmail, die seine Voten zu den von der Verwaltung vorgeschlagenen Tagesordnungspunkten beinhaltet.

Dieser Gestaltung einer digitalen Stimmrechtsausübung stehen nach dem derzeit geltenden Recht mehrere formale Hindernisse entgegen.

1. Stimmabgabe nur durch in der Hauptversammlung anwesende natürliche Personen

Das deutsche Aktienrecht sieht keine der „Briefwahl" entsprechende Übermittlung der Voten vor, und zwar weder im Sinne einer Einspeisung des Abstimmungswunsches unmittelbar in die Hauptversammlungsabstimmungs-EDV noch in Bezug auf hergebrachte Kommunikationswege. Der abstimmungswillige Aktionär, der sein Stimmrecht nicht selbst durch physische Präsenz auf der Hauptversammlung ausüben kann, benötigt in jedem Fall eine andere natürliche Person, die während des Abstimmungsvorganges auf der Hauptversammlung anwesend ist und seine Stimmen abgibt. Dabei kann es sich um die Vertreter seiner Depotbank (die der Aktionär selbstredend i. S. einer „Briefwahl" schriftlich beauftragen kann), einer von ihm beauftragten Aktionärsvereinigung oder andere Dritte bzw. der jeweils von diesen Unterbevollmächtigten handeln.

2. Erfordernis einer schriftlichen Vollmacht

Der vernetzte Aktionär kann derzeit auch nicht durch bloße Übermittlung der Abstimmungs-e-mail an die von ihm zur Stimmrechtsvertretung ausgewählte Person die Stimmabgabe herbeiführen, da gem. § 135 Abs. 1 Satz 1 AktG (für die Bevollmächtigung von Kreditinstituten) und gem. § 134 Abs. 3 Satz 2 AktG (für andere Bevollmächtigte) die Bevollmächtigung zur Stimmabgabe der Schriftform bedarf.

Die Schriftform ist indes nicht durch einscannen einer Unterschrift in das E-Mail-Sheet oder durch Faxübermittlung einer Unterschrift gewahrt. Dem Schriftformerfordernis des derzeit geltenden Rechts genügt gem. § 126 Abs. 1 BGB nur eine Vollmachtserteilung mit Originalunterschrift (oder die eigenhändige Ausstellung der Urkunde resp. Unterzeichnung mittels beglaubigten Handzeichens – beides Identifikationsnachweise, die in der Praxis regelmäßig nicht für eine Stimmrechtsvollmacht in Betracht kommen). Dem Erfordernis der Eigenhändigkeit wird nur dadurch entsprochen, dass die Unterschrift vom Aussteller selbst mit der Hand vollzogen wird.[3] Nach der Rechtsprechung des *BGH* ist es nicht ausreichend, wenn die Unterschrift mittels einer Schreibmaschine, durch Telefax, Faksimile oder sonstige Vervielfältigung hergestellt wurde.[4] Die Tendenz der Rechtsprechung neue Übermittlungstechniken anzuerkennen, bezieht sich bislang ausschließlich auf die Übermittlung von fristwahrenden Schriftsätzen an das Gericht, um die Möglichkeit einer Ausschöpfung von Rechtsmittelfristen zu ermöglichen.[5] Zwar wird sich die Rechtslage demnächst aller Voraussicht nach ändern, da derzeit im *Bundesjustizministerium* der „Entwurf eines Gesetzes zur Anpassung der Formvorschriften des Privatrechts an den modernen Geschäftsverkehr" vom 5.6.2000 diskutiert wird, nach dessen § 126 a BGB die gesetzlich vorgeschriebene Form durch die sog. „elektronische Form" soll ersetzt werden können. Voraussetzung dafür ist jedoch, dass das Dokument mit einer digitalen Signatur versehen wird (§ 126 a Abs. 1 BGB des Entwurfes). Die digitale Signatur erfordert indes die Erteilung von persönlichen und öffentlichen

---

[3] *Förschler*, in: MüKo, § 126 Rdnr. 22; BGHZ 24, 297 (302).
[4] OLG Frankfurt, NJW 1991, 2154.
[5] BGHZ 121, 224 (229 f.).

Schlüsseln durch sog. Zertifizierungsstellen und ist kostenintensiv. Für die Gestaltung der Stimmrechtsausübung in Aktiengesellschaften ist diese Form daher nicht geeignet. Die sog. „Textform", die der Entwurf in § 126 b BGB neben der „elektronischen Form" vorsieht, ist hingegen bereits dann erfüllt, wenn die Erklärung in Schriftzeichen lesbar ist. Im Gegensatz zur „elektronischen Form" muss die „Textform" jedoch ausdrücklich gesetzlich zugelassen sein und erforderte daher eine entsprechende Änderung des Aktiengesetzes.

3. Möglichkeiten der elektronischen Stimmabgabe im Rahmen der derzeit geltenden gesetzlichen Bestimmungen

In Anbetracht der geschilderten Anforderungen ist nach Maßgabe der aktuellen Rechtslage der Einsatz von E-Mail-Sheets für die Stimmrechtsausübung nur in sehr eingeschränktem Maße möglich.

Um das Erfordernis einer Stimmabgabe durch natürliche Personen zu erfüllen, muss die Aktiengesellschaft zunächst eine natürliche Person bereitstellen, die als Intermediär zwischen den abstimmungswilligen Aktionär und den Abstimmungsvorgang geschaltet wird: den sog. Stimmrechtsvertreter (dazu sogleich unter a.).

Sodann ist die rechtliche Legitimation des Stimmrechtsvertreters sicherzustellen sowie die schriftliche und digitale Kommunikation zwischen Aktionär und Stimmrechtsvertreter zu gestalten. Die Gesellschaften, die Stimmrechtsvertretermodelle in Verbindung mit der Nutzung digitaler Übertragungswege in den diesjährigen Hauptversammlungen angeboten haben[6], haben sich dabei den Umstand zu Nutze gemacht, dass nach geltendem Aktienrecht zwar die Vollmachtserteilung der Schriftform bedarf (§§ 134 Abs. 3 Satz 2, 135 Abs. 1 Satz 1 AktG), nicht jedoch die Erteilung einer Abstimmungsweisung auf der Grundlage einer einmal erteilten schriftlichen Vollmacht.[7] Durch Aufspaltung der Stimmrechtsvertretung in die formbedürftige Vollmachtserteilung und eine – zeitlich von der Vollmachtserteilung unabhängige – formlose Weisungserteilung, kann erreicht werden, dass jedenfalls für letztere die elektronischen Übermittlungswege genutzt werden können (dazu unten b.). Von Bedeutung ist insbesondere, dass auf der Grundlage des geltenden Rechts nur die Weisungserteilung über das Internet erfolgen und daher (noch) nicht von einem Internet-Voting oder einer Abstimmung über das Internet gesprochen werden kann (zu den Möglichkeiten nach Maßgabe des Regierungsentwurfes „NaStraG" unten III.).

---

[6] Die *Siemens AG* hat ein Stimmrechtsvertreter-Modell ohne Einbindung digitaler Übertragungswege angeboten.
[7] *Riegger/Mutter*, ZIP 1998, 637 (639).

a) Stimmrechtsvertreter

Zur Bündelung der elektronisch abgegebenen Abstimmungsweisungen benennt die Aktiengesellschaft, die ihren Aktionären eine Weisungserteilung über das Internet ermöglichen will, eine oder mehrere natürliche Personen, die als Stimmrechtsvertreter auf der Hauptversammlung präsent sind. Auf diese Personen müssen alle Vollmachten der am Internet-Weisungssystem teilnehmenden Aktionäre lauten. Als Stimmrechtsvertreter sind in Deutschland bislang Mitarbeiter von Wirtschaftsprüfungsgesellschaften oder Mitarbeiter der Emittenten aufgetreten (so in den diesjährigen Hauptversammlungen der *DaimlerChrysler AG*, der *Deutsche Bank AG* und der *Siemens AG*). In allen Fällen der von den Emittenten veranlassten Stimmrechtsvertretung stellt sich die Frage, ob derartige von der Emittentin initiierte Vertretungsmodelle im Hinblick auf § 136 Abs. 2 AktG zulässig sind. Die h.L. lehnt eine Stimmrechtsvertretung durch die Gesellschaft oder ihre Organe aufgrund der Gefahren für das gem. § 128 Abs. 2 AktG zu wahrende Aktionärsinteresse ab und erstreckt dieses Erfordernis auf von der Gesellschaft beauftragte und bezahlte Stimmrechtsvertreter.[8] Dem ist entgegenzuhalten, dass selbst die Befürworter der h.L. die Vertretung durch einzelne Organmitglieder für zulässig erachten und die Stimmrechtsvertretung durch einen von der Gesellschaft bestimmten Mitarbeiter nicht einer Stellvertretung durch die Gesellschaft selbst entspricht. Hinzu tritt, dass der mit der Stimmrechtsvertretung beauftragte Mitarbeiter zwar auf sich alle Vollmachten und Abstimmungsweisungen vereinigt, jedoch aufgrund der technischen Prozesse selbst nicht in der Lage ist, auf die Abstimmungsinhalte Einfluß zu nehmen. So hat er weder Zugang zu den einzelnen per E-Mail eingehenden Weisungen noch kann er auf die daraus hergestellten Weisungsspiegel Zugriff nehmen. Seine Möglichkeit der Einflussnahme bleibt damit noch hinter derjenigen zurück, die den Depotbankenvertretern zur Verfügung steht und entspricht vielmehr der eines Stimmboten. So kann der Stimmrechtsvertreter auch Änderungen der Tagesordnung und neue Tagesordnungspunkte für seine Vollmachtgeber nicht nachvollziehen. Dies ist indes unschädlich: Da eine Kommunikation zwischen Stimmrechtsvertreter und Aktionär in Realzeit nicht möglich ist, steht die Teilnahme der Aktionäre von vornherein unter der Prämisse, dass nur die im Weisungszeitpunkt bekannten Tagesordnungspunkte am Stimmrechtsmechanismus teilnehmen. Entsprechendes gilt im übrigen auch für das Depotbankenstimmrecht bzw. für Aktionärsvereinigungen.

---

[8] Abw. *Hammen*, ZIP 1995, 1301 (1303); *Hüffer*, AktG, 4. Aufl., § 134 Rdnr. 25, § 136 Rdnr. 25; *K. Schmidt*, Gesellschaftsrecht, 3. Aufl., § 28 IV 4 c, *von Randow*, ZIP 1998, 1564 (1565); *Singhof*, NZG, 1998, 670 (673); *Zöllner*, in: FS H. Westermann, 1974, 603 ff.

In der Rechtsprechung existieren zur Frage der Stimmrechtsvertretung in neuerer Zeit nur zwei Entscheidungen, die sich mit der Zulässigkeit einer von der *Deutsche Telekom AG* zur Stimmrechtsvertretung eingesetzten Wirtschaftsprüfungsgesellschaft befassen.[9] Die zweitinstanzliche Entscheidung hat das gewählte Modell mit der Einschränkung für zulässig erachtet, dass das Weisungsformular so konzipiert ist, dass es als ausdrückliche Weisung des Aktionärs aufzufassen ist und nicht ein Abstimmen im Sinne der Verwaltung gegenüber anderen Optionen erleichtert wird. Die Bedeutung dieser Entscheidungen für die aktienrechtliche Zulässigkeit von Stimmrechtsvertretermodellen ist allerdings begrenzt, denn es handelt sich in beiden Instanzen nicht um die jeweiligen Gesellschaftsrechtsspruchkörper. Vielmehr war die Klage von einer Aktionärsvereinigung wegen Wettbewerbsverstoßes erhoben worden und der Schwerpunkt der richterlichen Prüfung lag damit ebenfalls in dieser Materie.

Gleichwohl ist die Argumentation, die § 135 Abs. 1 Satz 2 AktG entlehnt ist, weiterführend. Danach ist es Depotbanken gestattet, die Stimmrechte ihrer Depotkunden in ihrer eigenen (Banken-) Hauptversammlung auszuüben, wenn dem eine ausdrückliche Weisung zu den einzelnen Tagesordnungspunkten zugrunde liegt. In analoger Anwendung dieser Vorschrift ist daher auch für andere Emittenten als Kreditinstitute die Stimmrechtsvertretung durch Mitarbeiter oder Dritte unter der genannten Prämisse als rechtmäßig anzusehen. Die Einholung einer expliziten Weisung erfolgt dabei durch die Verwendung von maschinenlesbaren Weisungsformularen, die für jeden Tagesordnungspunkt jeweils ja, nein und Enthaltungs-Kästchen (letztere sind rechtlich nicht zwingend) vorsehen, die der Aktionär ankreuzen – bzw. bei der Teilnahme über das Internet anklicken – kann.

b) Praktische Durchführung

aa) Gestaltung der Einladungsmaterialien

Voraussetzung für eine digitale Vollmachtserteilung an die Stimmrechtsvertreter der Emittentin ist zunächst, dass diese Namensaktien ausgegeben hat, da Emittentinnen von Inhaberaktien mangels Aktienbuches keine Kenntnis über die Identität ihrer Aktionäre haben und daher auch nicht mit diesen individuell kommunizieren können. Den an die Aktionäre gerichteten Einladungsmaterialien (Einladungsschreiben, Tagesordnung, Gegenanträge und Geschäftsbericht) wird sodann über das übliche Eintrittskarten-Bestellformular hinaus ein erweitertes Formular beigefügt, das zusätzlich Vollmachtserteilung an Stimmrechtsvertreter, Kreditinstitute, Aktionärsvereinigungen und andere Dritte vorsieht und für erstere zwei Optionen der Weisungserteilung eröffnet. Aktionäre ohne Internetzugang können mit einer anliegenden Weisungskarte durch Rücksendung von

---

[9] *LG Baden-Baden*, AG 1998, 534 ff.; *OLG Karlsruhe*, AG 1999, 234 f.

Vollmacht und Weisung sogleich die gesamte Stimmabgabe initiieren. Diese Option ist insbesondere auch für solche Aktionäre von Interesse, die nicht Kunden einer Depotbank mit Stimmrechtsvertretung sind und daher neben den Aktionärsvereinigungen eine zusätzliche Alternative der Stimmrechtsvertretung finden. Aktionäre mit Internet-Zugang haben die Möglichkeit, die Weisungserteilung via Internet und damit zu einem späteren Zeitpunkt vorzunehmen. Es ist auch rechtlich zulässig, zunächst schriftlich Weisungen entgegenzunehmen und in die Weisungsdatei aufzunehmen, und diese durch spätere – via E-Mail eingehende – Weisungen des Aktionärs zu ersetzen, denn jede neue Weisung an den Stimmrechtsvertreter ist zugleich auch als Widerruf der vorangegangenen zu betrachten, sodass der Aktionär seine Weisungen bis zum Annahmeschluss für Weisungen beliebig oft ändern kann. Technisch überschreibt er auf der Weisungsmaske seine unterlegte Alt-Weisung.

Das Vollmachtsformular sollte vorsehen, dass mehrere Stimmrechtsvertreter einzeln bevollmächtigt werden, und zwar mit dem Recht, Untervollmacht zu erteilen. Ersteres um komplizierte Innenrechtsbeziehungen der Stimmrechtsvertreter untereinander zu vermeiden; letzteres um z. B. krankheitsbedingte Ausfälle abfangen zu können. Mit dem Angebot mehrerer Stimmrechtsvertreter kann z. B. den unterschiedlichen Nationalitäten der Aktionäre Rechnung getragen werden.

Mit den Einladungsmaterialien wird dem Aktionär neben seiner aus dem Aktienbuch entnommenen Aktionärsnummer zugleich eine individuelle Geheimzahl (Pin-Code) – wie bei einer EC-card – zugeteilt, die es ihm bei einer etwaigen Teilnahme am System der Internet-Weisungserteilung ermöglichen soll, sich gegenüber dem Server der Stimmrechtsvertreter als Berechtigter zu identifizieren. Um datenschutzrechtlichen Belangen Genüge zu tun und Missbrauch – soweit von Seiten der Gesellschaft möglich – zu vermeiden, hat die *DaimlerChrysler AG* in ihren diesjährigen Einladungsmaterialien diese Geheimzahl unter einer Gummierung (sog. „Rubbelfeld") verborgen. Einer darüber hinausgehenden Sicherung, etwa durch eine digitale Signatur bedarf es nicht. Dies wird in der Begründung zum Regierungsentwurf des NaStraG ausdrücklich erklärt.

bb) Legitimation für den Internetzugang

Bevor der Aktionär tatsächlich über das Internet seine Weisung erteilen kann, muss er zwei formelle Kriterien erfüllen: er muss eine schriftliche Vollmacht erteilt und sich gegenüber dem für die Stimmrechtsvertretung eingerichteten EDV-System als legitimiert ausgewiesen haben. Technisch wird die Teilnahme am Internet-Weisungssystem ausschließlich solcher Aktionäre, deren schriftliche Vollmacht vorliegt, dadurch sichergestellt, dass der Zugang zur Weisungs-Website – zu der der Aktionär über die Homepage der Emittentin geleitet wird – nur für diejenigen freigeschaltet wird, deren schriftliche Vollmacht eingegangen ist und die zudem nach wie vor (d. h. seit Versendung der Einladungsmaterialien) als Aktionäre im Aktienbuch eingetragen sind. Insoweit erfolgt nochmals ein Abgleich mit dem Aktienbuch. Die Legitimation gegenüber dem Weisungsserver erfolgt sodann durch Eingabe der Aktionärsnummer und der Geheimzahl. Beide Kennziffern kann der Aktionär seiner Einladung entnehmen. Auf einer Weisungsmaske, die inhaltlich der Weisungskarte für schriftliche Stimmabgaben entspricht, kann der Aktionär sodann seinen Abstimmungswunsch „anklicken", abschließend bestätigen und damit an den Weisungsserver absenden.

cc) **Weisungsserver**

Die eingehenden Weisungen werden im Weisungsserver in Verbindung mit der Aktionärsnummer gespeichert, sodass jederzeit die einzelnen Weisungen dokumentiert werden können. Der Weisungs-Server erstellt aus der Gesamtheit der eingehenden Weisungen einen Weisungsspiegel (vergleichbar denen der Depotbankenvertreter), die am Tag der Hauptversammlung bei Beginn der Abstimmung in die Abstimmungs-EDV eingegeben werden. Die Datenverknüpfungen sind dabei so gestaltet, dass die Weisungstabellen jederzeit wieder auf die ihnen zugrundeliegenden Einzelweisungen aufgebrochen und zurückgeführt werden können.

Die Sicherung der Datenströme auf dem Weg vom Aktionär zum Weisungs-Server entspricht den Sicherungssystemen, die auch im Bankverkehr üblich sind. Manipulationen der auf dem Weisungs-Server eingegangenen Weisungen und Weisungstabellen durch Dritte wird durch sog. „Firewalls" entgegengewirkt, die Angriffe auf Datenbestände durch Außenstehende abwehren sollen. Einwirkungen durch Mitarbeiter der Emittentin sind dadurch zu vermeiden, dass die Systeme jeglichen Eingriff in den Datenbestand dokumentieren und nur 1–2 Personen Zugang zu dem System haben, mit dem diese Dokumentationsfunktion aufgehoben werden kann. Sie wiederum sind jedoch mit der Software des Weisungsservers und der Funktionsweise der Erstellung der Weisungstabellen nicht vertraut. Die Stimmrechtsvertreter haben keinerlei technischen Zugang zum Weisungsserver.

dd) **Argumente für eine Internetweisungsfaszilität**

Da die Stimmabgabe über das Internet noch mit der Erteilung einer schriftlichen Vollmacht verbunden ist, stellt sich die Frage, welcher Mehrwert für Aktionär und Emittentin durch das Angebot eines (blossen) Internetweisungssystems erzielt werden kann, der die mit der Einrichtung des Systems verbundenen Kosten rechtfertigt.

Für die Emittentin bedeutet der Einstieg in das Stimmrechtsvertreter-Modell und die Weisungsannahme über das Internet eine Vorbereitung auf bevorstehende gesetzliche Änderungen (siehe unten III.). Ist zukünftig auch die Vollmachtserteilung über das Internet möglich, so ist sie auf Grund der mit der Internet-Weisung gesammelten Erfahrungen für das weiterentwickelte Stellvertreter-Modell vorbereitet und kann auf ausgereifte technische Prozesse zurückgreifen. Für den Aktionär bedeutet die Alternative der Internetweisung zunächst nur die Möglichkeit, aufgrund der zeitlichen Spreizung zwischen Vollmachts- und Weisungserteilung, eine Stimmabgabe aufgrund einer aktuelleren Informationsbasis zu treffen. Ereignisse, die die Unternehmung der Emittentin betreffen und die zwischen Vollmachtserteilung und Weisungsannahmeschluss eintreten, kann er bei seiner Abstimmung noch berücksichtigen. Ob es sich dabei um einen veritablen Vorteil handelt, ist – neben der Bewertung einer informierten Stimmabgabe durch den Aktionär – von der Ausgestaltung des Weisungszeitraums abhängig. Der rechtlich spätestmögliche Zeitpunkt für den Annahmeschluss von Weisungen ist der Beginn der Abstimmung in der Hauptversammlung. Die *DaimlerChrysler AG* hat beim erstmaligen Einsatz des Internetweisungssystems die Weisungsfaszilität zwei Tage vor der Hauptversammlung um 18.00 Uhr geschlossen. Zwischen dem letztmöglichen Weisungszeitpunkt und dem Beginn der Hauptversammlung lagen damit nur 40 Stunden. Da es sich um den bundesweit erstmaligen Einsatz eines solchen EDV-gestützten Stimmrechtsvertreter-Systems in einer Publikums-AG handelte und noch nicht auf Erfahrungswerte zurückgegriffen werden konnte, erschien dieser Zeitpuffer erforderlich, um etwaigen technischen Schwierigkeiten bei der Erstellung und Überleitung der Weisungsdateien begegnen zu können.

III. Möglichkeiten der digitalen Stimmrechtsausübung – de lege ferenda

Begleitend zu den Diskussionen in Forschung und Praxis hat das *Bundesjustizministerium* den Entwurf eines Gesetzes zur Namensaktie und zur Erleichterung der Stimmrechtsausübung (NaStraG-E) erarbeitet. Der Regierungsentwurf sieht vor, dass für die Stimmrechtsvollmacht die schriftliche Form nur dann gilt, wenn die Satzung der Gesellschaft keine Erleichterung bestimmt. Damit haben die Emittentinnen die Möglichkeit, ihren Aktionären die Vollmachtserteilung auch per Telefon, Telefax, E-Mail oder auf anderem Wege zu gestatten. Mehrere Aktiengesellschaften haben bereits entsprechende satzungsändernde Beschlüsse als sog. Vorratsbeschlüsse in der diesjährigen Hauptversammlungssaison fassen lassen (so u.a. die *DaimlerChrysler AG* und die *Deutsche Telekom AG*), die unter dem Vorbehalt stehen, dass der jeweilige Vorstand zur Anmeldung der Satzungsänderung nur unter der Bedingung berechtigt ist, dass eine entsprechende Gesetzesänderung erfolgt.

Tritt das NaStraG in Kraft, könnten die Aktionäre dieser Emittentinnen bereits in der nächsten Hauptversammlung Vollmacht und Weisung in einer E-Mail übermitteln.

D. Herausforderungen für das Wirtschaftsrecht durch Neue Medien

(Harald Kallmeyer)

I. Qualitative Veränderung der Entscheidungsprozesse

Die Nutzung von Internet und Intranet für die Kommunikation hat im modernen Unternehmen ein überwältigendes Ausmaß angenommen. Die Rede ist von der E-Mail, die den Schriftverkehr auf Papier und auch in erheblichem Ausmaß die mündliche Kommunikation, insbesondere die fernmündliche Kommunikation, ersetzt hat.

Dies hat zunächst zu einer eklatanten Änderung der äußeren Arbeitsbedingungen zumindest für Führungskräfte im Unternehmen geführt. Die Führungskräfte verbringen täglich mehrere Stunden vor dem Monitor und vermissen das Gegenüber einer intelligenten Sekretärin. Sie kommen zunehmend in die Notwendigkeit, Texte selbst schreiben zu müssen und sie erfahren selbst die Probleme der Bildschirmarbeit und der Bedienung der Tastatur.

Man braucht nicht allzu viel Fantasie, um sich vorzustellen, dass diese äußeren Veränderungen zu einer Veränderung der Unternehmenskultur führen. Weitergehend ist es einsichtig, dass der Prozess der Entscheidungsfindung sich qualitativ verändert.

Ein wesentliches Moment ist in diesem Zusammenhang das Tempo der Kommunikation. Der Teilnehmer an dieser Kommunikation wird dazu verführt, sehr schnell zu reagieren. Es kommt sehr oft zu den sog. „Schnellschüssen". Während im herkömmlichen Schriftverkehr, namentlich durch Briefwechsel, bereits ausgewogene Meinungen geäußert werden, kommt es im E-Mail-Verkehr häufig zur Erwiderung „auf der Stelle" mit großer Spontaneität. Wenn dann der Kommunikationspartner in derselben Weise reagiert, nimmt der Dialog möglicherweise einen ganz anderen Verlauf als bei einem herkömmlichen Schriftverkehr. Es ist ziemlich sicher, dass dies auch das Ergebnis der Meinungsbildung beeinflusst. Hinzu kommt, dass die Äußerungen aufgrund ihrer Spontaneität häufig unverblümt sind und die Gefahr emotionaler Reaktion heraufbeschwört.

Ein weiteres Moment mit qualitativer Auswirkung ist die Unpersönlichkeit der Kommunikation. Bekanntlich „macht der Ton die Musik". Dieser fällt bei der Kommunikation per E-Mail weg. Da die Kommunikation per E-Mail in weitem Umfang auch die mündliche Kommunikation ersetzt, ergeben sich hier erhebliche qualitative Veränderungen. Erst recht ist dies der Fall, wenn die elektronische Kommunikation die persönliche Begegnung ersetzt. In diesem Falle gehen sämtliche Wirkungen der Erscheinung des Gesprächspartners verloren. Man kann deshalb feststellen, dass die Kommunikation per E-Mail autoritätsfeindlich ist. Man mag dies als positiv oder negativ ansehen, jedenfalls folgt daraus eine erhebliche qualitative Veränderung des Meinungsbildungsprozesses.

II. Unternehmensleitung

Das Intranet kann wirkungsvoll im Rahmen der Unternehmensleitung eingesetzt werden. Es können auf diesem Wege Informationen, aber auch Weisungen übermittelt werden. Hierbei spielt eine Rolle, dass große Verteiler möglich sind, die auch gespeichert werden können. Allerdings ist der Gefahr der Überflutung zu begegnen. Sonst wird dieses Instrument seiner Wirksamkeit beraubt.

Ein wichtiger Aspekt ist hierbei der Einsatz des Intranet im Rahmen des vom KonTraG geforderten Risikomanagements. Risikomanagement verlangt dreierlei: rechtzeitige Information der Organe über auftretende wesentliche Risiken im Unternehmen oder Konzern – Entscheidung der Organe, ob die Risiken eingegangen werden können oder zu vermeiden sind – entsprechende Instruktion an alle Akteure im Unternehmen. Das Intranet kann bei dem ersten und dem dritten Schritt eingesetzt werden. Insbesondere können konkrete Warnungen sehr schnell und sehr gezielt verbreitet werden.

III. Konzernleitung

Das Intranet erstreckt sich im Konzern auf alle Konzerngesellschaften, selbst in entfernten Ländern. Das Hervorstechende dabei ist, dass alle Teilnehmer gleichgestellt und in gleicher Weise erreichbar sind, gleichgültig ob sie in der Hauptverwaltung oder in einer entfernten Konzerngesellschaft tätig sind. Dies führt verständlicherweise zu einer starken Integration der Konzerngesellschaften in die Obergesellschaft. Es entsteht ein virtuelles Einheitsunternehmen. Die Versuchung ist groß, dass auch bei Weisungen kein Unterschied zwischen Angehörigen der Obergesellschaft und Angehörigen der untergeordneten Konzerngesellschaften gemacht wird.

Auch dieser Befund ist zunächst wertneutral. Es handelt sich um eine Frage der Unternehmenspolitik. Will man diese weitgehende Zentralisierung nicht, so muss man gegensteuern. Es gibt auch einen konzernrechtlichen Aspekt: das Intranet begünstigt die Bildung eines sog. qualifizierten faktischen Konzerns mit den entsprechenden Haftungsfolgen.

IV. Vertretung

Hinsichtlich der Kommunikation nach außen via Internet stellt sich die Frage der wirksamen Vertretung des Unternehmens. Zur Vermeidung von Missbräuchen dient herkömmlich die Gesamtvertretung. Dies lässt sich im Zeitalter des Internets nicht mehr aufrechterhalten. Die E-Mail hat immer eine Einzelperson als Absender. Natürlich kann eine weitere Person als Erklärender angegeben werden. Dann ist Gesamtvertretung möglich. Dies ist aber nicht die Regel. Im Zweifel ist der Absender der alleinige Erklärende. Wenn ohne Änderung der Vertretungsregelung die Abgabe von rechtsgeschäftlichen Erklärungen via Internet geduldet wird, so kann sich daraus eine stillschweigende Bevollmächtigung ergeben. Der Grundsatz der Gesamtvertretung ist insoweit verdrängt. Dies muss man sich bewusst machen und insoweit eine unternehmensleitende Entscheidung treffen.

Gesamtvertretung gilt nicht ohne weiteres für die passive Vertretung, also die Entgegennahme von rechtsgeschäftlichen Erklärungen. Durch das Internet wird die Gefahr außerordentlich verstärkt, dass rechtsgeschäftliche Erklärungen bei Personen ankommen und von diesen rechtswirksam für das Unternehmen entgegen genommen werden, die von ihrer Aufgabe her nichts damit anfangen können und die Erklärung daher auch nicht an die zuständige Stelle weiterleiten. Auch hier ist durch geeignete organisatorische Maßnahmen sicherzustellen, dass das Unternehmen keine Nachteile erleidet.

E. Stimmrecht und Hauptversammlung im Internetzeitalter aus Sicht der Anlegervereinigung

(Carsten Heise)

I. Sinkende Präsenzen

Die Zahl der Hauptversammlungen in Deutschland nimmt seit einigen Jahren kräftig zu. Hintergrund dieser Entwicklung sind zu einem großen Teil die anfänglichen Erfolge des Neuen Marktes, der einer Vielzahl von jungen, technologieorientierten Unternehmen schon sehr frühzeitig den Zugang zum organisierten Kapitalmarkt eröffnet hat. Alleine im Jahre 1999 sind 139 Unternehmen an die Börse gegangen, davon 107 Gesellschaften an den Neuen Markt.[1]

Gegenläufig zur steigenden Gesamtzahl entwickeln sich jedoch die durchschnittlichen Präsenzen in den Hauptversammlungen. Die Deutsche Schutzvereinigung für Wertpapierbesitz e. V. *(DSW)* hat die Präsenzzahlen der 30 im deutschen Aktienindex DAX zusammengefassten Unternehmen der letzten drei Jahre ausgewertet. Hiernach ergab sich, dass bei 13, also nahezu der Hälfte dieser Unternehmen, die durchschnittliche Präsenz der letzten drei Jahre unter 60 % gelegen hat. Dies trifft unter anderem auf Gesellschaften wie *adidas*, *Bayer*, *BASF* sowie die *Deutsche Bank* zu. Bei *Volkswagen* ist regelmäßig sogar eine Präsenz von lediglich rd. 40 % anzutreffen. Dies ist neben anderen Einflüssen auch auf das sog. VW-Gesetz zurückzuführen. Dieses Gesetz ermöglicht entgegen der Handhabung des Vollmachtsstimmrechts nach § 135 AktG eine Stimmrechtsvertretung in der Hauptversammlung von *Volkswagen* lediglich dann, wenn der vertretene Aktionär dem Stimmrechtsvertreter zu jedem einzelnen Punkt der Tagesordnung gesonderte Weisungen zum Stimmverhalten erteilt.[2]

Die Höhe der Präsenzen in den Hauptversammlungen ist von entscheidender Bedeutung für die interne Willensbildung der Gesellschaft. Insbesondere entscheiden die Präsenzen darüber, welchen Anteil am Grundkapital der Zielgesellschaft ein Übernehmer erwerben muss, um die Kontrolle über diese Gesellschaft zu erlangen. Derzeit berät eine Exper-

---

[1] http://www.boersen-zeitung.com/online/wpi.
[2] § 3 Abs. 3 des Gesetzes über die Überführung der Anteilsrechte an der Volkswagenwerk Gesellschaft mit beschränkter Haftung in private Hand vom 21. Juli 1960, BGBl I 1960, 585.

tengruppe um Bundeskanzler *Gerhard Schröder* den Entwurf eines Übernahmegesetzes. Der Beginn des förmlichen Gesetzgebungsverfahrens war nach der Sommerpause des Parlaments vorgesehen. Es ist u. a. geplant, eine Obergesellschaft dann zur Abgabe eines Übernahmeangebots zu verpflichten, wenn sie einen Anteil am Grundkapital der Zielgesellschaft von mehr als 30 % erworben hat. Stellt man darauf ab, dass der Übernehmer einen maßgeblichen Einfluss auf die Zielgesellschaft bereits mit Erreichen der relativen Hauptversammlungsmehrheit[3] erlangen kann, wäre eine derartige, starre Regelung aus Sicht der *DSW* nicht ausreichend. Angesichts der vielfach unter 60 % liegenden durchschnittlichen Präsenzen wird eine Kontrolle schließlich nicht erst bei Erreichen eines Schwellenwerts von 30 % erlangt, sondern vielfach bereits früher.

Als Aktionärsschutzvereinigung ist die *DSW* in besonderem Maße den Interessen der privaten Anleger verpflichtet. Betrachtet man die Privataktionäre und die institutionellen Investoren jeweils als eine Gruppe, so ist festzustellen, dass erstere ihr Stimmrechts-Potenzial nicht in toto nutzen können, da sie in der Regel nicht vollzählig auf den Hauptversammlungen vertreten sind. Demgegenüber sind die Aktienbestände institutioneller Investoren in den Hauptversammlungen regelmäßig vollständig vertreten. Hier besteht eine Disparität, die auch die Aktionärsvereinigungen mit ihrem Angebot zur Stimmrechts-Vertretung nicht vollständig haben auflösen können.

II. Erhöhung der Präsenzen durch das Internet

Nicht nur für viele große Publikumsgesellschaften gehört es längst zum guten Ton, Teile ihrer Hauptversammlung in das Internet zu stellen. Auch kleinere Gesellschaften, insbesondere aus den Bereichen Internet, E-Commerce und Multimedia, beweisen durch eine derartige Übertragung ihre technologische Kompetenz.

EDV-Systeme für die Durchführung von Abstimmungsvorgängen unter Einbeziehung des Internets einschließlich der hierfür erforderlichen Legitimationsüberprüfung (PIN/TAN) sind längst startklar.

Vorreiter bei dieser Entwicklung waren, wie so häufig, die USA. Bereits im Jahre 1996 übertrug das IT-Service-Unternehmen *Bell & Howell Co.*, Ill. sein Annual Shareholders Meeting im Internet, allerdings ohne eine unmittelbare Teilnahmemöglichkeit an der Abstimmung.[4] Immerhin bestand für die durch eine PIN legitimierten Aktionäre die Gelegenheit, noch wäh-

---

[3] Bei dieser Konstellation kann bereits eine konzernrechtliche Abhängigkeit i.S.v. § 17 Abs. 1 AktG vorliegen; vgl. *BGHZ* 135, 107 (114 f.).

[4] *Spindler/Hüther*, USA: Internet als Medium der Aktionärsbeteiligung, in: RIW 2000, 329 (336).

rend der Versammlung ihre Stimmrechtsvollmacht zu übermitteln. Dies hatte zur Folge, dass rund ein Viertel der *Bell- &-Howell*-Aktien, insgesamt etwa 4,5 Millionen Stimmen, über das Internet ausgeübt wurden.[5] In Deutschland finden Hauptversammlungen regelmäßig tagsüber und an Werktagen statt. Hierdurch werden sie zu einem großen Teil von älteren Aktionären besucht, während jüngere Anteilseigner zu diesem Zeitpunkt kaum die Möglichkeit einer Teilnahme haben. Andererseits nimmt das Interesse gerade der jüngeren Bevölkerung an dem Anlageinstrument Aktie kontinuierlich zu. Als Konsequenz der Rentendiskussion hat sich bei vielen jüngeren Leuten die Erkenntnis durchgesetzt, durch das Aktiensparen eine zusätzliche Säule der Altersversorgung eigenverantwortlich aufzubauen. Da für große Teile dieser Gruppe die Nutzung des Internets mittlerweile selbstverständlich geworden ist, bietet sich dieses Medium als Lösung für die Geltendmachung von Informations- und Mitbestimmungsrechten in der Hauptversammlung ohne Termin- bzw. Arbeitsprobleme an.

III. Erste Ansätze zum E-Voting in Deutschland

Einen ersten Schritt in Richtung auf eine Durchführung von Hauptversammlungen mit Abstimmungsmodalitäten unter Einbeziehung des Internets hat die *DaimlerChrysler AG* mit ihrer Hauptversammlung am 19.4.2000 gemacht. Dort wurde ein Modell gewählt, bei dem interessierte Aktionäre, die nicht selbst an der Hauptversammlung teilnehmen konnten, die Möglichkeit hatten, einen in der Versammlung anwesenden Stimmrechtsvertreter (Voter) mit der Stimmrechtsausübung zu beauftragen. Aufgrund des für die Vollmachtserteilung de lege lata bestehenden Schriftformerfordernisses war jedoch eine vorherige schriftliche Bevollmächtigung auf dem Postweg erforderlich. Elektronische Medien kamen damit erst im Zusammenhang mit der Erteilung von Einzelweisungen ins Spiel. Diese Weisungen an den Voter konnten per E-Mail übermittelt werden.

Insbesondere das Schriftform-Erfordernis bei der Bevollmächtigung zeigt deutlich die Schwächen der derzeitigen gesetzlichen Regelung, die noch nicht auf die Nutzung des Internets bei der Durchführung von Hauptversammlungen zugeschnitten ist. Weiterer Nachteil des *Daimler-Chrysler*-Modells war die Tatsache, dass die Einzelweisungen nur bis maximal zwei Tage vor der Hauptversammlung an den Voter übermittelt werden konnten. Eine Reaktion auf neue Erkenntnisse, die sich erst aus der Diskussion in der Versammlung ergaben, konnte damit beim Abstimmverhalten nicht mehr erfolgen.

---

[5] *dAmbrosio*, Vice President of *Bell & Howell*, Investor Relations Quarterly (IRQ), Vol. 1, No. 3/1998.

IV. Vorbereitungen der Celanese AG für die Hauptversammlung 2001

Einen wichtigen Schritt weiter geht die Celanese AG, die in ihrer Hauptversammlung am 10.5.2000 durch Satzungsänderung Vorbereitungen zu einer Vereinfachung der Stimmrechtsausübung für künftige Hauptversammlungen getroffen hat.

Bislang ist gem. § 134 Abs. 3 AktG für die Bevollmächtigung zur Stimmrechtsausübung eine schriftliche Vollmacht mit eigenhändiger Unterschrift vorgeschrieben. Nach der Verabschiedung durch Bundesrat und Bundestag ist zwischenzeitlich das Gesetz zur Namensaktie (NaStraG) in Kraft getreten. Dieses sieht vor, dass die Satzung der Gesellschaft künftig eine Erleichterung für die Stimmrechtsausübung bestimmen kann.

In der Hauptversammlung der *Celanese AG* am 10.5.2000 wurde unter Tagesordnungspunkt 8 eine Satzungsänderung mit folgendem Inhalt beschlossen:

> „Werden Mitglieder des Proxy Commitee der Gesellschaft zur Ausübung des Stimmrechts bevollmächtigt, so kann die Vollmacht auch im Wege elektronischer Post (E-Mail) mit digitaler Signatur oder einem anderen von der Gesellschaft zu bestimmenden technisch üblichen Echtheitsnachweis erteilt werden. Die E-Mail-Adresse, an die die Vollmacht in diesem Fall zu senden ist, sowie die weiteren Einzelheiten für die Bevollmächtigung werden zusammen mit der Einberufung der Hauptversammlung in den Gesellschaftsblättern bekannt gemacht."

Aus Sicht der Deutschen Schutzvereinigung für Wertpapierbesitz ist ein solcher Beschluss generell zu begrüßen, da er möglicherweise bereits für die kommende Hauptversammlungssaison die Übermittlung von Vollmachten und Weisungen mittels E-Mail ermöglicht. Skeptisch zu beurteilen ist die Satzungsänderung der *Celanese AG* jedoch im Hinblick auf die Tatsache, dass lediglich Mitglieder des sog. Proxy Committee, also Mitarbeiter der Gesellschaft, auf diese erleichterte Weise bevollmächtigt werden können. Die Einbeziehung anderer Bevollmächtigter, beispielsweise von Aktionärsschutzvereinigungen, ist leider nicht vorgesehen. Dabei sind durchaus Konstellationen denkbar, bei denen der Stimmrechtsvertreter in der Hauptversammlung nicht wie ein Bote die ihm erteilten Einzelweisungen schematisch ausführen darf, sondern ggf. sogar dazu verpflichtet ist, von ihnen abzuweichen. Ein Abweichungsfall kommt insbesondere dann in Betracht, wenn sich erst in der Hauptversammlung herausstellt, dass eine Stimmabgabe im Sinne der Weisung evident gesellschaftsschädlich ist.[6] Es ist zu fragen, wie ein Proxy Committee auch unter Berücksichtigung etwaiger Interessenkonflikte mit einer solchen Situation umgehen wird.

E. Stimmrecht und Hauptversammlung im Internetzeitalter 55

Aus Sicht der *DSW* ist ferner zu erwägen, in Parallelität zu der Erteilung von Einzelweisungen über elektronische Medien auch die Weisung gegenüber dem Bevollmächtigten zur Erklärung eines Widerspruchs zu Protokoll des Notars zu regeln. Der Widerspruch ist die Erklärung, dass gegen die Rechtmäßigkeit eines Hauptversammlungsbeschlusses Bedenken bestehen und deshalb gerichtliche Schritte in Betracht gezogen werden.[7] Da die Stimmabgabe gegen den Beschluss noch keinen Widerspruch darstellt, andererseits ein positives Votum den Widerspruch nicht hindert,[8] ist eine gesonderte Weisung sinnvoll. Dies gilt insbesondere bei rechtsformwechselnden Umwandlungen oder Verschmelzungen auf einen Rechtsträger anderer Rechtsformen, da bei diesen Vorgängen ein Anspruch der Aktionäre auf Gewährung einer alternativen Barabfindung an Stelle des Anteilstauschs von der Erhebung des Widerspruchs abhängig ist.[9]

V. Auskunftsrecht der Aktionäre im Internet ungeklärt

Das Auskunftsrecht des Aktionärs nach § 131 Abs. 1 AktG bezieht sich auf den Ort der Hauptversammlung. Dies ist nach bisherigem Verständnis der Raum, in dem sich Vorstand, Aufsichtsrat sowie die Aktionäre in Persona befinden. Wollte man im Rahmen der Generaldebatte für Aktionäre, die lediglich über elektronische Medien mit der Hauptversammlung verbunden sind, ein Fragerecht einräumen, wäre eine Änderung des Aktiengesetzes erforderlich. Ein fester Versammlungsort dürfte dann nicht länger vorgeschrieben werden.

Ein solches Online-Fragerecht könnte jedoch zu erheblichen Problemen, insbesondere bei der Durchführung der Beantwortung führen. Häufig wird das Auskunftsrecht von bestimmten Gruppen missbraucht. Gerade bei Hauptversammlungen, in denen über eine Verschmelzung oder den Abschluss eines Unternehmensvertrages zu beschließen ist, sind zweitägige Frage-Antwort-Marathons nicht ungewöhnlich.[10] Geht man davon aus, dass sich die Anzahl der im Rahmen einer Hauptversammlung zu beantwortenden Fragen vervielfacht, wenn eine große Zahl von Online-Teilnehmern hinzutritt[11], ist zu befürchten, dass die Abarbeitung der Beantwortung im Rahmen der Hauptversammlung an sich nicht vollstän-

---

[6] So *LG Düsseldorf*, AG 1991, 409 (410).
[7] *Hüffer*, AktG, 4. Aufl., § 245 Rdnr. 13.
[8] Vgl. *Hüffer* (o. Fußn. 7).
[9] Für die formwechselnde Umwandlung § 207 Abs. 1 UmwG; für die Verschmelzung auf einen Rechtsträger anderer Rechtsform § 29 Abs. 1 UmwG.
[10] *VEW* und *RWE* haben ihre Fusions-Hauptversammlungen am 27.6.2000 bzw. 29.6.2000 vorsorglich auf jeweils zwei Tage einberufen.
[11] Aus einer gewissen Anonymität des Internets heraus fällt manchem Aktionär die Wahrnehmung des Auskunftsrechts leichter als in einer Präsenzversammlung.

dig erfolgen kann. Damit stellt sich die Frage, ob Fragen, die von Online-Teilnehmern gestellt werden, gesondert zur eigentlichen Versammlung im Rahmen von Chatrooms oder Foren beantwortet werden sollten. Dabei müsste allerdings gewährleistet werden, dass sowohl die in der Präsenzversammlung als auch die online gegebenen Antworten inhaltlich konsistent sind. Ferner ist auf die Problematik des erweiterten Auskunftsrechts nach § 131 Abs. 4 Satz 1 AktG zu verweisen. Hiernach sind Auskünfte, die einem Aktionär außerhalb der Hauptversammlung erteilt wurden, auf Verlangen auch jedem anderen Aktionär in der (nächsten) Hauptversammlung zu erteilen. Online-Beantwortungen dürften damit nicht als außerhalb der Hauptversammlung erteilte Auskunft zu qualifizieren sein, da sie andernfalls das Problem einer nicht zu bewältigenden Fragen- und Antwortflut auf die nächste Hauptversammlung verlagern würden.

Teilweise wird vorgeschlagen, den Gesellschaften eine befreiende Vorabbeantwortung von Fragen über das Internet zu ermöglichen. Ungeklärt ist hierbei allerdings noch, ob ein das Auskunftsrecht geltend machender Aktionär verpflichtet werden kann, die von ihm zu stellenden Fragen der Gesellschaft bereits im Vorfeld zuzuleiten und ob sich die in der Präsenzversammlung anwesenden Teilnehmer nach einer entsprechenden Fragestellung mit dem Hinweis zufrieden geben müssen, dass eine derartige Frage bereits im Internet beantwortet wurde.

VI. Fazit

Die Präsenzen in den Hauptversammlungen deutscher Aktiengesellschaften sind rückläufig. Diesem Trend kann durch die Einbindung des Internets bei der Stimmrechtsausübung entgegengewirkt werden.

Satzungsänderungen nach dem Vorbild der *Celanese AG* oder der *Deutschen Telekom AG* ermöglichen die Übermittlung von Vollmachten und Weisungen via E-Mail bereits in der nächsten HV-Saison.

Offen ist die Einbeziehung des Online-Aktionärs in das Fragerecht nach § 131 AktG. Hier wird eine Abwägung zwischen dem Informationsbedürfnis des Aktionärs und dem Interesse der Gesellschaft an einer vertretbaren Dauer der Hauptversammlung erfolgen müssen.

F. Sinnvoller Einsatz elektronischer Kommunikationstechnologien bei der Hauptversammlung

(Reinhard Marsch-Barner)

Im Folgenden sollen einige der Möglichkeiten beleuchtet werden, die sich im Zusammenhang mit der Hauptversammlung aus der modernen Kommunikationstechnologie ergeben. Dabei geht es nicht darum, in technischen Visionen zu schwelgen, sondern zu überlegen, welche Nutzungsmöglichkeiten aus der Sicht der Unternehmen und ihrer Aktionäre sinnvoll sein können. Das ist durchaus nicht alles, was technisch machbar ist, zumal auch die Kommunikationstechnik Geld kostet und die Durchführung der Hauptversammlung bereits teuer genug ist.

I. Vorbereitung der Hauptversammlung

Im Zusammenhang mit der Vorbereitung der Hauptversammlung wird heute schon von vielen Unternehmen das Internet eingesetzt. Dieser Einsatz lässt sich durchaus sinnvoll ausbauen.

Eine Reihe von Unternehmen stellt die Einberufung der Hauptversammlung und die Tagesordnung in das Internet ein. Solche Veröffentlichungen sollten dann auch Anlagen zur Tagesordnung, wie den Geschäftsbericht, Vorstandsberichte, z. B. bei Abschluss eines Unternehmensvertrages (§ 293a AktG), oder Mandatslisten bei Aufsichtsratswahlen (§ 125 Abs. 1 Satz 3 AktG), umfassen. Falls, wie dies in der Vergangenheit mehrfach vorgekommen ist, die Tagesordnung auf Verlangen einer Minderheit gem. § 122 Abs. 2 AktG ergänzt wird,[1] sollten selbstverständlich auch die zusätzlichen Tagesordnungspunkte – neben der Veröffentlichung im Bundesanzeiger – im Internet bekanntgemacht werden.

Solche Veröffentlichungen auf der Webseite der Gesellschaft sind sinnvoll, zumal diese ohnehin dazu dient, den Internetbenutzer über aktuelle Angelegenheiten der Gesellschaft zu unterrichten. Die Bekanntmachungen auf der Homepage sind allerdings nur zweckmäßig als freiwillige

---

[1] Vgl. *Mertens* AG 1997, 481.

Zusatzveröffentlichungen. Das Namensaktiengesetz (NaStraG)[2] sieht dagegen vor, dass die Satzung künftig auch Bekanntmachungen in elektronischen Informationsmedien vorschreiben kann. Dies ist als zusätzliche Bekanntmachung neben dem Bundesanzeiger gemeint. Für eine Pflichtveröffentlichung auch im Internet besteht jedoch kein praktisches Bedürfnis. Mehrere Pflichtveröffentlichungen begründen auch, z. B. im Falle von Abweichungen, rechtliche Risiken.[3]

Was bislang nur vereinzelt geschieht, aber ebenfalls angebracht erscheint, ist eine Veröffentlichung der von der Gesellschaft für zulässig befundenen Gegenanträge und Wahlvorschläge von Aktionären i.S.d. §§ 126, 127 AktG. Die nicht selten querulatorischen oder ideologisch gefärbten Gegenanträge erhalten dadurch zwar zusätzliche Publizität. Dies dürfte aber hinzunehmen sein, zumal die Presse meist ohnehin über Gegenanträge berichtet und die Gesellschaft es in der Hand hat, zusammen mit den Gegenanträgen auch eine Stellungnahme der Verwaltung zu veröffentlichen.[4] Diese sollte dann allerdings inhaltliche Aussagen enthalten und nicht nur auf eine spätere Stellungnahme in der Hauptversammlung verweisen.

Von der Veröffentlichung solcher Gegenanträge ist die Frage zu unterscheiden, ob von der Gesellschaft lediglich elektronisch übermittelte Gegenanträge und Wahlvorschläge oder ein elektronisch übermitteltes Verlangen zur Ergänzung der Tagesordnung zu beachten sind. Dies ist nach derzeitiger Rechtslage zu verneinen. Das Gesetz sieht für das Verlangen zur Ergänzung der Tagesordnung ausdrücklich Schriftform vor (§ 122 Abs. 1 Satz 1, Abs. 2 AktG). Diese Voraussetzung wird durch eine E-Mail vorerst nicht erfüllt.[5] Gegenanträge müssen der Gesellschaft gem. § 126 Abs. 1 AktG „übersandt" werden. Dieser Begriff ist noch im Sinne einer herkömmlichen Verkörperung durch Schreiben oder Fax zu verstehen.[6] Dies wird auch dadurch bestätigt, dass das NaStraG insoweit keine Ersetzung durch einen neutralen Begriff vorsieht, an dem bisherigen Verständnis also festhalten will. Vermutlich ist es aber nur eine Frage der Zeit, bis auch eine elektronische Übermittlung anzuerkennen ist.

---

[2] Vgl. § 25 Satz 2 AktG i.d.F. des Regierungsentwurfs eines Gesetzes zur Namensaktie und zur Erleichterung der Stimmrechtsausübung – Namensaktiengesetz (NaStraG) v. 8.9.2000, BT-Drucks. 14/4051.
[3] Vgl. Stellungnahme des *Handelsrechtsausschusses des DAV*, NZG 2000, 443 sowie *Zätzsch/Gröning*, NZG 2000, 393.
[4] Vgl. § 125 Abs. 1 Satz 1 AktG a.E.
[5] Vgl. dazu den Referentenentwurf eines Gesetzes zur Anpassung der Formvorschriften des Privatrechts und anderer Vorschriften an den modernen Rechtsgeschäftsverkehr v. 5.6.2000, der vorsieht, dass die Satzung von der Schriftform des § 122 Abs. 1 Satz 1 AktG befreien kann. Von einer solchen Möglichkeit dürfte allenfalls in der kleinen AG Gebrauch gemacht werden.
[6] Vgl. *Hüffer*, AktG, 4. Aufl., § 126 Rdnr. 4.

F. Sinnvoller Einsatz elektronischer Kommunikationstechnologien 59

Nützlich kann auch sein, wenn die Gesellschaft auf ihrer Webseite zur Erleichterung der Teilnahme an der Hauptversammlung einen Katalog häufig gestellter Fragen mit entsprechenden Antworten veröffentlicht.[7] Ein solcher Fragenkatalog kann z. B. das Verfahren der Anmeldung und Vollmachtserteilung erläutern, organisatorische Aspekte der Hauptversammlung beschreiben und eine Anfahrtskizze enthalten.[8] Werden ausländische Aktionäre erwartet, kann ein solcher Text zusätzlich auch z. B. in englisch vorgesehen werden. Ein derartiger Aktionärsservice kann zusätzlich auch über eine Hotline angeboten werden.

II. Übertragung der Hauptversammlung im Internet

Bei einigen Gesellschaften[9] wird nur die Rede des Vorstandsvorsitzenden im Internet sowie im hauseigenen Business-TV live übertragen. Andere Gesellschaften[10] übertragen den gesamten Verlauf der Hauptversammlung per Internet. Nach geltendem Recht ist die Hauptversammlung allerdings keine öffentliche Veranstaltung, so dass man an der Zulässigkeit einer solchen Übertragung zweifeln kann. Nach h. M. entscheidet grundsätzlich der Versammlungsleiter, ob die Hauptversammlung im Fernsehen oder im Internet übertragen werden soll. Falls Aktionäre Widerspruch erheben, soll die Hauptversammlung beschließen.[11] Schon im Hinblick auf diese Widerspruchsmöglichkeit muss der Versammlungsleiter die Hauptversammlung zu Beginn auf die Übertragung hinweisen.[12] Entbehrlich wäre dieser Hinweis nur, wenn die Satzung die Übertragung gestattet.[13]

Unabhängig von diesem aktienrechtlichen Widerspruchsrecht verlangt das allgemeine Persönlichkeitsrecht, dass jeder Redner die Möglichkeit haben muss, die Übertragung seines Redebeitrags abzulehnen. Auch auf dieses Recht muss der Versammlungsleiter hinweisen. Zweckmäßigerweise sollte ein diesbezüglicher Widerspruch in der schriftlichen Wortmeldung erklärt werden. Die Unterbrechung der Übertragung kann dann entsprechend vorbereitet werden.

Eine Übertragung im Fernsehen oder Internet kann das Verhalten der Hauptversammlungsredner erheblich beeinflussen. Manch einer mag sich

---

[7] Sog. FAQ Board (Frequent Asked Questions Board).
[8] Entsprechende Hinweise hat z. B. die *Deutsche Bank AG* zur Vorbereitung ihrer Hauptversammlung am 9.6.2000 veröffentlicht.
[9] Z.B. *DaimlerChrysler AG, Deutsche Bank AG*.
[10] Z.B. Pro Sieben Media AG.
[11] Vgl. *Riegger/Mutter*, ZIP 1998, 637 (638) m. w. N.
[12] Vgl. *Riegger/Mutter* (s. Anm. 11); *Noack*, Entwicklungen im Aktienrecht 1999/2000, S. 37 f.; *Schaaf*, Die Praxis der Hauptversammlung, 2. Aufl., Rdnr. 906; *Hasselbach/Schumacher*, ZGR 2000, 258 (263).
[13] Vgl. *Hüffer* (o. Anm. 5), § 118 Rdnr. 16.

dadurch gehemmt fühlen, die meisten dürften eher beflügelt werden, weil sie dann ihre Botschaften einem noch breiteren Publikum vermitteln können. Nicht wenige Aktionärsredner drängen heute schon auf die Zulassung von Fernsehteams zumindest für ihren Auftritt. In der Tendenz begünstigt eine Übertragung alle ideologisch motivierten Hauptversammlungsredner, die sich weniger an die Mitaktionäre, sondern an die breite Öffentlichkeit wenden wollen. Deshalb besteht die Gefahr, dass sich die Diskussion in der Hauptversammlung nicht nur verlängert, sondern auch von den Angelegenheiten der Gesellschaft noch weiter entfernt als dies schon heute der Fall ist. Die Versammlungsleiter sind daher gut beraten, wenn sie eine Übertragung der Diskussion in der Hauptversammlung im Fernsehen oder Internet grundsätzlich ablehnen.

Erwägenswert ist allenfalls eine Internetübertragung ausschließlich an Aktionäre. Dies würde allerdings erfordern, dass der Zugang entsprechend beschränkt wird. Bei Namensaktien wäre dies technisch ohne weiteres erreichbar. Den Aktionären, die den Zugang wünschen, könnte eine persönliche Identifikationsnummer zugeteilt werden, die zur Zuschaltung berechtigt. Die Gefahr bleibt dabei, dass die persönliche Identifikationsnummer an Nichtaktionäre weitergegeben wird. Ebenso besteht die Gefahr, dass die Übertragung ohne Wissen und Zustimmung der Teilnehmer aufgenommen und gespeichert wird. Auch gegen diese Variante bleiben deshalb Vorbehalte.[14] Vor allem ist zweifelhaft, ob das Widerspruchsrecht der Redner entfällt.[15]

Anstelle einer Vollübertragung bietet sich an, im Internet über die Hauptversammlung nur im Sinne einer Reportage zu berichten. Zu diesem Zweck können z. B. Interviews mit einzelnen Sprechern oder sonstigen Teilnehmern oder eine Zusammenfassung der Diskussion übertragen werden. Ein solcher Einsatz des Internet hätte den Vorteil, dass in einem überschaubaren Zeitrahmen über die wichtigsten Punkte der Hauptversammlung informiert wird.[16]

III. Veröffentlichungen nach der Hauptversammlung

Aus Sicht der Unternehmen kann es sinnvoll sein, wenn die Rede des Vorstandsvorsitzenden und eventuell auch bestimmte Statements des Aufsichtsratsvorsitzenden nach der Hauptversammlung im Internet nachgelesen werden können. Bei manchen Gesellschaften wird die Rede

---

[14] Vgl. *Schaaf* (o. Anm. 13), Rdnr. 908.
[15] So *Hasselbach/Schumacher*, ZGR 2000, 258 (263 f.); zu Recht zweifelnd *Spindler*, ZGR 2000, 420 (435).
[16] In diesem Sinne ist z. B. am 9.6.2000 auf der Homepage der *Deutschen Bank* anderthalb Stunden lang live von der Hauptversammlung berichtet worden.

des Vorstandsvorsitzenden ohnehin live übertragen; es ist dann konsequent, den Text auch danach noch für ein paar Tage zum Abruf bereitzuhalten.

Von allgemeinem Interesse mag auch sein, wenn im Anschluss an die Hauptversammlung die gefassten Beschlüsse mit den jeweiligen Abstimmungsergebnissen und der Präsenz noch für einige Zeit im Internet veröffentlicht bleiben. Nach § 125 Abs. 4 AktG kann ohnehin jeder Namensaktionär und jeder Aktionär, der eine Aktie bei der Gesellschaft hinterlegt hat, verlangen, dass ihm die in der Hauptversammlung gefassten Beschlüsse schriftlich mitgeteilt werden. Wie lange dieses Verlangen gestellt werden kann, ist nicht ausdrücklich geregelt. In Anlehnung an die Anfechtungsfrist des § 246 Abs. 1 AktG dürfte dies noch bis zu einem Monat nach der Hauptversammlung möglich sein.[17] Der erste Entwurf des NaStraG sah eine Änderung des § 125 Abs. 4 AktG dahin vor, dass künftig jedem Aktionär auf Verlangen die in der Hauptversammlung gefassten Beschlüsse „zugänglich gemacht" werden. Dafür hätte eine Veröffentlichung auf der Homepage der Gesellschaft ausgereicht. Nach dem Text des Regierungsentwurfs sind die Beschlüsse dagegen auf Verlangen „mitzuteilen". Eine Veröffentlichung auf der Homepage genügt nach dieser Formulierung nur, wenn sich der Aktionär damit einverstanden erklärt.[18]

Zu überlegen wäre, ob im Anschluss an die Hauptversammlung auch das Teilnehmerverzeichnis per Internet einsehbar gemacht werden sollte. Dies erscheint jedoch nicht angebracht. Das Teilnehmerverzeichnis ist in erster Linie für die Teilnehmer der Hauptversammlung gedacht und nicht für die allgemeine Öffentlichkeit, auch wenn es nach der Hauptversammlung mit zum Handelsregister eingereicht wird (§ 130 Abs. 3 AktG). Während der Hauptversammlung wird das Teilnehmerverzeichnis erfahrungsgemäß nur von wenigen Aktionären eingesehen. Auch dieses eher geringe Interesse spricht gegen eine Einstellung in das Internet.

Das NaStraG sieht insoweit allerdings vor, dass die Gesellschaft jedem Aktionär bis zu zwei Jahren nach der Hauptversammlung Einsicht in das Teilnehmerverzeichnis zu gewähren hat (§ 129 Abs. 4 AktG n. F.). Diese Einsichtsgewährung kann auch per Internet erfolgen; dies sollte dann aber im Wege der individuellen Freischaltung geschehen.

---

[17] Vgl. *Hüffer* (o. Anm. 5), § 125 Rdnr. 9.
[18] Vgl. die Begründung der Änderung des § 125 Abs. 4 AktG im Entwurf des NaStraG, BT-Drucks. 14/4051 S. 13 l. Sp.

IV. Mögliche Erleichterungen bei der Durchführung der Hauptversammlung

Die modernen Kommunikationstechniken können selbstverständlich auch bei der organisatorischen Abwicklung der Hauptversammlung stärker als bisher eingesetzt werden.

1. Vorbereitung der Teilnahme

Das NaStraG sieht vor, dass die Mitteilungen nach § 125 Abs. 2 AktG nicht mehr „zu übersenden", sondern lediglich „zu machen" sind, was eine elektronische Übermittlung einschließt. Die Gesellschaften, die Namensaktien ausgegeben haben, könnten die Aktionäre danach statt schriftlich durch E-Mail über die bevorstehende Hauptversammlung unterrichten und auch auf diesem Wege die Anmeldung und die Bestellung der Eintrittskarten für den Aktionär oder einen Vertreter entgegennehmen. Die Eintrittskarten sollten dann konsequenterweise ebenfalls nicht mehr per Post übersandt werden. Es sollte vielmehr genügen, dass die Bestellung elektronisch bestätigt wird und die erforderlichen Unterlagen, insbesondere die Stimmkarten, bei der Eingangskontrolle zur Hauptversammlung übergeben werden.

Ein solches Verfahren setzt voraus, dass sich die Gesellschaften die E-Mail-Adressen ihrer Aktionäre besorgen und diese Adressen regelmäßig aktualisieren. Aus rechtlicher Sicht bliebe dabei zu klären, ob der Austausch von E-Mails ein ausreichend sicheres Verfahren darstellt und wer das Risiko von Verspätungen, fehlendem Zugang oder sonstigen Fehlern trägt.

Auch das Vollmachtstimmrecht der Banken könnte in diesem Zusammenhang wieder belebt werden. Tatsächlich spielt die Stimmrechtsvertretung durch die Banken jedenfalls bei den Gesellschaften, die in der letzten Zeit auf Namensaktien umgestellt haben, nur noch eine marginale Rolle. Dies liegt daran, dass diese Gesellschaften ihre Aktionäre selbst unterrichten und dabei um Vollmachten und Weisungen für die von ihnen eingesetzten – internen oder externen – Stimmrechtsvertreter werben. Um eine Vertretung durch die Banken zu fördern, könnten theoretisch auf der Webseite der jeweiligen Gesellschaft „links" zu den Banken eingerichtet werden, die auf der letzten Hauptversammlung Stimmrechte für Aktionäre ausgeübt haben. Ähnliche „links" könnten auch zu den Aktionärsvereinigungen vorgesehen werden, die in der letzten Hauptversammlung vertreten waren. Die Einrichtung solcher Verweisungen ist allerdings mit erheblichem technischen Aufwand verbunden. Ob sich dieser Aufwand lohnt, um die Präsenz in der Hauptversammlung zu erhöhen, ist zweifelhaft. Denn trotz aller technischen Hilfen muss der Aktionär die Initiative ergreifen, um eine bestimmte Bank oder Aktionärsvereinigung

F. Sinnvoller Einsatz elektronischer Kommunikationstechnologien 63

mit der Wahrnehmung seiner Rechte zu beauftragen. Die meisten Aktionäre sind insoweit jedoch eher desinteressiert.

Aus der Sicht der Gesellschaften dürfte es auch nicht sinnvoll sein, die Überwindung dieses Desinteresses den Banken oder Aktionärsvereinigungen zu überlassen; diese Aufgabe sollte eher die eigene Investor-Relations-Abteilung übernehmen. Diesbezügliche Bemühungen gibt es seit einigen Jahren, insbesondere bei Großunternehmen. So sprechen z. B. die Investor-Relations-Abteilungen vieler DAX-Unternehmen gezielt institutionelle Anleger und Custodians auf die Stimmrechtsausübung an. Für das im Ausland befindliche Aktienkapital wird darüber hinaus vielfach auf die „Proxy Solicitor"-Unternehmen zurückgegriffen. Deren Hauptaufgabe besteht darin, im Auftrag der Emittenten darauf hinzuwirken, dass institutionelle Anleger ihre Vollmachten ausfüllen und termingerecht an die Gesellschaft zurücksenden. Auch die wachsende Anzahl von Belegschaftsaktionären kann besser über das unternehmensinterne Kommunikationsnetz zur Ausübung des Stimmrechts oder zur Erteilung von Vollmachten aufgefordert werden.

Bei den Gesellschaften, die Inhaberaktien ausgegeben haben, erfolgt die Unterrichtung der Aktionäre nicht durch die Gesellschaft, sondern über die Depotbanken (§§ 125, 128 Abs. 1 AktG). Da § 128 Abs. 1 AktG von „weitergeben", also einer körperlichen Handlung, spricht, ist unklar, ob die Kreditinstitute berechtigt sind, die Mitteilungen der Gesellschaften auch elektronisch weiterzuleiten. Da den Gesellschaften selbst durch die Umformulierung des § 125 Abs. 2 AktG eine elektronische Übermittlung ermöglicht werden soll und das NaStraG generell der Einsatz elektronischer Medien bei der Hauptversammlung fördern will, macht es keinen Sinn, diesen Weg nicht auch den Kreditinstituten im Verhältnis zu ihren Depotkunden zu eröffnen. Deshalb ist davon auszugehen, dass nach Verabschiedung des NaStraG auch die Kreditinstitute berechtigt sind, die Mitteilungen nach § 125 AktG elektronisch an ihre Depotkunden weiterzuleiten. Um diese Möglichkeit ohne weitere Zwischenschritte nutzen zu können, sollten die Banken die Mitteilungen der Gesellschaften von diesen in elektronischer Form erhalten. Sie müßten daneben die E-Mail-Adressen ihrer Kunden sammeln, um die Mitteilungen der Gesellschaft und ihre eigenen Abstimmungsvorschläge elektronisch weiterleiten zu können. Die Erteilung von Weisungen, die nach dem NaStraG erleichtert werden soll, könnte dann ebenfalls elektronisch, nämlich per E-Mail oder über ein Bildschirmformular, vorgenommen werden.[19]

Offen ist, ob die Kreditinstitute bereit sind, zu einem solchen Verfahren überzugehen. Dabei geht es auch um Kostenüberlegungen, zumal die Stimmrechtsvertretung unentgeltlich erfolgt. Die Banken, die das Online-Banking anbieten, dürften am ehesten aufgeschlossen sein. Allerdings wird im Electronic-Banking in der Regel nicht mit E-Mails gearbeitet. Die

---

[19] Vgl. die Neufassung des § 128 Abs. 2 Satz 5 AktG.

Auftragsabwicklung erfolgt vielmehr per Internet auf dem System der jeweiligen Bank. Aus der Sicht dieser Technik läge es näher, wenn die betreffenden Banken die Hauptversammlungsmitteilungen der Gesellschaften nur auf ihrer eigenen Webseite oder über einen „link" zur Homepage der Gesellschaft zum Abruf bereitzustellen brauchten. Der Kunde müßte dann nur per E-Mail darüber informiert werden, dass bestimmte Hauptversammlungsmitteilungen vorliegen. Ein derartiger bloßer Hinweis würde den Anforderungen des § 128 Abs. 1 AktG allerdings auch nach der geänderten Fassung nicht genügen.[20]

Die Bestellung von Eintrittskarten und Hinterlegungsbescheinigungen bei den Banken kann schon nach derzeitigem Recht per E-Mail vorgenommen werden. Sollte dieser Weg künftig stärker genutzt werden, wäre es konsequent, die Eintrittskarten nicht mehr per Post zu übersenden. Eine E-Mail-Bestätigung gegenüber dem Kunden und der Gesellschaft sollten dann vielmehr ausreichen, damit der Aktionär die Einlaßkontrolle passieren kann und dabei alle erforderlichen Unterlagen, insbesondere auch die Stimmkarten, ausgehändigt erhält.

2. Ausübung der versammlungsgebundenen Aktionärsrechte

Mit der Teilnahme an der Hauptversammlung kann der Aktionär verschiedene Rechte ausüben. Er hat insbesondere ein Rede-, Frage- und Antragsrecht, außerdem das Stimmrecht und die Möglichkeit, Widerspruch zur Niederschrift zu erklären. Alle diese Rechte können nach geltendem Recht entweder persönlich oder durch einen Vertreter in der Hauptversammlung ausgeübt werden. Eine Ausübung dieser Rechte von außerhalb der Hauptversammlung ist dagegen nach herrschender Lehre nicht zulässig und wäre rechtlich unbeachtlich.[21] Die technische Entwicklung erlaubt es jedoch, dass der Aktionär einem in der Hauptversammlung anwesenden Vertreter per Telefon, Fax oder elektronisch Weisungen erteilt. Der Unterschied zwischen einem solchen „ferngesteuerten" Stimmrechts-Vertreter und einer unmittelbaren Ausübung der Aktionärsrechte von außen gegenüber dem Versammlungsleiter ist zwar rechtlich bedeutsam, praktisch aber gering.

a) Ausübung durch Vertreter

Bislang werden Weisungen an einen Bevollmächtigten nur bis kurz vor der Hauptversammlung erteilt. Dies ist beim Vollmachtstimmrecht der Banken oder sonstigen Vertretern genauso wie bei der Weisungserteilung

---

[20] Vgl. *Spindler* (o. Anm. 16), S. 429.
[21] Vgl. *Hüffer* (o. Anm. 5), § 118 Rdnr. 7; *Zöllner*, in: Kölner Komm., § 118 Rdnr. 8; *Semler*, in: Münch.Hdb. GesR IV/§ 34 Rdnr. 1; für die Zulässigkeit entsprechender Satzungsregelungen schon nach geltendem Recht *Hirte*, in: FS Buxbaum, 2000, S. 283, 290 f.

an einen oder mehrere Stimmrechtsvertreter, die von der Gesellschaft benannt worden sind. Solche Weisungen könnten technisch auch noch während der Hauptversammlung bis unmittelbar vor der Abstimmung erteilt oder geändert werden. Dies wäre aber nur sinnvoll, wenn der Aktionär den Verlauf der Hauptversammlung von außen verfolgen könnte, diese also in irgendeiner Weise übertragen wird. Solange dies nicht geschieht, besteht kein Bedürfnis, Weisungen noch bis kurz vor der Abstimmung erteilen zu können.

Denkbar wäre, dass die Depotbanken und die von den Gesellschaften eingesetzten Stimmrechtsvertreter[22] nicht nur Stimmrechte ausüben, sondern auch z. B. Anträge oder Fragen stellen oder auch Redebeiträge einzelner Aktionäre vortragen. Im Rahmen des Vollmachtstimmrechts der Banken kommt ein solcher erweiterter Service hin und wieder vor. Allerdings ist er auf Ausnahmen beschränkt, da das Vollmachtstimmrecht der Banken ein Angebot mit Massencharakter darstellt und sich deshalb nicht ohne weiteres für eine individuelle Vertretung eignet. Dies gilt für die von der Gesellschaft eingesetzten Stimmrechtsvertreter erst recht. Diese sind nur für eine standardisierte Leistung, nämlich die Ausübung der erteilten Stimmrechtsweisungen, vorgesehen. Das Stellen von Fragen und Anträgen würde dagegen bedeuten, dass die individuellen Interessen der auftraggebenden Aktionäre berücksichtigt werden müssten. Bei unvollständiger Beantwortung der vorgetragenen Fragen müsste z. B. nachgefragt werden; Anträge, die gestellt werden sollen, müssten u. U. dem Verlauf der Versammlung entsprechend angepasst werden usw. Eine solche individuelle Betreuung kann nicht Aufgabe von Stimmrechtsvertretern der Gesellschaft sein. Sie ist auch wegen möglicher Interessenkollisionen bei externen Vertretern wie den Aktionärsvereinigungen oder sonstigen Vertrauenspersonen besser aufgehoben. Allerdings können auch die Stimmrechtsvertreter der Gesellschaft verpflichtet sein, von erhaltenen Weisungen abzuweichen, wenn dies zur Wahrung der Interessen des Aktionärs notwendig ist. Dies ergibt sich aus den Regeln des Auftragsrechts (vgl. § 665 BGB).

Die elektronische Erteilung von Stimmrechtsweisungen ist nicht nur bei Namensaktien, sondern auch bei Inhaberaktien möglich. Bei diesen gibt es bislang zwar keine von der Gesellschaft benannten Stimmrechtsvertreter.[22a] Denkbar ist aber, dass die Aktionäre z. B. ihre Depotbank bevollmächtigen und dieser elektronisch Weisungen erteilen. Dies liegt insbesondere bei den Kreditinstituten nahe, die ihren Kunden das

---

[22] Dabei kann es sich um Mitarbeiter der Gesellschaft oder um außenstehende Personen, wie z. B. einen WP-Gesellschaft handeln.
[22a] Die *Deutsche Telekom AG* hatte allerdings bereits vor der Umstellung auf Namensaktien eine WP-Gesellschaft als Stimmrechtstreuhänder eingesetzt, s. dazu *LG Baden-Baden*, DB 1998, 1121.

Online-Banking anbieten. Die Weisungen für die Hauptversammlung der verschiedenen Gesellschaften könnten dann im Rahmen des PIN- und TAN-Verfahrens über entsprechende Formblätter auf der Webseite der Bank erteilt werden. Ob die Banken einen solchen Service anbieten, bleibt abzuwarten. Sobald jedoch auch die zugrundeliegende Vollmachten elektronisch erteilt werden können,[23] wäre es nur folgerichtig, diesen Weg auch für die Erteilung von Weisungen zu öffnen.

b) **Ausübung durch den Aktionär selbst**

Ein wesentlich weitergehender Schritt wäre die unmittelbare Zulassung von Redebeiträgen, Fragen und Anträgen sowie der Stimmrechtsausübung durch Aktionäre, die der Hauptversammlung über den Versammlungsleiter von außerhalb zugeschaltet sind. Nach geltendem Recht ist diese Form der Rechtsausübung nicht möglich; sie würde also eine entsprechende Gesetzesänderung voraussetzen. Fraglich ist, ob eine solche Möglichkeit wünschenswert wäre.

Für kleine Gesellschaften mit überschaubarem Aktionärskreis dürfte die Frage zu bejahen sein. Die Hauptversammlung könnte hier als Videokonferenz durchgeführt werden. Bei der GmbH ist dies heute schon möglich, sofern der Gesellschaftsvertrag eine entsprechende Regelung enthält und die konkrete Beschlussfassung keiner notariellen Beurkundung bedarf.[24] Bei größeren Aktiengesellschaften, insbesondere Publikumsgesellschaften mit mehreren hunderttausend Aktionären, wäre der mit dem Aufbau von Videokonferenzen verbundene technische Aufwand nur gerechtfertigt, wenn er sich auf einzelne Außenlokale, z.B. im Ausland, beschränken würde. Interessierte Aktionäre könnten dann von solchen Außenstellen über die von der Gesellschaft eingerichtete Technik zugeschaltet werden. Damit könnte weiter entfernt ansässigen, insbesondere ausländischen Aktionären eine Teilnahmemöglichkeit eröffnet werden. Diskussionsbeiträge, die auf diese Weise von außen beigesteuert werden, haben natürlich nicht den gleichen Erlebniswert wie eine Aussprache unter Anwesenden.

Dass sich auf diese Weise die Präsenz der Hauptversammlung signifikant steigern ließe, ist allerdings mehr als zweifelhaft. Dafür dauern die Hauptversammlungen der großen Gesellschaften viel zu lang; sie sind aufgrund der regelmäßig vorgetragenen Monologe auch zu langweilig. Der gewöhnliche, zumal berufstätige Aktionär wird z.B. kaum daran interessiert sein, die Hauptversammlung einer der großen Gesellschaften zehn Stunden lang am Bildschirm zu verfolgen, und sich dabei noch in die Diskussion einschalten und zum Schluss das Stimmrecht selbst ausüben.

---

[23] Vgl. dazu die durch das NaStraG erfolgten Änderungen in §§ 134 Abs. 3, 135 Abs. 1 S. 1 AktG.
[24] Vgl. *Zwissler*, GmbHR 2000, 28 (29) und *Hohlfeld*, GmbHR 2000, R 53.

Werden für jeden Aktionär Online-Zuschaltungen eröffnet, birgt dies auch die Gefahr, dass mehr als schon üblich vorbereitete Statements abgegeben werden, die keinen Bezug zu den übrigen Diskussionsbeiträgen haben. Durch konzertierte Aktionen von außen könnte die Versammlung auch bewusst mit immer neuen Fragenkatalogen in die Länge gezogen werden, z. B. mit dem Ziel, dass die Abstimmungen nicht rechtzeitig vor Mitternacht durchgeführt werden, um dann die Beschlüsse wegen angeblicher Gesetzesverletzung anzufechten. Das Zeitmanagement ist heute schon ein kritischer Punkt bei der Durchführung der Hauptversammlung der großen Publikumsgesellschaften. Dabei geht es weniger um das Rederecht, das verkürzt werden kann, sondern um das Auskunftsrecht, das nach h. M. auch bei einer Redezeitbeschränkung grundsätzlich nicht eingeschränkt werden darf.[25] Die Hauptversammlung in ihrer gegenwärtigen Form funktioniert zu einem guten Teil nur deshalb, weil lediglich ein kleiner Teil der Aktionäre persönlich teilnimmt.

Eine Zuschaltung von außen wäre vielleicht erwägenswert, wenn die Hauptversammlung nur ein oder zwei Stunden dauern würde. Dazu wäre aber nötig, die Diskussion drastisch abzukürzen und von allgemeinen Statements und Wiederholungen zu entlasten. Dazu sind bereits verschiedene Vorschläge unterbreitet worden. So hat *Baums*[26] in seinem Gutachten für den Deutschen Juristentag einen vom französischen Recht inspirierten Vorschlag unterbreitet. Die Aktionäre sollen danach durch entsprechende Satzungsregelung das Recht erhalten, nach Übermittlung der Tagesordnung schriftliche Fragen einzureichen, die dann vor der Hauptversammlung vom Vorstand schriftlich beantwortet werden können. Die Fragen und Antworten sollen auf die Webseite der Gesellschaft eingestellt werden. Der Vorstand kann dabei auch einen eigenen Fragen- und Antworten-Katalog veröffentlichen. Diese Informationen sollen dann in der Hauptversammlung in gedruckter Form ausgelegt werden. Antworten, die auf diesem Wege bereits vorab schriftlich erteilt wurden, sollen in der Hauptversammlung unter Verweisung auf die ausgelegten Texte verweigert werden dürfen.

Auf den ersten Blick mag dies ein Weg sein, um die Hauptversammlung von Routine-Fragen und -Antworten zu entlasten. Unter Anfechtungsgesichtspunkten ist dem Vorstand allerdings nicht anzuraten, eine Auskunft nur deshalb zu verweigern, weil sie schon vor der Hauptversammlung per Internet erteilt wurde und in der Hauptversammlung zur Einsichtnahme ausliegt. Eine Verweisung auf ausliegende Informationen hat der *BGH*

---

[25] Vgl. *OLG Stuttgart*, WM 1995, 617 (619 f.); *BVerfG*, WM 1999, 2160.
[26] *Baums*, Empfiehlt sich eine Neuregelung des aktienrechtlichen Anfechtungs- und Organhaftungsrechts, insbesondere der Klagemöglichkeiten von Aktionären?, 2000, F 138 f., 195; vgl. auch *Hirte* in FS Buxbaum, 2000, S. 283 (293), der auf die zunehmende Verdrängung des Auskunftsrechts durch elektronische Informationen, z. B. nach § 15 WpHG, hinweist.

nur in engen Grenzen gebilligt, nämlich nur dann, wenn durch die Verweisung das Informationsinteresse der Aktionäre schneller und besser befriedigt wird als durch mündliche Auskünfte.[27] In dem konkreten Falle ging es um eine Aufstellung über den Erwerb eigener Aktien, die über 25.000 Zahlenangaben enthielt. Dies ist auf Fragen zur Geschäftspolitik nicht übertragbar. Im übrigen handelt es sich bei dem Auskunftsrecht des Aktionärs auch nicht um eine Holschuld, sondern um eine Verpflichtung, die der Vorstand aktiv zu erfüllen hat.[28] Hinzu kommt, dass die Internet-Nutzung in Deutschland noch keineswegs so verbreitet ist, dass das Zur-Verfügung-Stellen von Informationen im Internet als ausreichende Unterrichtung aller Aktionäre angesehen werden könnte.

Eine Entlastung der Hauptversammlung könnte vielleicht dadurch erreicht werden, dass die Aktionäre verpflichtet werden, ihre Fragen angemessene Zeit vor der Hauptversammlung schriftlich einzureichen.[29] Dies könnte aber auch als Einladung zur Einreichung umfangreicher Fragenkataloge missverstanden werden. Zudem würde mit einem solchen Schriftformerfordernis die Mündlichkeit der Hauptversammlung und die sich daraus ergebende zeitliche Begrenzung zumindest teilweise aufgegeben.

Die unterbreiteten Vorschläge können allenfalls teilweise aufgegriffen werden. Schon heute gibt es z. B. bei der *Deutschen Bank* eine Hotline, die ganzjährig Aktionären für Fragen oder Beschwerden offen steht. Es spricht viel dafür, dies im Zusammenhang mit der Hauptversammlung durch die Einrichtung eines Diskussionsforums (sog. Chat-Room) auf der Homepage der Gesellschaft zu ergänzen. Die Aktionäre könnten dann gegenüber der Gesellschaft und auch untereinander ihre Meinung zu bestimmten Themen der Hauptversammlung vorab austauschen. Das sich daraus ergebende Stimmungsbild kann auch aus der Sicht der Gesellschaft von Interesse sein, ohne dass sich daraus zwingende Vorgaben für die Hauptversammlung ergeben.

---

[27] Vgl. *BGHZ*, 101, 1 (15) = *BGH*, NJW 1987, 3186.
[28] Vgl. *Spindler*, ZGR 2000, 420 (439).
[29] So der Vorschlag von *Zöllner*, AG 2000, 145 (156).

G. Aktienrechtliche Binnenkommunikation im Unternehmen

(Wolfgang Zöllner)

I. Einleitende Bemerkung: Informationsnutzung für Entscheidung und Kontrolle

In Unternehmen wird ständig irgendwo irgendetwas von irgendwem entschieden. Es ist eine weit verbreitete Überzeugung, dass Entscheidungen um so richtiger ausfallen, je mehr an einschlägigen Informationen der Entscheidungsträger zur Verfügung hat. Statt vieler verweise ich auf einen großen deutschen Dichter, der für die wichtigste Lebensentscheidung des Menschen in einem Gedicht mit dem merkwürdigen Titel „Die Glocke" ausgeführt hat, dass man vor dieser Entscheidung prüfen muss; und prüfen kann man nur anhand von Informationen. Jedermann weiß, dass diese Überzeugung, man brauche vor Entscheidungen Informationen, in jüngerer Zeit sogar bis zur langsamsten Einrichtung vorgedrungen ist, die die menschliche Kultur hervorgebracht hat, bis zum Gesetzgeber,[1] der in zahlreichen Vorschriften Informationspflichten unterschiedlichster Art und Intensität kreiert hat, so dass an bestimmten Stellen bereits wieder überlegt werden muss, ob er nicht des Guten zu viel getan hat.[2]

Zu der Überzeugung, dass Informationsbedarf vor Entscheidungen besteht, hat sich eine zweite Überzeugung gesellt: dass das Tun der Entscheidungsträger und derer, die ihre Entscheidungen ausführen, der Kontrolle unterworfen sein muss, und zwar der Kontrolle in einem ganz spezifischen Sinn. Die bis in die moderne Alltagssprache des einfachen Menschen vorgedrungene Wendung „ich habe alles unter Kontrolle", was so viel bedeuten soll wie „ich habe alles im Griff", signalisiert die Ambivalenz, die der Kontrollbegriff seit seiner Ausweitung durch die amerikanische Soziologie auf dem Weg über die ökonomische Wissenschaft bis zur Vorstellungswelt auch der deutschen Rechts- und Wirtschaftspraxis gewonnen hat. Kontrolle verstehen wir nicht nur im altmodischen Wortsinn

---

[1] Diese mehr bonmot-artige Feststellung ist allerdings in neuerer Zeit problematisch. Sie gilt in etlichen Bereichen nur noch partiell und dies leider auch und gerade im Aktienrecht, das in den vergangenen 100 Jahren viel zu viele Novellen erfahren hat und in jüngerer Zeit durch den Übergang zur Methode der Häppchen-Gesetzgebung in Unruhe gehalten wird.

[2] Näher ausgeführt bei *Zöllner*, AG 2000, 152.

der rückwärtsgewandten Überprüfung von bereits Geschehenem oder eines Zustands, in dem noch manche Fremdwörterlexika den Begriff ausweisen, sondern im Hauptsinn, den die englische Sprache dem Wort to control beilegt: etwas beherrschen oder steuern.

So spricht man heute in der Unternehmenspraxis wie in der Betriebswirtschaftslehre vom Controlling als der ergebnis- oder zielorientierten Steuerung des Unternehmens durch Planung, Überwachung und Information.[3] Der Sache nach ist dieses Controlling wesentlicher Bestandteil der Unternehmensleitung.[4] Das Controlling soll seiner Idee nach ständig überprüfen, ob man auf dem richtigen Weg ist und es soll, wo das zu verneinen ist, korrigierend eingreifen oder doch auf eine Korrektur hinwirken. Naturgem. erfassen Überprüfungen, die beim Controlling vorgenommen werden, überwiegend bereits erfolgte Handlungen und bereits stattgefundene Ereignisse, also Elemente, die schon im Stadium der Überprüfung der Vergangenheit angehören. Insoweit ist Controlling auch vergangenheitsbezogen, aber sein wesentliches Element ist die zukunftsbezogene Steuerung, die entweder auf eine Verbesserung der zur Planungsdurchführung ergriffenen Maßnahmen zielt oder auf eine Korrektur der Planung. Ich stelle das Controlling hier zu Beginn meiner Ausführungen heraus, weil es eine Art gemeinsames Element – ich sage nicht gemeinsamer Nenner, das wäre zu viel – der Informationsinteressen der Unternehmensorgane und der Aktionäre ist.

II. Informationsströme im Unternehmen

Unternehmen weisen in ihrem Inneren i. d. R. gewaltige Informationsströme auf, von denen die wichtigsten und umfangreichsten unmittelbar der Unternehmenstätigkeit (= Verfolgung des Unternehmensziels) dienen. Diese Ströme verlaufen zwischen der zentralen Leitung, den dezentralen (meist operativen) Leitungseinheiten und den operativ durchführend Tätigen. Sie dienen unterschiedlichsten Zwecken, von der Ziel-, Teilziel- und Unterzielfindung über die Gestaltung der Durchführung samt der Gewährleistung und Optimierung der Kooperation, last not least der unternehmensinternen Kontrolle in verschiedenster Gestalt bis hin zur Erfüllung der Buchführungspflichten. Für all dies und noch andere Zwecke sind in den Unternehmen oft getrennt organisierte Informations-

---

[3] Näher dazu *Spremann/Zuv*, Controlling, 1992; *Horvath/Reichmann* (Hrsg.), Vahlens Großes Controlling-Lexikon, 1993; *Preißler*, Controlling, Lehrbuch und Intensivkurs, 6. Aufl. 1995.

[4] Das kommt etwa darin zum Ausdruck, dass das Controlling in Ressortverteilungsplänen der Vorstände großer Unternehmen ausdrücklich auf Vorstandsebene angesiedelt ist.

G. Aktienrechtliche Binnenkommunikation im Unternehmen   71

systeme[5] entstanden, die je nach den Umständen auch modernste Informationstechnologie nutzen.

Die Eigenkonfiguration dieser Systeme je in Unabhängigkeit von den anderen ist nicht nur historisch bedingt, sondern auch dadurch, dass die Komplexität des Ganzen sich sinnvoll gar nicht in einem einzigen System hätte bewältigen lassen. Der Zuschnitt der Einzelsysteme auf ihren spezifischen Zweck hat nicht zuletzt auch den Vorteil größerer Effektivität (für diesen Zweck) und besserer Übersichtlichkeit. Für die Unternehmensleitung besteht zwar i. d. R. technisch und rechtlich die Möglichkeit des Zugriffs auf alle diese Systeme. Die Nutzung der so zugänglichen ebenso umfangreichen wie vielfältigen Informationen zu Führungszwecken scheitert aber in vieler Hinsicht daran, dass eine integrierte informationstechnische Auswertung der Daten auf erhebliche Schwierigkeiten stößt.

Inwieweit diesem Mangel durch Methoden der Datenverarbeitung abzuhelfen ist, stellt eine Herausforderung an die Gestaltungskraft der modernsten Informationstechnologie dar. Bei DataWareHousing z. B. geht es um die Herstellung zweckgerechter Sammlung und Konsolidierung entscheidungsrelevanter Daten im DataWareHousing-Pool und ihre Ordnung nach Themen oder Zielbezügen, mit der eine übergreifende Nutzung zu Führungszwecken ermöglicht werden soll. Den rechtlichen Bezügen der Gestaltung der Informationssysteme und ihrer integrierten Auswertung ist im folgenden nur für den durch das Thema vorgegebenen Bereich des Aktienrechts nachzugehen. Die vielfältigen interessanten Fragen des Datenschutzrechts ebenso wie des Arbeitsrechts, insbesondere auch des Betriebsverfassungsrechts bleiben unberücksichtigt. Der spezifisch aktienrechtliche Aspekt gebietet ein Nachdenken über den Informations- und Kommunikationsbedarf der aktienrechtlichen Organe sowie zwischen der Gesellschaft und ihren Mitgliedern, den Aktionären.

III. Informations- und Kommunikationsbedarf des Vorstands

Die Informationsinteressen des Vorstands, um mit ihm zu beginnen, seine kommunikativen Bedürfnisse also, gehen selbstverständlich über das Controlling weit hinaus.

1. Informationsbedarf zur Erfüllung der Grundaufgabe des Vorstands

Der Vorstand ist nicht nur juristisch das Leitungszentrum der Gesellschaft, sondern i. d. R. auch ökonomisch – im Konzern, der im folgenden

---

[5] Dazu auch *Theisen*, Grundsätze einer ordnungsmäßigen Information des Aufsichtsrats, 2. Aufl., 1996, S. 5 ff.

vollständig ausgeblendet bleiben muss, weil er in zahlreiche Sonderfragen und Differenzierungen führt, die den mir vorgegebenen Rahmen sprengen würden, kann das selbstverständlich anders sein. Vom Vorstand gehen die Impulse aus, er fällt den Großteil der relevanten Leitungsentscheidungen und kontrolliert sie auch. Aufgabe des Vorstands ist es, im Rahmen der Vorgaben des satzungsmäßigen Unternehmensgegenstands den Unternehmenswert zu mehren.[6] In Verfolgung dieser Aufgabe, die zugleich das oberste Ziel seiner Bemühungen darstellt, hat der Vorstand – so zergliedert es uns die Betriebswirtschaftslehre in Übereinstimmung mit dem gesunden Menschenverstand – zu planen i.s. der Vorgabe strategischer Teil- oder Unterziele, zu organisieren, zu führen und zu kontrollieren. Dass der Vorstand die zur Erfüllung seiner Aufgaben notwendigen Informationen nur in ständiger Kommunikation der Vorstandsmitglieder untereinander[7] und der Vorstandsmitglieder oder des Gesamtvorstands mit einschlägigen Mitarbeitern erfüllen kann, versteht sich. Der Einsatz modernster Informationstechnologie, das ist trivial, kann Geschwindigkeit und Umfang der Informationsübermittlung beträchtlich erhöhen, erleichtert aber nicht ohne weiteres den Zugriff auf das Wesentliche (dazu schon oben unter II). Vielleicht bildet dies einen wesentlichen Grund dafür, dass dem Vernehmen nach noch immer ein großer Teil der Vorstandsmitglieder sich solcher Techniken nicht unmittelbar bedient.

2. Rechtliche Regelungen über die Informationsbeschaffung

a) Wenige Direktregelungen

Wie die notwendige Informationsbeschaffung aus rechtlicher Sicht organisiert zu sein hat, regelt das Gesetz näher bislang nur für die Rechnungslegung (§§ 238 ff. HGB, die hier als zum Aktienrecht im weiteren Sinn gehörend verstanden werden dürfen. Siehe ferner §§ 150, 152, 158–160 AktG) und durch Verweis auf die GoB für die unter der Verantwortung des Vorstands stehende Buchführung (§ 91 I AktG mit §§ 238 Abs. 1 Satz 1, 264 Abs. 2 Satz 1 HGB). Im übrigen lassen sich Organisa-

---

[6] Darüber besteht im Grundsatz wohl Einvernehmen, freilich mit der Einschränkung, dass der Stellenwert sozialer Aufwendungen und Aufwendungen zu Gunsten der Allgemeinheit umstritten ist. Richtig ist indessen, dass der Vorstand solche Aufwendungen, soweit sie das gesetzlich vorgeschriebene Maß überschreiten, nur in dem Rahmen machen darf, in dem mittelbar und auf mittlere Frist der Unternehmenswert gesteigert oder zumindest nicht verringert wird. Eine andere Frage ist, unter welchem Aspekt oder mit welcher Methode der Unternehmenswert zu bestimmen ist, ob dem Konzept des share holder value-Ansatzes zu folgen ist. Das hängt seinerseits davon ab, wie man dieses Konzept genauer abgrenzt. Vgl. dazu z. B. *W. O. Schilling*, BB 1997, 373; *Mülbert*, ZGR 1997, 129; *Franz Wagner*, BFuPr 1997, 473; *Enzinger*, GesRZ 1997, 218; *v. Werder*, ZGR 1998, 69; *Kübler*, in: FS *Zöllner*, 1998, Bd. I S. 321.
[7] Zu den einschlägigen Fragen vor allem *Hoffmann-Becking*, ZGR 1998, 497.

G. Aktienrechtliche Binnenkommunikation im Unternehmen 73

tionspflichten und Informationsbeschaffungspflichten nur mittelbar aus anderen Normen erschließen, mit Ausnahme des § 91 II AktG, auf den ich gleich zu sprechen komme.

b) Mittelbare Erschließung aus Berichtspflichten und Auskunftspflichten

Mittelbar ergeben sich Informationsbeschaffungspflichten des Vorstands selbstverständlich aus den Regelungen des § 90 AktG über seine Berichtspflichten gegenüber dem Aufsichtsrat. Auf den Inhalt dieser Berichtspflichten gehe ich im nächsten Abschnitt ein. Diese Pflichten umfassen, auch das ist trivial, nicht bloß das, was der Vorstand weiß, vielmehr fordert der Maßstab gewissenhafter und getreuer Rechenschaft, den § 90 Abs. 4 AktG vorgibt, auch die Beschaffung einschlägiger Informationen, soweit sie möglich ist. Mittelbar obliegt dem Vorstand die Informationsbeschaffung auch für Berichtspflichten und Auskunftspflichten gegenüber der Hauptversammlung. Selbst das Auskunftsrecht des Aktionärs nach § 131 AktG, dessen Träger ja nicht das Organ Hauptversammlung, sondern der einzelne Aktionär ist,[8] nötigt dem Vorstand Informationsbeschaffungsbemühungen ab, allerdings umfassend nur für vom Aktionär rechtzeitig angekündigte Fragen, ansonsten für erst in der Hauptversammlung gestellte Fragen nur in dem Umfang, wie die Fragen erwartbar waren.[9]

c) Informationsbeschaffungspflichten aus außeraktienrechtlichen Verhaltenspflichten

Aus dem Vorhandensein der genannten Regelungen, die mittelbar eine Informationsbeschaffungspflicht des Vorstands erschließen lassen, ist selbstverständlich nicht der Gegenschluss zu ziehen, dass keine darüber hinausgehenden derartigen Pflichten bestünden. Da sind einmal die ungeheuer zahlreichen Pflichten, für Informationserhebung, -speicherung und -weitergabe, kurz für Binnenkommunikation zu sorgen, die sich aus Regelungen außerhalb des Aktienrechts und Handelsrechts ergeben, wie etwa aus dem Umweltschutzrecht, dem Verkehrsrecht, dem Sozialversicherungsrecht – die Abführung der Sozialversicherungsbeiträge ist ein Dauerthema vor allem des GmbH-Rechts –, ferner aus dem Steuerrecht, dem Arbeitsrecht und last not least dem Bürgerlichen Recht. Insoweit geht es nicht etwa in erster Linie um in diesen Rechtsgebieten explizit geregelte Informationspflichten; die gibt es dort selbstverständlich auch, sie betreffen aber zumeist das Außenverhältnis. Zu denken ist vielmehr

[8] Vgl. nur *Hüffer*, AktG, 4. Aufl., § 131 Rdnr. 3; *Zöllner*, in: Kölner Komm., 1. Aufl., § 131 Rdnr. 8.
[9] Näher zum Umfang der Informationsbeschaffungspflicht des Vorstands im Zusammenhang mit dem Auskunftsrecht des Aktionärs *Hüffer*, § 131 Rdnr. 9 f.; *Zöllner*, in: Kölner Komm., § 131 Rdnr. 56 f.

an die vielen für den Vorstand einschlägigen Verhaltensnormen, zu deren sachgerechter Einhaltung Informationsbeschaffung (= erhebung) und Verarbeitung notwendig sind. Um nur ein signifikantes Beispiel aus dem Bürgerlichen Recht zu nennen: im Bereich der sog. Wissenszurechnung bei arbeitsteiligen Organisationen – jede AG gehört dazu – bürdet die Rechtsprechung diesen Organisationen weitreichende Organisationsobliegenheiten zur Bereithaltung und Binnenübermittlung von rechtlich relevantem Wissen auf,[10] z. b. im Hinblick auf die Kenntnis von Mängeln im Rahmen von § 460 BGB oder das arglistige Verschweigen i.S.v. § 463 BGB oder die Kenntnis bei § 892 BGB oder den bösen Glauben nach § 932 BGB. Alle solchen außeraktienrechtlichen Verhaltenspflichten erhalten über die Sorgfalts- und Haftungsnorm des § 93 auch einen aktienrechtlichen Touch.

d) § 93 AktG als Pflichtenquelle?

Allerdings darf § 93 AktG ähnlich wie die Parallelnorm des § 43 GmbHG nicht als selbständige Pflichtenquelle missverstanden werden.[11] Ihr Absatz 1 Satz 1, wonach Vorstandsmitglieder bei ihrer Geschäftsführung die Sorgfalt eines ordentlichen und gewissenhaften Geschäftsleiters anzuwenden haben, regelt nur den Sorgfaltsmaßstab, der unter richtigem Verständnis pflichtbeschränkend wirkt und jedenfalls nicht pflichtbegründend,[12] ganz genau wie § 276 BGB mit seinem Fahrlässigkeitsmaßstab. In Absatz 2 statuiert § 93 AktG nur die Ersatzpflicht für aus Pflichtverletzungen entstehende Schäden. Was Vorstandsmitglieder also zu tun haben, muss anderswo hergeholt werden. Das darf durch die verbreitete Redeweise von den Sorgfaltspflichten des Vorstands nicht verschleiert werden.

Soweit explizite aktienrechtliche Regelungen fehlen, muss auf die Grundaufgabe des Vorstands zurückgegriffen werden, d. h. auf das von ihm zu verfolgende Ziel, den Unternehmenswert zu mehren. Daraus folgt keineswegs eine allgemeine Pflicht, jedweden Schaden vom Unternehmen abzuwenden.[13] Vielmehr geht die Grundpflicht des Vorstands gegenüber

---

[10] Vgl. dazu aus neuester Zeit *BGHZ* 109, 327; 117, 104; *BGH*, WM 1995, 1145; *BGH* NJW 1996, 1205; BGHZ 132, 35; *Dauner-Lieb*, FS Kraft 1998, S. 43; *M. Baum*, Die Wissenszurechnung, 1999; *Th. Raiser*, FS Bezzenberger, 2000, S. 561.

[11] So aber z.B. *Mertens*, in: Kölner Komm., 2. Aufl., § 93 Rdnr. 7, der in Abs. 1 Satz 1 auch einen „allgemeinen Auffangtatbestand" sieht. Richtig an den dortigen Ausführungen ist zwar, dass Abs. 1 Satz 1 auch der Begründung der Rechtswidrigkeit dient, aber nicht in dem von Mertens angenommenen Sinn, dass er diese Rechtswidrigkeitsbegründung allein leisten kann. Der hier vertretenen Auffassung zuneigend *Hüffer*, AktG, 4. Aufl, § 93 Rdnr. 3.

[12] Dazu ausführlich *Zöllner*, in: Baumbach/Hueck, GmbHG, 17. Aufl., § 43 Rdnr. 11 und 16 ff.

[13] Dass eine Schadensabwendungspflicht besteht, wird damit selbstverständlich nicht geleugnet; zu ihrer Bejahung etwa *Mertens*, Kölner Komm., § 93 Rdnr. 29.

G. Aktienrechtliche Binnenkommunikation im Unternehmen 75

der Gesellschaft – ich rede nicht von deliktischer Verantwortlichkeit gegenüber Dritten – zunächst einmal dahin, die Ressourcen des Unternehmens sinnvoll einzusetzen. Aus dieser Urpflicht, oder sagen wir besser: aus diesem Urquell der Vorstandspflichten muss im einzelnen abgeleitet werden, welche Pflichten ihm gegenüber der Gesellschaft obliegen. Nur über diese Grundaufgabe kann auch ermittelt werden, welche außerhalb des Aktienrechts normierten Pflichten der Gesellschaft gleichzeitig Pflichten des Vorstands gegenüber der Gesellschaft bilden sollen. Nicht jede der Gesellschaft, etwa aus dem Umweltrecht, dem Arbeitsrecht usw. nach außen obliegende Pflicht kann gleichzeitig über die Uraufgabe, die dem Vorstand zugewiesen ist, als Organpflicht i.s. einer vom Vorstand gegenüber der Gesellschaft zu erfüllenden Pflicht verstanden werden. Darin liegt ein ganz grundsätzliches, noch ungenügend diskutiertes Problem, dessen Klärung hier nicht unternommen werden kann.

Unter dieser Vorbetrachtung lässt sich über Informationsbeschaffungspflichten des Vorstands und damit auch über die Pflicht zur Errichtung von Informationsbeschaffungssystemen trefflich philosophieren. In aller Regel wird aus dem zu sachgerechter Unternehmensleitung gehörenden Controlling-Erfordernis folgen, dass der Vorstand die von ihm ins Werk gesetzten Teilziele und sonstigen Aktivitäten in sachgerechtem Umfang informationell verfolgen muss. Controlling wird vielfach ein wichtiger und richtiger Ansatz für den Aufbau eines Informationssystems zur Bedienung der Informationsinteressen des Vorstands sein. Man muss sich aber vor unzulässigen Verallgemeinerungen hüten. Weder alle Unternehmensgegenstände noch alle Größenordnungen von Unternehmen lassen sich über einen Kamm scheren. Auffassungen, dass der Vorstand verpflichtet sei, ein umfassendes Management-Informationssystem aufzubauen,[14] eilen der Zeit voraus. Allerdings kann eine solche Verpflichtung in einem auf Wesentliches konzentrierten Umfang auch heute schon anzunehmen sein, wo die Verhältnisse es dem Vorstand unmöglich machen, sich auf anderem Weg die für die Unternehmensleitung essentiellen Informationen zu verschaffen.

e) **Keine Pflicht zur systematischen Erfassung aller dem Unternehmen möglicherweise drohenden Schäden**

Eine negative Feststellung ist wichtig: wie es keine Vorstandspflicht zur Abwendung jedweder möglichen Schäden gibt, so gibt es erst recht keine Pflicht zum Aufbau eines Informationssystems zur Erfassung aller dem Unternehmen möglicherweise drohenden Schäden. Deshalb ist die namentlich aus betriebswirtschaftlichen Federn fließende, in Mode gekommene Propagierung einer Pflicht zum Aufbau eines Risikoerfassungs- und -management-Systems bedenklich und missverständlich, bei etlichen Au-

---

[14] In diese Richtung z.B. *Theisen* (s. Fußn. 5).

toren jedenfalls ganz sicher zu weitgehend. Wie der Vorstand bei seiner Geschäftsführung Risiken eingehen darf, ja eingehen muss – die berühmte Formel vom erlaubten Risiko[15] ist noch immer signifikant –, so steht es auch prinzipiell in seinem Ermessen, wie er mit eingegangenen oder von außen her entstandenen Risiken umgeht. Er darf solche Risiken, jedenfalls solche unter einer fortbestandsgefährdenden Schwelle, evtl. auch ignorieren.

f) Zur Problematik des § 91 Abs. 2 AktG: Risikoüberwachungssysteme („Frühwarnsysteme") und Risikomanagementsysteme

Der Gesetzgeber hat hier mit der sprachlich wie inhaltlich nicht optimal gelungenen Regelung des § 91 Abs. 2 AktG für Verwirrung gesorgt.[16] Zwar ist es vollkommen richtig, wenn die Norm formuliert, dass der Vorstand geeignete Maßnahmen zu treffen habe, damit fortbestandsgefährdende Entwicklungen möglichst frühzeitig erkannt werden. Dieses Gebot galt schon immer. Die sich dazu stellende Frage war und ist auch heute noch, welches die geeigneten Instrumente solcher Früherkennung sind. Dass man z.b. nach Übersee entsandte, mit weitreichender Verpflichtungsmacht ausgestattete Repräsentanten irgendwie überwachen muss, versteht sich. Die Frage, wie das zu geschehen hat, ist indessen außerordentlich schwierig zu beantworten. Wenn etwa nach der Natur der Geschäfte jedenfalls zunächst nur Berichte oder die Meldung von Zahlen in Betracht kommt, ist echte Überwachung schwierig. Denn wie ermittelt man, ob über alle getätigten Geschäfte Bericht erstattet wird und ob die Berichterstattung richtig ist? Viele Risiken, und oft die alltäglichsten, lassen sich erst erkennen, wenn der Schaden schon eingetreten ist. Das Ausbleiben von Aufträgen geht oft rasend schnell, die Abwanderung der besten Kräfte – wie dem Vernehmen nach derzeit bei den Berliner Philharmonikern ausgerechnet vor dem Eintreffen von *Simon Rattle* – ist nicht selten ein überraschender Prozess. Das Missverständnis, das der Gesetzgeber ausgelöst hat, beruht nicht auf der Verbalisierung der allgemeinen Verpflichtung des Vorstands, sondern aus dem konkretisierenden Halbsatz, dass ein Überwachungssystem einzurichten sei. Der Systembegriff verleitet dazu, die Verpflichtung des Vorstands zu Maßnahmen gleichsam flächendeckend zu verstehen. Das geht erheblich zu weit.[17] Der Systembegriff löst weiter die Vorstellung aus, dass ein Gefüge von inhaltlich aufeinander bezogenen Überwachungsmaßnahmen kreiert werden muss. Auch das geht zu weit, weil Fortbestandsgefährdungen disparaten

---

[15] *Mertens*, Kölner Komm., § 93 Rdnr. 29, 48, 49; *Zöllner*, Baumbach/Hueck, GmbHG, § 43 Rdnr. 21.
[16] Kritisch zu dieser Norm DAV-Handelsrechtsausschuss, ZIP 1997, 163 (165 f.); *Lutter*, AG 97, Sonderheft Aktienrechtsreform 1997, 52; *Mertens*, ebenda S. 70 ff.; *Hüffer*, AktG, 4. Aufl., § 91 Rdnr. 5.
[17] Den Begriff stark zurücknehmend auch *Seibert*, FS Bezzenberger, 2000, S. 438.

Charakter haben können und deshalb auf ganz unterschiedliche Weise ermittelt werden müssen. Der Abschlussprüfer, der bei Gesellschaften mit amtlicher Aktiennotierung nach § 317 Abs. 4 HGB auch zu prüfen hat, ob die dem Vorstand i.R.d. § 91 Abs. 2 AktG obliegenden Maßnahmen in geeigneter Form getroffen worden sind und ob das einzurichtende Überwachungssystem seine Aufgaben erfüllen kann, wird es mit dieser Prüfungslast nicht leicht haben.[18] Etliche Interpreten des § 91 Abs. 2 AktG sind dafür eingetreten, dass das einzurichtende Überwachungssystem nicht nur solche Entwicklungen erfassen müsse, die je für sich bestandsgefährdend sein können, sondern mehr oder weniger alle nicht belanglosen Risiken,[19] weil sie zur Fortbestandsgefährdung kumulieren könnten. Nach diesen Vorstellungen muss das Überwachungssystem in der Tat quasi flächendeckend gestaltet werden. Sogar von der Notwendigkeit einer Risikoinventur oder eines Risk-Mapping[20] wird gesprochen. Damit ist eine partiell kontraproduktive Entwicklung angestoßen worden. Erst recht gilt das von der schon erwähnten, auf einer Bemerkung der Begründung des Regierungsentwurfs zum KonTraG beruhenden Interpretation,[21] es müsste nicht nur ein Früherkennungssystem für gefährdende Entwicklungen eingerichtet werden – insoweit hat sich der Begriff Frühwarnsystem eingebürgert – sondern auch ein System, wie den aufgrund des Überwachungssystems erkannten Risiken zu begegnen sei, d. h. das schon erwähnte Risiko-Managementsystem.[22] Das geht erst recht zu

---

[18] Die bei manchen auch erfahrenen Wirtschaftsprüfern offenbar herrschende Euphorie über die Simplizität dieser Aufgabe (so z.B. *Forster*, AG 1999, 193 [195, 197]) ist für mich schwer nachvollziehbar. Nichts von den Schwierigkeiten, die sich hier auftun, scheint auch auf bei *Eggemann/Konradt*, BB 2000, 503 (506).
[19] So z. B. *Eggemann/Konradt* (o. Fußn. 18), S. 504; wohl auch *Holst/Holtkamp*, BB 2000, 815 ff.
[20] *Eggemann/Konradt* (s. Fußn. 18), S. 505.
[21] Abgedruckt bei *Ernst/Seibert/Stuckert*, KonTraG etc., 1998, S. 53. *Seibert* tritt freilich den weitreichenden Interpretationen der Norm mit erheblichen Einschränkungen entgegen, vgl. seine treffliche Schilderung der Entstehung des § 91 Abs. 2 AktG in FS Bezzenberger, S. 427 (436 ff.).
[22] Zu den einschlägigen Fragen mit zahlreichen Differenzierungen und Unterschieden nicht nur in Nuancen etwa *Brebeck/Herrmann*, WPg 1997, 381 (387 ff.); *Scharpf*, Risikomanagement und Überwachungssysteme im Treasury, 1998, S. 11 ff.; *Kromschröder/Lück*, DB 1998, 1573; *Lück*, DB 1998, 8 und DB 1998, 1925; *Vogler/Gundert*, DB 1998, 2377; *Kuhl/Nickel*, DB 1999, 133; *Pollanz*, DB 1999, 393; *ders.*, DB 1999, 1227; *ders.*, DB 1999, 1277; *T. Drygala/A. Drygala*, ZIP 2000, 297; *Eggemann/Konradt*, BB 2000, 503; *Holst/Holtkamp*, BB 2000, 815; *Seibert*, FS Bezzenberger, 2000, S. 427; *Hommelhoff*, FS Sandrock, 2000, S. 373; zahlreiche ältere Literatur zu Frühwarnsystemen und Risikomanagement bei *Holst/Holtkamp* (o. Fußn. 1, 2 und 4).
[23] Stark kritisch insb. *Hüffer*, AktG, 4. Aufl., § 91 Rdnr. 8, 9. *Hüffer* interpretiert das Erfordernis eines Überwachungssystems in dem eingeschränkten Sinn, dass neben die allgemeine Regel, wonach für Früherkennung fortbestandsgefährdender Entwicklungen gesorgt werden, nur ein System zur Überwachung der gegen diese Entwicklungen eingeleiteten Maßnahmen eingerichtet werden muss, d.h. eine Art von Controlling in dem oben im Text bei Fußn. 3 beschriebenen Sinn. Zur Problematik auch *J. Hüffer*,

weit.[23] Selbstverständlich gibt es Gefahren, die, wenn sie erkannt werden, vom Vorstand angemessene Reaktionen verlangen, soweit solche möglich sind. Aber schon die Systematisierung möglicher Gegenmaßnahmen, Sicherungsmaßnahmen etc. stößt, von Sonderbereichen abgesehen, auf erhebliche Schwierigkeiten. Die richtige Therapie ist vielmehr häufig situationsbedingt und die situativen Unterschiede sind zu vielfältig, um sie auch nur aufzulisten, geschweige denn sie in ein echtes System zu bringen. Tradition hat es selbstverständlich, die Kurs- und Zinsrisiken von Finanzinstrumenten bei zinssensitiven Finanztiteln und bei Aktien und Aktienderivaten sorgfältig zu beobachten und ihnen gegenzusteuern.[24] Ähnlich gehört es bei Unternehmen mit Lieferungs- und Zahlungsströmen größeren Umfangs über die Grenzen des einheitlichen EU-Währungsgebiets hinaus zu den Pflichten der Geschäftsleitung, die Wechselkursrisiken zu beobachten und so weit wie möglich abzusichern.[25] Aber noch einmal: neben solchen gut beobachtbaren Risiken gibt es ungezählte, die schwerer zu erfassen und schwerer zu therapieren sind. Es ist ökonomisch verkehrt, den Vorstand und die operativen Einheiten des Unternehmens damit zu beschäftigen, mittels Aufbau einer informationellen Bürokratie[26] eine alle Risiken umfassende Risikoverwaltung zu betreiben. Aufgabe der Unternehmensführung ist es richtigerweise, durch kreatives Verhalten und durch Motivation der Mitarbeiter das Unternehmen prosperieren zu lassen und eine positive ökonomische Entwicklung voranzutreiben. Nicht die Verhinderung von Schäden und die Ausschaltung von Risiken ist die vorrangige Aufgabe, sondern die Erzielung von Wachstum durch guten Geschäftsgang, durch neue Geschäftsfelder, durch Qualitätssteigerung, durch Imagegewinn. Die Problemlösungskapazitäten der Unternehmen sind deshalb vorrangig in diese positive Richtung zu lenken und nicht dazu zu zwingen, sich mit dem Negativen aufzuhalten. Das ist selbstverständlich kein Nein zur Überwachung der Unternehmensentwicklung durch den Vorstand, aber die Warnung vor falscher Gewichtung einschlägiger Pflichten. Deshalb bleibt festzuhalten: Es geht in § 91 Abs. 2 AktG nicht um Risikomanagement, sondern lediglich um Früherkennung und -warnung. Der Früherkennung und -warnung zu unterwerfen sind nicht alle möglichen oder denkbaren Gefahren für das Unternehmen, auch nicht, wenn sie aufgrund der konkreten Umstände des Unternehmens bestehen (deshalb ist es missverständlich, vom Ausschluss

---

FS Imhoff 1998, S. 91 (103) (zitiert nach *Hüffer*, AktG, 4. Aufl., § 91 Rdnr. 6). Für einschränkende Interpretation auch treffend *Seibert* (oben Fußn. 17).
[24] Dazu z. B. *Holst/Holtkamp*, BB 2000, 815 (816 ff.).
[25] Dazu sehr eindrucksvoll der Geschäftsbericht (Kurzfassung) der *DaimlerChrysler AG* für 1999, S. 34.
[26] Damit soll nichts gegen Bürokratie an sich gesagt sein. Sie ist in komplizierten Organisationen unvermeidlich und notwendig. Vielmehr richtet sich die Kritik gegen unnötige bürokratische Aufblähungen, mit denen nur Scheintherapie getrieben wird.

bloß abstrakter Risiken zu sprechen). Erfasst vom Bedürfnis der Früherkennung durch den Vorstand werden nicht schon gefährdende Umstände, sondern nur gefährdende Entwicklungen,[27] d. h. den wirtschaftlichen Zustand verschlechternde Veränderungen, und auch insoweit nur gravierende, nämlich existenzgefährdende.[28]

IV. Kommunikationswege zum Aufsichtsrat[29]

Der Aufsichtsrat hat neben der Aufgabe, den Vorstand zu bestellen, vor allem die Geschäftsführung des Vorstands zu überwachen. Für die Erfüllung des dazu notwendigen Informationsbedarfs sieht das Gesetz zwei Hauptwege vor: zum einen den Berichtsweg, zum andern den Weg des, salopp gesprochen, „Augenscheins".

1. Informierung des Aufsichtsrats durch regelmäßige Pflichtberichte

§ 90 AktG gibt dem Vorstand auf, dem Aufsichtsrat von sich aus zu berichten, teils einmal jährlich, teils vierteljährlich, teils nach Bedarf.

a) **Pflichtberichte zur Geschäftspolitik und Unternehmensplanung**

Jährlich ist zu berichten über die beabsichtigte Geschäftspolitik und, wie das Gesetz sich delphisch ausdrückt, andere grundsätzliche Fragen der Unternehmensplanung (insbes. Finanz-, Investitions- und Personalplanung). Sowohl der Politikbegriff wie der Planungsbegriff sind unbestimmt und vieldeutig. Man weiß deshalb nicht genau, was alles dazugehört. Seltsamerweise ist auch streitig, ob der Vorstand insoweit nur zu berichten hat, was er tatsächlich geplant hat, oder ob er auch verpflichtet ist zu planen.[30] Insoweit kann ernsthaft kein Zweifel an einer Planungspflicht bestehen, aber selbstverständlich heißt die grundsätzliche Bejahung einer solchen Pflicht nicht, dass der Vorstand alles planen muss, was planbar ist. Finanz- und Investitionsplanung gehören in größeren Unternehmen zur Routine, wenn auch die Bedeutung in einer Reihe von Branchen nicht sonderlich groß ist. *Hüffer*[31] hält nur die Budgetplanung für

---

[27] Vgl. *Seibert* (o. Fußn. 17), S. 437.
[28] *Seibert*, (o. Fußn. 27).
[29] Dazu *Lutter*, Information und Vertraulichkeit im Aufsichtsrat, 2. Aufl., 1984; *Lutter/Krieger*, Rechte und Pflichten des Aufsichtsrats, 3. Aufl., 1993; *D. Hoffmann*, Der Aufsichtsrat, 3. Aufl., 1994; *Semler*, Leitung und Überwachung der Aktiengesellschaft, 2. Aufl., 1996; *H. Götz*, AG 1995, 337; *Ch. Wilde*, ZGR 1998, 423 (427 ff., 453 ff.). Vgl. ferner *Theisen*, RIW 1991, 920; *ders.*, AG 1995, 193; *Lutter*, ZHR 159 (1995), 287.
[30] Dazu *Hüffer*, AktG, 4. Aufl., § 90 Rdnr. 4 ff.; *Semler*, ZGR 1983, 1; *Lutter*, Unternehmensplanung und Aufsichtsrat 1991, S. 249.
[31] *Hüffer* (s. Fußn. 29 Rdnr. 4).

unverzichtbar, wobei er nicht erläutert, in welchem Verhältnis zur Finanzplanung er sie sieht. Herkömmlich hat das Budget[32] eher einen zusammenstellenden Charakter, indem es den einzelnen Teilen oder operativen Zentren des Unternehmens katalogartig vorgibt, welche Maßnahmen vorgesehen sind und welche Geldmengen oder sonstige Ressourcenmengen dafür zu Verfügung stehen. Finanzplanung[33] ist demgegenüber von wesentlich umgreifenderer und tieferer Bedeutung, indem sie Finanzmittelbedarf, Finanzmittelbestand und Finanzmittelbeschaffung mit Alternativen zu reflektieren hat und so eigentlich die grundlegenden Voraussetzungen sachgerechter Budgetierung schafft. Finanzplanung steht in engstem Verbund und in Wechselwirkung mit der Produktions- und Absatzplanung und erst recht der ebenfalls damit eng zusammenhängenden Investitionsplanung. Ebenso gehört zu allem auch die Personalplanung, die u. a. den für die übrige Planung erforderlichen zusätzlichen Personalbedarf zu prognostizieren hat ebenso wie die sich umgekehrt aus Investitionen und anderen Maßnahmen ergebende Freisetzung von Arbeitskräften, die zeitweise oft sogar vorrangiges Ziel der Unternehmensführung ist.

b) Pflichtberichte zur Rentabilität der Gesellschaft

Jährlicher Berichterstattung unterliegt auch die Rentabilität der Gesellschaft, insbesondere die Rentabilität des Eigenkapitals. Die Erläuterung bei *Hüffer*,[34] Rentabilität sei Verzinsung, ist sachlich durchaus zutreffend, lässt jedoch nicht klar genug erkennen, worum es geht, und zwar schon nicht beim Eigenkapital.[35] Erst recht ist interpretationsbedürftig, was Rentabilität der Gesellschaft bedeutet. Gemeint ist ganz sicher mindestens die Gesamtkapitalrentabilität oder Vermögensrentabilität (auch return on investment oder return on assets). Genauer wird das Bild, wenn die Umsatzrentabilität hinzugefügt wird und die zwischen beidem vermittelnde Umschlagshäufigkeit des Vermögens. Erstaunlicherweise für den Laien ist nämlich die Gesamtkapitalrentabilität gleich dem Vielfachen aus Umschlagshäufigkeit (diese ist der Quotient aus Umsatz und Vermögen) und der Umsatzrentabilität, bei der Gewinn und Umsatz in Beziehung gesetzt werden. Das hat die eigenartige Folge, dass bei Verringerung

---

[32] Dazu z. B. *Busse/v. Colbe*, Budgetierung und Planung, in: Handwörterbuch der Planung, 1989, *Radtke*, Handbuch der Budgetierung, 2. Aufl., 1991.
[33] Zu ihr *Olfert*, Finanzierung, 7. Aufl. 1992; *Witte*, Finanzplanung der Unternehmung: Prognose und Disposition, 3. Aufl., 1983; *Perridon/Steiner*, Finanzwirtschaft der Unternehmung, 7. Aufl., 1993; *Th. Günther*, DBW 1988, 109.
[34] *Hüffer*, AktG, 4. Aufl., § 90 Rdnr. 5.
[35] Rentabilität versteht man betriebswirtschaftlich, und das ist hier gemeint, fast allgemein als eine die Ertragsfähigkeit des Unternehmens ausdrückende Kennzahl. Die Eigenkapitalrentabilität steht dabei in wichtigen Beziehungen zur Gesamtkapitalrentabilität, indem sie durch Ausmaß und Kosten des eingesetzten Fremdkapitals beeinflusst wird.

der Umsatzrentabilität, wie sie bei Verringerung der Gewinnspannen eintreten kann, die Gesamtkapitalrendite gleichbleibt, sofern nur die Umschlagshäufigkeit des Vermögens erhöht wird. Wer Betriebswirtschaft studiert hat, wird mir hier nicht nur folgen, sondern sogar vorauseilen können; reine Juristen werden evtl. zur alten Spruchweisheit iudex non calculat flüchten wollen. Indessen ist ein gewisses Grundverständnis der Sinnhaftigkeit der von § 90 AktG vorgeschriebenen Informationsströme vom Vorstand zum Aufsichtsrat nützlich, weil sich daraus die Bedeutung der Informationen für eine zukunftsorientierte Überwachung durch den Aufsichtsrat besser erschließt.

c) Pflichtberichte zum Geschäftsgang und zur Lage der Gesellschaft

Mindestens vierteljährlich zu berichten ist über den Geschäftsgang einschließlich Umsatz und über die Lage der Gesellschaft. Den Begriff der Lage der Gesellschaft wird man in gleicher Weise verstehen dürfen wie in den §§ 264 Abs. 1 und 289 HGB für den mit dem Jahresabschluss zu erstellenden oder vorzulegenden Lagebericht der Gesellschaft. Man wird allerdings dem Vorstand gestatten können, sich auf Abweichungen vom letzten Bericht zu beschränken, d. h. die Darlegungen brauchen richtiger Weise nicht in sich ein vollständiges Bild der Lage zu vermitteln. Zweifelhafter ist, ob der „Gang der Geschäfte", von dem § 90 Abs. 1 Nr. 3 AktG redet, dasselbe bedeutet wie der Begriff des „Geschäftsverlaufs" in § 289 Abs. 1 HGB. Vom Wortsinn her könnte das nahe liegen, indessen wird der Zweck des Berichts und die der detaillierten Kontrolle nähere Stellung des Aufsichtsrats wohl eine sehr viel eingehendere und soweit möglich einen Soll/Istvergleich gestattende Darstellung[36] erfordern, durchaus in ähnlichem Sinn, wie sie das vom Vorstand ausgehende unternehmensinterne Controlling anstrebt.

2. Ad-hoc-Berichterstattung

a) Berichterstattung an den Vorsitzenden

Nach Bedarf, d. h. ad hoc hat der Vorstand gem. § 90 Abs. 1 Satz 2 an den Vorsitzenden des Aufsichtsrats aus „sonstigen wichtigen Anlässen" zu berichten, eine dehnbare Generalklausel,[37] die das Gesetz nur für einen Konzernfall konkretisiert: Geschäftliche Vorgänge bei verbundenen Unternehmen, die auf die Lage der Gesellschaft von erheblichem Einfluss sein können. Darin kommt aber das Wesentliche zum Ausdruck. Wichtiger Berichtsanlass ist all das, was die Lage der Gesellschaft, d. h. in erster

---

[36] Vgl. *Hüffer*, AktG, § 90 Rdnr. 6; *Wiesner*, MünchHb. AG, § 25 Rdnr. 8 (nach ihm soll Vergleich zum Budget erforderlich sein).

[37] Zu ihrer Konkretisierung etwa *Hüffer*, § 90 Rdnr. 8; *Mertens*, in: Kölner Komm, § 90 Rdnr. 39; *Wiesner*, Münch Hb. AG, § 25 Rdnr. 10; *Semler*, Leitung und Überwachung der AG, 2. Aufl., Rdnr. 239.

Linie den Unternehmenswert und die Ertragslage, wesentlich zu verändern geeignet ist. Der Aufsichtsratsvorsitzende hat nach seinem pflichtgemäßen Ermessen zu entscheiden, ob er den Gesamtaufsichtsrat sogleich unterrichtet oder erst in der nächsten Aufsichtsratssitzung. Diese Berichtspflicht wird bei börsengängigen Gesellschaften nicht selten konkurrieren oder eingeholt werden durch die Pflicht zur Veröffentlichung und Mitteilung kursbeeinflussender Tatsachen nach § 15 Abs. 1 WPHG. Dort ist entscheidend, ob eine eingetretene Tatsache wegen der Auswirkungen auf die Vermögens- und Finanzlage oder auf den allgemeinen Geschäftsverlauf geeignet ist, den Börsenpreis der Aktien erheblich zu beeinflussen. Das Verhältnis dieser kapitalmarktrechtlichen Ad-hoc Publizität zu den Binneninformationspflichten im Unternehmen muss hier ausgeklammert bleiben.

b) **Berichterstattung an den Aufsichtsrat auf Verlangen**

Den von sich aus zu erstattenden ad hoc-Berichten des Vorstands nahe stehen die **auf Verlangen des Aufsichtsrats** nach § 90 Abs. 3 AktG zu erstattenden Berichte.[38] Darauf gehe ich nicht ein. In der Praxis spielen sie meines Erachtens keine allzu große Rolle, weil der Aufsichtsratsvorsitzende etwaigen Wissensdurst des Aufsichtsrats i.d.R. auf informellem Weg stillt. Allerdings ist es in einigen spektakulären Fällen wirtschaftlicher Gefährdung großer Unternehmen zu derartigen Berichtsverlangen gekommen.[39] Tatsächliche Voraussetzung solcher Verlangen ist es ja, dass der Aufsichtsrat bereits Kenntnis von bestimmten wichtigen Ereignissen oder Entwicklungen hat.

3. Ad-hoc-Berichte über künftige Geschäfte von erheblicher Bedeutung

Eine besondere Stellung nehmen Berichte ein, die der Vorstand nach § 90 Abs. 1 Nr. 4 AktG ad hoc zu erstatten hat über Geschäfte, die für Rentabilität oder Liquidität der Gesellschaft von erheblicher Bedeutung sein können.[40] Aus Absatz 2 Nr. 4 geht deutlich hervor, dass diese Berichte im Vorhinein zu erstatten sind, damit der Aufsichtsrat zu den Geschäften Stellung nehmen kann, bevor sie ausgeführt werden. Diese Berichtspflicht berührt sich mit den Fällen, in denen der Vorstand ein Geschäft nicht ohne Zustimmung des Aufsichtsrats vornehmen darf, weil ein Zustimmungserfordernis[41] nach § 111 Abs. 4 AktG für bestimmte Arten von

---

[38] Dazu *v. Schenck*, in: Semler, Arbeitshandbuch für Aufsichtsräte, 1999 E 56.
[39] Vgl. dazu *H. Götz*, AG 1995, 337.
[40] Dazu *v. Schenck* (o. Fußn. 38), E 50 ff.
[41] Dazu z.B. *H. Götz*, ZGR 1990, 633; *Rechenberg*, BB 1990, 1356; *Kropff*, in: Semler, Arbeitshandbuch für Aufsichtsratsmitglieder, 1999 H 6 ff.; *Mertens*, in: Kölner Komm., 2. Aufl., § 111 Rdnr. 61 ff.

Geschäften durch die Satzung oder durch Aufsichtsratsbeschluss aufgestellt worden ist. Es versteht sich, dass der Vorstand die Zustimmung des Aufsichtsrats nur erhalten kann, wenn er über das geplante Geschäft berichtet, mag dieses den die Berichtspflicht des § 90 Abs. 1 Nr. 4 AktG auslösenden Dimensionen entsprechen oder nicht. Beide Regelungen korrespondieren mit einem modernen zukunftsorientierten Verständnis der Kontrolle auch durch den Aufsichtsrat.

4. Schwächen der Information im Berichtsweg

Eine unübersehbare Schwäche der Berichtspflichten als der einen Säule der Information besteht zunächst darin, dass die Versorgung des Aufsichtsrats mit den erforderlichen Informationen auf dem Informationsstand des Vorstands selbst aufruht. Mehr Informationen als er selber hat, kann der Vorstand nicht geben, und er hat nicht selten wenig davon. Zweite Schwäche der Informationsversorgung des Aufsichtsrats auf dem Berichtsweg ist, dass ihre Effektivität weithin davon abhängt, welche der ihm vorliegenden Informationen der Vorstand zur Weitergabe an den Aufsichtsrat auswählt. Zwar steht die Berichtspflicht des Vorstands unter einem theoretisch hohen Anforderungsmaßstab: sie muss nach den Grundsätzen gewissenhafter und getreuer Rechenschaft erfüllt werden (§ 90 Abs. 4 AktG). Ob aber der Vorstand in seinen Berichten diesem Maßstab gerecht wird, entzieht sich der Beurteilung durch den Aufsichtsrat, soweit er nicht auf anderem Weg wenigstens soviel an Informationen erhält, wie er für die Beurteilung der Berichte braucht. Daher gleicht auch die Berichtspflicht auf Verlangen des Aufsichtsrats die Abhängigkeit des Informationsflusses vom Willen des Vorstands nicht aus.

Auf der anderen Seite krankt das Berichtswesen in der Praxis, wie jede informationelle Gestaltung, auch an der Gefahr der Überinformation.[42] Der Aufsichtsrat wird mit soviel Hinweisen und Unterlagen eingedeckt, dass seine Mitglieder nicht nur zeitlich überfordert sind, das Material zu studieren, sondern die Überforderung ist evtl. auch qualitativer Art: die Relevanz der einzelnen Vorgänge und Umstände lässt sich nur schwer zutreffend einschätzen.

Für den Gesetzgeber besteht keine Möglichkeit, diese Schwächen des Berichtswesens durch genauere Regelungen abzufangen, er muss sich mit seiner Generalklausel begnügen. In der Praxis hat sich das Berichtswesen in den Gesellschaften, die ich kenne, brauchbar entwickelt, es funktioniert offenbar hinreichend. Wichtigste Sanktion dafür ist, dass der Vorstand es sich nicht leisten kann, das entstandene Vertrauen zwischen den Organen zu verspielen oder zu gefährden.

---

[42] Dazu z.B. *Wilde* (o. Fußn. 29), S. 457 f.

5. Freiwillige Eröffnung zusätzlicher Kommunikationswege

In vielen Unternehmen ist die Kommunikation zwischen Vorstand und Aufsichtsrat weit über das gesetzlich strukturierte Berichtswesen hinaus ausgebaut, z. b. dadurch, dass der Vorsitzende des Aufsichtsrats in ständigem Kontakt mit dem Vorstand steht, nicht selten ein eigenes Büro im Unternehmen mit oder ohne eigenen Stab hat und sogar einen beträchtlichen Teil der Woche im Unternehmen zubringt. Dass das besonders naheliegt, wenn er selbst vorher dem Vorstand angehört hat, versteht sich. Im Einzelnen sind die Strukturen der Zusammenarbeit jedem Praktiker ausschnittweise bekannt, eine repräsentative Untersuchung oder gar eine Typologie der praktischen Erscheinungsformen gibt es aber m.W. nicht.

6. Recht zum Augenschein

Zweite Säule der Informationsbeschaffung für den Aufsichtsrat ist sein Recht zum „Augenschein". Nach § 111 Abs. 2 AktG hat er das Recht der Einsichtnahme und Prüfung von Büchern und Schriften der Gesellschaft, von Vermögensgegenständen, Kassen, Konten und Beständen an Waren und Wertpapieren.[43] Die Aufzählung erinnert noch an die Welt des 19. Jahrhunderts, drückt aber das Wesentliche anschaulich aus. Solcher Augenschein kann die Berichte selbstverständlich nicht ersetzen, weil der Aufsichtsrat damit nicht das Geschehen in der Gesellschaft im Ganzen in den Blick nehmen kann. Aber der Aufsichtsrat kann zum einen sich in geeigneten Fällen Detailkenntnisse verschaffen und vor allem sich von der Qualität der Berichte durch Stichproben überzeugen. Von diesem Informationsweg wird in der Praxis, wenn ich richtig unterrichtet bin, so gut wie kein Gebrauch gemacht, jedenfalls nicht formell. Es ist auch nicht zu verkennen, dass die sachgerechte Ausübung des Einsichtsrechts selbst unter Zuziehung von Sachverständigen[44] auf erhebliche Schwierigkeiten stößt, soweit der Aufsichtsrat nicht über eine relativ profunde Kenntnis der Struktur des Unternehmens, seiner Rechnungslegung und seines Archivierungswesens verfügt. Diese Strukturen ändern sich oft rasch, so dass selbst ehemalige Vorstandsmitglieder schon nach kurzer Zeit überfordert sind.

---

[43] Zu den Grenzen *Hüffer*, AktG, § 111 Rdnr. 11 f.; *Mertens*, in: Kölner Komm., § 111 Rdnr. 42 ff.

[44] Das Gesetz beschränkt in § 111 Abs. 2 Satz 2 AktG die Beauftragung von Sachverständigen auf die Wahrnehmung bestimmter Aufgaben. Das hindert jedoch nicht die generelle Zuziehung von EDV-Sachverständigen bei der Einsichtnahme in EDV-Systeme und von Wirtschaftsprüfern bei der Einsichtnahme in die Buchführung.

7. Hilfestellung durch den Abschlussprüfer

Hier greift bis zu einem gewissen Grad helfend und ausgleichend die Neugestaltung des Verhältnisses von Aufsichtsrat und Abschlussprüfer ein, wie sie das KonTraG vorgenommen hat. Es will, wie die allgemeine Begründung des Regierungsentwurfs sagt, die Qualität der Zusammenarbeit von Aufsichtsrat und Abschlussprüfer verbessern.[45] Zu diesem Zweck erfolgt die Erteilung des Prüfungsauftrags an den Abschlussprüfer, nachdem er von der Hauptversammlung gewählt worden ist, nicht mehr durch den Vorstand, sondern durch den Aufsichtsrat, § 318 Abs. 1 Satz 4 HGB, § 111 Abs. 2 Satz 3 AktG. Der Abschlussprüfer ist verpflichtet, an den Verhandlungen des Aufsichtsrats für den Jahresabschluss teilzunehmen und über die wesentlichen Ergebnisse der Prüfung zu berichten, § 171 Abs. 1 Satz 2 AktG. Ferner sehen die Vorschriften über den Gegenstand der Prüfung, über die Prüfungsberichte und über den Bestätigungsvermerk vor, dass die Prüfung explizit auf Entwicklungsrisiken des Unternehmens erstreckt wird. Aus dem Zusammenhalt dieser Vorschriften schließen manche auf eine prinzipielle Veränderung der Stellung des Abschlussprüfers, dessen Rolle stärker auf eine Unterstützungsfunktion für den Aufsichtsrat verlagert worden sei.[46] Das dürfte die Gewichte nicht richtig setzen und das Gesamtbild der Stellung des Abschlussprüfers eher verzerren. Der Abschlussprüfer ist nach wie vor mindestens ein Quasi-Organ der Gesellschaft mit selbständiger Rolle und selbständiger Verantwortlichkeit, kein Annex des Aufsichtsrats. Die Erteilung des Prüfungsauftrags durch den Aufsichtsrat unterstreicht sogar die Selbständigkeit und Unabhängigkeit seiner Stellung im Unternehmen und macht sie nicht zu einer an den Aufsichtsrat gebundenen. Dass er aus dieser selbständigen Rolle heraus den Aufsichtsrat unterstützen und die Qualität von dessen Kontrolltätigkeit verbessern soll, ist andererseits gewiss ebenso richtig wie sinnvoll, reichert aber nur seine Aufgaben an und verändert nicht die Rolle, die er inbes. auch gegenüber der Öffentlichkeit wahrzunehmen hat. Es ist deshalb nicht unbedenklich, wenn gesagt wird, der Wirtschaftsprüfer übe innerhalb der Informationsordnung nur eine Hilfsfunktion für den Aufsichtsrat aus;[47] gemeint ist damit – in der Sache zutreffend –, dass dem Abschlussprüfer grundsätzlich nicht die Aufgabe der Prüfung der Geschäftsführung auf ihre Zweckmäßigkeit hin obliege. Die Formulierung ist jedoch schief. Nach wie vor und sogar verstärkt hat der Abschlussprüfer in der Informationsordnung der Gesellschaft eine ganz und gar eigenständige Funktion. Im übrigen ist vor einer Überschätzung

---

[45] Vgl. bei *Ernst/Seibert/Stuckert*, KonTraG etc., S. 29.
[46] Z.B. *Mattheus*, ZGR 1999, 682 (693 f., 706 f.) und passim.
[47] So *Mattheus* (o. Fußn. 46), S. 706 im Anschluss an *Dreher*, Die Organisation des Aufsichtsrats, in: Feddersen/Hommelhoff/Schneider (Hrsg.), Corporate Governance, 1996, S. 33, 57 f.

der Möglichkeiten des Abschlussprüfers, Risiken der Entwicklung zu erkennen, dringend zu warnen. Manche sprechen davon, dass durch ihn die Arbeit des Aufsichtsrats professionalisiert werde. Das mag richtig sein, soweit es um Details der Rechnungslegung geht, aber es trifft gerade nicht für den wichtigsten Aspekt der Geschäftsführungsüberwachung zu, ob der Vorstand im Rahmen der erkennbaren Möglichkeiten ökonomisch optimal leitet und führt.

8. Einsatz von Informationstechnologie gegen Defizite der Informationsversorgung des Aufsichtsrats

Inwieweit gegenüber den Defiziten der Informationsversorgung des Aufsichtsrats moderne Informationstechnologie hilfreich sein könnte, ist eine wichtige Frage. Wenn es gelänge, dem Aufsichtsrat über das EDV-Netz des Unternehmens Zugriff auf alle für ihn wichtigen Unternehmensdaten zu verschaffen – für viele Vorstände sicher noch eine Horrorvorstellung – könnten sich daraus Qualitätsverbesserungen der Überwachung entwickeln. An die Stelle von ad hoc eingeforderten Vorstandsberichten zu Gesellschaftsangelegenheiten könnte etwa der eigene Zugriff des Aufsichtsrats durch seinen Vorsitzenden auf die maßgeblichen Informationen treten. Man könnte das evtl. als eine Synthese von angefordertem Bericht und Augenschein durch Einsichtnahme verstehen. In praxi setzt ein solches Vorgehen die Ausstattung des Aufsichtsratsvorsitzenden nicht nur mit den erforderlichen technischen Einrichtungen, sondern auch mit dem notwendigen know how und der zur Durchführung notwendigen Assistenz voraus. Statt des vom Bundesrat im Gesetzgebungsverfahren zum KonTraG vergebens vorgeschlagenen Aufsichtsratsassistenten könnte eine zukünftige Regelung einen mit sachgerechten Befugnissen und Pflichten ausgestatteten Assistenten des Aufsichtsratsvorsitzenden vorsehen, der auf dessen Weisung oder auf Weisung des Gesamtaufsichtsrats von den ihm technisch eröffneten Zugriffsmöglichkeiten Gebrauch macht. Ohne die Entwicklung sachgerechter Programme, die den Zugriff erleichtern, dürfte freilich auch der Aufsichtsratsassistent überfordert sein. Im Ganzen bin ich skeptisch, wenngleich ich eine Möglichkeit für den Aufsichtsrat, in Bedarfsfällen auf erleichterte Weise den informationellen Vorsprung des Vorstands zu verringern, für prinzipiell wünschenswert halte. Letztlich handelt es sich, rechtlich gesehen, um nicht mehr, sondern eher um weniger als das, was schon seit langem in den Befugnissen des Aufsichtsrats zur Augenscheineinnahme angelegt ist. Diese Möglichkeit wird lediglich effektuiert und mit Berichtsansprüchen verschmolzen. Nicht in Betracht kommt aber selbstverständlich die Eröffnung des Zugangs zu den Informationssystemen für jedes einzelne Aufsichtsratsmitglied.

V. Kommunikation zwischen Gesellschaft und Aktionären

1. Pflichten zu eingehender Vorausinformation der Aktionäre

Das Auskunftsrecht als klassische Säule der Information der Aktionäre, das in der Hauptversammlung zu erfüllen ist (dazu sogleich näher unten 2 d) ist in mannigfacher Weise unterfangen worden durch Pflichten zur eingehenden Vorausinformation.

a) Bekanntmachung der Tagesordnung

Solche Vorausinformationen sind zunächst erforderlich in Gestalt der Bekanntmachung der Tagesordnung (§ 124 AktG), die zu jedem Gegenstand zumindest soviel mitzuteilen hat, dass der Gegenstand der Verhandlung und Beschlussfassung hinreichend erkennbar wird, hinreichend i.s. der Möglichkeit zu angemessener Vorbereitung und Überlegung. Dazu bedarf es bei zur Beschlussfassung heranstehenden Gegenständen mindestens eines Beschlussvorschlags durch Vorstand und Aufsichtsrat gemeinsam, Vorschlag gemeint i.s. eines zur Abstimmung geeigneten Beschlussantrags. Zur Wahl von Aufsichtsratsmitgliedern und Prüfern hat nur der Aufsichtsrat Vorschläge zu machen, die Namen, Beruf und Wohnort der Vorgeschlagenen enthalten müssen.

b) Mitteilungen auf dem Weg über Kreditinstitute etc.

Ein anderer Weg der Vorausinformation sind die Mitteilungen, die die Gesellschaft nach § 125 Abs. 1 AktG über Kreditinstitute und Aktionärsvereinigungen geben muss, ferner direkt an im Aktienbuch eingetragene Namensaktionäre (§ 125 Abs. 2 Nr. 3 AktG[48]). Diese Pflicht zur Vorausinformation besteht hinsichtlich Einberufung und Tagesordnung der Hauptversammlung. Bei börsennotierten Gesellschaften müssen Wahlvorschläge Angaben zur Mitgliedschaft der vorgeschlagenen Personen in anderen Aufsichtsratsgremien enthalten (§ 125 Abs. 1 Satz 3 AktG). Mitteilungspflichtig sind auch Gegenanträge und Wahlvorschläge von Aktionären, soweit sie den Erfordernissen der §§ 126, 127 AktG entsprechen.

c) Vorausinformation durch Vertragstexte, Vorstandsberichte und Vertragsprüferberichte

Für bestimmte gravierende Entscheidungsgegenstände sieht das Gesetz noch wesentlich eingehendere und genauere Vorausinformationspflichten vor. Bei Unternehmensverträgen muss etwa im Voraus die Einsicht ermöglicht werden in Vertragstexte, Vorstandsberichte und Vertragsprü-

---

[48] Zu weiteren, in der Praxis aber kaum bedeutenden Fällen vgl. § 125 Abs. 2 Nr. 1 und 2 (AktG).

ferberichte, §§ 293 f. AktG. Ähnlicher Vorausinformationen bedarf es bei der Eingliederung (§ 319 AktG) und bei der Veräußerung des gesamten Gesellschaftsvermögens (§ 179 a Abs. 2 AktG) sowie hinsichtlich des Jahresabschlusses (§ 175 Abs. 2 AktG).

d) Ausweitung zwecks Entlastung des Auskunftswesens in der Hauptversammlung

Der Gesetzgeber sollte solche Pflichten zu gründlicher Vorausinformation auf geeignete Gegenstände ausweiten, z. B. auf die Verträge über Sacheinlagen samt Prüfungsberichten und auf die Berichte, die der Vorstand im Fall des Bezugsrechtsausschlusses zu erstatten hat. Die Gesellschaften sollten von solchen Vorausinformationen Gebrauch auch bei Gegenständen machen, bei denen eine gesetzliche Pflicht nicht eingreift. Jede in hinreichend geeigneter Form zur Verfügung gestellte Vorausinformation sollte, wie das im Schrifttum sowohl de lege lata vertreten wie de lege ferenda vorgeschlagen worden ist,[49] zur Folge haben, dass insoweit Auskunftsverlangen der Aktionäre in der Hauptversammlung nicht beantwortet werden müssen. Damit könnte den in etlichen Gesellschaften in den letzten Jahren überhand nehmenden Auskunftsverlangen,[50] durch die es zu untragbarer und unangemessener zeitlicher Ausdehnung von Hauptversammlungen gekommen ist, auf probate Weise begegnet werden.

e) Beschleunigung der Kommunikation durch das Internet

Es bedarf keiner Betonung, dass das Internet für die Binnenkommunikation zwischen Unternehmen und Aktionären einen besonders geeigneten, in naher Zukunft vielleicht schon unverzichtbaren Kommunikationsweg darstellt. Bedenkt man etwa die erheblichen Verluste an Überlegungszeit, die durch die Rücksicht auf Postlaufzeiten verursacht werden, ist die Nützlichkeit des Internets als Kommunikationsweg evident. Auf die Bedeutung hinsichtlich der möglichen Einsparung von Kosten ist im Schrifttum schon verschiedentlich hingewiesen worden.

2. Information in der Hauptversammlung

a) „Vorlage" von Unterlagen in der Hauptversammlung

Die schon zur Vorbereitung der Hauptversammlung zur Einsicht für die Aktionäre ausgelegten Unterlagen hat der Vorstand auch in der Hauptversammlung auszulegen, wie das Gesetz etwa für den zur Übertragung

---

[49] Vgl. z. B. *Zöllner*, AG 2000, 145 (152).

[50] Dazu nur *Schießl*, Die Kontrollfunktion der aktienrechtlichen Anfechtungsklage, in: Gesellschaftsrechtliche Vereinigung (Hrsg.), Gesellschaftsrecht in der Diskussion, 1999, Schriftenreihe der gesellschaftsrechtlichen Vereinigung (VGR) Bd. 2, 2000, S. 57 (66 ff.).

G. Aktienrechtliche Binnenkommunikation im Unternehmen 89

des ganzen Gesellschaftsvermögens verpflichtenden Vertrag in § 179 a Abs. 2 Satz 3 AktG und für Unternehmensverträge in § 293 g Abs. 1 AktG formuliert. Für die Jahresabschlussunterlagen des § 175 Abs. 2 AktG sagt das Gesetz in § 176 Abs. 1 Satz 1, dass sie der Hauptversammlung vorzulegen seien. Auch das kann schwerlich anders als durch Auslegung erfolgen.[51]

b) Erläuterungspflichten der Verwaltung

Vorlage- und Auslagepflichten werden durch Erläuterungspflichten des Vorstands begleitet, vgl. § 176 Abs. 1 Satz 2 AktG für Jahresabschluss, Lagebericht und Gewinnverwendungsvorschlag, § 179 a Abs. 2 Satz 4 AktG für den zur Vermögensübertragung verpflichtenden Vertrag und § 293 g Abs. 2 Satz 1 AktG für den Unternehmensvertrag. Auch der Aufsichtsratsvorsitzende hat Erläuterungspflichten hinsichtlich des nach § 171 Abs. 2 zu erstattenden Aufsichtsratsberichts zum Jahresabschluss, § 176 Abs. 1 Satz 2 AktG.

c) Informationspflicht vor jeder Beschlussfassung

Zu sachgerechter Leitung der Gesellschaft gehört auch, dass der Vorstand zu allen Gegenständen der Tagesordnung, über die Beschluss gefasst werden soll, die Aktionäre angemessen informiert, d. h. von sich aus alle ihm bekannten oder ermittelbaren, für die Entscheidung erheblichen Informationen in den Entscheidungsprozess einbringt. Die Verletzung dieser Pflicht des Vorstands ist freilich nicht, wie die Verletzung anderer die Beschlussfassung vorbereitender Informationspflichten, durch die Anfechtbarkeit des Beschlusses sanktioniert. Wohl aber kann der Vorstand, wenn die Gesellschaft durch die Beschlussfassung geschädigt wird und der Schaden bei ordnungsgemäßer Information nicht eingetreten wäre, aus § 93 AktG haftbar werden.

d) Auskunftsrecht der Aktionäre

Darüber hinaus haben die Aktionäre hinsichtlich aller zur sachlichen Beurteilung von Tagesordnungspunkten erforderlichen Informationen ein Auskunftsrecht,[52] § 131 Abs. 1 AktG. Der Umfang dieses Auskunftsrechts geht nicht so weit, wie in der Praxis vielfach angenommen wird. Insbesondere wird bei Beschlussgegenständen nur dasjenige auskunftspflichtig, das wirklich entscheidungserheblich ist. Zwar erlaubt der alljährliche Pflichtgegenstand der Entlastung des Vorstands und der Entla-

---

[51] Wohl allg.M. vgl. nur *Hüffer*, § 176 Rdnr. 2.
[52] Vgl. dazu neben den Kommentaren zu § 131 AktG aus neuerer Zeit *Franken/Heinsius*, Das Spannungsverhältnis der allgemeinen Publizität zum Auskunftsrechts des Aktionärs, FS Budde, 1995, S. 214; *Groß*, AG 1997, 97; *A. Reuter*, DB 1998, 2615; *Trescher*, DB 1990, 515; *Kubis*, Die „formunwirksame" schriftliche Auskunftserteilung nach § 131 AktG, FS Kropff, 1997, S. 171.

stung des Aufsichtsrats eine Fülle von Fragen nach geschäftlichen Vorgängen und Entscheidungen, jedoch immer nur insoweit, wie die Beurteilung solcher Vorgänge unter vernünftiger Betrachtung die Entlastungsentscheidung beeinflussen darf. Die Grenzziehung ist selbstverständlich nicht leicht; das in der Rechtsprechung vorherrschende Abstellen auf den Standpunkt eines objektiv denkenden Aktionärs, für den die begehrte Auskunft ein für seine Urteilsbildung wesentliches Element darstellt,[53] ist dazu eine brauchbare Konkretisierungsformel. Auf Einzelheiten kann hier nicht eingegangen werden. Der Vorstand kann die Auskunft aus einer Reihe von Gründen verweigern, die in § 131 Abs. 3 AktG abschließend aufgelistet sind. Das Auskunftsrecht wird in etlichen Gesellschaften exzessiv wahrgenommen ja geradezu missbraucht, und zwar weniger, um an Geschäftsgeheimnisse heranzukommen als vielmehr, um Hauptversammlungen durch zu lange Dauer platzen zu lassen, oder wenigstens, um aus den Auskunftsvorgängen Anfechtungsgründe herzuleiten, etwa in Gestalt behaupteter Auskunftsverweigerung oder unvollständiger Auskunft, gar nicht selten auch aus Wichtigtuerei oder weil man es für spaßig hält, Versammlungsleitung und Vorstand vorzuführen.

3. Nichthauptversammlungsbezogene Informationspflichten der Gesellschaft

Charakteristisch für den bisher beschriebenen Informationsfluss von der Gesellschaft zu den Aktionären ist, dass er hauptversammlungsbezogen ist und demgem. in engem zeitlichen Zusammenhang zu ihr steht. Eine Ad-hoc-Information der Aktionäre losgelöst von der Hauptversammlung sieht das Aktiengesetz nur vor bei Verlust der Hälfte des Grundkapitals, § 92 Abs. 1 AktG. Des weiteren bestehen kapitalmarktbezogene Informationspflichten aus dem WPHG, auf die hier nicht einzugehen ist.[54]

Die Aktionäre können einen Ad-hoc-Informationsfluss – allerdings nur vergangenheitsbezogen – ins Werk setzen, wenn sie das für die Erzwingung einer Sonderprüfung erforderliche 10 %-Quorum oder das 1 Mio. Euro-Quorum gem. § 142 Abs. 2 AktG aufbringen. Noack hat darauf hingewiesen, welche erhebliche Bedeutung gerade im Hinblick auf solche quorumsbedürftigen Rechte einer Querkommunikation unter den Aktionären zukommen kann.[55] Sie ist über das Internet möglich. Bei der AG mit Namensaktien könnte sie auch durch die Möglichkeit der Einsichtnahme in das Aktienbuch und durch Gebrauchmachen von dort niedergelegten Adressen auf elektronischem Weg verbessert werden. Die geplante Neuregelung, die zur Umbenennung des Aktienbuchs in Aktien-

---

[53] Vgl. dazu die Nachweise bei *A. Reuter* (o. Fußn. 52) sowie bei *Hüffer*, § 131 Rdnr. 12.
[54] Vgl. dazu unten *Ekkenga*, S. 101 ff.
[55] *Noack*, ZGR 1998, 592 (613 f.).

G. Aktienrechtliche Binnenkommunikation im Unternehmen 91

register führen soll, will allerdings die Einsichtnahme drastisch beschränken, eine durchaus zwiespältige Regelung.

4. Informationsfluss von den Aktionären zur Gesellschaft

Die Kommunikation zwischen der Gesellschaft und ihren Aktionären ist kein ausschließlich in einer Richtung ablaufender Prozess. Zum einen erhält die Gesellschaft Informationen über ihre Aktionäre wegen des aus letztlich wenig sachgerechten Gründen zunehmenden Übergangs zur Namensaktie, vgl. § 67 Abs. 1 mit § 68 Abs. 3 AktG. Des weiteren müssen die Aktionäre das Überschreiten bestimmter Beteiligungshöhen mitteilen, § 20 AktG, bei börsennotierten Gesellschaften sowohl das Über- als auch das Unterschreiten bestimmter Stimmrechtsquoten, § 21 Abs. 1 WPHG. Aktionäre müssen ferner spätestens in der Hauptversammlung vor der Abstimmung, aber auch bei Vollmachterteilung stimmrechtsausschließende Interessenkollisionen offenbaren, sie dürfen Opposition anmelden (vgl. nur §§ 125, 126 AktG), nach richtiger Auffassung müssen sie auch komplizierte Auskunftsverlangen rechtzeitig vor der Hauptversammlung ankündigen, andernfalls braucht ihre Frage nicht beantwortet zu werden. Rechtspolitisch dürfte eine Ausweitung der Informationspflichten des Aktionärs gegenüber der Gesellschaft am ehesten in Richtung auf eine Vermehrung der Mitteilungspflichten über Beteiligungshöhen in Betracht kommen. So können bei großen Publikumsgesellschaften schon Beteiligungsquoten von 2 oder 3 % erhebliche Bedeutung erlangen. Nicht zuletzt sollte auch bei nicht börsengängigen Gesellschaften die Überschreitung einer Beteiligungsschwelle von 5 % und jeweils des Vielfachen dieser Zahl meldepflichtig sein.

VI. Schlussbemerkung

Informationen, aufgrund deren Entscheidungen gefällt worden sind, stellen sich oft im Nachhinein als lückenhaft oder sogar falsch heraus. Die Scheidungsrate auch bei begeisterten Schiller-Lesern belegt das eindrucksvoll. Auch Informationssysteme und Kommunikationssysteme im Unternehmen mit oder ohne Informationstechnologie können uns nicht davor bewahren, dass sich viele prognoserelevante Informationen nicht bereithalten oder ermitteln lassen oder dass die Prognoserelevanz vorhandener Informationen nicht erkannt wird. Deshalb bleibt es dabei, dass eine Großzahl nicht nur unternehmerischer Entscheidungen, sondern auch von Kontrollentscheidungen weiterhin im Ungewissen getroffen wird. Darüber sollten wir froh sein, denn es wäre entsetzlich langweilig, wenn es anders wäre.

H. Wertpapierdienstleistungen im Internet

(Georg Dreyling)

I. Vorbemerkungen

Das Internet ist der datentechnologische Urknall. Ähnlich wie das Weltall breitet sich das System in den irdischen Gefilden mit geradezu atemberaubender Geschwindigkeit aus und erfasst immer neue Lebensbereiche. Ob dies gut ist, ob es uns ängstigen muss – dies hängt im Einzelfall von der Einstellung zur Technik ab. Ob der Versuch, dem System mit rechtlichen Fesseln beizukommen eine Sysiphusarbeit wird oder ob man resigniert und dem Chaos Tür und Tor öffnet, sind Fragen, die nur vordergründig der Sphäre der Computer-Freaks zuzuordnen sind. Bald wird in verschiedenster Weise jedermann betroffen sein, denn immer mehr, immer neue Dienste werden über das Internet angeboten. In einigen Jahren wird die Frage, ob man am Internet partizipieren will, gegenstandslos sein: man ist entweder dabei oder man nimmt an wesentlichen Bereichen unseres Lebens nicht mehr teil.

In den letzten Jahren haben die Wellen des Internet auch die Ufer des institutionalisierten Wertpapierhandels erreicht und erodieren seine Gestade. Mit seinen in vieler Weise noch ungeordneten Strömungen weist es tückische Untiefen auf, so dass man derzeit dort nur erfahrenen und sicheren Schwimmern das Baden überlassen sollte. Wer sich das nicht zutraut, der sollte in der überwachten Badeanstalt bleiben. Auch dort sind Unfälle nicht ausgeschlossen, aber die Risiken sind überschaubarer. Denjenigen, die das Internet als Anbieter oder als Konsumenten benutzen sei allerdings gesagt, dass es sich hierbei nicht um einen rechtsfreien Raum handelt.

In Bezug auf Unternehmen, die sich des Internets zur Durchführung von Wertpapiergeschäften im weiteren Sinne bedienen, sind folgende Aktivitäten von besonderem Interesse: Emissionen, Wertpapierdienstleistungen und Manipulationen.

II. Wertpapieremissionen im Internet

Es ist viel die Rede von Wertpapieremissionen im Internet. Genau genommen wird im Internet nichts emittiert, sondern emittierte Wertpapiere werden angeboten. Bei dem öffentlichen Angebot von Wertpapieren im

Inland, was hier üblicherweise gegeben ist, muss dann ein Verkaufsprospekt erstellt werden, wenn diese Wertpapiere nicht in den amtlichen oder geregelten Markt an einer inländischen Wertpapierbörse eingeführt werden sollen. In der Dynamik des Emissionsgeschäftes unterbleibt bisweilen die Beachtung des Wertpapier-VerkaufsprospektG (VerkaufsprospektG), was den Anbieter einer nachhaltigen Befragung durch das *Bundesaufsichtsamt für den Wertpapierhandel (BAWe)* aussetzt und ihn im schlechtesten Fall mit dem Ordnungswidrigkeitsrecht konfrontiert. Wird ein Wertpapier lediglich in den Freiverkehr an einer Börse einbezogen, so ist dann nicht von einem öffentlichen Angebot auszugehen, wenn diese Notierung ohne werbemäßige Begleitung von statten geht.

Hauptmaxime des VerkaufsprospektG ist, dass jeder, der öffentlich Wertpapiere in Deutschland anbietet, die nicht zum Börsenhandel zugelassen sind, einen Verkaufsprospekt erstellen und diesen beim *BAWe* hinterlegen und mindestens einen Werktag vor Beginn des öffentlichen Angebotes veröffentlichen muss. Verletzt er diese Pflicht, so stellt dies eine Ordnungswidrigkeit dar, die mit einer Geldbuße von bis zu 1 Mio. DM belegt werden kann.

Das VerkaufsprospektG wurde i.R.d. Dritten FinanzmarktförderungsG grundlegend mit dem Ziel überarbeitet, die Einwirkungsmöglichkeiten durch das *BAWe* und damit den Anlegerschutz zu stärken. Die Erstellung des Prospektes gibt dem Anleger nicht nur die Möglichkeit der Information, sondern sie begründet auch die Prospekthaftung, die allerdings bei unseriösen Firmen ein eher theoretischer Aspekt ist.

Motiv für das Going Public via Internet ist neben der Erreichbarkeit vieler Interessenten, die ansonsten nur über das Filialsystem der Banken gegeben ist, der Gedanke an Kostenersparnis. Man benötigt kein begleitendes Kreditinstitut, das fünf bis sieben Prozent Emissionsprovision vereinnahmt und spart zusätzlich noch die nicht unerheblichen Börsenzulassungsgebühren. Die Hinterlegungsgebühren beim *BAWe* betragen je Emission im teuersten Fall 400 DM. Dafür muss man sich natürlich selbst bemühen, seine Aktien unter die Leute zu bringen.

Emissionen können auf zweierlei Wegen an den Markt bzw. in das Internet kommen: entweder verkauft der Emittent seine eigenen Wertpapiere im Wege der Selbstemission (z.B. aus Gründung einer AG), dann wird er dadurch nicht zum Wertpapierdienstleister und unterliegt somit auch nicht der Beaufsichtigung durch das Bundesaufsichtsamt für das Kreditwesen und durch das *BAWe*. Übernimmt jedoch jemand Wertpapiere für eigenes Risiko als z.B. „Emissionshaus" zur Plazierung, so erbringt er insoweit Wertpapierdienstleistungen, für die er einer Zulassung durch das Bundesaufsichtsamt für das Kreditwesen bedarf mit der Konsequenz, dass er wegen dieser Tätigkeit der Beaufsichtigung durch das Bundesaufsichtsamt für das Kreditwesen (*BAKred*) und durch das *BAWe* unterliegt. Führt er diese Tätigkeit ohne Erlaubnis aus, macht er sich strafbar. Entsprechendes gilt, wenn jemand die emittierten Wertpapiere an Kunden vermittelt. Hier liegt, je nach rechtlicher Konstruktion, Anlage- oder Abschlußvermittlung als zulassungs- und überwachungsbedürftige Wertpapierdienstleistung vor.

Ob als Selbstemittent oder bei Platzierung durch Dritte: Es ist in jedem Fall ein Verkaufsprospekt erforderlich, wenn es sich um ein öffentliches Angebot im Inland handelt, es sei denn, die im VerkaufsprospektG genannten Ausnahmen träfen zu. Ohne an dieser Stelle eine vertiefte Darstellung des VerkaufsprospektG geben zu wollen, seien jedoch einige Grundregeln genannt, die immer wieder zu Problemen führen:

Ausnahmen gibt es im Hinblick auf die Art des Angebotes, im Hinblick auf bestimmte Emittenten und im Hinblick auf bestimmte Wertpapiere. Da die beiden letzteren Alternativen bisher bei Internet-Emissionen ohne Bedeutung geblieben sind, seien hier nur kurz diejenigen Ausnahmefälle dargestellt, die im Hinblick auf die Art des Angebots Ausnahmen von der Prospektpflicht darstellen. Prospekte müssen dann nicht veröffentlicht werden, wenn die Wertpapiere nur angeboten werden

– Personen, die beruflich oder gewerblich mit Wertpapieren handeln,
– einem begrenzten Personenkreis,
– Arbeitnehmern von ihrem Arbeitgeber oder
– in Stückelungen von mehr als achtzigtausend DM.

Mancher Emittent versucht, der Prospektpflicht zu entgehen, indem er seine Emission als „private placement" bezeichnet; sie richte sich nur an einen begrenzten Personenkreis. Hier ist Vorsicht geboten, wenn der „begrenzte" Personenkreis etwa definiert ist wie „nur an Zahnärzte" oder „nur an unsere Kunden". Derartige „Privatplazierungen" werden vom *BAWe* regelmäßig hinterfragt. Bisweilen wird das Angebot als exklusive Beteiligungsmöglichkeit für einen ausgewählten Kundenkreis kaschiert, um nicht prospektpflichtig zu werden. Bei Überprüfung stellt sich dann aber heraus, dass praktisch jedermann von dem Angebot Gebrauch machen kann. Unter begrenztem Personenkreis i. S. d. VerkaufsprospektG ist aber stets ein abschließend definierter, im Zweifel auch kleiner Adressatenkreis gemeint.

Schwierigkeiten bereitet, wie dies stets unbestimmte Rechtsbegriffe zu tun pflegen, der Begriff des „öffentlichen Angebots". Als Hinweis sei gegeben, dass ein Angebot immer dann öffentlich ist, wenn es einer unbestimmten Zahl von Personen möglich ist, davon Kenntnis zu nehmen. Eine Werbung für die Emission ist solange kein öffentliches Angebot, wie den Angesprochenen nur Werbematerial zugeht oder sie sich ohne rechtliche Bindung für den Bezug der Aktien vormerken lassen können. Die Grenze wird überschritten, wenn es seitens der Anleger zu rechtlich verpflichtenden Handlungen kommt.

Bei in diesem Zusammenhang sicherlich verbleibenden Zweifelsfragen sollte Kontakt mit dem *BAWe* aufgenommen werden, um im Vorfeld einer Emission Probleme gar nicht erst entstehen zu lassen, insbesondere aber, damit das BAWe nicht von der ihm gem. § 8b VerkaufsprospektG zustehenden Kompetenz Gebrauch machen muss, das öffentliche Angebot der Emission zu untersagen, eine Maßnahme, die sofort vollziehbar ist. Ein solcher Schritt, der im Jahr 1999 in 30 Fällen wegen Fehlens von gesetzlich vorgeschriebenen Angaben und in 33 Fällen wegen fehlender Veröffentlichung des Verkaufsprospektes angewendet werden musste, bringt natürlich für den Emittenten, wenn er seriös ist, ganz erhebliche Probleme, bis hin zum Fehlschlag des Projektes. Allein im Internet machte das *BAWe* 1999 22 Wertpapierangebote ausfindig, für die kein Verkaufsprospekt hinterlegt und veröffentlicht war.

Weiterhin ist wichtig, dass die Veröffentlichung des Verkaufsprospektes erst dann erfolgen darf, wenn das BAWe gem. § 8a VerkaufsprospektG die Veröffentlichung gestattet hat oder wenn seit dem Eingang des Prospektes beim *BAWe* zehn Werktage vergangen sind, ohne dass das Amt die Veröffentlichung untersagt hat. In den zehn Tagen überprüft das Amt den Prospekt auf Vollständigkeit, keinesfalls aber auf Bonität. Kommt es vor Ablauf der zehn Tage zu dem Schluss, dass es keine Bedenken gegen die Veröffentlichung gibt, so wird der Emittent selbstverständlich unverzüglich informiert.

Fraglich ist auch, was als Angebot im Inland zu bewerten ist. Das *BAWe* geht bei der Beurteilung dieser Frage davon aus, dass auch ein vom Ausland aus verbreitetes Angebot (Datenserver in den USA) dann als ein solches „im Inland" anzusehen ist, wenn es sich an Einwohner der Bundesrepublik wendet, für Anleger in Deutschland eine konkrete Zeichnungsmöglichkeit besteht. Als Indizien hierfür werden die Wahl der deutschen Sprache, Hinweise auf deutsches Steuerrecht, der Erfüllungsort oder Bezahlung in DM angesehen. Will der Anbieter vermeiden, hier nach dem VerkaufsprospektG verfolgt zu werden, so muss er ausdrücklich erklären, dass das Angebot nicht von Deutschland aus angenommen werden kann.

Damit der Anleger Kenntnis von dem Prospekt nehmen kann, muss der Emittent den Prospekt entweder in einem überregionalen Börsenpflichtblatt veröffentlichen oder ihn bei den im Prospekt zu benennenden Zahlstellen zur kostenlosen Abgabe bereit halten. Entscheidet sich der Emittent für die zweite Alternative, so ist darauf in dem überregionalen Pflichtblatt hinzuweisen (§ 9 Abs. 3 VerkaufsprospektG).

Ohne Werbung läuft keine Emission. Aber hier sollte man sich nicht im Ton vergreifen, insbesondere dürfen in der Werbung keine Hinweise darauf enthalten sein, dass etwa die Prospektprüfung durch das *BAWe* der Emission eine besondere Bonität verleihe oder dass die Hinterlegung beim Anleger in irgendeiner Weise nach dem Motto: Vom Amt geprüft und deshalb sicher! falsche Vorstellungen über die Tatsache der Hinterlegung oder der Prüfung erweckt. Insoweit unzulässige Werbung kann das *BAWe* nach § 8e VerkaufsprospektG untersagen.

Bei grenzüberschreitenden Wertpapierangeboten, die gleichzeitig in Deutschland und in einem anderen EU-Staat erfolgen, gibt es ein erleichtertes Hinterlegungsverfahren. Die Erleichterung bezieht sich allerdings nur auf Wertpapiere, deren Emittent seinen Sitz im EU-Ausland hat. Um die Erstellung unterschiedlicher Verkaufsprospekte für die verschiedenen Rechtsordnungen zu vermeiden und um den gegenseitigen Zugang zu den jeweiligen Kapitalmärkten zu erleichtern, kann der in einem anderen Mitgliedstaat gebilligte Verkaufsprospekt im Inland anerkannt werden. In diesen Fällen prüft das BAWe nicht die Vollständigkeit der Prospektangaben, sondern nur die Einhaltung des Veröffentlichungsverfahrens.

III. Wertpapierdienstleistungen im Internet

Neben den Aktivitäten im Primärmarkt ist eine steigende Nutzung des Internet im Sekundärmarkt, also im Verkauf am Markt befindlicher Wertpapiere, zu verzeichnen. Seitens des *BAWe* gibt es hiergegen keine Bedenken, wenn die auch hier geltenden Anlegerschutzstandards nicht unterlaufen werden. Als Vertriebsmedium für Wertpapierdienstleistungen wird der Stellenwert des Internet steigen. Als Kehrseite der Medaille ist bisweilen bei hohem Orderaufkommen ein Zugangsstau zu verzeichnen, die Anleger werden in sogenannte Warteschleifen geschickt. Wertpapierdienstleister müssen Vorsorge treffen, um sich hier nicht aufsichtsamtlichen Beanstandungen auszusetzen. Es kann natürlich nicht verlangt werden, dass stets alle sich einklinkenden Kunden ohne Wartezeit zum Zuge kommen. Wenn mehrere Kunden an einen Bankschalter kommen, entstehen schließlich auch Wartezeiten. Das Problem liegt darin, dass durch Werbung suggeriert wird, dass die Kunden auf elektronischem Wege ihre Orders mit großer zeitlicher Effizienz an den Markt bringen können. An solchen Aussagen muss sich eine Bank messen lassen. Dies bedeutet, dass sie – bezogen auf ihr durchschnittliches Kundenvolumen – ausreichende Leitungen und bei besonders hohem Ordervolumen Zusatzleitungen offenhalten muss, um die Orderannahme zu bewältigen. Entsprechendes gilt für die Orderweiterleitung an die Börse.

Diese Hinweise gehen insbesondere an die Direktbanken und die Discountbroker, denn diese nutzen mangels eines Filialsystems das Internet besonders intensiv. An dieser Stelle ist darauf hinzuweisen, dass bei Wertpapierdienstleistungen über das Internet selbstverständlich die Verhaltensregeln gem. §§ 31 ff. WpHG zu beachten sind. Ohne hier näher auf die Einzelheiten insoweit eingehen zu können, sei auf die Richtlinie des *BAWe* zu den Vorschriften der §§ 31, 32 WpHG hingewiesen. Wichtig ist, dass der Kunde vor Erbringen der Wertpapierdienstleistung im erforderlichen Maße über Risiken und Kosten des Wertpapiergeschäfts aufgeklärt wurde. Zusätzlich muss der Anbieter die Kundenangaben nach § 31

Abs. 2 Nr. 1 WpHG angefordert haben. Ohne dass das Amt bisher zu der Frage offiziell Stellung genommen hat, erscheint es mir möglich, Kundenbefragung und -aufklärung in standardisierter Form über das Internet zu vollziehen. Dabei stellt sich allerdings die Nachweisfrage. Sie könnte möglicherweise systemisch erfolgen, indem der Kunde nur dann die Möglichkeit erhält, mit dem Anbieter Wertpapiergeschäfte abzuschließen, wenn er bestimmte diesbezügliche Informationen des Anbieters zur Kenntnis genommen hat. Bei grenzüberschreitenden Wertpapierdienstleistungen ist der Sachverhalt nach § 31 Abs. 3 WpHG zu beurteilen. Dort ist geregelt, dass die Verhaltenspflichten auch für Wertpapierdienstleistungsunternehmen mit Sitz im Ausland gelten, soweit diese Wertpapierdienstleistungen für Kunden erbringen, die ihren gewöhnlichen Aufenthalt im Inland haben, soweit nicht Wertpapierdienstleistungen ausschließlich im Ausland erbracht werden. Es ist zwar auf europäischer Ebene umstritten, wo eine solche Dienstleistung letztlich erbracht wird. Wenn aber Wertpapiere ins Inland geliefert oder Anlagegelder dorthin überwiesen werden oder der Kunde vom Ausland her in das Inland beraten worden ist oder die Leistungspflicht im Inland kraft Vereinbarung besteht, kann man vom Erbringen der Dienstleistung im Inland ausgehen.

IV. Manipulationen im Internet

Problematisch ist der Missbrauch von Internetmöglichkeiten zu Manipulationszwecken. Die anonym, aber glaubwürdig in Chatrooms verbreitete Fehlinformation, auf die der Anleger hereinfällt und sich zu Aktionen wie Kauf oder Verkauf zur Unzeit verleiten lässt und damit die Kurse beeinflusst, greift immer mehr um sich. Eine derartige Kursmanipulation wird nach § 88 BörsenG mit Geldstrafe oder Gefängnis bestraft. Das Problem ist nur, man kommt den Übeltätern nicht auf die Spur. Da in § 88 BörsenG kein anderer Verfolgungs- und Aufklärungsweg als die Anzeige an die Staatsanwaltschaft vorgesehen ist, gibt es derzeit in Deutschland keine effiziente Verfolgung von Manipulationen der genannten Art. Aber nicht nur anonyme Täter machen sich bemerkbar, sondern auch Analysten, die unter dem Schein der Neutralität, in Wirklichkeit aber von interessierten Kreisen bezahlt, Wertpapiere bestimmter Art zum Kauf empfehlen, nachdem sie sich zusätzlich zuvor mit Stücken eingedeckt haben, um sie bei steigenden Kursen wieder mit Gewinn zu veräußern. Diese Art von Manipulation, die weltweit zu beklagen ist, kann auf den Wertpapierhandel wie eine Brunnenvergiftung wirken. Erst im Oktober 1998 hat die *SEC* 44 Personen, die Wertpapiere in der vorstehend geschilderten Weise empfohlen haben – und zwar offensichtlich in einer koordinierten Aktion –, des Verstoßes gegen Betrugsvorschriften beschuldigt. Vor diesem Hintergrund kann man derzeit nur jeden Anleger warnen, aus unbekannten Brunnen zu trinken. Soweit Analysen und Empfehlungen nicht aus bekannten Quellen stammen, die man hinterfragen kann, gilt: Wer anonymen oder nicht überprüfbaren Empfehlungen folgt und Schäden erleidet, dem ist leider nicht zu helfen. Den Manipulationssumpf kann man derzeit nur dadurch versuchen trocken zu legen, indem man ihn links liegen lässt.

I. Kapitalmarktrechtliche Aspekte der „Investor Relations"

(Jens Ekkenga)

I. Was versteht man unter Investor Relations (IR)?

1. Gegenstand

Mit dem Begriff „IR" verhält es sich, wie wir das von den mitunter etwas gekünstelten Anglizismen unserer neudeutschen Rechts- und Wirtschaftssprache inzwischen gewohnt sind: Er wurde mehr oder weniger unbesehen aus dem Amerikanischen übernommen, verschleiert mehr als er aussagt und findet um so bereitwilligere Verwendung in der kapitalmarktrechtlichen Diskussion – so als gäbe es auch nur annähernd gefestigte Vorstellungen darüber, welcher Sachverhalt oder welche Strategie mit ihm angesprochen werden soll. Konsens besteht allenfalls darin, dass es sich jedenfalls auch um einen Ausschnitt aus der Öffentlichkeitsarbeit börsennotierter Unternehmen handelt, die sich an die gegenwärtigen und potenziellen Anleger wendet,[1] seien diese nun Aktionäre oder Inhaber von Schuldverschreibungen. Es geht also im weitesten Sinne um den Informations- und Meinungstransfer im Vertikalverhältnis zwischen Emittent und Anleger. Beispielhaft genannt werden so unterschiedliche Vorgänge wie die Veröffentlichung von Emissionsprospekten, von Quartals- und Zwischenberichten, ferner die Versendung von Aktionärsbriefen, Unternehmensbroschüren und Pressemitteilungen. Hinzu treten die persönliche Ansprache auf Hauptversammlungen und Aktionärsmessen sowie die Abhaltung sog. „One-on-one-Meetings", das sind Einzelgespräche mit Großanlegern und Analysten.[2] Eine herausragende und stetig wachsende Bedeutung hat die Öffentlichkeitsarbeit über das Internet. So wird berichtet, dass der Anteil derjenigen *DAX 100-Unternehmen*, die sich dem Anlegerpublikum online präsentieren, von 70 % im Herbst 1997 auf 91 % im ersten Quartal 1999 gestiegen ist.[3]

---

[1] S. Investor Relations im Internet, Studien des Deutschen Aktieninstituts, 1999, Heft 7, S. 7. Zu den weitergehenden, nicht-öffentlichen Zwecken.
[2] Investor Relations im Internet, Studien des Deutschen Aktieninstituts, 1999, Heft 7, S. 7; *Jäger*, NZG 2000, 186 (187); *Deller/Stubenrath/Weber*, DB 1997, 1577 (1578); *Günther/Otterbein*, ZfB 66 (1996), 389 (404 ff.); *Link*, AG 1994, 364 (365 f.).
[3] Investor Relations im Internet, Studien des Deutschen Aktieninstituts, 1999, Heft 7, S. 7.

2. Zwecke

Doch schon auf die Frage nach dem Zweck dieser Öffentlichkeitsarbeit findet man keine einheitliche Antwort. Berichtet wird davon, dass man sich der IR in den USA wie auch in Deutschland zunächst bedient hat, um – ich zitiere – „Fehleinschätzungen von Seiten der Investor-Öffentlichkeit über das wirtschaftliche Leistungspotential und die Aktivitäten von Unternehmen" zu korrigieren.[4] Offenbar zielte also die Einrichtung von IR ursprünglich auf die Vermittlung von Informationen oder, in kapitalmarktrechtlicher Terminologie, um die Verbesserung der Publizität der für das Anlegerverhalten entscheidungserheblichen Daten.[5] Gleichzeitig wird davon gesprochen, dass IR in erster Linie dazu bestimmt sind, eine Art „Aktienmarketing" zu betreiben, also dafür zu sorgen, dass sich so viele Investoren wie möglich für das Unternehmen des Emittenten interessieren.[6] Dann aber handelt es sich um eine Werbestrategie und nicht um ein Mittel zur Herstellung von Publizität. Dass beide Kategorien aus juristischer Sicht streng auseinandergehalten werden müssen, bedarf keiner Begründung.

Aber selbst die mit der Informationsvermittlung und Werbung verfolgten Ziele sind keineswegs so klar definiert, wie man das auf den ersten Blick vermuten könnte. Im Vordergrund steht sicher die Absicht, die Aufmerksamkeit des Anlegerpublikums vor und während des öffentlichen Angebots neu emittierter Papiere zu wecken und in der sich anschließenden Handelsphase Vorkehrungen dagegen zu treffen, dass die hinzugewonnenen Investoren zur Konkurrenz abwandern.[7] Dabei mag die Werbung vor allem der Kontaktaufnahme dienen, während die Informationspolitik darauf abzielt, ein stabiles Vertrauensverhältnis zu den Anlegern – in der Regel Aktionären – aufzubauen, m.a.W. Kontaktpflege zu betreiben. Allerdings werden solche Strategien dem Emittenten nur dann von Nutzen sein, wenn seine Aktie vom Markt ausreichend hoch bewertet wird, so dass potentielle Investoren bereit sind, die neuen Papiere gegen ein angemessenes Aufgeld zu zeichnen, und wenn die Aktionäre damit rechnen können, dass sie für ihr längerfristiges Stillhalten mit Kursgewinnen belohnt werden. Ein wesentlicher, wenn nicht sogar der primäre Zweck der Öffentlichkeitsarbeit besteht deshalb in der Einflussnahme des Emittenten auf den Börsenkurs, wobei ein Teil des (wirtschaftswissenschaftlichen) Schrifttums das Ziel der Kursstabilisierung durch Verhinderung von Überbewertungen in den Vordergrund stellt,[8] während andere

---

[4] *Goebel/Ley*, DStR 1993, 1679.
[5] Ausführlich hierzu *Goebel/Ley*, DStR 1993, 1679 (1681 ff.) unter besonderer Berücksichtigung der Verbesserung von Jahresabschlußinformationen.
[6] *Jäger*, NZG 2000, 186; *Link*, AG 1994, 364.
[7] *Jäger*, NZG 2000, 186 (188).
[8] *Serfling/Großkopf/Röder*, AG 1998, 272 (273); *Deller/Stubenrath/Weber*, DB 1997, 1577. Von einer Verminderung der Renditeansprüche der Kapitalgeber durch Stabilisierung des Aktienkurses sprechen auch *Goebel/Ley*, DStR 1993, 1679.

die gegenteilige Absicht der „Kursstützung" zur Vereinnahmung möglichst hoher Aufgelder im Falle der Kapitalerhöhung hervorheben.[9] Der Begriff „IR" legt all dies nicht offen. In der sonst gebräuchlichen Terminologie spricht man wohlwollend von Kurspflege; eine weniger freundliche, bereits Elemente der Anlegertäuschung implizierende Bezeichnung lautet Kursmanipulation. Darauf wird zurückzukommen sein.

Was schließlich die Methoden der Einflussnahme anbelangt, ist das Konzept der IR weitaus vielschichtiger, als es das Etikett „Öffentlichkeitsarbeit" nahelegt. Auf die öffentliche Präsentation gegenüber dem Anlegerpublikum waren die Emittenten beschränkt, soweit ihnen die eigenen Aktionäre nicht namentlich bekannt waren, solange also die individuelle Kontaktaufnahme mit dem Investor aus tatsächlichen Gründen unterbleiben musste.[10] Mit der Anonymität des Handelsgeschehens ist es inzwischen jedoch weitgehend vorbei, und zwar vornehmlich aus zwei Gründen: Zum einen sorgen die seit geraumer Zeit verschärften gesellschafts- und kapitalmarktrechtlichen Mitteilungspflichten (§§ 20, 21 AktG, § 21 WpHG) dafür, dass sich die Inhaber von Aktienpaketen schon bei Überschreitung relativ niedriger Schwellenwerte dem Emittenten zu erkennen geben müssen.[11] Zum anderen ist das wichtigste Medium des anonymen Massengeschäfts, die Inhaberaktie, auf dem besten Wege, von der umlauffähigen Namensaktie abgelöst zu werden. Deren Inhaber lassen sich anhand der – zunehmend elektronisch geführten – Aktienregister unschwer identifizieren und in Zielgruppen einteilen, so dass der Emittent mit Aktionären seiner Wahl in einen fortgesetzten Dialog eintreten kann.[12] Solche IR dienen nicht der Präsentation, sondern der Kommunikation mit Einzelnen unter Ausschluss Anderer. Der Zweck der Kommunikation ist nicht auf die Verabreichung von Verhaltensanreizen via Information oder Werbung beschränkt, sondern umfasst auch den Abschluss von Verträgen mit dem Ziel der Kursbeeinflussung, beispielsweise von Stillhalteabkommen (Standstill-Agreements), in denen sich der Aktionär verpflichtet, seine Aktie für eine gewisse Zeit nicht zum Verkauf anzubieten.

---

[9] *Paul/Zieschang*, DB 1994, 1485 (1486); *Krystek/Müller*, DB 1993, 1785; *Paul*, ZfbF 43 (1991), 923 (926); differenzierend *Deller/Stubenrath/Weber*, DB 1997, 1577 (1578) („langfristige Aktienkursmaximierung" als Oberziel); ähnlich *Link*, AG 1994, 364 (365) (Kurswertmaximierung als Primärziel); *Günther/Otterbein*, ZfB 66 (1996), 389 (397 f.).
[10] *Deller/Stubenrath/Weber*, DB 1997, 1577 (1578).
[11] Aus rechtspolitischer Sicht *Burgard*, WM 2000, 611, 616, der anhand des Falles *Vodafone-Mannesmann* darlegt, dass die derzeitige Regelung unzureichend ist.
[12] *Noack*, Entwicklungen im Aktienrecht 1999/2000, 1999, S. 27; *Zätzsch*, NZG 2000, 393 (397 f.).

II. Kapitalmarktrechtliche Aspekte – ein Überblick

Da das Informationsverhalten, wie dargelegt, typischerweise auf die Verbreitung kursrelevanter Nachrichten abzielt, ist es an § 15 WpHG zu messen, der für die Veröffentlichung kursbeeinflussender Tatsachen bestimmte Informationswege vorschreibt, sowie am insiderrechtlichen Mitteilungsverbot des § 14 Abs. 1 Nr. 2 WpHG, sofern der Emittent eine selektive Informationspolitik betreibt. Aus der Kombination beider Vorschriften ergibt sich, dass die erstmalige Preisgabe kursrelevanter Informationen, sei sie unter Publizitätsgesichtspunkten wünschenswert oder nicht, stets einer kapitalmarktrechtlichen Legitimation bedarf, die bei der Nutzung von IR regelmäßig nicht gegeben ist (dazu III.). Anders verhält es sich mit der Verwendung bereits veröffentlichter Nachrichten zum Zwecke der Werbung. Für die Durchführung von Werbemaßnahmen muss sich der Emittent nicht rechtfertigen; sie ist ihm prinzipiell freigestellt. Sie darf aber nicht dazu führen, dass die freie Kursbildung am Zirkulationsmarkt von außen manipuliert wird. Die Grenzen der Werbefreiheit am Kapitalmarkt sind daher nicht oder jedenfalls nicht nur nach den allgemeinen Regeln des Wettbewerbsrechts, sondern (auch) nach denen des Kapitalmarktrechts zu bestimmen. Dabei spielt § 15 WpHG insofern eine Rolle, als die manipulative Werbung oftmals mit einer Entwertung der im Wege der Ad-hoc-Publizität veröffentlichten Informationen einhergehen wird (dazu IV. 2–4). Nutzt der Emittent seine IR zum Abschluss von Stillhalteabkommen mit einzelnen Aktionären, so könnte die damit verbundene Einflussnahme auf die Zusammensetzung des Aktionärskreises gegen die Neutralitätspflicht des AG-Vorstands verstoßen; dieser im Gesellschaftsrecht umstrittenen Frage[13] ist hier nicht weiter nachzugehen. Aus kapitalmarktrechtlicher Sicht interessiert mehr die mit derartigen Vereinbarungen verbundene und vom Emittenten initiierte Verknappung des Marktangebots, die ihrerseits den Börsenkurs nach oben treibt und somit auch unter Anlegerschutzaspekten relevant ist (dazu IV. 5).

---

[13] Speziell zu Kurspflegevereinbarungen des Emittenten *OLG Frankfurt*, WM 1992, 572, 575 f. = WuB II A. § 71 a AktG 1992 m.Anm. *Lutter/Gehling*. Allgemein für eine Neutralitätspflicht des AG-Vorstands in bezug auf die Aktionärsstruktur z. B. *Mertens*, in: Kölner Kommentar zum AktG, 2. Aufl. 1988, § 76 Rdnr. 26; *Immenga*, AG 1992, 79 (81 f.); *Hopt*, ZGR 1993, 534 (545 ff.); *Barthelmeß/Braun*, AG 2000, 172 (176) (differenzierend); dagegen etwa *Martens*, in: FS Beusch 1993, S. 529 (542 ff.). Neuere Übersicht über den Streitstand bei *Weber*, NZG 2000, 113 (126).

III. Keine Offenlegung kursbeeinflussender Tatsachen über Investor Relations

1. Insiderrechtliches Weitergabeverbot (§ 14 Abs. 1 Nr. 2 WpHG) und das Publikationsverbot des § 15 Abs. 3 Satz 2 WpHG

Ist Gegenstand der Publikation oder Kommunikation über IR eine bisher nicht öffentlich bekannte kursrelevante Tatsache, so verhält sich der Emittent jedenfalls im Ergebnis grundsätzlich rechtswidrig, denn entweder die Weitergabe der Information ist als unbefugte Mitteilung oder Zugänglichmachung einer Insidertatsache zu qualifizieren und unterliegt daher dem Verbot des § 14 Abs. 1 Nr. 2 WpHG, oder es handelt sich um eine Veröffentlichung, zu der der Emittent zwar nach § 15 Abs. 1 Satz 1 WpHG verpflichtet ist, die aber nicht den in § 15 Abs. 3 Satz 1 WpHG vorgeschriebenen Informationsweg einhält und deshalb untersagt ist (§ 15 Abs. 3 Satz 2 WpHG). Inkriminiert ist damit jedes „eigenmächtige" Informationsverhalten, sei es nun an das Anlegerpublikum in toto, an einen begrenzten Kreis ausgewählter Adressaten oder gar an eine einzelne Person gerichtet.[14]

Wie eine Mitteilung an die Öffentlichkeit statt dessen zu erfolgen hat, regelt § 15 Abs. 3 Satz 1 WpHG, nämlich entweder durch Verbreitung der Information in einer überregionalen Tageszeitung, die die Merkmale eines Börsenpflichtblattes i. S. d. § 37 Abs. 4 Satz 1 BörsG erfüllt (Nr. 1), oder durch Herstellung der sog. „Bereichsöffentlichkeit". Darunter ist nach § 15 Abs. 3 Satz 1 Nr. 2 WpHG die Unterrichtung der professionellen Handelsteilnehmer durch Einspeisung in ein elektronisch betriebenes Informationsverbreitungssystem zu verstehen. Ein solches betreibt derzeit die DGAP (Deutsche Gesellschaft für Ad-hoc-Publizität mbH), die dafür sorgt, dass die Nachricht unverzüglich und zeitgleich an alle großen Nachrichtenagenturen weitergeleitet wird. Es handelt sich um eine Art Zwangsmediatisierung der Nachrichtenübermittlung, die allen Anlegern die gleiche Möglichkeit bieten soll, sich aus berufener Quelle zu informieren oder sich informieren zu lassen – ein Konzept, das von dem der IR insofern abweicht, als Letzteres gerade die unmittelbare Ansprache der Anleger zum Gegenstand hat. Solchen direkten, nicht über zentrierte Informationsquellen geleiteten Präsentationen hat der Gesetzgeber bekanntlich mißtraut, weil er nicht daran glaubte, dass die informationelle

---

[14] Gänzlich verfehlt und für die Betroffenen nachgerade gefährlich ist daher die These von *Link*, AG 1994, 364, 368 f., zu den „Grundgesetze(n) der Finanzkommunikation" gehöre vor allem die vollständige Verbreitung kursrelevanter Informationen auf der AG-Hauptversammlung, um nicht mit den Insiderregeln in Konflikt zu geraten. Richtig ist das genaue Gegenteil, s. 3. d. (2).

Chancengleichheit der Anleger durch den Gebrauch der Massenmedien ausreichend gewährleistet sei.[15] Auch die Verbreitung einer kursrelevanten Tatsache über das Internet verhilft – nach bisheriger Auffassung im Schrifttum – nicht zur Herstellung der obligatorischen Bereichsöffentlichkeit, da nach derzeitigem Stand der Entwicklung von einer gleichmäßigen Anbindung der Privathaushalte an das Netz einstweilen nicht gesprochen werden kann.[16]

2. Zum Verhältnis der beiden Verbotstatbestände

Welche Art der Information ist nun aber als verbotswidrige Weitergabe von Insiderwissen i.S.d. § 14 Abs. 1 Nr. 2 WpHG zu qualifizieren, und wann handelt es sich (lediglich) um eine nach § 15 Abs. 3 Satz 2 WpHG widerrechtliche Veröffentlichung kursrelevanter Tatsachen? Die Frage ist von nicht unerheblichem Gewicht, weil bekanntlich Verstöße gegen die Insidervorschriften strafrechtlich sanktioniert sind (§ 38 Abs. 1 WpHG), während die Missachtung der vorgeschriebenen Publikationswege lediglich eine Ordnungswidrigkeit darstellt, deren Begehung die Verhängung eines Bußgeldes nach sich ziehen kann (§ 39 Abs. 1 Nr. 3 WpHG; zu den haftungsrechtlichen Konsequenzen s. unter 4.). Die Lösung bereitet durchaus Schwierigkeiten, da sich die Tatbestände beider Verbotsnormen nach den bisherigen Interpretationsvorschlägen des Schrifttums zu überschneiden scheinen: Einerseits soll sich das insiderrechtliche Weitergabeverbot nicht zuletzt auf öffentlichkeitswirksame Mitteilungen erstrecken, die über selbst ausgewählte Medien transportiert werden, die also zugleich eine verbotswidrige Veröffentlichung i.S.d. § 15 Abs. 3 Satz 2 WpHG darstellen.[17] Zur Begründung lässt sich anführen, dass der Wortlaut des § 14 Abs. 1 Nr. 2 WpHG nicht nur Mitteilungen an einzelne Individuen erfasst, sondern auch Handlungen oder Unterlassungen, die einer unbestimmten Vielzahl von Personen den Zugang zu Insiderinformationen eröffnen.[18] Andererseits liegt es nach dem Sinn und Zweck des

---

[15] Begr. Reg.E. BT-Dr. 12/7918. Aus rechtspolitischer Sicht ist dagegen eingewandt worden, gerade die Verbreitung über elektronische Informationssysteme bewirke eine asymmetrische Informationsverteilung zwischen professionellen Marktteilnehmern und Privatanlegern, s. *Geibel*, in: Schäfer, WpHG/BörsG, 1999, § 15 WpHG Rdnr. 141 m.N.

[16] Vgl. *Assmann*, in: Assmann/Schneider, WpHG, 2. Aufl. 1999, § 13 Rdnr. 44; *Schäfer*, in: Schäfer, WpHG/BörsG, 1999, § 13 WpHG Rdnr. 48, der allerdings mit Recht darauf hinweist, dass das Medium Internet in der Bevölkerung rapide zunehmende Akzeptanz findet.

[17] So explizit *Assmann/Cramer*, in: Assmann/Schneider, WpHG, 2. Aufl. 1999, § 14 Rdnr. 59; *Assmann*, WM 1996, 1337 (1351). Allerdings erscheint es nicht ganz stimmig, wenn *Assmann* an anderer Stelle (o. Fußn. 16, § 13 Rdnr. 38 a.E.) ausführt, eine Insidertatsache müsse auch dann als öffentlich bekannt gelten, wenn sie unter Verstoß gegen das in § 15 Abs. 3 WpHG vorgeschriebene Verfahren publiziert wurde.

[18] Vgl. *Kümpel*, in: Assmann/Schneider, WpHG, 2. Aufl. 1999, § 15 Rdnr. 54.

bußgeldbewehrten Publikationsverbotes nahe, den Begriff der „Veröffentlichung" weit zu fassen und darunter gerade auch diejenigen Fälle zu subsumieren, in denen es zu einer gleichmäßigen Information der (Gesamt-)Öffentlichkeit nicht gekommen ist, in denen also – wie bei der unbefugten Mitteilung von Insiderwissen – ein Teil des Publikums bevorzugt bedient worden ist.

Nach allgemeinen Konkurrenzregeln hätte diese Überschneidung zur Folge, dass der Tatbestand der Ordnungswidrigkeit zurücktritt (§ 21 Abs. 1 OWiG), dass also die unbefugte Publikation stets nur als Insiderstraftat verfolgt wird. Aber damit machte man es sich wohl zu einfach. Denn zum einen ist nicht zu übersehen, dass der Tatbestand des § 15 Abs. 3 Satz 2 WpHG im Ergebnis praktisch eliminiert wäre, weil er sich auf Tatsachen bezieht, die nach übereinstimmender Auffassung stets auch Insidertatsachen sind,[19] während das insiderrechtliche Weitergabeverbot so weit gefasst ist, dass es sich – im Unterschied zum Publikationsverbot – beispielsweise auch auf Mitteilungsvorgänge im Freiverkehr erstreckt.[20] Zum anderen kann von einem Verstoß gegen das insiderrechtliche Weitergabeverbot wohl kaum die Rede sein, wenn sich ein Veröffentlichungserfolg de facto eingestellt hat, wenn also infolge der Weitergabe die Insidertatsache zu Allgemeingut geworden ist.[21] Man stelle sich nur vor, dass der AG-Vorstand in *Sabine Christiansens* Talkshow über sein neuestes Übernahmeprojekt plaudert und später eine Zuschauerquote von über 50 % festgestellt wird. Dann mag der Vorstand wegen Unfähigkeit ablösungsreif sein, möglicherweise hat er sich gegenüber der AG haft- und gegenüber dem Staat bußgeldpflichtig gemacht; eine verbotswidrige Förderung des Insiderhandels wird man ihm dagegen schwerlich vorwerfen können.

Demgegenüber pflegt die Kommentarliteratur Veröffentlichungshandlungen wie z.B. die „Weitergabe an die Presse" in der Tat als eine von mehreren möglichen Mitteilungsvarianten zu behandeln.[22] Zwar wird durchaus eine restriktive Interpretation des Weitergabeverbotes nach § 14 Abs. 1 Nr. 2 WpHG befürwortet, sofern die Umstände ergeben, dass durch die Mitteilung ein Unrechtserfolg im insiderrechtlichen Sinne voraussichtlich nicht eintreten wird. Gemeint sind damit jedoch gerade nicht

---

[19] Zutr. *Tippach*, Das Insider-Handelsverbot und die besonderen Rechtspflichten der Banken, 1995, S. 143; *van Aerssen*, WM 2000, 391 (403 f.) m.N., der daran ähnliche Bedenken knüpft.
[20] *Geibel*, in: Schäfer, WpHG/BörsG, 1999, § 15 WpHG Rdnr. 20, 113; *Kümpel*, in: Assmann/Schneider, WpHG, 2. Aufl. 1999, § 15 Rdnr. 54 m.N.
[21] Vgl. hierzu *Kümpel*, Wertpapierhandelsgesetz – Eine systematische Darstellung –, 1996, S. 79; ferner *Tippach*, Das Insider-Handelsverbot und die besonderen Rechtspflichten der Banken, 1995, S. 150 f.
[22] *Assmann/Cramer*, in: Assmann/Schneider, WpHG, 2. Aufl. 1999, § 14 Rdnr. 57 ff.; *Schäfer*, in: Schäfer, WpHG/BörsG, 1999, § 14 WpHG Rdnr. 15 ff.

die hier angesprochenen Veröffentlichungsfälle, sondern Mitteilungen an Einzelpersonen, die ihrerseits an einer Weitergabe der Information gehindert sind, weil sie als Funktionsträger i. S. d. § 13 Abs. 1 WpHG („Primärinsider") zu den Verbotsadressaten des § 14 Abs. 1 Nr. 2 WpHG gehören[23] oder weil sie aus sonstigen Gründen – sei es gesetzlich, sei es vertraglich – zur Verschwiegenheit verpflichtet sind.[24] Die Umstände der Mitteilung ließen den Vorgang dann nicht – so die Begründung – als Unrecht erscheinen, so dass es am Tatbestandsmerkmal der „unbefugten" Weitergabe fehle.[25] Abgestellt wird also auf die Rechtmäßigkeit des Informationsverhaltens ohne Rücksicht darauf, ob es zu einem öffentlichkeitswirksamen Informationserfolg führen konnte oder sogar geführt hat. Spätestens hier zeigt sich das Dilemma dieses Restriktionsansatzes, denn ob sich der Informant „befugt" verhält oder nicht, richtet sich wiederum nach der Einhaltung des in § 15 Abs. 3 Satz 1 WpHG vorgeschriebenen Verfahrens. Vom Standpunkt der hM erschiene es deshalb konsequent – wenn auch im Ergebnis alles andere als überzeugend –, die Unterrichtung der breiten Öffentlichkeit ohne vorherige Herstellung der Bereichsöffentlichkeit nach §§ 38 Abs. 1 Nr. 2, 14 Abs. 1 Nr. 2 WpHG unter Strafe zu stellen.[26]

3. Zur Abgrenzung der ordnungswidrigen „Veröffentlichung" von der strafbaren „Mitteilung" bzw. „Zugänglichmachung" von Insiderwissen

Sinnvollerweise ist demgegenüber bei der Frage anzusetzen, welches Verhalten als „Veröffentlichung" vom insiderrechtlichen Weitergabeverbot ausgenommen ist. Zweifellos fällt darunter jenes öffentlichkeitswirksame Informationsverhalten, das tatsächlich zu einem umfassenden Publizitätserfolg geführt hat. Straffrei muss aber auch der öffentlichkeitsgerichtete – wenn auch ganz oder teilweise erfolglose – Publikationsversuch sein, bspw. das vergebliche Bemühen, die Insiderinformation durch Abhaltung einer Pressekonferenz in die Schlagzeilen aller großen Tageszei-

---

[23] *Assmann/Cramer*, in: Assmann/Schneider, WpHG, 2. Aufl. 1999, § 14 Rdnr. 47; *Schmidt-Diemitz*, DB 1996, 1809 (1810); wohl auch *Schäfer*, in: Schäfer, WpHG/BörsG, 1999, § 14 WpHG Rdnr. 20.
[24] *Götz*, DB 1995, 1949 (1950); dagegen *Schäfer*, in: Schäfer, WpHG/BörsG, 1999, § 14 Rdnr. 20; *Assmann/Cramer*, in: Assmann/Schneider, WpHG, 2. Aufl. 1999, § 14 Rdnr. 48 b.
[25] *Schäfer*, in: Schäfer, WpHG/BörsG, 1999, § 14 Rdnr. 19; *Assmann/Cramer*, in: Assmann/Schneider, WpHG, 2. Aufl. 1999, § 14 Rdnr. 48: „Die Reichweite des Verbotstatbestandes [...] hängt mithin entscheidend davon ab, unter welchen Voraussetzungen die Weitergabe einer Insidertatsache als unbefugt bzw. als befugt anzusehen ist."
[26] So dürfte in der Tat die Kommentarstelle bei *Assmann/Cramer* in: Assmann/Schneider, WpHG, 2. Aufl. 1999, § 14 Rdnr. 59 zu verstehen sein.

I. Kapitalmarktrechtliche Aspekte der „Investor Relations" 109

tungen zu bringen. Denn anderenfalls wäre, wie zuvor dargelegt, der Verbotstatbestand des § 15 Abs. 3 Satz 2 WpHG seines genuinen Anwendungsbereiches beraubt, nämlich der Verfehlung der informationellen Chancengleichheit als Folge einer Missachtung der Bereichsöffentlichkeit. Die Abgrenzung der ordnungswidrigen Veröffentlichungshandlung von der strafbaren Weitergabe von Insiderwissen ist also nach dem Handlungsziel auszurichten; zugrunde liegt ein subjektiv geprägter Veröffentlichungsbegriff.

Straffreie „Veröffentlichungshandlungen" sind danach in drei Varianten denkbar. Sie lassen sich definieren als
- Mitteilung an einen unbestimmten Adressatenkreis, bspw. im Fernsehen oder im Rundfunk;
- Mitteilung an Einzelpersonen, die zur Weitergabe der Information an einen unbestimmten Adressatenkreis berufen sind;
- Einrichtung einer Informationsquelle, die einem unbestimmten Adressatenkreis zugänglich ist, bspw. über die Homepage im Internet oder per Gastkommentar in einer Tageszeitung.

Dem insiderrechtlichen Straftatbestand unterfallen dagegen Mitteilungen, die an sonstige Einzelpersonen gerichtet sind oder an ein Personenkollektiv, dessen Umfang abstrakt quantifizierbar ist und das demzufolge nicht der Öffentlichkeit angehört.

4. Fallgruppen

Nachfolgend soll der Versuch unternommen werden, diese Definition anhand einer Klassifizierung der über IR typischerweise beschrittenen Kommunikationswege zu erproben; dabei wird sich herausstellen, dass der Anwendungsbereich des insiderrechtlichen Straftatbestandes weitaus enger ist als bisher angenommen. Folgende 4 Fallgruppen sind zu unterscheiden:
- Die direkte Ansprache des Anlegerpublikums über ein Massenmedium (z.B. Fernsehen, Rundfunk, Internet) ist, wie zuvor dargelegt, eine typische Veröffentlichungshandlung im Rechtssinne und somit nicht strafbar, selbst wenn sie die beabsichtigte Breitenwirkung verfehlt. Solange der Veröffentlichungserfolg ausbleibt, sind die Informationsempfänger ihrerseits den Insiderregeln unterworfen, d.h. sie sind als Sekundärinsider an der Teilnahme am Wertpapierhandel, nicht aber an der bloßen Weitergabe ihres Insiderwissens gehindert (§ 14 Abs. 2 WpHG).[27] „Direkt" ist die Ansprache, wenn sie ohne Einschaltung von Informationsmittlern in das Medium gelangt. Presseveröffentlichungen fallen deshalb nicht darunter (s. oben unter 3.).

---

[27] Oft wird der Empfänger nicht erkennen können, ob die Tatsache schon öffentlich bekannt ist oder nicht, so dass ihn kein Schuldvorwurf trifft. Vgl. hierzu *Schäfer*, in: Schäfer, WpHG/BörsG, 1999, § 13 WpHG Rdnr. 50.

– Die direkte Ansprache des Anlegerpublikums ohne Gebrauch eines Massenmediums eignet sich dagegen regelmäßig nicht dazu, die Voraussetzungen für eine gleichmäßige Information des Publikums im Sinne einer Gesamtöffentlichkeit zu schaffen. Das ist evident, wenn sich die Ansprache von vornherein nur an einen begrenzten Teil des Anlegerpublikums (statt an die Öffentlichkeit) richtet. Mit Recht steht deshalb die h. M. auf dem Standpunkt, dass AG-Vorstand oder Aufsichtsrat gegen das insiderrechtliche Weitergabeverbot verstoßen, wenn sie den Teilnehmern der Hauptversammlung – sei es mit, sei es ohne vorherige Befragung durch einen Aktionär – eine neue kursrelevante Tatsache bekanntgeben, ohne zuvor die Bereichsöffentlichkeit i. S. d. § 15 Abs. 3 WpHG hergestellt zu haben.[28] Nichts anders gilt für das Versenden von Aktionärsbriefen an ausgewählte, aus dem Aktienbuch bekannte Adressen. Aber auch „offene", jedermann zugängliche Veranstaltungen wie beispielsweise Aktionärsmessen oder Unternehmenspräsentationen („Road Shows") eignen sich nicht als öffentliches Forum, wenn die Presse nicht anwesend ist und sich die Resonanz des Publikums voraussichtlich auf eine bestimmte Region oder auf gewisse Fachkreise konzentrieren wird.

– Indirekte Ansprache des Anlegerpublikums über einen Medienvertreter: Nach wohl h. M. im Schrifttum verstößt die Weitergabe von Insiderwissen an Journalisten und Redakteure von Presse, Rundfunk und Fernsehen gegen das Verbot des § 14 Abs. 1 Nr. 2 WpHG, sofern sich nicht eine Weitergabebefugnis i. S. d. § 15 Abs. 3 Satz 1 WpHG feststellen lasse.[29] Eine Ausnahme wird nur erwogen für Insidertatsachen, die nicht der Ad-hoc-Publizität nach § 15 Abs. 1 WpHG unterfallen und für die daher kein besonderes Veröffentlichungsverfahren vorgeschrieben ist, denn ihre Mitteilung geschehe nicht von vornherein „unbefugt".[30] Dem ist aus den oben genannten Gründen zu widersprechen: Einschlägig ist allein das Veröffentlichungsverbot des § 15 Abs. 3 Satz 2 WpHG, nicht das Insiderstrafrecht – es sei denn, die Umstände ergeben, dass die Mitteilung gerade nicht zur Weiterleitung an die Medien bestimmt war. Die Anbringung eines Sperrvermerks auf der

---

[28] *Schäfer*, in: Schäfer, WpHG/BörsG, 1999, § 14 WpHG Rdnr. 67; *Assmann/Cramer*, in: Assmann/Schneider, WpHG, 2. Aufl. 1999, § 14 Rdnr. 50, jew. m.N.; *Assmann*, AG 1997, 50 (57).

[29] *Assmann/Cramer*, in: Assmann/Schneider, WpHG, 2. Aufl. 1999, § 14 Rdnr. 59; *Assmann*, AG 1997, 50 (57); *Götz*, DB 1995, 1949 (1951); wohl auch *Hopt*, in: Schimansky/Bunte/Lwowski, Bankrechts-Handbuch, 1997, § 107 Rdnr. 39.

[30] *Assmann/Cramer*, in: Assmann/Schneider, WpHG, 2. Aufl. 1999, § 14 Rdnr. 58 unter Berufung auf *BAW*, Jahresbericht 1996, S. 18 mit der schwerlich nachvollziehbaren Rückausnahme, die Weitergabe an einen einzelnen Journalisten statt „an die Presse" (?) sei hiervon nicht betroffen. Dem ist entgegenzuhalten, dass eine Pressemitteilung stets über Mittelspersonen transportiert wird, und sei es auch nur über den Mitarbeiter in der Schlussredaktion, der über die Anordnung des Gastkommentars entscheidet.

Pressemitteilung spricht deshalb im Zweifel für eine Insiderstraftat, während manche Autoren hierin anscheinend eher ein Entlastungsmoment erkennen wollen.[31] In jeder Hinsicht legal ist selbstredend die Information des Vertreters eines überregionalen Börsenpflichtblattes iSd. § 15 Abs. 3 Satz 1 Nr. 1 WpHG.

– Die individuelle Ansprache einzelner oder mehrerer Marktteilnehmer im Rahmen sog. One-on-one-Meetings oder über sonstige (fernmündliche oder schriftliche) Direktkontakte ist der eigentliche Anwendungsfall des § 14 Abs. 1 Nr. 2 WpHG, wie sich auch dessen Text („...verboten, ...einem anderen eine Insidertatsache unbefugt mitzuteilen...") ohne weiteres ergibt. Man wird diese Konsequenz grundsätzlich auch dann ziehen müssen, wenn die Informationsempfänger der sog. Bereichsöffentlichkeit angehören, wenn es sich also um professionelle oder institutionelle Teilnehmer am Wertpapierhandel wie die in § 15 Abs. 3 Satz 1 Nr. 2 WpHG beispielhaft genannten Kreditinstitute und ihnen gleichgestellte Unternehmen handelt, deren geschäftliche Aktivitäten nach Auffassung des Gesetzgebers per se dafür sorgt, dass entscheidungswichtige Informationen schnellstmöglich in den Börsenkurs einfließen.[32] Denn die Herstellung der Bereichsöffentlichkeit, d.h. die gleichmäßige Information aller am professionellen Handel Beteiligten wird regelmäßig nur über das in § 15 Abs. 3 Satz 1 Nr. 2 WpHG vorgesehene Zentralverfahren, also über die Einspeisung in eines der dort genannten Informationsverbreitungssysteme möglich sein. Insoweit ist also der h.M. zuzustimmen, die Mitteilungen kurssensibler Nachrichten an Finanzanalysten oder sonstige Bankmitarbeiter prinzipiell dem Verdikt des Insiderstrafrechts unterwirft, es sei denn, besondere Gründe wie beispielsweise die Notwendigkeit der Information zur Durchführung einer Kreditwürdigkeitsprüfung lassen die Weitergabe als gerechtfertigt bzw. „befugt" erscheinen.[33]

---

[31] So *Assmann/Cramer*, in: Assmann/Schneider, WpHG, 2. Aufl. 1999, § 14 Rdnr. 59; *Assmann*, WM 1996, 1337 (1351) (i.E. verneinend); wohl auch *Götz*, DB 1995, 1949 (1951); wie hier *Hopt*, ZGR 1991, 17 (47).
[32] Vgl. Beschlussempfehlung und Bericht des Finanzausschusses, BT-Dr. 12/7918, S. 101; *Assmann*, in: Assmann/Schneider, WpHG, 2. Aufl. 1999, § 13 Rdnr. 42.
[33] *Götz*, DB 1995, 1949 (1951); weitergehend – generell unzulässig – *Assmann* WM 1996, 1337 (1351).

IV. Die Grenzen zulässiger Kursbeeinflussung über Investor Relations

1. Überblick

Wie eingangs erwähnt, ist die direkte Verbreitung kurssensibler Tatsachen nur eine von mehreren Möglichkeiten der Kursbeeinflussung mit Hilfe von IR. Hinsichtlich der sonstigen Strategien kann unterschieden werden zwischen der Kontaktaufnahme und -pflege durch Werbung, die andere als publizitätspflichtige Informationen zum Gegenstand hat, und der konsensgerichteten Dialogführung, die darauf abzielt, den bereits angeworbenen Anleger für längere Zeit an das Unternehmen zu binden und so das Angebotskontingent am Kapitalmarkt zu verknappen.

Die Durchführung von Werbekampagnen bedarf – im Gegensatz zum eigenmächtigen Publizitätsverhalten – nicht grundsätzlich der Rechtfertigung; vielmehr besteht Werbefreiheit innerhalb der durch das Kapitalmarkt- und Wettbewerbsrecht gezogenen Grenzen.[34] Insofern besteht ein signifikanter Unterschied zum britischen Kapitalmarktrecht, das Werbeaktivitäten am Kapitalmarkt grundsätzlich nur dem gestattet, der eine Werbeerlaubnis eingeholt und sich hierdurch der strengen Aufsicht einer der hierfür eingerichteten, nach dem Prinzip der Selbstregulierung arbeitenden Kontrollorganisationen unterworfen hat.[35] Dass indes die Verbreitung von Falschmeldungen („unwahrer Tatsachen") auch nach deutschem Recht illegal ist, versteht sich von selbst; die insoweit einschlägigen Verbots- und Straftatbestände liegen allerdings etwas verstreut und werfen manche Konkurrenzfrage auf (dazu 2.). Problematisch ist die Grenzbestimmung bei Werbeaktionen, die nicht oder nicht nur Tatsachenmitteilungen, sondern (auch) Bewertungen bekannter Daten und/oder Prognoseaussagen über den weiteren Geschäftsverlauf enthalten. Letztere müssen zunächst einmal als solche identifiziert, also von dem ihnen zugrundegelegten Tatsachenkern abgegrenzt werden, alsdann stellt sich die schwierige Frage, ob sie wegen ihres irreführenden Aussagegehaltes einer Falschmeldung rechtlich gleichzustellen sind (dazu 3.). Nicht einheitlich geregelt sind schließlich die Rechtsfolgen unvollständiger Meldungen,

---

[34] Vgl. jedoch Art. 3 des Übernahmekodex der Börsensachverständigenkommission vom 28.11.1997 (AG 1998, 133), wonach sich Bieter und Zielgesellschaft verpflichten, während der Angebotsfrist „alles zu unterlassen, was außergewöhnliche Kursbewegungen bei Wertpapieren der Zielgesellschaft oder bei Wertpapieren, die im Tausch für Wertpapiere der Zielgesellschaft angeboten werden, auslösen könnte." Eine straf- oder zivilrechtliche Sanktionierung dieser auf dem Prinzip der Selbstbindung beruhenden Klausel ist nicht vorgesehen, vgl. *Kaiser*, WM 1997, 1557 (1563).
[35] Vgl. 57 FSA. Zu den umfangreichen Detail- und Ausnahmeregelungen s. *Lomnicka*, in: Palmer's Company Law, 25th. ed., Rdnr. 11.011.

wobei das Informationsdefizit sowohl im Weglassen ungünstiger Tatsachen als auch in der Einseitigkeit wertender bzw. prognostizierender Darstellungen liegen kann (dazu 4.).

Weniger breit gestreut sind die Sanktionsmöglichkeiten bei kursbeeinflussenden Praktiken, die sich nicht mit der Verbreitung von Werbemitteilungen begnügen, sondern darauf abzielen, die Entscheidungsfreiheit der Marktteilnehmer – beispielsweise durch den Abschluss von Stillhalteabkommen mit einzelnen Aktionären – zu beschränken. Aus kapitalmarktrechtlicher Sicht ist allein § 88 BörsG einschlägig, dessen Tatbestand jedoch zu eng gefasst ist, um das Gros der für regelungsbedürftig erkannten Manipulationsfälle erreichen zu können (dazu 5.).

2. Verbreitung von Falschmeldungen

Vorschriften über die Strafbarkeit oder Ordnungswidrigkeit der Verbreitung von Falschmeldungen am Kapitalmarkt finden sich verstreut über vier Rechtsgebiete, nämlich im Strafgesetzbuch (§§ 263, 264 a StGB), im Börsenrecht (§ 88 Nr. 1 BörsG), im Wettbewerbsrecht (§ 4 Abs. 1 UWG) und nicht zuletzt im Aufsichtsrecht für den Wertpapierhandel, denn nach § 39 Abs. 1 Nr. 2 a WpHG verhält sich auch derjenige ordnungswidrig, der eine Ad-hoc-Meldung i. S. v. § 15 Abs. 1 WpHG „nicht richtig" vornimmt.

Mit § 264 a StGB (Kapitalanlagebetrug) und § 88 Nr. 1 BörsG (Kursbetrug) unterhält der Gesetzgeber zwei Straftatbestände, deren Anwendungsbereiche sich in recht weitgehendem Maße überschneiden[36] und die beide zum Schutz des Kapitalmarktes, nicht aber oder jedenfalls nicht primär zum Schutz des Einzelnen bestimmt sind.[37] Tathandlung ist jeweils das Unterbreiten „unrichtiger Angaben" über kursrelevante Sachverhalte, wobei § 264 a StGB an den Wertpapiervertrieb anknüpft und die publikumsgerichtete Veröffentlichung über Werbeträger mit entsprechender Breitenwirkung (Prospekte, Darstellungen oder Übersichten über den Vermögensstand) meint, während § 88 Nr. 1 BörsG nur auf das manipulative Handlungsziel – die Einwirkung auf den Börsen- oder Marktpreis – abhebt. Kursbetrug ist also nicht nur die an das Publikum adressierte Falschmeldung, sondern auch die Fehlinformation im Dialog mit dem einzelnen Anleger – vorausgesetzt, dessen marktliches Engage-

---

[36] Das dient nicht der Übersicht, deshalb mit Recht kritisch aus rechtspolitischer Sicht *Weber*, NStZ 1986, 481 (486). Von einer deutlichen Abgrenzung beider Vorschriften spricht dagegen *Ledermann*, in: Schäfer, WpHG/BörsG, 1999, § 88 BörsG Rdnr. 1.
[37] Für § 264 a StGB sehr str.; vgl. *Lenckner/Cramer*, in: Schönke/Schröder, StGB, 25. Aufl. 1997, § 264 a Rdnr. 1 m.N. Gleichwohl wird die Norm den Schutzgesetzen i. S. d. § 823 Abs. 2 BGB zugeordnet (*Lenckner/Cramer*, a. a. O.), während das börsenrechtliche Schrifttum dem Tatbestand des § 88 BörsG konsequent jede haftungsrechtliche Relevanz abspricht, vgl. *Ledermann*, in: Schäfer, WpHG/BörsG, 1999, § 88 BörsG Rdnr. 1; *Schwark*, BörsG, 2. Aufl. 1994, § 88 Rdnr. 1.

ment erreicht ein Volumen, das spürbare Auswirkungen auf die Kursentwicklung erwarten lässt. In der Regel aber wird der Tatbestand des Kursbetruges hinter den des Kapitalanlagebetruges zurücktreten.[38] Das dürfte auch bei Falschmeldungen via Internet gelten, da der Internetauftritt eine mögliche Variante der formlosen „Darstellung" i.S.v. § 264 a Abs. 1 StGB ist.[39] Eigenständige Bedeutung behält § 88 Nr. 1 BörsG – abgesehen von den erwähnten Fällen der individuellen Ansprache – vor allem dann, wenn der Emittent Falschmeldungen in ein Informationsverbreitungssystem i.S.d. § 15 Abs. 3 Satz 1 Nr. 2 WpHG einspeist, da dieses Verfahren gerade nicht die Veröffentlichung „gegenüber einem größeren Kreis von Personen" i.S.d. § 264 a Abs. 1 StGB, sondern lediglich die Herstellung der Bereichsöffentlichkeit bezweckt. Dagegen dürfte der wettbewerbsrechtliche Tatbestand der strafbaren Werbung (§ 4 UWG), der ebenfalls an öffentliche Bekanntmachungen oder an einen größeren Personenkreis gerichtete Mitteilungen anknüpft,[40] für den Bereich des organisierten Kapitalmarktes durch die Spezialnorm des § 264 a StGB vollständig verdrängt sein.[41] Die praktische Bedeutung der genannten Strafbestimmungen wird als gering eingeschätzt.[42]

Unwahre Werbeaussagen, die nicht an einen größeren Kreis von Personen gerichtet sind und denen keine Manipulationsabsicht i.S.d. § 88 BörsG zugrundeliegt, lassen sich als versuchter Betrug erfassen.[43] Führte die Falschmeldung zu einem Täuschungserfolg und hat der Informationsempfänger daraufhin einen Vermögensschaden erlitten, so liegt vollendeter Betrug vor, ggf. in Tateinheit mit Kapitalanlagebetrug oder Kursbetrug.[44]

---

[38] *Lenckner/Cramer*, in: Schönke/Schröder, StGB, 25. Aufl. 1997, § 264 a Rdnr. 41; *Tröndle/Fischer*, StGB, 49. Aufl. 1999, § 264 a Rdnr. 18; a.M. – von seinem Standpunkt konsequent – *Ledermann*, in: Schäfer, WpHG/BörsG, 1999, § 88 BörsG Rdnr. 14 m.N. (Tateinheit möglich).

[39] Die Vorschrift erfasst nicht schriftliche Darstellungen aller Art, vgl. *Lenckner/Cramer*, in: Schönke/Schröder, StGB, 25. Aufl. 1997, § 264 a Rdnr. 21.

[40] Vgl. hierzu *v.Heymann*, in: Assmann/Schütze, Handbuch des Kapitalanlagerechts, 2. Aufl. 1997, § 4 Rdnr. 87.

[41] Zutr. *Worms*, wistra 1987, 242 (244); ferner *Weber*, NStZ 1986, 481 (486); *Richter*, wistra 1987, 117 (119); *Otto*, in: Großkommentar zum UWG, 1992, § 4 Rdnr. 136; *Cerny*, MDR 1987, 271 (278); unklar dagegen *Lenckner/Cramer*, in: Schönke/Schröder, StGB, 25. Aufl. 1997, § 264 a Rdnr. 41 in weitgehender textlicher Übereinstimmung mit *Tröndle/Fischer*, StGB, 49. Aufl. 1999, § 264 a Rdnr. 18. Zur Anwendbarkeit des § 3 UWG in diesem Zusammenhang und zur rechtspolitischen Frage, ob es sich empfiehlt, dem fehlgeleiteten Anleger einen Schadensersatzanspruch wegen Verletzung des dort verankerten Verbots irreführender Werbung zuzusprechen, s. schon *Wiedemann/Schmitz*, ZGR 1980, 129 (143 f.) (befürwortend); dazu kritisch *Pleyer/Hegel*, ZIP 1986, 681 (682); *Assmann*, in Assmann/Schütze, Handbuch des Kapitalanlagerechts, 2. Aufl. 1997, § 7 Rdnr. 34.

[42] Vgl. *Martin*, wistra 1994, 127 (128 f.).

[43] *Martin*, wistra 1994, 127 (132).

[44] *Lenckner/Cramer*, in: Schönke/Schröder, StGB, 25. Aufl. 1997, § 264 a Rdnr. 41.

Das bußgeldbewehrte Verbot unrichtiger Veröffentlichungen in § 39 Abs. 1 Nr. 2 b WpHG bezieht sich wiederum nur auf Äußerungen gegenüber dem Anlegerpublikum, also auf den Anwendungsbereich der Ad-hoc-Publizität; in diesem Rahmen ermöglicht es die Verfolgung auch solcher Personen, denen zwar kein vorsätzliches Handeln, wohl aber Leichtfertigkeit vorzuwerfen ist. Darunter versteht man Fahrlässigkeit „erhöhten Grades", vergleichbar mit der groben Fahrlässigkeit i.S.d. Bürgerlichen Rechts.[45]

3. Verbreitung „falscher" Analysen und Prognosen

Der Schwerpunkt der Werbetätigkeit über IR dürfte indessen, auch wenn im Schrifttum der Informationsaspekt immer wieder in den Vordergrund gerückt wird (s.o.), in der Aufbereitung und wirtschaftlichen Beurteilung bereits bekannter kursrelevanter Tatsachen liegen. Dabei kann es sich um werbliche Anpreisungen allgemeiner Art handeln, die ohne erkennbaren Anspruch auf Seriosität verbreitet werden, oder um die analytische Verarbeitung marktwichtiger Daten, z.B. um die Kombination absoluter Zahlen aus der Rechnungslegung zu Kennziffern, denen fundierte Aussagen zur Vermögens-, Finanz- und Ertragslage des Emittenten entnommen zu werden pflegen.[46] Zu unterscheiden ist ferner danach, ob sich die Aussagen auf den gegenwärtigen Status beziehen oder ob sie auch prognostische Elemente enthalten.

Die wertende Herausstellung öffentlich bekannter Tatsachen zu Werbezwecken ist unter dem Gesichtspunkt der Ad-hoc-Publizität wie auch unter insiderrechtlichen Aspekten grundsätzlich irrelevant (vgl. § 13 Abs. 2 WpHG).[47] Im Hinblick auf die unter IV. 2. erwähnten Betrugsdelikte stellen sich dagegen zwei Probleme, die im Schrifttum nicht immer klar auseinandergehalten werden:[48] Zum einen die Frage nach der tatbestandlichen Erfassung wertender Äußerungen überhaupt, zum anderen die der Einordnung derartiger Äußerungen in die Kategorien „richtig" oder „falsch".

Für die Einbeziehung wertender Mitteilungen spricht der Gesetzeswortlaut, denn die Straftatbestände der § 264 a Abs. 1 StGB, § 88 Nr. 1 BörsG und § 4 Abs. 1 UWG sind – im Gegensatz zum Betrugstatbestand des § 263 StGB – gerade nicht auf Tatsachenäußerungen beschränkt, sondern verwenden den weiter gefaßten Begriff „Angaben". Mit Recht

---

[45] Vgl. *OLG Hamm*, NStZ 1983, 459 (460); *Cramer*, in: Assmann/Schneider, WpHG, 2. Aufl. 1999, § 39 Rdnr. 12.
[46] Beispiele: Kennziffern zur Einschätzung der Liquidität, der Kapitalstruktur, der Eigen- oder Gesamtkapitalrentabilität, des cash flow usw.
[47] Vgl. *Weber*, NZG 2000, 113 (118).
[48] Exemplarisch *Worms*, wistra 1987, 271; vgl. dagegen zum Folgenden *Cramer*, in: Schönke/Schröder, StGB, 25. Aufl. 1997, § 264 a Rdnr. 24, 26.

verlangt jedoch das Schrifttum eine Reduktion auf solche Werbeaussagen, die für den Adressaten erkennbar mit dem Anspruch einer gewissen faktischen Fundierung geäußert werden, denn der strafrechtliche Anlegerschutz soll „dem Anleger nicht schlechthin das Denken abnehmen und daher jede Art Schönfärberei oder unberechtigte Anpreisung zum Strafbarkeitsrisiko des Anbieters werden lassen".[49] Eine derart umfassende Strafdrohung wäre wohl auch mit der Bestimmtheitsgarantie des Art. 103 Abs. 2 GG schwerlich vereinbar.[50]

Bekanntlich bereitet aber auch die Qualifizierung einer auf (wahren) Tatsachen gegründeten Analyse oder Prognose als „Falschmeldung" erhebliche Schwierigkeiten. Schon der Versuch scheint sich aus denklogischen Gründen zu verbieten, da sich wertende Äußerungen nach h. M. von Tatsachenmitteilungen gerade dadurch unterscheiden, dass sie aufgrund ihrer Subjektivität einem Wahrheitsbeweis nicht zugänglich sind.[51] In der strafrechtlichen Literatur behilft man sich statt dessen mit dem Kriterium der „Vertretbarkeit", um wenigstens die krassesten Fälle manipulativer Werbepraktiken ahnden zu können: Unrichtig und somit strafbar sei diejenige Bewertung oder Beurteilung, die einer fachmännischen Überprüfung schlechterdings – d. h. unter Zugrundelegung der in der Fachwelt angesammelten („objektiven") Erkenntnisse – nicht mehr standhält.[52] Dabei allerdings bleibt wiederum zu bedenken, dass fachlich haltlose oder gar abwegige Werbeaussagen gerade deshalb straflos sein können, weil ihre Unrichtigkeit aus der Sicht des „mündigen" Anlegers offensichtlich ist und es seines Schutzes folglich nicht bedarf.[53] Dem Unrechtstatbestand des unlauteren Werbeverhaltens dürfte daher neben dem der Verbreitung unwahrer Meldungen nur eine geringe Bedeutung beschieden sein.

In der aufsichtsbehördlichen Praxis geht es denn auch weniger um die rechtliche Beurteilung der Werbeaussagen als solche als vielmehr um das Bemühen, die nach den Publizitätsregeln geforderten Informationen für das Anlegerpublikum von wertenden Zusätzen freizuhalten. Im Mittelpunkt steht also nicht das „negative" Interesse an der Unterlassung irreführender Werbung, sondern das „positive" Interesse der Anleger an der Veröffentlichung kurssensibler Tatsachen. So hat ein im April dieses Jah-

---

[49] *Cramer*, in: Schönke/Schröder, StGB, 25. Aufl. 1997, § 264 a Rdnr. 24.
[50] *Cramer*, in: Schönke/Schröder, StGB, 25. Aufl. 1997, § 264 a Rdnr. 24; kritisch zu diesem Argument *Worms*, wistra 1987, 271.
[51] Statt anderer *Burgard*, ZHR 162 (1998), 51 (63) m.N.; *Wölk*, AG 1997, 73 (77); hierzu kritisch *Ekkenga*, ZGR 1999, 165 (166).
[52] *Lencker*, in: Schönke/Schröder, StGB, 25. Aufl. 1997, § 265 b Rdnr. 39; *Worms*, wistra 1987, 271.
[53] Ein einfaches Beispiel nach *Cramer*, in: Schönke/Schröder, StGB, 25. Aufl. 1997, § 264 a Rdnr. 24: Die Liquiditätsanalyse beruht auf rechnerisch falschen Kennzahlen, doch lässt sich der Fehler anhand der (ebenfalls veröffentlichten und zutreffenden) Ausgangsdaten unschwer ermitteln.

res verschicktes BAW-Rundschreiben Schlagzeilen gemacht, in dem die Vorstände der börsennotierten AGs ersucht werden, ihre Ad-hoc-Meldungen nach § 15 Abs. 1 Satz 1 WpHG auf die Mitteilung neuer Tatsachen zu beschränken, statt sie mit allerlei Werbezusätzen und sonstigem Beiwerk anzureichern. Beispielsweise muss es auf den Anleger eher verwirrend als erhellend wirken, wenn der Publizitätspflichtige seine Ad-hoc-Mitteilungen mit einer Vielzahl redundanter Nachrichten „zudeckt", von denen er sich mehr Werbewirksamkeit erhofft als von den eigentlich zu veröffentlichenden Daten.[54]

Allgemein lässt sich daraus ableiten, dass Äußerungen mit werbendem Inhalt auch dann, wenn sich ihre „Unrichtigkeit" nicht oder nicht mit hinreichender Objektivität feststellen lässt, rechtswidrig sind, sofern sie sich aufgrund der Art und Weise ihrer Veröffentlichung von den publizitätspflichtigen Tatsachen nicht hinreichend deutlich unterscheiden lassen. Eine Strafdrohung wegen Kapitalanlage- oder Kursbetrugs lässt sich darauf allerdings nicht stützen, wohl aber die Verhängung einer Geldbuße wegen Missachtung der Ad-hoc-Publizität gem. § 39 Abs. 1 Nr. 2 WpHG. Dagegen wird man nicht einwenden können, dass die publizitätspflichtige Tatsache in den genannten Fällen – wenn auch nicht isoliert, so doch im Verbund mit anderen Angaben – veröffentlicht worden sei. Denn ob der Emittent den ihm gesetzlich abverlangten Publizitätserfolg herbeigeführt hat oder nicht, kann schwerlich abstrakt beurteilt werden ohne Rücksicht darauf, ob die bis zur Unkenntlichkeit „verpackte" Meldung von der Öffentlichkeit überhaupt wahrgenommen werden konnte. Information i. S. d. Ad-hoc-Publizität heißt immer auch präzise Information.[55] § 39 Abs. 1 Nr. 2 WpHG unterstreicht das, indem er eine Geldbuße auch für die „nicht richtig" bzw. „nicht in der vorgeschriebenen Form" verbreitete Nachricht vorsieht.

4. Verbreitung „halber Wahrheiten"

Eine gelungene Werbung wird oft davon abhängen, ob es dem Anbieter gelingt, ihm günstige Daten oder Einschätzungen hervorzukehren und die ungünstigen in den Hintergrund treten zu lassen. Nach allgemeinem Wettbewerbsrecht gilt deshalb der Grundsatz, dass ein selektives Informationsverhalten nicht schon deshalb rechtswidrig ist, weil es nach außen ein einseitiges Bild vermittelt.[56] Manche Autoren wollen daher

---

[54] Weitere Missstände laut Rundbrief: Beifügung von Stellungnahmen, die sich an ein Konkurrenzunternehmen richten oder jedenfalls dessen Marktposition betreffen, Mitveröffentlichung ganzer Zwischenberichte oder Jahresabschlüsse, Mitveröffentlichung des eigenen Firmenprofils.
[55] Näher hierzu *Ekkenga*, ZGR 1999, 165 (192).
[56] *Baumbach/Hefermehl*, 21. Aufl. 1999, § 3 UWG Rdnr. 47; *Lindacher*, in: Großkomm. zum UWG, 1992, § 3 Rdnr. 185.

Unterlassungstäter vom Anwendungsbereich der §§ 3, 4 UWG von vornherein ausnehmen und die Verbreitung „halber Wahrheiten" nur dann bestrafen, wenn zwischen den zurückgehaltenen Angaben und dem Werbetext ein so enger Sinnzusammenhang besteht, dass sich die Aussage in ihrer Unvollständigkeit als unrichtig oder unvertretbar darstellt.[57]
Ob dem zu folgen ist, mag dahinstehen, denn für den Kapitalmarkt gelten ohnehin besondere Regeln. So wird wegen Kapitalanlagebetruges auch bestraft, wer „nachteilige Tatsachen verschweigt" (§ 264 a Abs. 1 StGB), und im Kursbetrugstatbestand des § 88 Nr. 1 BörsG ist allgemeiner davon die Rede, dass der Täter kursrelevante „Umstände entgegen bestehenden Rechtsvorschriften verschweigt". Letztgenannte Vorschrift ist also insofern weiter, als sie das Zurückhalten ungünstiger Analyse- und Prognoseergebnisse miterfaßt.[58] Andererseits kann wegen Kapitalanlagebetruges auch belangt werden, wem eine Rechtspflicht zum Tätigwerden nicht in anderen Vorschriften auferlegt ist, während es sich bei § 88 Nr. 1 BörsG um ein unechtes Unterlassungsdelikt handelt. Im Ergebnis bleibt damit das Übergehen ungünstiger Werturteile bei der Abfassung von Werbetexten auch im Kapitalmarktrecht grundsätzlich straflos, da sich die Veröffentlichungspflicht des § 15 Abs. 1 WpHG nur auf Tatsachen bezieht.[59]

5. Beeinflussung des Marktangebots, insbesondere durch Stillhalteabkommen mit den Aktionären

Vergleichweise begrenzt sind die rechtlichen Möglichkeiten zur Eindämmung „direkter" Eingriffe in das Marktgeschehen, die sich jenseits der Werbe- und Informationspolitik abspielen und die den Aktionär darin festlegen sollen, sich zeitweilig an das Unternehmen zu binden, mithin von der Veräußerung seiner Aktie für eine gewisse Dauer abzusehen. Dass derartige Eingriffe die Kurse künstlich nach oben beeinflussen können, ist evident, und ebensowenig ist zu bestreiten, dass ein nicht unerheblicher Regulierungsbedarf besteht, vor allem wenn der Emittent dazu übergeht, die Kurse gegen den Markttrend zu stützen oder hochzutreiben[60] – beispielsweise in der Absicht, sich eine günstige Ausgangsposition für ein anstehendes Offering zu verschaffen. Manche Ökonomen preisen das Manipulationspotential der IR sogar als Vorteil: Mit geradezu entwaff-

---

[57] *Lindacher*, in: Großkomm. UWG, 1992, § 3 Rdnr. 182 ff., insb. 184 m.N.
[58] *Weber*, NStZ 1986, 481 (486).
[59] Vgl. Begr. RegE, BT-Dr. 12/6679, S. 46; *Wittich*, AG 1997, 1, 2. Vgl. zur Abgrenzung von Tatsachenäußerungen und Werturteilen in diesem Zusammenhang *Ekkenga*, ZGR 1999, 165 (192 f.).
[60] Vgl. hierzu *Weber*, NZG 2000, 113 (114); *Krämer/Hess*, FS Döser 1999, S. 171, 177; ferner *Tippach*, Das Insider-Handelsverbot und die besonderen Rechtspflichten der Banken, 1995, S. 224.

nender Unbefangenheit wird hervorgehoben, im Falle einer latenten Krise könne sich „die Unternehmung noch immer zu relativ günstigen Konditionen Eigenkapital im Zug einer Kapitalerhöhung verschaffen, um dieses zur Krisenvermeidung einzusetzen"; selbst „noch in Phasen akuter Krisen" werde sich der AG „der Zugang zu neuem Kapital bei konsequenten Investor Relations leichter darstellen als ohne".[61]

Der Gesetzgeber hat die Gefahr der Kursmanipulation durch künstliche Angebotsverknappung durchaus erkannt und im Gesellschaftsrecht entsprechende Konsequenzen gezogen: Gem. § 71 Abs. 1 Nr. 8 Satz 2 AktG ist der Erwerb eigener Aktien zum Zwecke des Handels ausgeschlossen, wobei mit „Handel" gerade auch Stützungskäufe zur Kursbeeinflussung gemeint sind, wie sich aus den Materialien zum KonTraG unzweideutig ergibt.[62] Das teilweise „Einfrieren" des liquiden Effektenumlaufs auf sonstige Weise, also ohne eigene Handelsaktivität des Emittenten hat dagegen den Gesetzgeber bislang nicht auf den Plan gerufen. Es lässt sich insbesondere nicht mit Hilfe des Insiderstrafrechts sanktionieren, selbst wenn man bereits die Kursmanipulationsabsicht als solche oder das Kursbeeinflussungspotential der Maßnahme als Insidertatsache qualifiziert,[63] da der Abschluss von Stillhalteabkommen – anders als der Erwerb eigener Aktien – gerade nicht auf eine der in § 14 Abs. 1 WpHG aufgezählten Handelsaktivitäten gerichtet ist. Eher schon wäre an die Marginalregelung des § 88 Nr. 2 BörsG zu denken, wonach wegen Kursbetruges bestraft wird, wer zur Einwirkung auf den Börsen- oder Marktpreis von Wertpapieren „sonstige auf Täuschung berechnete Mittel" anwendet. Hierzu rechnet man beispielsweise die öffentliche Unterbreitung fingierter Angebote oder den Abschluss von Scheingeschäften.[64] Die Errichtung von Handelshemmnissen nach Art der Stillhalteabkommen oder auf sonstige rechtsgeschäftliche Veranlassung durch den Emittenten[65] mag dagegen im Einzelfall kursmanipulative Züge tragen; eine Täuschungshandlung ist damit jedoch nicht verbunden.[66]

Ob sich an diesem Regelungsdefizit in absehbarer Zeit etwas ändern wird, bleibt abzuwarten. Es ist vorgesehen, das Thema „Kurspflege und

---

[61] So allen Ernstes (?) *Krystek/Müller*, DB 1993, 1785 (1788 f.).
[62] Begr. RegE zum KonTraG ZIP 1997, 2059, 2060 im Anschluss an *Lutter*, AG 1997, August-Sonderheft, S. 52, 56; vgl. auch *Saria*, NZG 2000, 458 (462); *Bosse*, WM 2000, 806, jew. m.N.
[63] Hierzu eingehend *Weber*, NZG 2000, 113, 122 f.
[64] Einzelheiten bei *Ledermann*, in: Schäfer, WpHG/BörsG, 1999, § 88 Rdnr. 12; *Schwark*, BörsG, 2. Aufl. 1994, § 88 Rdnr. 7 f.; *Weber*, NZG 2000, 113 (115). Ähnlich der im März 1995 neu in das StGB der Schweiz eingefügte Art. 161 (bis), vgl. dazu *Zobl/Arpagaus*, SZW/RSDA 1995, 244 (257).
[65] Erinnert sei an die Inaussichtstellung von Gratisaktien für firmentreue Telekom-Aktionäre, die für die Dauer von drei Jahren auf die Veräußerung ihrer Anteile verzichten.
[66] So mit Recht *Weber*, NZG 2000, 113 (116) mit eingehender Begründung.

Kursmanipulation" im Rahmen des anstehenden 4. Finanzmarktförderungsgesetzes aufzugreifen. Gedacht ist bisher an die Einfügung einer Ermächtigungsnorm in das WpHG, die dem *Bundesaufsichtsamt* die Kompetenz verleiht, per Richtlinie positiv festzulegen, welche Kursbeeinflussungen rechtlich zulässig sind. Ein erster Richtlinienentwurf sieht für Kursstabilisierungsmaßnahmen eine privilegierte Behandlung vor, sofern sie in der legitimen Absicht durchgeführt werden, einem Absinken des Marktpreises anlässlich einer Emission und dem damit verbundenen Risiko eines Scheiterns der Platzierung entgegenzuwirken.[67] Diese dem angelsächsischen „Safe-Harbour"–Konzept nachempfundene Per-se-Legitimation bestimmter IR-Praktiken ist zwar in der Sache wünschenswert und dient der Rechtssicherheit. Zur Abwehr manipulativer Einflüsse auf den Kapitalmarkt bedarf es indes keiner Kompetenzregelung, sondern einer Anpassung des Kursbetrugstatbestandes.

V. Zusammenfassung in Leitsätzen

1. Die Mitteilung nicht öffentlich bekannter kurssensibler Tatsachen im Rahmen direkt geknüpfter Informationskontakte zwischen Emittent und Anleger (Investor Relations) ist grundsätzlich verboten. Zuwiderhandlungen haben entweder die Verhängung einer Geldbuße nach § 39 Abs. 1 Nr. 3 WpHG oder die Bestrafung wegen unbefugter Weitergabe von Insiderwissen (§ 38 Abs. 1 Nr.2 WpHG) zur Folge. Beide Tatbestände schließen einander aus, weil eine unbefugte „Mitteilung" bzw. „Zugänglichmachung" im Sinne des Insiderstrafrechts nicht zugleich eine eigenmächtige „Veröffentlichung" i.S.d. Bußgeldtatbestandes sein kann und umgekehrt.
2. Der Begriff der „Veröffentlichung" richtet sich nach dem Handlungsziel des Emittenten. Ordnungswidrig und vom Insiderstrafrecht ausgenommen ist somit nicht nur das eigenmächtige, gleichwohl aber öffentlichkeitswirksame Informationsverhalten, sondern auch der ganz oder teilweise erfolglose Publikationsversuch. Das gilt z.B. für die direkte Ansprache des Anlegerpublikums über ein Massenmedium (Fernsehen, Rundfunk, Internet), aber auch für die individuelle Ansprache eines Medienvertreters, sofern die an ihn gerichtete Mitteilung zur Weiterleitung an das Publikum bestimmt ist.
3. Dem Insiderstrafrecht bleibt dagegen die Ahndung sonstiger, an Einzelpersonen oder an ein abstrakt umgrenzbares Personenkollektiv gerichteter Meldungen vorbehalten. Dazu gehören etwa die Eröffnung kursre-

---

[67] Zur parallelen Diskussion im englischen Recht, dessen s. 47 subs. 2 FSA ebenso wie § 88 Nr. 2 BörsG maßgeblich auf die Täuschung abstellt, vgl. *Lomnicka*, in: Palmer's Company Law, 25th ed., Rdnr. 11.018.

levanter Neuigkeiten auf der AG-Hauptversammlung oder während freiwilliger Unternehmenspräsentationen, die nicht von der überregionalen Presse verfolgt werden, ferner die „selektive" Information bestimmter Anteilseigner in Aktionärsbriefen oder über persönliche IR-Kontakte sowie allgemein die Direktansprache des Anlegerpublikums ohne Gebrauch eines Massenmediums.

4. Für die Durchführung von Werbekampagnen, die nicht mit der Weitergabe oder Veröffentlichung neuer kurssensibler Tatsachen einhergehen, gilt das Prinzip der Werbefreiheit. Die Verbreitung von Falschmeldungen zieht allerdings die Strafdrohung des § 264 a StGB (Kapitalanlagebetrug) nach sich, u. U. kommt statt dessen eine Bestrafung wegen Kursbetruges nach § 88 Nr. 1 BörsG in Betracht. Beschränkt sich dagegen der Vorwurf darauf, dass der Emittent seine wirtschaftliche Situation zu Marketingzwecken übertrieben positiv eingeschätzt habe, so kommt eine Bestrafung nur in krassen Ausnahmefällen in Betracht. Eine ausgewogene, auch ungünstige Bewertungsergebnisse einbeziehende Außendarstellung wird dem Emittenten grundsätzlich nicht abverlangt.

5. Die extensive Verbreitung von Daten und Werbeaussagen zur Begründung und Festigung von Investor Relations kann als Ordnungswidrigkeit i.S.d. § 39 Abs. 1 Nr. 2 WpHG zu qualifizieren sein, wenn sie mit den Ad-hoc-Meldungen i.S.d. § 15 Abs. 1 Satz 1 WpHG so verknüpft sind, dass letztere als solche nicht mehr identifiziert werden können.

6. Die rechtsgeschäftliche Einflussnahme des Emittenten auf das Marktangebot, beispielsweise durch Stillhalteabkommen mit den Aktionären der eigenen Gesellschaft, ist wie der Handel in eigenen Aktien u. U. dazu geeignet, die Kursentwicklung gegen den Markttrend nach oben zu manipulieren. Derzeit bietet das Kapitalmarktrecht jedoch keine Handhabe, dem entgegenzutreten. Der Straftatbestand des Kursbetruges in der Variante des § 88 Nr. 2 BörsG trifft auf die rechtsgeschäftliche Verknappung des Marktangebots nicht zu, da er die Anwendung auf Täuschung berechneter Mittel voraussetzt. Die Reformbemühungen im Rahmen des Vierten Finanzmarktförderungsgesetzes greifen dieses Regulierungsdefizit bislang nicht auf; sie konzentrieren sich auf das Ziel einer „Safe-Harbour"-Regelung für die Fälle wirtschaftlich sinnvoller Stabilisierungsmaßnahmen zur Unterstützung von Neuplatzierungen.

J. Zivilrechtliche Probleme des Wertpapiergeschäfts im Internet

(Reinhard Marsch-Barner)

I. Einführung

Der Handel mit Wertpapieren, insbesondere Aktien und Aktienderivaten, über das Internet bietet im Vergleich zum herkömmlichen Handel zahlreiche Vorteile. Dazu gehören vor allem die größere örtliche und zeitliche Flexibilität bei der Ordererteilung, die Schnelligkeit der Kommunikation zwischen Anleger und Bank sowie die auf beiden Seiten niedrigeren Transaktionskosten. Außerdem hat der Anleger vielfältige Informationsmöglichkeiten. Die Webseiten der Discount-Broker und Direktbanken eröffnen zumeist einen unmittelbaren Zugriff auf aktuelle Kursinformationen, Unternehmensnachrichten und Wertpapieranalysen und geben regelmäßig auch eine Übersicht über das eigene Anlagekonto. Darüberhinaus kann der Anleger die Dienste kommerzieller Informationsanbieter in Anspruch nehmen. Ihm stehen damit zu verhältnismäßig geringen Kosten Informationen zur Verfügung, die früher nur institutionelle Investoren hatten.[1]

Diesen Vorteilen stehen allerdings auch Nachteile gegenüber. Ein Nachteil aus der Sicht des Anlegers ist, dass es bei Online-Geschäften keine oder eine allenfalls begrenzte persönliche Beratung gibt. Der Anleger ist deshalb bei seinen Anlageentscheidungen weitgehend auf sich selbst angewiesen. Dies mag ein Grund dafür sein, dass sich die Einstellung der Anleger geändert hat. Diese sind aufgrund der erweiterten Handlungsmöglichkeiten zunehmend zu kurzfristigen spekulativen Geschäften bereit, wie die Verbreitung des sog. Daytrading zeigt. Positiv zu vermerken ist allerdings, dass nicht zuletzt auch durch die Möglichkeit von Online-Transaktionen die Nachfrage nach Aktien, insbesondere bei Neuemissionen, stark gewachsen ist. Aufgrund dieses gestiegenen Interesses hat es in letzter Zeit allerdings auch Kapazitätsengpässe gegeben, die es vorübergehend unmöglich gemacht haben, dass Aufträge zum Kauf oder Verkauf bestimmter Wertpapiere rechtzeitig online abgewickelt werden konnten.

Die rechtlichen Vorschriften hinken dieser Entwicklung hinterher. Vor allem ist das geltende Recht, soweit es um die Dokumentation bestimmter

---

[1] *Steck*, ZBB 2000, 112 (113).

Erklärungen geht, vielfach noch der herkömmlichen Papierform nebst eigenhändiger Unterschrift verhaftet. Auch das Aufsichtsrecht enthält Lücken, insbesondere soweit es um den grenzüberschreitenden Wertpapierhandel geht.

II. Darstellung einzelner Problemfelder

1. Begründung der Geschäftsbeziehung zu einer Internetbank

Verträge über Kauf oder Verkauf von Wertpapieren können, da keine besondere Form eingehalten werden muss, durch Angebot und Annahme im Internet geschlossen werden.[2] Dabei ist davon auszugehen, dass die Webseiten der Direktbanken und Discount-Broker mit ihren Hinweisen über verschiedene Anlegemöglichkeiten noch keine Vertragsangebote enthalten, sondern nur eine Einladung zur Abgabe von Angeboten darstellen (invitatio ad offerendum).[3] Das Angebot gibt erst der Kunde ab, in dem er z. B. ein elektronisches Formular ausfüllt und dieses freigibt. Die Bank nimmt dann ihrerseits dieses Angebot an, in dem sie es durch eine Anzeige auf der Webseite inhaltlich bestätigt.

Ein solcher Vertragsschluss erfolgt aber erst, wenn zwischen Kunde und Bank eine Geschäftsbeziehung begründet ist. Dazu wird regelmäßig ein herkömmlicher Schriftwechsel ausgetauscht, in dessen Rahmen der Kunde bei der Bank ein Konto und Depot eröffnet und die Allgemeinen Geschäftsbedingungen der Banken für die Geschäftsverbindung insgesamt sowie die Sonderbedingungen für den Wertpapierhandel und die zusätzlichen Sonderbedingungen für das Online-Banking anerkennt. An sich könnte dieses vertragliche Rahmenwerk auch durch Computererklärungen wirksam vereinbart werden. Dies ist selbst für umfangreiche Geschäftsbedingungen anerkannt.[4] Auf die AGB muss nur ausdrücklich hingewiesen werden; sie müssen außerdem zu einer wirksamen Einbeziehung gem. § 2 Abs. 1 Nr. 2 AGBG vom Kunden durch Herunterladen kopiert werden können, damit er die Möglichkeit zur Kenntnisnahme und kritischen Prüfung hat.[5] Auf diese Weise können AGB auch für alle künftigen Wertpapiergeschäfte vereinbart werden (§ 2 Abs. 2 AGBG). Um sicherzugehen versenden die Banken ihre AGB meist dennoch mit der Post und erhalten sie dann auch auf diesem Wege nach Unterzeichnung zurück.

---

[2] *Pfüller/Westerwelle* in: Hoeren/Sieber, Handbuch Multimedia-Recht, 1999, Teil 13.7, Rdnr. 79.
[3] Vgl. Palandt/*Heinrichs,* BGB, 59. Aufl., § 145 Rdnr. 7 a; *Köhler/Arndt,* Recht des Internet, 1999, Rdnr. 93; *v. Bernstorff,* RIW 2000, 14, 15.
[4] Vgl. z. B. *OLG Köln* CR 1998, 244 (245), das AGB über 7 Bildschirmseiten mit 15 Ziffern als noch vertretbar angesehen hat.
[5] Vgl. Palandt/*Heinrichs* (o. Fußn. 3), § 2 AGBG Rdnr. 12; *Mehrings,* BB 1998, 2373; einschränkend *Wiesgickl* WM 2000, 1039 (1044) m. w. N.

Die Notwendigkeit eines Austauschs schriftlicher Erklärungen besteht immer dann, wenn ein neues Konto und Depot eröffnet werden soll. Dies ergibt sich aus der Verpflichtung der Bank zur Identifikation ihrer Kunden nach § 154 Abs. 2 Abgabenordnung[6] und nach § 2 Geldwäschegesetz.

Zu beachten ist in diesem Zusammenhang vor allem die Verlautbarung des *Bundesaufsichtsamtes für das Kreditwesen* vom 30.3.1998 über Maßnahmen der Kreditinstitute zur Bekämpfung und Verhinderung der Geldwäsche.[7] In dieser Verlautbarung ist das Verfahren zur Identifizierung natürlicher Personen im einzelnen festgelegt.[8] Dazu gehört die Vorlage des Personalausweises oder Reisepasses. Notwendig ist regelmäßig auch die persönliche Anwesenheit der zu identifizierenden Person. Nur ausnahmsweise ist eine Identifizierung über zuverlässige Dritte, z.B. i.R.d. sog. PostIdentService, ausreichend. Eine lediglich virtuelle Geschäftsanbahnung ist damit jedenfalls bis auf weiteres ausgeschlossen.

Auch sonst sieht das geltende Recht an verschiedenen Stellen Schriftform vor. Solange diese Schriftform nicht durch eine einfachere Textform ersetzt oder auch elektronisch geleistet werden kann, muss gem. § 126 BGB die persönliche Unterschrift eingeholt werden.[9]

Eine persönliche Unterschrift verlangt z.B. § 53 Abs. 2 Satz 3 BörsG unter die Informationsschrift zu Börsentermingeschäften und deren Risiken. Mit der Unterzeichnung dieser Schrift wird bei Nichtkaufleuten die Termingeschäftsfähigkeit hergestellt; erst dann kann der Kunde wirksam Börsentermingeschäfte eingehen. Da die persönliche Unterschrift Warnfunktion hat, kann sie nicht durch eine bloße OK-Bestätigung am Bildschirm ersetzt werden.[10] Schriftform verlangt das Gesetz auch bei Verbraucherkreditverträgen. Solche Kreditverträge sind grundsätzlich nur wirksam, wenn sie schriftlich geschlossen sind (§ 4 Abs. 1 Satz 2 VerbrKrG). Wird für Wertpapierkäufe über das Internet ein Effektenkredit eingeräumt, so muss dieser außerhalb des Internet mit herkömmlicher Unterschriftsleistung des Kunden vereinbart werden.

Die eigenhändige Unterschriftsleistung des Kunden soll im Falle der Unterzeichnung der Informationsschrift zur Erlangung der Termingeschäftsfähigkeit künftig durch die sog. elektronische Form ersetzt werden kön-

---

[6] Ergänzend gilt der Anwendungserlass zur Abgabenordnung v. 24.9.1987 (BStBl. I S. 664), zuletzt geändert durch Schreiben des Bundesministers der Finanzen v. 8.10.1991 (BStBl. I S. 932).
[7] www.bakred.de/texte/verlautb.
[8] Vgl. Ziff. 7 ff. der Verlautbarung v. 30.3.1998.
[9] Vgl. dazu den Regierungsentwurf eines Gesetzes zur Anpassung der Formvorschriften des Privatrechts und anderer Vorschriften an den modernen Rechtsgeschäftsverkehr v. 6.9.2000, der die Schriftform teilweise durch die sog. Textform oder auch eine elektronische Form ersetzen will; kritisch zu diesem Entwurf *Mallmann/Heinrich*, ZPR 2000, 470.
[10] *Pfüller/Westerwelle* (o. Fußn. 2), Rdnr. 118.

nen, denn auch diese kann eine Warnfunktion erfüllen.[11] Bei den Verbraucherkreditverträgen soll es dagegen wegen der Vorgaben des europäischen Rechts bei der Schriftform bleiben.[12] Der Online abgewickelte Wertpapierhandel beruht damit auf verschiedenen Säulen, bei denen teilweise auch künftig die herkömmliche Schriftform eingehalten werden muss.

2. Benutzung individueller Zugangsnummern

Ein typisches Rechtsproblem der Wertpapiergeschäfte im Internet ist die Frage, wie sich Bank und Kunden vor unbefugten Eingriffen Dritter schützen können. Um sicherzustellen, dass die erteilten Orders auch wirklich von dem Kunden stammen, wird zumeist das PIN-und TAN-Verfahren verwendet.[13] Der Kunde erhält dabei eine individuelle Zugangsnummer und muss zusätzlich für jede Transaktion eine der ihm gesondert übermittelten Transaktionsnummern verwenden. Dieses System funktioniert in der Regel zuverlässig. Ein Problem besteht z. B. dann, wenn der Kunde behauptet, dass eine bestimmte mit Verlusten verbundene Order nicht von ihm in Auftrag gegeben worden ist, obwohl sie mit einer der ihm übermittelten Transaktionsnummern abgewickelt wurde. Die Banken versuchen dieses Problem dadurch in den Griff zu bekommen, daß sie den Kunden in ihren AGB verpflichten, die jeweils zugeteilten PIN und TAN geheimzuhalten, nicht weiterzugeben und so aufzubewahren, dass sie für Dritte nicht zugänglich sind.[14] Behauptet der Kunde, dass eine bestimmte Order nicht von ihm stammt, so muss er zumindest

---

[11] So die Begründung zu Art. 1, Nr. 3 § 126 a des in Fußn. 9 genannten Gesetzentwurfs.

[12] Vgl. die Begründung zu Art. 16 des oben in Anm. 9 genannten Gesetzentwurfs.

[13] Näher zu diesem Verfahren und dem neuen HBCI-Standard *Wiesgickl*, WM 2000, 1039 (1040 f.).

[14] Ziff. 7 der Bedingungen für die konto-/depotbezogene Nutzung des Online-Banking mit PIN und TAN lautet wie folgt:
„(1) Der Nutzer hat dafür Sorge zu tragen, dass keine andere Person Kenntnis von der PIN und den TAN erlangt. Jede Person, die die PIN und – falls erforderlich – eine TAN kennt, hat die Möglichkeit, das Online-Banking-Leistungsangebot zu nutzen. Sie kann z. B. Aufträge zu Lasten des Kontos/Depots erteilen. Insbesondere folgendes ist zur Geheimhaltung der PIN und TAN zu beachten:
– PIN und TAN dürfen nicht elektronisch gespeichert oder in anderer Form notiert werden;
– die dem Nutzer zur Verfügung gestellte TAN-Liste ist sicher zu verwahren;
– bei Eingabe der PIN und TAN ist sicherzustellen, dass Dritte diese nicht ausspähen können.
(2) Stellt der Nutzer fest, dass eine andere Person von seiner PIN oder von einer TAN oder von beidem Kenntnis erhalten hat oder besteht der Verdacht ihrer missbräuchlichen Nutzung, so ist der Nutzer verpflichtet, unverzüglich seine PIN zu ändern bzw. die noch nicht verbrauchten TAN zu sperren. Sofern ihm dies nicht möglich ist, hat er die Bank unverzüglich zu unterrichten. In diesem Fall wird die Bank den Online-Banking-Zugang zum Konto/Depot sperren. Die Bank haftet ab dem Zugang der Sperrnachricht für alle Schäden, die aus ihrer Nichtbeachtung entstehen."

beweisen, dass er bei dem Umgang mit den Zugangsnummern der ihm obliegenden Sorgfaltspflicht nachgekommen ist.[15]

Ein ähnliches Problem entsteht, wenn auf Seiten des Kunden, meist eines Unternehmens, mehrere Personen als Vertreter tätig werden. Für jeden Vertreter muss der Kunde den Umfang der Vertretungsmacht verbindlich festlegen. Das jeweilige Berechtigungsprofil wird dann in der Zugangskennung abgebildet. Ändert sich bei einem dieser Vertreter das Berechtigungsprofil, übernimmt er eine andere Aufgabe oder scheidet er aus dem betreffenden Unternehmen aus, muss der Kunde die Berechtigung wie auch sonst bei einem Wegfall der Vertretungsmacht der Bank gegenüber unverzüglich widerrufen.[16]

Was die Beweislastverteilung im Falle einer mißbräuchlichen Verwendung von persönlichen Zugangsnummern betrifft, so kann auf die Regeln zurückgegriffen werden, die zum Einsatz von ec-Karten entwickelt worden sind.[17] Soweit die Rechtsprechung dabei die Sicherheit der PIN in Zweifel gezogen hat,[18] ist diese Kritik allerdings nicht auf das PIN/TAN-Verfahren übertragbar, weil hier mit der TAN eine zusätzliche Sicherheitsvorkehrung getroffen worden ist.[19]

3. Technische Störungen/Überlastung der Systeme

Werden Willenserklärungen per E-Mail ausgetauscht, so können sich Probleme daraus ergeben, dass bestimmte Erklärungen die andere Seite nicht oder nur mit Verzögerung erreichen oder die notwendige Rückbestätigung beim Absender nicht rechtzeitig eintrifft. Das Zugangsrisiko verteilt sich dabei wie auch sonst bei Erklärungen unter Abwesenden nach Risikobereichen. Zum Risikobereich des Kunden gehören z.B. die Vorrichtungen, die von ihm zum Empfang bereitgestellt werden, darunter u.a. seine Mailbox. Kann eine E-Mail nicht zugehen, weil die Mailbox überfüllt ist, geht dies zu Lasten des Empfängers. Dies gilt aber nur, wenn die Überfüllung auf einem Fehlverhalten des Empfängers beruht.[20]

Im Wertpapiergeschäft mit den Online-Banken wird vielfach allerdings nicht mit E-Mails gearbeitet. Die jeweiligen Aufträge werden statt dessen auf der Webseite der Bank durch Eingabe der entsprechenden Daten er-

---

[15] Vgl. *Gössmann* in: Schimansky/Bunte/Lwowski, Bankrechts-Handbuch, 1997, § 55 Rdnr. 17; *Wiesgickl*, WM 2000, 1039 (1050).
[16] Vgl. § 170 BGB.
[17] S. dazu OLG Celle, WM 1985, 655; LG Duisburg, WM 1989, 181 (182); LG Hannover, WM 1998, 1123; LG Stuttgart, WM 1999,1924; *Gössmann* (o. Fußn. 15), § 54 Rdnr. 13 f; *Hoppe*, ZBB 1999, 88 (93); *Strube*, WM 1998, 1210.
[18] OLG Hamm, NJW 1997, 1711; dagegen *Werner*, WM 1997, 1516.
[19] *Kümpel*, Bank- und Kapitalmarktrecht, 2. Aufl., 2000, Rdnr. 4.662; *v. Rottenburg*, WM 1997, 2381 (2389).
[20] Vgl. *Ultsch* NJW 1997, 3007 (3008).

teilt. Dieses System funktioniert zuverlässiger und vor allem auch unmittelbarer als der Austausch von E-Mails. Auch bei diesem System ist es aber möglich, dass Störungen auftreten, indem z. B. der Zugang zum System nicht möglich ist oder bestimmte Funktionen gestört sind. Solche Situationen sind meist in den AGB der Online-Banken geregelt. Eine Haftung der Bank für Schäden, die durch eine von ihr nicht zu vertretende Störung des Online-Betriebs entstehen, wird danach regelmäßig ausgeschlossen.[21] Solche Haftungsausschlüsse sind nach dem allgemeinen AGB-Recht zulässig. Sie können deshalb auch für den Internet-Handel vereinbart werden. Eine umfassende Haftungsfreizeichnung verstößt allerdings gegen § 11 Nr. 7 AGBG. Danach haftet der Verwender von AGB immer für Vorsatz und grobe Fahrlässigkeit.[21a]

Solche Ausschlussklauseln greifen allerdings nicht, wenn die Bank wegen technischer oder personeller Unterkapazitäten nicht in der Lage ist, die eingegangenen Aufträge zügig zu erledigen. Verzögerungen, die sich aus solchen Situationen ergeben, sind von der Bank regelmäßig zu vertreten. Nach dem WpHG sind die Online-Banken verpflichtet, die für eine ordnungsgemäße Durchführung ihrer Dienstleistungen notwendigen Mittel und Verfahren vorzuhalten und wirksam einzusetzen.[22] Hierauf hat das *Bundesaufsichtsamt für den Wertpapierhandel* in einem Schreiben vom 24.2.2000 an die betreffenden Institute und in einem nachfolgenden Gespräch am 21.3.2000 ausdrücklich hingewiesen. Eine Verletzung der genannten Pflichten kommt etwa in Betracht, wenn eine Direktbank nicht genügend Telefone oder Computerverbindungen freischaltet, um die Interessen aller Anleger vor allem bei bestimmten Neuemissionen zu befriedigen.

§ 33 WpHG ist allerdings eine aufsichtsrechtliche Vorschrift. Aus ihrer Verletzung lassen sich keine Schadensersatzansprüche ableiten. Die Vorschrift ist weder Schutzgesetz i. S. v. § 823 Abs. 2 BGB noch strahlt sie unmittelbar auf die schuldrechtlichen Beziehungen zwischen Bank und Anleger aus.[23]

Eine Haftung der Direktbanken kann sich u. U. aber aus positiver Vertragsverletzung ergeben. Das *LG Nürnberg/Fürth* hat eine entsprechende Schadensersatzpflicht bejaht, weil eine Kauforder nicht sofort, sondern mit einer Verzögerung von rd. 20 Minuten an die Börse weitergeleitet und

---

[21] Der Haftungsausschluss bezieht sich z. B. auf Schäden, die durch die Störung des Betriebs infolge höherer Gewalt, Aufruhr, Kriegs- und Naturereignissen oder infolge sonstiger von der Bank nicht zu vertretender Vorkommnisse veranlasst oder auf nicht schuldhaft verursachte technische Probleme zurückzuführen sind.
[21a] Vgl. BGH, Urt. v. 12.12.2000 – XI ZR 138/00.
[22] Vgl. § 33 Abs. 1 Nr. 1 WpHG sowie dazu Abschnitt 2 Nr. 2.2 der Richtlinie des *Bundesaufsichtsamts für den Wertpapierhandel (BAWe)* v. 25.10.1999, BAnz Nr. 210 vom 6.11.1999, S. 18453.
[23] *Schäfer* , Komm. z. WpHG, 1999, § 33 Rdnr. 3; *Koller*, in: Assmann/Schneider, Komm. z. WpHG, 2. Aufl. 1999, § 33 Rdnr. 1; *Balzer*, ZBB 2000, 258 (260 f.).

deshalb zu einem höheren Kaufpreis abgewickelt wurde.[24] Der Schadensersatzanspruch wurde dabei auf die Aussagen in mehreren Broschüren gestützt, die Grundlage der Geschäftsbeziehung geworden waren. Darin hatte der beklagte Online-Broker zugesagt, die über Internet oder Telefon erteilten Kundenaufträge würden innerhalb von 30 Sekunden an die Börse weitergeleitet, was in dem entschiedenen Fall jedoch nur mit der genannten Verzögerung geschehen ist.

Unabhängig von Aussagen in Werbebroschüren, die normalerweise nicht Vertragsgrundlage sind, sind die Online-Banken zur schnellstmöglichen Orderausführung verpflichtet. Was dies im Einzelfall bedeutet, ist allerdings noch nicht abschließend geklärt. Die Sonderbedingungen der Banken für Wertpapiergeschäfte von 1995 gehen noch von einer Ausführung in Stunden und Tagen aus,[24a] während inzwischen eine Ausführung in Minuten und Sekunden erwartet wird. Eine absolute Pflicht zur sofortigen Weiterleitung läßt sich aus dem mit dem kunden bestehenden Geschäftsbesorgungsverhältnis allerdings nicht ableiten. Zum Teil wird eine Pflichtverletzung angenommen, wenn die Online-Bank über den Zeitraum von einer Stunde nicht erreichbar ist.[24b] Andererseits ist ein Verschulden der Bank bei von ihr nicht zu vertretenden Systemausfällen oder sonstigen unerwarteten technischen Störungen grundsätzlich zu verneinen.[24c]

4. Ausschluss der Beratung

Ein wesentliches Merkmal des Geschäftsverkehrs mit Direktbanken ist, dass sie Aufträge zum Wertpapierhandel nur ausführen und jede zusätzliche Beratung ablehnen (execution only). Die Bank muss den Kunden hierauf spätestens vor der Annahme eines Auftrags hinweisen.[25] Im allgemeinen wird schon in den zugrundeliegenden AGB erklärt, dass die Bank i. R. d. Online-Banking keine Anlageberatung erbringt und die Inhalte auf den Webseiten auch nicht als Empfehlungen zu verstehen sind.[26] Der *BGH* hat den Ausschluss der Beratung durch einen Discount-Broker in seinem Urteil zu den sog. Bandbreiten-Optionsscheinen ausdrücklich anerkannt.[27] Dieses Urteil ist im Schrifttum kritisiert worden, weil die Auf-

---

24 *LG Nürnberg/Fürth*, BB 2000, 792 = WM 2000, 1005.
24a Vgl. Nr. 4 Abs. 1 der Sonderbedingungen, wonach preislich unlimitierte Aufträge grundsätzlich nur für einen Börsentag gelten.
24b so *Balzer*, ZBB 2000, 258 (261 ff.).
24c Vgl. Müller-Deku, Anm. zu LG Nürnberg-Fürth, WuB I G 3. Depotgeschäft 2.00.
25 Vgl. Ziff. 3.6 der Richtlinie des *BAWe* zur Konkretisierung der §§ 31 und 32 WpHG für das Kommissions-, Festpreis- und Vermittlungsgeschäft der Kreditinstitute vom 26.5.1997, BAnz Nr. 98 vom 3.6.1997, S. 6586.
26 So z. B. in Ziff. 1 der Bedingungen für den Electronic Broking Service der *Deutschen Bank 24 AG*.
27 *BGH*, WM 1999, 2300 = ZIP 1999, 1915; anders noch z. B. *LG Köln*, ZIP 1997, 1328.

klärungspflichten der Bank dadurch zu sehr beschränkt würden.[28] Diese Kritik ist indessen nicht berechtigt.

Nach dem WpHG haben zwar alle Wertpapierdienstleistungsunternehmen bestimmte Aufklärungspflichten gegenüber ihren Kunden. Inhalt und Umfang dieser Pflichten hängen aber vom Aufklärungsbedürfnis des Kunden und auch vom Verhalten der Bank selbst ab. Erklärt die Bank, wie dies die Discount-Broker regelmäßig tun, dass sie sich nur an gut informierte und erfahrene Anleger wenden und zur Aufklärung nur in der Weise bereit sind, dass sie dem Kunden bestimmte allgemein gehaltene Informationsbroschüren übersenden, so ist dies nicht zu beanstanden. Ein Anleger, der in Kenntnis dieser eingeschränkten Aufklärung Aufträge erteilt, erklärt damit konkludent, dass er weitere Informationen nicht benötigt, also nicht aufklärungsbedürftig ist. Ein Zwang zur Beratung ergibt sich aus dem Gesetz nicht. Nach § 31 Abs. 2 Satz 1 Nr. 2 WpHG sind Wertpapierdienstleister nur verpflichtet, ihrem Kunden alle zweckdienlichen Informationen mitzuteilen, soweit dies zur Wahrung seiner Interessen erforderlich ist. An dieser Erforderlichkeit fehlt es, wenn der Kunde zum Ausdruck bringt, dass er keine Informationen benötigt.

Dies gilt alles selbstverständlich nur, soweit sich die Direkt-Banken an ihre eigenen Spielregeln halten. Erteilen sie z. B. über eine Hotline oder ein Callcenter bestimmte Ratschläge, so kann damit konkludent ein Beratungsvertrag zustande kommen, der bei fehlerhafter Beratung zu einer Schadensersatzpflicht unter dem Gesichtspunkt der c.i.c oder der positiven Vertragsverletzung führt.

Offen ist, ob bestimmte technische Hilfestellungen als Beratung zu qualifizieren sind. So gibt es Programme, die den Anleger aufgrund der von ihm eingegebenen Rahmendaten zu bestimmten Anlageentscheidungen durchleiten. Im allgemeinen dürfte es sich dabei nur um eine Hilfestellung bei der Auswahl, nicht aber schon um eine Empfehlung oder Beratung handeln.

Eine Beratungshaftung kann sich theoretisch auch daraus ergeben, dass die Direktbanken auf ihrer homepage zahlreiche ergänzende Informationen wie Börsenkurse, Charts, Wertpapier-Analysen, Research-Reports und Verkaufsprospekte zur Verfügung stellen. In der Regel wird eine Haftung für diese Informationen aber ausdrücklich ausgeschlossen. Dies geschieht sowohl durch einen entsprechenden Disclaimer am Bildschirm wie auch in den zugrundeliegenden AGB. Eine Ersatzpflicht für fehlerhafte Informationen dieser Art dürfte damit regelmäßig ausgeschlossen sein.

---

[28] Vgl. *Schwintowski*, ZBB 1999, 385.

5. Pflicht zur Information und Aufklärung

Auch die Direktbanken sind verpflichtet, den Kunden vor Beginn der Geschäftsbeziehung über seine Kenntnisse und Erfahrungen zu befragen. Soll Kredit eingeräumt werden, hat sich die Befragung auch auf die Anlageziele und finanziellen Verhältnisse des Kunden zu erstrecken.[29] Der Kunde ist nicht verpflichtet, die erbetenen Auskünfte zu erteilen (§ 31 Abs. 2 Satz 2 WpHG).

Füllt ein Kunde den entsprechenden Erhebungsbogen aus, so stellt sich jedoch die Frage, ob nicht auch ein Discount-Broker verpflichtet ist, das Ergebnis dieser Kundenerforschung, insbesondere das Risikoprofil des Kunden bei der Durchführung der Aufträge zu berücksichtigen. Die Praxis verfährt hier unterschiedlich. Bei einigen Banken werden nur solche Aufträge ausgeführt, die dem angegebenen Risikoprofil entsprechen. Aufträge, die einer höheren Risikoklasse entsprechen, werden vom System der Bank automatisch abgewiesen.[30] Andere Banken sind weniger streng. Sie führen auch solche Aufträge aus, die einer höheren Risikoklasse entsprechen als sie vom Kunden der Bank als Anlageziel mitgeteilt worden sind.

Tatsächlich sind auch die Direktbanken zur Aufklärung verpflichtet. Dies geschieht im allgemeinen aber dadurch, dass dem Kunden standardisierte Informationsbroschüren überlassen werden, in denen z. B. über die Risiken besonderer Anlageformen und Möglichkeiten der Risikobegrenzung hingewiesen wird.[31] Wendet sich die Direktbank ausdrücklich nur an gut informierte und erfahrene Anleger und äußern diese über die erhaltenen Broschüren hinaus keinen zusätzlichen Aufklärungsbedarf, so besteht auch keine weitergehende Aufklärungspflicht. Die Rechtsprechung hat eine Aufklärungspflicht sogar dann verneint, wenn die Bank wahrheitsgemäß erklärt, sie kenne sich mit den vom Kunden angesprochenen Derivaten nicht aus.[32]

Im übrigen obliegen auch den Online-Banken allgemeine Sorgfaltspflichten. Wegen der standardisierten Geschäftsabläufe sind diese aber tendenziell geringer als bei den „normalen" Geschäftsbanken.[32a]

---

[29] § 31 Abs. 2 Nr. 1 WpHG i. V. m. Ziff. 3.6 der Richtlinie des *BAWe* vom 26.5.1997 (o. Fußn. 25).
[30] Vgl. Ziff. 2 der Bedingungen für den Electronic Broking Service der *Deutschen Bank 24 AG*.
[31] Vgl. Ziff. 3.2 der Richtlinie des *BAWe* v. 26.5.1997 (o. Anm. 25) sowie *OLG München*, ZIP 1998, 1954 (Vorinstanz) und *BGH*, ZIP 1999, 1915 (1918) (Bandbreiten-Optionsscheine).
[32] *BGH*, ZIP 1998, 284 = EWiR 1998, 403 (*Schwintowski*); *BGH*, ZIP 1998, 1220 (1221) = EWiR 1998, 681 (*Schäfer*)
[32a] Vgl. zu dieser Unterscheidung z.b. *LG Bonn*, WM 1999, 2214.

6. Daytrading

Mit der Verbreitung des Online-Handels hat auch das sog. Daytrading zugenommen. Dabei geht es darum, dass innerhalb eines Tages gleichartige Wertpapiere gekauft und verkauft werden, um die sich im Laufe des Börsenhandels ergebenden Preisdifferenzen zu vereinnahmen.[33] Dabei wird über die erworbenen Wertpapiere schon verfügt noch bevor sie geliefert worden sind.[34] Zivilrechtlich stellt sich die Frage, ob solche Geschäfte eventuell unverbindliche Börsentermingeschäfte gem. § 53 BörsG oder Differenzgeschäfte im Sinne von § 764 BGB sind. Ist letzteres der Fall, so sind die Geschäfte Spiel und begründen damit ebenfalls keine Verbindlichkeiten (§ 762 Abs. 1 Satz 1 BGB).

Ein wesentliches Kennzeichen für Börsentermingeschäfte ist der hinausgeschobene Erfüllungszeitpunkt.[35] Beim Daytrading geht es jedoch nicht um die spätere Erfüllung; im Vordergrund steht vielmehr die sofortige Verfügung über die erworbenen Wertpapiere. Daytrading entspricht damit wirtschaftlich eher einem Bargeschäft und stellt deshalb kein Börsentermingeschäft dar.[36]

Differenzgeschäfte i.S.v. § 764 BGB sind Spekulationsgeschäfte, die nur äußerlich auf die Lieferung von Waren oder Wertpapieren gerichtet sind, in Wahrheit aber keinen Güterumsatz, sondern die Erzielung einer Preisdifferenz zum Inhalt haben.[37] Da beim Daytrading die – über die Bank – gekauften Wertpapiere sofort bezahlt werden, liegt der äußeren Form nach ein normales sog. Kassageschäft vor. Sofern dies ernsthaft gewollt ist, ist nach ständiger Rechtsprechung[38] die Annahme eines Spiels ausgeschlossen; damit wäre auch ein Differenzgeschäft zu verneinen. An der Ernsthaftigkeit eines Kassageschäfts können allerdings Zweifel bestehen, weil gleichtägig eine gegenläufige Transaktion, nämlich ein Verkauf der erworbenen Wertpapiere, getätigt wird. Für die Bank, die solche Geschäfte abwickelt, ist damit letztlich entscheidend, ob und wieweit die Differenzabsicht für sie erkennbar war.[39]

Für die Banken ist deshalb bei dieser Art von Geschäften Vorsicht angeraten. So hat das *LG Hamburg* ein verdecktes Differenzgeschäft für den Fall angenommen, dass ein Kunde jeweils im Abstand von wenigen Tagen ausländische Währungen gekauft und verkauft hat.[40] Da die Devisen schon wegen der für den Kunden ungewöhnlich hohen und nur geringfügig gedeckten Beträge nicht wirklich geliefert und abgenommen

---

[33] S. dazu *Müller-Deku,* WM 2000, 1029.
[34] *Müller-Deku* (o. Fußn. 32) 1030 f.
[35] Vgl. *Irmen,* in: Schäfer (Hrsg.), Komm. z. BörsG, Vor §§ 50–70 Rdnr. 38 m.w.N.
[36] *Müller-Deku* (o. Fußn. 33), 1032.
[37] Palandt/*Sprau,* BGB, 59. Aufl., Rdnr. 1 zu § 764.
[38] Vgl.z.B. *BGH,* NJW 1988, 1592; *KG* WM 1989, 669 (672).
[39] Vgl. *Kümpel* (o. Anm. 19) Rdnr. 15.116.
[40] Vgl. *LG Hamburg,* 17.12.1998, Geschäftsnummer 327 O 73/98.

J. Zivilrechtliche Probleme des Wertpapiergeschäfts im Internet   133

werden sollten, es vielmehr um die Kursdifferenz ging, lag nur zum Schein ein Kassageschäft vor. Diese Differenzerzielungsabsicht hätte die Bank nach Ansicht des *Gerichts* erkennen können (vgl. § 764 Satz 2 BGB). Die Klage der Bank auf Ausgleich des entstandenen Sollsaldos wurde deshalb abgewiesen. Diese Entscheidung hat das *Hanseatische OLG* bestätigt.[40a] Angesichts dieser Unsicherheiten finden sich in manchen AGB für den Online-Handel Bestimmungen, die taggleiche Kassageschäfte i.S. eines Daytrading ausdrücklich ausschließen.

Im Rahmen des 4. Finanzmarktförderungsgesetzes soll das Recht der Termingeschäfte im WpHG neu geregelt werden. Dabei gibt es Bestrebungen, dass der Spiel- und Differenzeinwand gegen Geschäfte mit Banken entsprechend der Regelung in anderen Ländern generell nicht mehr erhoben werden kann.[41] Dies würde eine wesentliche Verbesserung gegenüber der zur Zeit noch bestehenden unsicheren Rechtslage.

Das Daytrading hat i.ü. auch einen aufsichtsrechtlichen Aspekt. So sieht das *BAWe* in dem Betreiben von sog. Daytrading-Centers, die gewerbsmäßig EDV-Arbeitsplätze mit Internetzugang vermieten, eine nach dem KWG erlaubnispflichtige Anlagevermittlung.[42] Den Daytrading-Centers obliegen danach auch die Verhaltenspflichten nach § 31 WpHG. Zur Konkretisierung dieser Pflichten bereitet das *BAWe* eine eigene Richtlinie zum Daytrading vor.[42a]

7. Rechtsfragen bei IPO's

Die Zahl der Aktienemissionen, die zumindest auch über das Internet plaziert werden, hat in den letzten Jahren stark zugenommen. Dabei gelten auch für Verkaufsangebote, die über das Internet verbreitet werden, die Vorschriften des Verkaufsprospektgesetzes. Im Zusammenhang mit solchen Transaktionen stellt sich nicht selten die Frage, wann ein öffentliches Angebot mit Prospektpflicht oder eine nicht öffentliche, sog. Privatplatzierung bzw. überhaupt kein Angebot, sondern bloße Werbung vorliegt, für die jeweils kein Verkaufsprospekt erforderlich ist. Zur Abgrenzung dieser verschiedenen Bereiche hat das *Bundesaufsichtsamt für den Wertpapierhandel* praktikable Kriterien aufgestellt, auf die hier verwiesen wird.[43]

Da das Internet nicht regional beschränkt ist, stellt sich des weiteren die Frage, welches Kapitalmarktrecht eigentlich gilt. Das *BAWe* hat insoweit

---

[40a] Urt. v. 17.11.2000 – 11 U 27/99, nicht rechtskr.
[41] S. z.B. § 1 Abs. 5 des österreichischen Bankwesengesetzes.
[42] Vgl. Pressemitteilung des *Bundesaufsichtsamts für das Kreditwesen* v. 16.11.1999.
[42a] S. den Entwurf einer Richtlinie zur Konkretisierung der §§ 31 und 32 WpHG für das Daytrading-Geschäft der Wertpapierdienstleistungsunternehmen auf der Internet-Homepage des BAWe (www.bawe.de).
[43] Vgl. dazu Ziff. 2 der Bekanntmachung des *BAWe* v. 6. 9.1999 zum VerkProspG und zur Verkaufsprospekt-VO sowie *Lenz/Ritz*, WM 2000, 904 (905 f.).

klargestellt, dass es nicht darauf ankommt, wo der Anbieter seinen Sitz hat oder wo der Rechner steht, auf dem die Daten gespeichert sind. Entscheidend ist vielmehr die Zielrichtung des Angebots.[44] Sollen z. B. nur Anleger in Deutschland angesprochen werden und wird deshalb auch nur ein deutscher Verkaufsprospekt erstellt, muss in einem entsprechenden Hinweis, dem sog. Disclaimer, klargestellt werden, dass nur Anleger mit Wohnsitz in Deutschland zeichnungsberechtigt sind. Dabei genügt nicht nur die Angabe dieser Zielrichtung des Angebots; es muss auch bei der Abwicklung sichergestellt werden, dass tatsächlich nur Anleger mit z. B. Wohnsitz in Deutschland bedient werden. In der Praxis wird diese Absicherung bei Zeichnungsaufträgen per Internet durch einen vorgeschalteten Filter erreicht. Der interessierte Anleger muss, bevor er das Angebot auf dem Bildschirm aufrufen kann, bestimmte Angaben (Heimatstaat, Wohnort und Postleitzahl) eingeben. Diese Daten werden dann auf Plausibilität überprüft. Erst wenn die Überprüfung positiv ausgefallen ist, wird der Zugang zu den weiteren Informationen eröffnet.[45]

Bei größeren Plazierungen wie zuletzt *Infineon*, *T-Online* oder *DT 3* werden regelmäßig Anleger in mehreren Ländern angesprochen. Die Aktien der *Deutschen Telekom AG* wurden im Juni 2000 z. B. in 16 Ländern zum Kauf angeboten. Bei der Erstellung der Angebotsunterlagen, also insbesondere des Verkaufsprospektes, sind in solchen Fällen grundsätzlich die Rechtsordnungen aller betroffenen Länder zu beachten. Eine Erleichterung ergibt sich aus den EU-weiten Regelungen über den sog. Europäischen Pass, wonach die Zulassungsstellen den in einem anderen Europäischen Staat gebilligten Verkaufsprospekt ohne weitere eigene Prüfung ebenfalls zulassen können.[46] Auch in diesen Fällen ist meist aber eine Übersetzung in die jeweilige Landessprache und eventuell ein Vorblatt mit Hinweisen auf landesspezifische Besonderheiten (sog. wrapper) erforderlich.

Der Verkaufsprospekt wird regelmäßig auch im Internet zur Verfügung gestellt. Dies geschieht aber erst, wenn der Prospekt in der vom Gesetz vorgeschriebenen Weise, in Deutschland also erst nach Freigabe durch das *BAWe* und Abdruck in den Börsenpflichtblättern oder durch Bereithalten bei den Zahlstellen bekanntgemacht worden ist.[47] Ähnlich geregelt ist die Veröffentlichung des Börsenzulassungsprospekts im Anschluss an seine Billigung durch die Zulassungsstelle.[48] Elektronische Medien kön-

---

[44] Vgl. Ziff. 2 a der Bekanntmachung des *BAWe* v. 6.9.1999.
[45] Dies geht auf die entsprechende US-Praxis zurück, vgl. dazu Release No. 1125 der *Securities and Exchange Commission* v. 23.3.1998, Re: Use of internet web sites to offer securities, solicit securities transactions, or advertise investment services offshore, Abschnitt III B.
[46] Vgl. §§ 15 VerkProspG, 40 a BörsG.
[47] Vgl. §§ 8a, 9 VerkProspG.
[48] § 36 Abs. 3 a und 4 BörsG.

J. Zivilrechtliche Probleme des Wertpapiergeschäfts im Internet

nen dafür nach geltendem Recht nicht verwandt werden.[49] Dem Vernehmen nach wird allerdings von einer bei der Bundesregierung gebildeten Arbeitsgruppe untersucht, inwieweit die Einreichung und Veröffentlichung von Prospekten künftig auch über das Internet vorgenommen werden kann.

Von zunehmender Bedeutung sind bei Internetplazierungen auch Rechtsfragen des Urheber- und Wettbewerbsrechts. Dabei geht es z. B. um die Verwendung des Logos des Emittenten auf den Webseiten der Banken und umgekehrt. Wettbewerbsrechtlich problematisch können auch „links", also Verbindungen von einer Webseite zur anderen sein, so z. B., wenn nicht nur auf die Homepage des Emittenten, sondern auch auf darunter liegende Seiten zugegriffen wird. Problematisch ist schließlich die unverlangte Versendung von E-Mails zu Werbezwecken. Die Rechtsprechung hat darin wiederholt einen Verstoß gegen § 1 UWG gesehen und einen Unterlassungsanspruch gem. §§ 823, 1004 BGB bejaht.[50]

---

[49] *Assmann*, Neuemissionen von Wertpapieren über Internet, in: FS Schütze, 1999, 15 (42).

[50] S. die Nachweise bei *Zehentmeier*, BB 2000, 940 (942 f.).

K. Emissionen im Internet: Kapitalmarktrecht und Kollisionsrecht

(Gerald Spindler)

I. Einleitung

Das Internet als schnelles und kostengünstiges Medium ist geradezu für den Kapitalmarkt prädestiniert, der möglichst schnelle und effiziente Transaktionen sowie eine ungehinderte Informationsverteilung benötigt. Demgemäß ist es nicht verwunderlich, dass Dienstleistungen und Angebote aus dem Kapitalmarktbereich mit an der Spitze des Electronic Commerce stehen. Von Discount-Brokern, die noch kostengünstiger als Telefondirektbanken arbeiten, über besondere Börsendienste, die Informationen in Echtzeit anbieten, und Investor Relation Gruppen zum Austausch von Meinungen und Fakten bis hin zu allein über das Internet erfolgenden Emissionen von Wertpapieren reicht die Palette. Die erste bekannte Internet-Emission von Aktien ohne Hilfe eines Emissionshauses dürfte die Ausgabe von Aktien der *Spring Street Brewing Company* im Herbst 1995 gewesen sein.[1] Verbunden mit der wachsenden Verbreitung reiner Internet-Banken sprießen auch virtuelle Emissionshäuser aus dem Boden, die den häufig wiederum Internet-Geschäfte betreibenden Gesellschaften bei der Ausgabe von Wertpapieren zur Kapitalbeschaffung behilflich sind.[2] Im Hinblick auf die Investor Relations zeigt das Beispiel von *T-Online*, die im Vorfeld der Aktienemission umfangreiche Befragungen durchführte und damit eine bevorzugte Zuteilung von Aktien verbinden wollte, dass die zielgruppengenaue Ansprache der potenziellen Nachfrager erhebliche Vorteile gegenüber früheren Emissionen erzeugt;[3] nicht von ungefähr will der Gesetzgeber mit dem NaStraG den Gesellschaften die Nutzung der Möglichkeiten, die die Namensaktie zur Kommunikation mit den Aktionären bietet, eröffnen.[4] Natürlich stellen sich durch die Verwendung des Internets auch Probleme ein, die durch die Anonymität des Netzes und den

---

[1] Vgl. Handelsblatt v. 25.3.1996, Nr. 60, S. 40; zur Plazierung von Aktien der Internet 2000 s. FAZ v. 27.5.1997 Nr. 120 S. 32.
[2] Etwa die *net IPO AG* (www.net.IPO.de) oder die *VEM Virtuelle Emissionshaus AG*; s. auch FAZ v. 20.4.2000 S. 27.
[3] Vgl. *Assmann*, FS Schütze 1999, S. 15 (20 f.).
[4] Dazu näher *Noack*, ZIP 1999, 1993 ff., *Spindler*, ZGR 2000, 420 (423 f.), *Hüther*, MMR 2000, 521, je m.w.N.

dadurch bedingten Schwierigkeiten hinsichtlich der Überprüfung von Seriösität und Bonität des Anbieters hervorgerufen werden.[5] Allen Internet-Angeboten ist die Ubiquität und Globalität der Information bzw. der Transaktion gemein. Da im Grundsatz keine Beschränkungen des Zugangs zu einer Information bestehen, die auf einem Rechner abgelegt ist, strahlen entsprechende Kapitalmarktinformationen und -angebote weltweit aus. Diese quasi dem Internet immanente Eigenschaft als grenzüberschreitendes Medium, das sich technisch nicht auf Regionen oder Staaten beschränken lässt, führt zwangsläufig zur Frage nach dem anwendbaren Recht. Die Zeiten, in denen eine vergleichsweise kleine Netzgemeinde noch von einem rechtsfreien Raum träumen konnte, der allein durch allseits akzeptierte und mit Mitteln des Internets durchgesetzte Regeln gekennzeichnet war, dürften endgültig vorbei sein – ein eigenständiges Cyberspace Law existiert nicht.[6] Dementsprechend muss auch für Kapitalmarktangebote und -informationen im Netz das Kollisionsrecht auf die passenden Anknüpfungsregeln befragt und gegebenenfalls modifiziert werden, etwa um die Anwendung aller Rechtsordnungen auf ein Informationsangebot abzuwenden. Inzwischen dürfte weitgehend Einigkeit darüber herrschen, dass die weltweite Abfragemöglichkeit von Internetangeboten nicht per se dazu führt, dass ein Anbieter dadurch alle Rechtsordnungen des Globus zu beachten hätte,[7] was letztlich das Internet als Kommunikationsmedium und Marktplatz ausschalten würde. Dies entspricht auch den von der *IOSCO* erklärten Regulierungszielen.[8] Dabei kann zwischen dem eigentlichen Anlegerschutz, der durch verschiedene spezialgesetzliche und allgemeine Regelungen gewährleistet wird, und den aufsichtsrechtlichen, mittelbar natürlich ebenfalls dem Anlegerschutz dienenden Aufsichtsrecht unterschieden werden.

Für die Prüfung, welches Recht auf ein Kapitalmarktangebot oder eine Information im Hinblick auf den Anlegerschutz Anwendung findet, ist zum einen zwischen den verschiedenen Phasen der Kapitalmarkttransaktion und den jeweils darin enthaltenen Risiken und zum anderen zwischen den verschiedenen an der Transaktion bzw. Information Beteiligten zu unterscheiden. Ausgangspunkt für jede Kapitalmarkttransaktion ist die Information des Anlegers über eine beabsichtigte Emission oder über entscheidungsrelevante Vorgänge, wie Börsenkurse, Entwicklungen des

---

[5] Vgl. *Assmann*, FS Schütze 1999, S. 15 (21 f.).
[6] S. hierzu die (berechtigte) Philippika von *Mankowski* AfP 1999, 138 ff. gegen ein Cyberspace Law. Ob indes die Staaten angesichts der letztlich unüberwindlichen Vollzugsprobleme nicht doch zu anderen Formen der Rechtssetzung und -durchsetzung kommen müssen, steht auf einem anderen Blatt, s. dazu *Perrit*, MMR-Beil. 7/2000, S. 1 ff.
[7] Vgl. *Assmann*, FS Schütze 1999, S. 15 (24).
[8] Securities Activity on the Internet, 20.10.1998, http://www.iosco.org/docs-public/1998-internet security-document01.htm, Key Principles.

Unternehmens usw. Demgem. ist bereits in diesem Stadium danach zu fragen, wer in welchem Maße und nach welchem Recht für fehlerhafte Informationen des Anlegers zur Verantwortung gezogen werden kann. Exemplarisch für den kapitalmarktrechtlich geregelten Anlegerschutz wird im folgenden schwerpunktmäßig die Anwendung des Verkaufsprospektgesetzes auf Angebote von Wertpapieren im Internet untersucht.[9] Zuvor ist jedoch ein Blick auf das Verhältnis zwischen der gerade für Internetanwendungen grundlegenden E-Commerce-Richtlinie und dem Kollisionsrecht für kapitalmarktrechtliche Normen zu werfen.

II. E-Commerce-Richtlinie und Kapitalmarktkollisionsrecht

Die inzwischen verabschiedete E-Commerce-Richtlinie der EU[10] bringt nicht nur im Hinblick auf das Wettbewerbs- und Haftungsrecht erhebliche Neuerungen; sie enthält ein zentrales Prinzip, das Geltung für sämtliche Dienstleistungen im Zusammenhang mit der Benutzung des E-Commerce beansprucht: das Herkunftslandprinzip.[11] Demnach ist für einen ausländischen Anbieter von Dienstleistungen der Informationsgesellschaft allein das Recht seiner Niederlassung maßgeblich. Da die Richtlinie zudem den Begriff der Dienstleistung der Informationsgesellschaft so weit fasst, dass auch Angebote über Wertpapiere erfasst werden, sofern sie nur mittels Internet abrufbar sind, hieße dies, dass auch die Anforderungen an die Emission und Publizität von Wertpapieremissionen über das Internet prinzipiell nur dem Recht des Herkunftslandes unterfielen, sowohl in privat- als auch öffentlich-rechtlicher Hinsicht. Auf den ersten Blick handelt es sich damit um eine radikale Neuerung, die das klassische Kollisionsrecht zur Seite schiebt und ein „Race to the bottom" zwischen den europäischen Rechtsordnungen eröffnet.[12] Für das hier interessierende Kapitalmarktrecht in seiner anleger- und institutionenschützenden Doppelfunktion stellt sich diese Frage jedoch nicht in gleicher Schärfe:

Erstens sind zahlreiche Komplexe bereits durch anderen EU-Richtlinien im Sinne eines (eingeschränkten) Herkunftslandprinzips geregelt, etwa

---

[9] Eine nähere Untersuchung der allgemein zivilrechtlichen Prospekthaftungsansprüche, ihres Kollisionsrechts sowie der Prospekthaftung aus BörsG und dem mittelbaren Anlegerschutz durch das KWG muss aus Raumgründen einer weiteren Untersuchung vorbehalten bleiben.
[10] Richtlinie des Europäischen Parlamentes und des Rates v. 8.6.2000 über bestimmte rechtliche Aspekte der Dienste der Informationsgesellschaft, insbesondere des elektronischen Geschäftsverkehrs, im Binnenmarkt („Richtlinie über den elektronischen Geschäftsverkehr") ABl. EG Nr. L 178, S. 1 ff. v. 17.7.2000.
[11] Näher dazu *Spindler*, MMR – Beil. 7/2000, S. 4 (6 ff.); *Mankowski*, MMR – Beil. 7/2000, S. 22 ff.
[12] So in der Tat für das Wettbewerbsrecht *Mankowski*, GRUR Int. 1999, 909 (913ff.); s. auch *Schack*, MMR 2000, 59 (63).

im Kreditaufsichtsrecht, aber auch für Prospektpflichten bei Wertpapierangeboten, die nicht an der Börse notiert werden. Erwägungsgrund Nr. 11 sowie Art. 1 Abs. 3 der E-Commerce-Richtlinie stellen überdies klar, dass das durch europäische Richtlinien erreichte Schutzniveau nicht durch die E-Commerce-Richtlinie herabgesetzt werden soll.

Zweitens schränkt die E-Commerce-Richtlinie selbst das Herkunftslandprinzip ein, indem Art. 3 Abs. 3 in Verbindung mit dem Anhang generelle Ausnahmen vorsieht. Dazu gehören neben den versicherungsrechtlichen Richtlinien vor allem Art. 44 der OGAW-Richtlinie,[13] wonach die Investmentgesellschaften (OGAW) mit grenzüberschreitenden Angeboten ihrer Anteile außerhalb des von der Richtlinie geregelten Bereiches das Recht des Mitgliedstaates einhalten müssen, in welchem sie die Anteile vertreiben. Emissionen außerhalb des von der OGAW-Richtlinie erfassten Bereiches, etwa von Publikumsgesellschaften, unterfallen dagegen nach wie vor dem Herkunftsland nach der E-Commerce-Richtlinie. Zwar sieht der Anhang zudem eine generelle Ausnahme zugunsten von vertraglichen Verpflichtungen im Bereich des Verbraucherschutzes vor; doch ist dieser, wie schon ein Vergleich mit Art. 3 Abs. 4 zeigt, keineswegs gleichbedeutend mit dem kapitalmarktrechtlichen Anlegerschutz.

Drittens sieht Art. 3 Abs. 4 bis 6 eine Art Schutzklauselverfahren vor, das den Mitgliedstaaten erlaubt, für bestimmte Bereiche, zu denen ausdrücklich auch der Anlegerschutz zählt, bei der Kommission Ausnahmen vom Herkunftslandprinzip zu beantragen. Allerdings steht diese Ausnahme unter dem Vorbehalt der Verhältnismäßigkeitsprüfung im jeweiligen Einzelfall; eine generelle Ausnahme zugunsten eines ganzen Rechtsbereiches, etwa des VerkaufsprospektG oder anderer kapitalmarktrechtlicher Normen, ist damit nicht möglich. Vielmehr muss jeder einzelne Sachverhalt, der zu entscheiden ist, unter dem Aspekt des Anlegerschutzes der Kommission zur Prüfung vorgelegt werden.

Schließlich beansprucht das Herkunftslandprinzip nur für Angebote aus Staaten der EU Geltung; hinsichtlich von Angeboten aus Dritt-Staaten, insbesondere der USA, bleibt es dagegen bei den klassischen kollisionsrechtlichen Regeln.

Insgesamt ergibt sich ein buntscheckiges Bild: Das Herkunftslandprinzip kann Anwendung finden, aber nur soweit nicht eine Ausnahme im Sinne des Schutzklauselverfahrens beantragt wird oder es sich um den Vertrieb von bestimmten Anteilen (OGAW) handelt. Das nachfolgend zu erörternde traditionelle kollionsrechtliche Prinzip im Kapitalmarktrecht – das Marktortprinzip – wird daher in nicht unerheblicher Weise eingeschränkt und vom Herkunftslandprinzip überlagert. So wird etwa jeder Prospekthaftungsfall mit Auslandsberührung, der im Zusammenhang mit der Nutzung eines Dienstes der Informationsgesellschaft steht, dementsprechend in Zukunft daraufhin überprüft werden müssen, ob er unter die E-Commerce-Richtlinie fällt.

III. Prospektpflichten bei Emissionen (VerkaufsprospektG) und Kollisionsrecht

1. Grundlagen

Für Angebote von Wertpapieren, die nicht zum Handeln an einer inländischen Börse zugelassen sind, bedarf es nach dem Verkaufsprospektgesetz (VerkProspG) eines beim Bundesaufsichtsamt für Wertpapierhandel zu hinterlegenden Prospektes. Da für ein öffentliches Angebot von Wertpapieren i.S.d. § 1 VerkProspG schon die Aufforderung zur Abgabe von Angeboten genügt,[14] werden Internet-Angebote in der Regel – sofern sie sich nicht nur an einen kleinen, quantitativ abgegrenzten Kreis richten[15] – die Prospektpflichten des VerkProspG erfüllen müssen.[16] Diese dem Anlegerschutz dienende Prospektpflicht hängt jedoch gerade bei Internet-Angeboten entscheidend von der Anwendbarkeit deutschen Rechts ab.

Für Wertpapierkäufe ist Art. 29 EGBGB grundsätzlich nicht einschlägig, da dieser nur den Verkauf von Sachen zum Gegenstand hat.[17] Allerdings hat die Rechtsprechung Warentermingeschäfte dennoch unter den Begriff der Verbrauchergeschäfte gefasst;[18] dies dürfte jedoch als Grenzfall anzusehen sein, der keinesfalls dazu führt, Art. 29 EGBGB über seinen Wortlaut hinaus auch auf reine Wertpapiergeschäfte anzuwenden, „hinter" denen keine Sachlieferungen stehen.

Damit bleibt für die Anwendung zwingender Kapitalmarktregelungen nur die Eingriffsnorm des Art. 34 EGBGB, der allerdings für sich allein genommen noch keine Aussage über die Reichweite der jeweiligen kapitalmarktrechtlichen Regel trifft. Vielmehr muss als notwendiges Versatzstück die Kollisionsnorm aus der jeweiligen Norm, hier dem VerkaufsprospektG, selbst entwickelt werden. In diesem Rahmen wird sich zeigen, dass das Marktortprinzip die Interessen der Anleger, die im Hoheitsgebiet eines Staates ansässig sind und auf dessen Schutz vertrauen, mit denjenigen des Emittenten, der nicht mit unvorhergesehenen Risiken

---

[13] Richtlinie des Rates v. 20.12.1985 zur Koordinierung der Rechts- und Verwaltungsvorschriften betreffend bestimmte Organismen für gemeinsame Anlagen in Wertpapieren (OGAW), (85/611/EWG), ABl. EG Nr. L 375 v. 31.12.1985, S. 3.
[14] *Groß*, Kapitalmarktrecht, § 1 VerkProspG Rdnr. 17; *Grimme/Ritz*, WM 1998, 2091 (2095).
[15] Zu den Ausnahmen nach § 2 Nr. 2 VerkaufsprospektG näher *Assmann*, FS Schütze 1999, S. 15 (39 f.); *Groß*, Kapitalmarktrecht, § 2 VerkProspG Rdnr. 7 ff.
[16] Vgl. *Assmann*, FS Schütze 1999, S. 15 (36 ff.).
[17] BGHZ 123, 380 (387) = NJW 1994, 262; *Martiny*, in: MüKo, Art. 29 EGBGB Rdnr. 9; *Martiny*, in: *Reithmann/Martiny*, Internationales Vertragsrecht, Rdnr. 719.
[18] BGH, RIW 1993, 671; OLG Düsseldorf, RIW 1994, 420; krit. dazu *Mankowski*, RIW 1994, 421 ff.

mangels der Steuerbarkeit eines weltweit abrufbaren Angebotes konfrontiert sein möchte, in der Regel zum gerechten Ausgleich bringt.[19] Das Marktortprinzip besitzt gerade für Internet-Angebote einen besonderen Stellenwert, da es geeignet ist, die tendenziell globale Ausstrahlung eines Angebots und das damit gegebene Rechtsanwendungsrisiko auf ein vernünftiges Maß zu reduzieren.

2. Angebot im Inland: Marktortprinzip

Die schon aus kollisionsrechtlichen Erwägungen resultierende Maßgeblichkeit des Marktortes wird bestärkt durch die in Deutschland wohl vorherrschende Interpretation des § 1 VerkaufsprospektG, wonach die Prospektpflicht für Internet-Angebote nur dann eingreift, wenn Anleger in Deutschland mit dem Angebot zielgerichtet angesprochen oder nicht ausdrücklich ausgeschlossen werden.[20] Demgemäß soll es keine Rolle spielen, von welchem Ort aus das Angebot auf den Server aufgespielt wurde (Up-Loading) oder wo der Server steht.[21] Indizien für ein auf Deutschland ausgerichtetes Angebot soll in der Verwendung der deutschen Sprache oder der Nennung deutscher Ansprechpartner liegen.[22] Dieser Ansatz der Marktorientierung entspricht weitgehend den schon 1998 veröffentlichten Vorstellungen der SEC. In ihrem Interpretive Release vom 23.3. 1998,[23] der sich zu Fragen der Registrierung des im Internet unterbreiteten Angebots von Wertpapieren äußert,[24] sollen nur konkrete Angebote, die an Personen mit Wohnsitz in den USA gerichtet sind, den Registrierungspflichten unterfallen.

Eine entsprechende Eingrenzung auf Personen mit Wohnsitz oder gewöhnlichen Aufenthalt in Deutschland lässt sich zwar nicht unmittelbar aus dem VerkaufsprospektG ablesen; auch die Verlautbarung des Bundesaufsichtsamtes spricht nur von Anlegern in Deutschland. Doch wird man vernünftigerweise von einer entsprechenden Einschränkung auf Personen

---

[19] Ähnlich *Assmann*, FS Schütze 1999, S. 15 (28).
[20] *Bundesaufsichtsamt für den Wertpapierhandel*, Bekanntmachung zum Wertpapier-Verkaufsprospektgesetz und zur Verordnung über Wertpapier-Verkaufsprospekte vom 6.9.1999, BAnz Nr. 177 v. 21.9.1999, S. 16180; s. zuvor schon andeutungsweise *Bundesaufsichtsamt für den Wertpapierhandel* Jahresbericht 1997 (1998), S. 15; *Groß*, Kapitalmarktrecht, § 1 VerkProspG Rdnr. 33; *Schäfer/Hamann*, § 1 VerkProspG Rdnr. 25.
[21] Ziff. I 2.b) der Bekanntmachung des *Bundesaufsichtsamtes für den Wertpapierhandel* (o. Fußn. 20).
[22] Ziff. I 2.b) der Bekanntmachung des *Bundesaufsichtsamtes für den Wertpapierhandel* (o. Fußn. 20).
[23] Securities and Exchange Commission: Securities Act Release No. 33-7516, Exchange Act Release No. 34-39779.
[24] Nicht dagegen zum Kollisionsrecht der anderen Vorschriften des Securities and Exchange Act, namentlich der Anti-Fraud und Anti-Manipulation-Gefahren; darauf weist zu Recht *Assmann*, FS Schütze 1999, S. 15 (25) hin.

mit gewöhnlichem Aufenthalt im Inland ausgehen müssen, da das Vertrauen des Anlegers auf sein rechtliches Umfeld entscheidend ist, so dass nur Aktivitäten, die im Inland ausgelöst werden, geschützt werden können.[25] Entsprechende Überlegungen sind schon seit längerer Zeit für die vergleichbaren Probleme i. R. d. Art. 29 EGBGB sowie Art. 13 Abs. 1 EuGVÜ angestellt worden.[26] Damit scheiden von vornherein deutsche Staatsangehörige mit gewöhnlichen Aufenthalt im Ausland aus; denn sie treffen ihre Entscheidungen in einem anderen Marktumfeld und nehmen nicht ihr Heimatrecht bei Transaktionen mit ins Ausland. Der gewöhnliche Aufenthaltsort ist zudem aufgrund seiner Anknüpfung an tatsächliche Gegebenheiten, insbesondere der Dauer des Aufenthaltes, besser in der Lage als der Wohnsitzbegriff, der auch von anderen Kriterien abhängt, das Vertrauen in eine Rechtsordnung zu erfassen.[27] Dass dennoch zahlreiche Zweifelsfälle verbleiben, ist nicht zu vermeiden; diese müssen durch Konkretisierung im Einzelfall und Heranziehung der in anderen kollisionsrechtlichen Bereichen entwickelten Maßstäbe gelöst werden. Zwar kommt dann auch der Geschäftsreisende mit gewöhnlichen Aufenthalt in Deutschland in den Genuss des deutschen Anlegerschutzes, wenn er per Mobilfunk oder Notebook seine Order in Singapur abgibt; doch ist dies solange keine beunruhigende Ausdehnung des Anlegerschutzes, wie streng auf die Ausrichtung des Angebots auf das Inland geachtet wird.

Das entscheidende Kriterium ist mithin die Zielgerichtetheit des Angebotes auf das Inland: Zu Recht schließt das *Bundesaufsichtsamt* hier zunächst den Standort des Servers als Anknüpfungspunkt aus. Denn dessen Lokalisierung hat wenig mit dem tatsächlichen Marktgeschehen zu tun; vielmehr ist der Server nur Mittel zum Zweck, er kann überall aufgestellt sein oder selbst nur virtuell durch Zusammenschaltung mehrerer Computer bestehen. Die Anknüpfung an den Serverstandort ist daher zu Recht bis auf wenige, aber auch hier zweifelhafte Ausnahmen, etwa nach vereinzelter Auffassung im internationalen Strafrecht,[28] verworfen worden,[29] insbesondere im ebenfalls auf den Marktort abstellenden internationalen Wettbewerbsrecht.[30]

Umstrittener ist für Internetsachverhalte, ob der Ort des Herraufladens von Inhalten nicht als Anknüpfungskriterium dienen kann. Sofern dies nicht in dem Sinne verstanden wird, dass der technische Vorgang des

---

[25] Ebenso *Assmann*, FS Schütze 1999, S. 15 (28 f.).
[26] Zusammenfassend *Spindler*, MMR 2000, 18 ff. sowie *Mankowski*, MMR 2000, S. 22 ff. m. w. N.
[27] Vgl. *Sonnenberger*, in: MüKo, EGBGB, Einl. IPR Rdnr. 660.
[28] S. etwa *Cornils*, JZ 1999, 628.
[29] Zusammenfassend *Spindler*, ZUM 1996, 775 (779); *Spindler*, in: Hoeren/Sieber, Handbuch Multimedia-Recht, Teil 29 Rdnr. 456, 478; *Mankowski*, RabelsZ 63 (1999), 203 (226 ff.); *Dethloff*, JZ 2000, 169 (185).
[30] S. dazu *Mankowski*, GRUR Int. 1999, 909 ff.

Uploading gemeint ist, sondern die Kontrolle über die Vorgang, kann in der Tat hieran angeknüpft werden, allerdings nur sofern es um handlungsortbezogene Kollisionskriterien geht, wie im internationalen Deliktsrecht.[31] Für den Anlegerschutz und das Kapitalmarktrecht indes, das sowohl individual- als auch marktbezogene Funktionen erfüllt, kann auch das Heraufladen nicht entscheidend sein, da die Entscheidungen auf dem „Marktplatz" nicht an diesem Ort, sondern dort getroffen werden, wo die angesprochenen Marktteilnehmer sich befinden und wo sich verschiedene Angebote begegnen.[32] Die mit dem Angebot anvisierten Märkte und ihre Teilnehmer sollen durch die dort geltenden Normen geschützt werden; dem Interesse des Emittenten an einer vorhersehbaren Rechtsanwendung bzw. Anzahl von anwendbaren Rechtsordnungen, insbesondere der Vermeidung von Spill-Over-Effekten, wie sie für das Internet typisch sind, muss durch eine entsprechende Eingrenzung des Marktortes und der hierfür zu bildenden Kriterien Genüge getan werden.

Übrig bleibt daher nur das Marktortprinzip, das dem marktregulierenden Charakter des Kapitalmarktrechts am besten gerecht zu werden vermag. Ähnlich dem Internationalen Wettbewerbsrecht muss hier eine Vielzahl von Kriterien herangezogen werden, um zu bestimmen, ob ein Angebot tatsächlich auf das Inland ausgerichtet ist. Kann man auf der einen Seite die nur auf den Ort des Emittenten bzw. des Servers bezogenen Kriterien als zu einseitig auf dessen Interessen bezogen ausscheiden, muss umgekehrt eine Art Ubiquitätsansatz für den Marktort als zu einseitig auf die Interessen der Anleger bezogen ebenfalls aus der Betrachtung ausgeschlossen werden. So kann nicht aus dem Umstand, dass das Internet per se weltweite Verbreitung ermöglicht, darauf geschlossen werden, dass demgem. der Internetanbieter auch alle Nachteile, darunter auch eine schwer vorhersehbare Anwendung unbekannter Rechtsordnungen, in Kauf zu nehmen habe. Andernfalls wird das neue Medium Internet seiner Möglichkeiten de facto beraubt und zu einem unkalkulierbaren Risiko, das nur noch für Hasardeure Anziehungskraft besitzt. Zwischen diesen beiden Polen muss sich die Konkretisierung der Anknüpfungskriterien für die Anwendung des Kapitalmarktrechts bewegen.

Ein gängiger Ansatz stellt in diesem Rahmen die verwandte Sprache des Angebots dar.[33] Allerdings kann dies allenfalls ein Indiz sein, da schon die Verwendung der deutschen Sprache in einem Angebot angesichts ihrer nicht an die deutschen Staatsgrenzen gebundenen Verbreitung nicht eindeutig auf die Ausrichtung auf Deutschland schließen lässt. Noch proble-

---

[31] Vgl. *Spindler* (o. Fußn. 29), Kap. 29 Rdnr. 456 ff.
[32] Ebenso für das Internationale Wettbewerbsrecht *Mankowski*, GRUR Int. 1999, 909 (911 ff.)
[33] Ziff. I 2.b) der Bekanntmachung des *Bundesaufsichtsamtes für den Wertpapierhandel* (o. Fußn. 20).

matischer wird die Sachlage bei Verwendung der lingua franca des Internets, Englisch, die keine geografische Verortung auf einen bestimmten Markt mehr zulässt.[34] Dementsprechend sieht die Securities and Exchange Commission (SEC) ein Angebot in englischer Sprache nicht als von vornherein auf den US-amerikanischen Markt ausgerichtet an.[35] Selbst die gern in diesem Zusammenhang angebrachten Beispiele von Angeboten in japanischer Sprache gehen angesichts größerer Mobilität der Weltbevölkerung weitgehend ins Leere. Man kann dem Dilemma nur mit einer Art Vermutungsregel abhelfen, dass die Verwendung einer nichtglobalen Sprache auf jeden Fall die Annahme rechtfertigt, dass das Angebot für die Staaten gelten soll, in denen im wesentlichen die verwandte Sprache benützt wird. Dies gilt natürlich erst recht, wenn im Angebot deutsche Ansprechpartner genannt werden.[36] Trotzdem bleibt festzuhalten, dass die Sprache – wie im internationalen Wettbewerbs-[37] oder Verbraucherschutzrecht[38] auch – kein zuverlässiges Kriterium ist, um das anwendbare Recht zu bestimmen. Es bedarf daher zusätzlicher Anknüpfungspunkte.

3. Disclaimer

Für die Praxis von besonderem Interesse und letztlich unverzichtbar ist in diesem Rahmen, dass beide Behörden (Bundesaufsichtsamt und SEC) übereinstimmend davon ausgehen, dass bereits ein Disclaimer genügt, der deutlich darauf hinweist, dass die Papiere nicht Personen im Inland angeboten werden, sofern durch entsprechende begleitende Maßnahmen auch sichergestellt wird, dass trotz des Disclaimers kein Verkauf an diese Personen stattfinden kann.[39] Eine solche Maßnahme soll das Abfragen der persönlichen Angaben des Kunden (seiner Telefonnummer, seiner Adresse) sein, wobei der Anbieter aber je nach den Umständen des Angebots über einen gewissen Spielraum verfügt.[40] Der Disclaimer muss nach Auffassung des *Bundesaufsichtsamtes* hinsichtlich des Verkaufspro-

---

[34] Zur Problematik *Spindler* (o. Fußn. 29), Kap. 29 Rdnr. 453; *Mankowski*, RabelsZ 63 (1999), 203 (245 f.).
[35] Regulations III B Fußn. 22.
[36] Zutr. Ziff. I 2.b) der Bekanntmachung des *Bundesaufsichtsamtes für den Wertpapierhandel* (o. Fußn. 20).
[37] *Mankowski*, GRUR Int. 1999, 909 ff.; *Bornkam*m, in: Bartsch/Lutterbeck (Hrsg.), Neues Recht für neue Medien 1998, S. 99 ff.; *Kotthoff*, CR 1997, 676 ff.
[38] *Spindler*, MMR 2000, 18 ff.
[39] Ziff. I 2.b) der Bekanntmachung des *Bundesaufsichtsamtes für den Wertpapierhandel* (o. Fußn. 20); Release (o. Fußn. 23) III.B.; zust. *Groß*, Kapitalmarktrecht, § 1 VerkProspG Rdnr. 33.
[40] Release (o. Fußn. 23) III.B; die Bekanntmachung des *Bundesaufsichtsamtes für den Wertpapierhandel* (o. Fußn. 20) äußert sich hierzu nicht.

spektG jedoch in deutscher Sprache und an hervorgehobener Stelle plaziert sein.[41]

In diesem Punkt des Disclaimers unterscheidet sich der kollisionsrechtliche Ansatz im Kapitalmarktrecht auf den ersten Blick von demjenigen des Internationalen Verbraucherschutzrechts und erst recht vom Internationalen Wettbewerbsrecht; für letzteres erklärt sich dies ohne weiteres mit dessen international-deliktsrechtlichen Wurzeln, indem eine vom Werbenden bzw. Schädiger selbst stammende Einschränkung solange unbeachtlich sein muss, wie seine Handlung doch marktbeeinflussende Wirkung erzeugt.[42] Im internationalen Verbraucherschutzrecht ist die Lage dagegen nicht derart eindeutig: Denn dem Anbieter muss es möglich sein, die Anwendung einer unerwünschten Rechtsordnung durch entsprechende Beschränkungen abzuwehren. Dennoch ist auch hier ein Disclaimer unbeachtlich, wenn der ausländische Anbieter entgegen seinen eigenen Ankündigungen, etwa im Disclaimer auf seiner Website, entsprechende Verträge mit Verbrauchern aus dem Inland schließt.[43] Dass eine derartige rigide Anwendung des nationalen Verbraucherschutzrechts selbst bei Massengeschäften im E-Commerce Probleme aufwirft, steht auf einem anderen Blatt.[44]

Bei Lichte betrachtet zeigt sich jedoch, dass der kapitalmarktrechtliche Ansatz im wesentlichen demjenigen des internationalen Verbraucherschutzes gleicht: Denn auch dort soll etwa die Ernsthaftigkeit eines Disclaimers in Zweifel stehen, wenn das Angebot aus dem Ausland Kontaktadressen oder Abwicklungsstellen in Deutschland benennt und damit zum Vertragsschluss in Deutschland einlädt.[45] Darin fügen sich die oben schon beschriebenen Anforderungen der Aufsichtsbehörden an die angemessenen Vorkehrungen zur Verhinderung von Abschlüssen mit Anlegern aus dem Inland ein, zu denen unter anderem der Ausschluss der Wertpapierlieferung ins Inland oder die Annahme von Zahlungen auf deutschen Konten oder über deutsche Banken oder in deutscher Währung gehören soll.[46]

Während über diese Grundprinzipien eines „ernsthaften" Disclaimers recht schnell Einmütigkeit zu erzielen sein dürfte, steckt der (Praxis-)Teufel doch im Detail: So ist es für Wertpapierangebote in Englisch als

---

[41] So die Auffassung des Ziff. I 2.b) der Bekanntmachung des *Bundesaufsichtsamtes für den Wertpapierhandel* (o. Fußn. 20).

[42] Zur Unbeachtlichkeit des Disclaimers im internationalen Wettbewerbsrecht, bezogen auf Internet-Sachverhalte *Mankowski*, GRUR Int. 1999, 909 (911 ff.); *Rüßmann*, K&R 1998, 422.

[43] *Hoeren*, WRP 1997, 998; *Mankowski*, RabelsZ 63 (1999), 203 (245).

[44] S. dazu krit. *Spindler*, MMR 2000, 18 (21); dagegen wiederum *Mankowski*, MMR Beil. Nr. 7, 2000, S. 22 ff.

[45] So *Assmann,* FS Schütze 1999, S. 15 (30).

[46] *Assmann,* FS Schütze 1999, S. 15 (30).

der lingua franca des Internet relativ vermessen, einen Disclaimer in deutscher Sprache und an hervorgehobener Stelle zu verlangen.[47] Da sich auch über die Sprachbestimmung keine Eingrenzung ergäbe, könnte nur über die übrigen Begleitumstände, etwa fehlende Zahlungs- und Abwicklungsstellen im Inland, ein Angebot im Inland ausgeschlossen werden. Ein solches Verständnis erschiene zu eng: Wenn sich der Anleger im Inland auf das fremdsprachige Angebot einlässt, ist ihm auch das Verständnis eines fremdsprachigen Disclaimers zuzumuten, erst recht, wenn es sich um einen englisch sprachigen Disclaimer handelt. Zu erinnern ist in diesem Zusammenhang zum einen an die vergleichbare Problematik der Einbeziehung fremdsprachiger AGB,[48] zum anderen an § 15 Abs. 3 VerkaufsProspektG, wonach auch ein englischsprachiger Verkaufsprospekt den Anforderungen der Publizitätspflichten genügen kann, wenn der Prospekt in einem anderen EU-Staat zuvor genehmigt wurde.[49]

Umgekehrt wird man an der Ernsthaftigkeit eines Disclaimers noch nicht ohne weitere Prüfung der Umstände zweifeln dürfen, wenn ein Angebot aus dem fremdsprachigen Ausland in Deutsch verfasst ist und einen Disclaimer in Deutsch enthält:[50] Zum einen ist Deutsch eine grenzüberschreitende Sprache, die sich nicht auf das deutsche Staatsgebiet beschränkt, zum anderen ist in der Praxis einiger Internetanbieter die Tendenz zu beobachten, möglichst auch Minderheiten im eigenen Staat anzusprechen, zu denen auch deutschsprechende Minderheiten gehören. Immerhin dürfte bei Fehlen sonstiger Begleitumstände, die eine Ausrichtung des Angebotes etwa auf solche Minderheiten oder auf andere deutschsprechende Regionen nahelegen, von einer Indizwirkung zu Lasten des Anbieters auszugehen sein.

Schließlich genügt, wie dargelegt, der Disclaimer allein nicht; vielmehr muss zudem effektiv der Vertragsschluss mit einem Inländer verhindert werden. Auch hier zeigen sich Parallelen zum Internationalen Verbraucherschutzrecht: Im Rahmen von Art. 29 Abs. 1 EGBGB wird hier die Auffassung vertreten, dass es letztlich der Anbieter in der Hand habe, sich seine Kunden auszusuchen, und er deshalb auch das Risiko der globalen Rechtsanwendung zu tragen habe, zumal er auch den Nutzen aus dem weltweiten Angebot ziehe.[51] Ähnlich klingt es jedenfalls aus Sicht der SEC

---

[47] So aber wohl die Meinung des *Bundesaufsichtsamtes* in Ziff. I 2.b) der Bekanntmachung des *Bundesaufsichtsamtes für den Wertpapierhandel* (o. Fußn. 20).
[48] *BGHZ* 87, 112 (114f.); *H.Schmidt*, in: *Ulmer/Brandner/Hensen/Schmidt*, AGBG, Anh. § 2 AGBG Rdnr. 19; Staudinger/*Schlosser*, BGB, 13. Bearb. (1998), § 2 AGBG Rdnr. 28a; *Koehler*, MMR 1998, 289 (293 f.); *Waltl*, in: Lehmann (Hrsg.), Internet- und Multimediarecht, 1997, S. 185 (202).
[49] S. dazu Ziff. XI der Bekanntmachung des *Bundesaufsichtsamtes für den Wertpapierhandel* (o. Fußn. 20).
[50] So aber wohl *Assmann*, FS Schütze 1999, S. 15 (30).
[51] *Mankowski*, RabelsZ 63 (1999), 203 (248f.); bekräftigt in *Mankowski*, MMR Beil. Nr. 7, 2000, S. 22 ff.

nun auch im Kapitalmarktrecht: Hier muss nach deren Auffassung der Anbieter sich über die „residence" seines möglichen Vertragspartners zuvor erkundigen, etwa durch Abfrage von Telefonnummern, Postleitzahlen, Orten etc. Auch dies klingt auf den ersten Blick ohne weiteres plausibel, da selbst in Deutschland der Trend zur Namensaktie geht[52] und der Emittent bei Zeichnung der Papiere natürlich die Angaben seines Partners benötigt, im anonymen Verkehr – d. h. ohne Einschaltung einer Bank etc. – in der Regel gesichert durch eine digitale Signatur.

Dennoch muss die so geforderte Kontrolle durch den Anbieter durch eine Art Vertrauensgrundsatz ergänzt werden: Denn gerade das Internet ermöglicht die Verschleierung oder Änderung der eigenen Identität, erst recht der geographischen Herkunft. Zwar vermögen hier die digitalen Signaturen Abhilfe zu schaffen, aus rechtlicher Sicht jedoch nur, wenn es sich um nach dem SigG bzw. der Signatur-RL anerkannte Signaturen handelt,[53] deren Verfahren aber Anbietern aus Drittstaaten nicht einmal bekannt sein müssen; andere Signaturen vermögen keine vergleichbaren Wirkungen zu erzeugen. Gewichtiger noch ist die Einschaltung von Banken oder Treuhändern, die bei Namensaktien an Stelle des eigentlichen Aktionärs eingetragen werden, so dass der Anbieter von vornherein keine Möglichkeit hat, sich die Kenntnis von der geografischen Herkunft seiner tatsächlichen Kunden zu verschaffen.[54] In diesen Fällen muss als Anleger im kollisionsrechtlichen Sinne der Treuhänder angesehen werden; auf jeden Fall ist dem Anbieter zuzubilligen, dass er auf darauf vertraut, dass er nicht mit Inländern kontrahiert.

Zusammenfassend kann man dem Disclaimer daher die Schlüsselfunktion zur Ausschaltung unerwünschter Spill-Over-Effekte zuerkennen, sofern man an die Wirksamkeit des Disclaimers keine übertriebenen Anforderungen stellt.

IV. Angebote, Werbung

Selbst wenn aber kein Disclaimer angebracht wurde, muss es sich um ein konkretes Angebot handeln, das den Zeichner dazu veranlassen soll, einen Vertrag abzuschließen. Dagegen lösen Informationen über ein Unter-

---

[52] Eingehend *Noack*, ZIP 1999, 1993 (1994); *Noack*, DB 1999, 1306 (1309 f.); *Noack*, Entwicklungen im Aktienrecht 1999/2000, 1999, S. 27 f.; *Noack*, FS Bezzenberger, 2000, S. 291 (296 ff.).

[53] Ausführlich zur Signatur-Richtlinie und den damit verbundenen Beweiswirkungen *Roßnagel*, MMR 1999, 261, zum derzeitig noch gültigen SigG: *Roßnagel*, NJW 1998, 3312, *ders.*, NJW 1999, 1591, *ders.*, MMR 1999, 342; s. auch den derzeitigen RefE Gesetz zur Anpassung der Formvorschriften des Privatrechts und anderer Vorschriften an den modernen Rechtsgeschäftsverkehr v. 5.6.2000.

[54] Zu den „street names" *Noack*, ZIP 1999, 1993 (1994 ff.).

nehmen, etwa im Rahmen seines Börsengangs, oder die nicht spezifisch auf die Zeichnung bzw. den Erwerb eines Wertpapiers gerichtete Werbung keine Publizitäts-[55] bzw. nach SEA keine Registrierungspflichten aus,[56] sofern keine konkrete Aufforderung zur Zeichnung von Wertpapieren damit verbunden ist.[57]

V. Hyperlinks und Angebote über Dritte

Im Grundsatz gelten die oben dargelegten Anforderungen auch für Angebote, die über Dritte bzw. Service-Provider platziert werden.[58] Allerdings sollen aus Sicht der US-amerikanischen Kapitalmarktaufsicht strengere Richtlinien bei Angeboten auf Web-Seiten eingreifen, die investmentorientiert sind und deren Betreiber einen erheblichen Kundenstamm aus den USA haben, oder bei denen typischerweise US-Investoren Informationen über Investmentangebote oder -dienstleistungen suchen.[59] Nach Auffassung der *SEC* sind strengere Anforderungen auch dann zu stellen, wenn direkte oder indirekte Links von einer investment-orientieren Website eines Dritten auf die Wertpapierangebote des eigentlichen Anbieters verweisen.[60] Die SEC verlangt in diesen Fällen, dass der Zugang zu den im Internet bereitgestellten Materialien auf Personen beschränkt wird, die darlegen können, dass sie nicht ihren gewöhnlichen Aufenthalt in der USA haben.[61]

In den Verlautbarungen des *Bundesaufsichtsamtes für den Wertpapierhandel* lässt sich Vergleichbares nicht finden. Im Schrifttum hat sich bislang nur *Assmann* vorsichtig dahingehend geäußert, dass im Normalfall das Setzen eines Links kein Angebot darstellt, außer wenn sich aus den Begleitumständen entnehmen lässt, dass damit das eigentliche Angebot ersetzt werden sollte.[62]

Zur Klärung kann die inzwischen umfangreiche Diskussion zur Verantwortlichkeit eines Diensteanbieters für fremde Inhalte, auf die per Link verwiesen wird, zurückgegriffen werden:[63] Inhalte, für die der Dienstean-

---

[55] Ziff. I 2.c) der Bekanntmachung des *Bundesaufsichtsamtes für den Wertpapierhandel* (o. Fußn. 20).
[56] Internet Capital Corporation SEC No-Action Letter CCH Fed.Sec.Law Rep. #77,433 „passive bulletin board".
[57] Ziff. I 2.c) der Bekanntmachung des *Bundesaufsichtsamtes für den Wertpapierhandel* (o. Fußn. 20).
[58] Vgl. SEC Release (o. Fußn. 23) III. D.
[59] SEC Release (o. Fußn. 23) III. D.
[60] SEC Release (o. Fußn. 23) III. D.
[61] SEC Release (o. Fußn. 23) III. D.
[62] *Assmann*, FS Schütze 1999, S. 15 (37 f.).
[63] Zusammenfassend *Spindler*, in: Roßnagel (Hrsg.), Recht der Multimedia-Dienste, § 5 TDG Rdnr. 117 ff. ; *Bettinger/Freytag*, CR 1998, 545 ff.; *Waldenberger*, MMR 1998, 124 (127 f.); *Sieber*, Verantwortlichkeit im Internet, 1999, Rdnr. 307 ff.

bieter einstehen muss, sei es als eigenem oder fremden Inhalt, liegen demnach dann vor, wenn der Link nicht mehr als reine telekommunikationsähnliche Leistung, sondern als inhaltliche Auswahl mit beschreibendem Charakter begriffen werden muss. Bietet etwa ein Online-Dienst eine Börsen-Ecke oder -Forum an, indem konkrete Investment-Tips mit Links auf Seiten der Emittenten gegeben werden, handelt es sich nicht mehr um reine Weiterverzweigungen zur Informationen des Internet-Users; vielmehr trifft der Anbieter hier bereits eine inhaltliche Auswahl. Damit wäre indes nicht geklärt, ob er auch als Anbieter i.S.d. VerkaufsprospektG anzusehen wäre: Richtigerweise wird man hier darauf abstellen müssen, ob sich aus Sicht des potenziellen Investors der Link bereits so darstellt, dass Anbieter und Linksetzender als enge Einheit erscheinen, es mithin an der nötigen Distanzierung von dem hinter dem Link stehenden Inhalt fehlt[64] – oder in der Sprache des § 5 TDG: es sich um einen „sich-zu-eigen-gemachten" Inhalt handelt.[65] Zwar geht es hier um national-rechtliche Kategorien, die i.R.d. § 5 TDG entwickelt wurden; doch liegt dieser Diskussion eine verallgemeinerungsfähige Fragestellung für die Zurechnung von Inhalten bei Links zugrunde, die auch für die kollisionsrechtliche Problematik fruchtbar gemacht werden kann. In diesem Zusammenhang kann denn auch die Tatsache, ob es sich um eine „investment-oriented" Website handelt eine Rolle spielen. Denn je nachdem wie der durchschnittliche Investor das Angebot auf einer Website wahrnimmt, bestimmt sich, ob bereits von einem eigenen Angebot oder nur von einer allgemeinen Information gesprochen werden kann.

Davon unberührt ist die Frage, ob den Anbieter in solchen Fällen zusätzliche Pflichten treffen, den Zugang von Inländern zu seinem Angebot zu unterbinden, um nicht dem inländischen Kapitalmarktrecht zu unterfallen, wovon offenbar die *SEC* ausgeht. Entgegen deren Auffassung ist indes nicht nachvollziehbar, warum der über die Website eines Dritten operierende Anbieter oder derjenige, der einen Link auf das jeweilige Angebot setzt, zu mehr verpflichtet sein sollte als der Anbieter auf seiner eigenen Homepage, der sich mit einem Disclaimer und der Abfrage der Kundendaten begnügen kann. Irreführenden Angeboten kann mit den üblichen Auslegungstechniken und dem Umgehungsverbot begegnet werden; einer zusätzlichen Absicherung bedarf es nicht, um den Anleger zu schützen, da gegenüber den direkten Angeboten keine erhöhte Gefahr der Täuschung vorliegt.

---

[64] Dazu *Spindler* (o. Fußn. 29), Kap. 29 Rdnr. 94 ff.; abw. *Sieber* (o. Fußn. 63), Rdnr. 290 ff.

[65] S. dazu aus der Rechtsprechung, die allerdings zu schnell dazu tendiert, einen sich-zu-eigen-gemachten Inhalt anzunehmen *LG Lübeck*, NJW-CoR 1999, 244 (Ls.)= CR 1999, 650; *LG Berlin*, NJW-RR 1998, 1634; *LG Frankfurt*, CR 1999, 45; *LG Hamburg*, NJW 1998, 3650.

VI. Öffentlichkeit des Angebots und individualisierte Ansprache

Bislang überhaupt nicht erörtert wird die Frage, nach welchen Bedingungen Internet-Angebote als nicht mehr öffentlich zu werten sind. Unter einem öffentlichen Angebot wird gemeinhin das Angebot an einen nach qualitativen Kriterien[66] unbestimmten Personenkreis verstanden.[67] In Abgrenzung zu § 2 Nr. 2 VerkProspG, der einen nach quantitativen Kriterien begrenzten Personenkreis meint, soll demnach ein öffentliches Angebot sich dadurch charakterisieren, dass die Ansprache der Kunden nicht durch individuellen Kontakt, sondern ungezielt erfolgt. Demgemäß fehlt es bei einem Bezugsangebot an Aktionäre an der Öffentlichkeit, da diese der anbietenden Bank bekannt sind.[68] Gleiches soll für Angebote an einzelne Kunden oder Kundengruppen einer Bank gelten,[69] nicht dagegen bei ausliegendem Werbematerial oder allgemeinen Rundschreiben an nicht gesondert ausgesuchte Bankkunden.[70]

Diese Kriterien mögen für die klassischen Vertriebswege verschlagen; für Angebote über die Neuen Medien bergen sie jedoch nicht unerhebliche Abgrenzungsschwierigkeiten. Aufgrund der möglichen Ermittlung eines sehr spezifischen und individuellen Kunden- bzw. Nutzerprofils lässt sich für einen Anbieter wie eine Bank wesentlich zielgenauer als dies früher der Fall war der Adressatenkreis eines Angebotes abgrenzen. Erst recht verfängt die Individualität der Ansprache als Abgrenzung gegenüber einem öffentlichen Angebot nicht, wenn mit Hilfe der genannten Profile und Cookies der Kunde persönlich beim „Betreten" der virtuellen Bank angesprochen und ihm ein weitgehend passgenaues Angebot unterbreitet wird. Charakteristisch für das Internet ist gerade die nicht eindeutige Zuordnung zwischen Öffentlichkeit und Individualität, zwischen Massen- und Individualkommunikation.

Ausschlaggebend kann daher nicht die für das Internet mehr oder weniger zufällige Individualität einer Ansprache des potenziellen Kunden sein; vielmehr ist eine Rückbesinnung auf den Zweck des Merkmals „Öf-

---

[66] Vgl. *Kullmann/Müller-Deku*, WM 1996, 1989 (1992); *Groß*, Kapitalmarktrecht, § 1 VerkProspG Rdnr. 22 f.; *Hüffer*, Wertpapier-Verkaufsprospektgesetz, Diss. Bonn 1996, S. 22 (24 f.).
[67] Statt vieler *Groß*, Kapitalmarktrecht, § 1 VerkProspG Rdnr. 22; *Schäfer*, ZIP 1991, 1557 (1559 f.).
[68] Bekanntmachung 1999 (o. Fußn. 20), Ziff. I.2. f) zu § 1 VerkProspG; zust. *Groß*, Kapitalmarktrecht, § 1 VerkProspG Rdnr. 22, 25.
[69] *Kullmann/Müller-Deku*, WM 1996, 1989 (1992); *Schäfer*, ZIP 1991, 1557 (1560); *Groß*, Kapitalmarktrecht, § 1 VerkProspG Rdnr. 25.
[70] Bekanntmachung BAW (o. Fußn. 20), Ziff. II.1. zu § 2 VerkProspG; *Groß*, Kapitalmarktrecht, § 1 VerkProspG Rdnr. 25.

fentlichkeit" und der damit ausgelösten Prospektpflichten erforderlich. Bedenkt man, dass die Verbesserung des Anlegerschutzes über eine möglichst vollständige Information des Kapitalmarktes erreicht werden soll[71] und die quantitative Begrenzung des Personenkreises über § 2 Nr. 2 VerkProspG erfasst wird, muss es für die Nicht-Öffentlichkeit eines Angebotes auf die interaktive, zielgerichtete Ansprache ankommen, die nicht automatisch erfolgt und abgewickelt wird. Denn nur dann kann der Angebotsempfänger durch Rückfragen entsprechende Informationen erlangen, die ihm gerade durch die Prospektpflicht zugute kommen sollen. Der Umstand, dass dem Anbieter die Kunden im einzelnen bekannt sind,[72] kann jedenfalls nicht dahingehend verstanden werden, dass die Kenntnis der persönlichen Daten aus einer Datenbank genügen würde; vielmehr ist persönliche Kenntnis erforderlich. Eine automatisierte Einzelansprache durch Profilerstellung kann daher nicht dazu führen, dass eine Prospektpflicht entfallen würde – außer es handelt es sich um einen quantitativ abgegrenzten Personenkreis. Demgem. stellt auch eine Verteilung über E-Mail-Listen, die über entsprechende Profile erstellt wurden, ein öffentliches Angebot dar.[73]

VII. WertpapierhandelsG

Neben den Publizitätspflichten kommen für Emissionen mit Hilfe eines Wertpapierdienstleistungsunternehmens die §§ 31 ff. WpHG als anlegerschützende Normen in Betracht. Auch hier können die an sich nur auf die Wertpapieraufsicht bezogenen Regelungen dem Individualschutz dienen, sei es als Maßstab für Pflichten im Rahmen der vertraglich geschuldeten Aufklärungs-, Beratungs- und Organisationspflichten, sei es sogar als Schutzgesetz i.S.d. § 823 Abs. 2 BGB.[74]

§ 31 Abs. 3 WpHG erstreckt ausdrücklich den Schutz der allgemeinen Verhaltenspflichten der Wertpapierdienstleistungsunternehmen auf solche, die vom Ausland her ins Inland erbracht werden. Die dem WpHG zugrundeliegende Richtlinie legt es darüberhinaus den Mitgliedstaaten nahe, auch gegenüber Drittstaaten eine vergleichbare kollisionsrechtliche Regelung anzuwenden (Erwägungsgrund Nr. 29). Ähnlich dem Verk-

---

[71] A.M., vgl. nur *Groß*, Kapitalmarktrecht, Vorbem. VerkProspG Rdnr. 3.
[72] So – wenig differenziert – Bekanntmachung BAW v. 15.4.1996, BAnz vom 30.4.1996 S. 5069, zu § 1 VerkProspG: Schon die Frage, ob einer juristischen Person die Kunden „einzeln bekannt" sind, bleibt offen.
[73] Vgl. für das E-Mail-Angebot von Investmentanteilen Schreiben des *Bundesaufsichtsamtes für das Kreditwesen* v. 2.6.1998 Ziff. 3 zur Anwendbarkeit des Ausl-InvestmentG.
[74] Zu § 31 WpHG als Schutzgesetz s. *Gassner/Escher*, WM 1997, 93; *Hopt*, ZHR 159 (1995), 135 (158 f.).

ProspG wird hier nur der Kunde geschützt, der im Inland seinen gewöhnlichen Aufenthalt hat.[75] Ein Konflikt mit der E-Commerce-Richtlinie dürfte hier angesichts des oben bereits dargelegten Verständnisses der E-Commerce-Richtlinie als allgemeiner Regelung, die nicht zur Verdrängung bereits etablierter Schutznormen auf EU-Ebene führt, nicht auftreten; der Erwägungsgrund Nr. 11 führt denn auch ausdrücklich die Wertpapierdienstleistungsrichtlinie als nicht von der E-Commerce-Richtlinie betroffen auf.

Die näheren Einzelheiten, insbesondere im Hinblick auf das Zivilrecht, erscheinen indes noch nicht abschließend geklärt: So soll für § 31 Abs. 3 WpHG bereits die Teilerbringung einer Wertpapierdienstleistung im Inland genügen, z. b. die Lieferung der Wertpapiere oder die Überweisung von Anlegergeldern oder die Beratung im Inland.[76] Ebenso soll es ausreichen, dass vom Ausland her in das Inland hinein beraten wird, oder dass Informationen ins Inland erteilt werden oder Angaben nach § 31 Abs. 2 Nr. 1 WpHG angefordert werden.[77] Dagegen wird ein Emissionshaus, das im Zuge der Emission keine Berührung mit dem Inland aufweist, nicht den Anforderungen des WpHG unterstellt.[78]

Auch wenn auf den ersten Blick somit der Anwendungsbereich des WpHG außerordentlich weit gespannt erscheint, indem schon ein minimaler Kontakt genügt, steht bei Lichte besehen dem Emissionshaus ähnlich wie im Falle des VerkaufsprospektG die Möglichkeit offen, durch Steuerung des Kontaktes mit dem Internet-User die Anwendbarkeit inländischen Wertpapierhandelsrechts zu vermeiden. Denn der Anbieter kann durch die Abfrage der geographischen Daten des Internet-Users sich davor schützen, sich einer evtl. unerwünschten Rechtsordnung zu unterwerfen. Letztlich kehren damit dieselben Kriterien wieder, die zuvor bereits untersucht wurden.

VIII. Schluss

Das Marktortprinzip erweist sich insgesamt als tragfähige Grundlage einer allgemeinen Anknüpfungsregel für internationale Sachverhalte des Kapitalmarktrechts. Dies erscheint auch nicht weiter verwunderlich, wenn man bedenkt, dass das Marktortprinzip seine Wurzeln in jeglicher Form der rechtlichen Regulierung von Marktverhalten und Marktstrukturen findet, mithin stets an der Schnittstelle zwischen öffentlichem Recht

---

[75] *Koller*, in: Assmann, u.a., WpHG, 2. Aufl. 1999, § 31 Rdnr. 145.
[76] *Koller*, in: Assmann, u.a., WpHG, 2. Aufl. 1999, § 31 Rdnr. 145; zust. *Assmann*, FS Schütze 1999, S. 15 (35).
[77] *Koller*, in: Assmann, u.a., WpHG, 2. Aufl. 1999, § 31 Rdnr. 145.
[78] *Assmann*, FS Schütze 1999, S. 15 (35 f.).

(im weiteren Sinne) und Zivilrecht angesiedelt ist. Die Ubiquität des Internet und seine zwischen Massen- und Individualkommunikation angesiedelte Stellung als Medium bedingen in jedem Rechtsgebiet, das sich mit Markthandlungen und -strukturen auseinandersetzt ein kritisches Überdenken tradierter Begrifflichkeiten und Regulierungsstrukturen. Ob und in wie weit der Grundgedanke des Marktortprinzips auch auf andere Regelungen des Kapitalmarktrechts, insbesondere die zivilrechtliche Prospekthaftung, übertragen werden kann, wird noch zu untersuchen sein.

L. SEC and E-Commerce: Delivery, Site Content, Offering

(Vincent Paul Dolan)

I. History of SEC Pronouncements

In the United States, both the federal government and each state regulate the securities market as a matter of *inter alia* public policy, market protection and consumer protection. The United States securities regulation scheme is a product of historical development, statute and administrative initiative. Its mission has been well formulated by *Louis Loss* when he wrote in 1983, and in view of the Internet it sounds prophetic, that:

> The role of government in the protection of investors in the American economy of the closing decades of the twentieth century extends considerably beyond the proscription of fraud, or even the policing of affirmative disclosure of corporate information. This is not to say that those two ends are not the basic foundation of any system of investor protection. Indeed, the disclosure problem is exacerbated by the very factors that have necessarily expanded government's role beyond those ends – the growth of the corporate giants and supergiants in modern society, with the concomitant dispersion of stock ownership and divorcement of ownership from control.[1]

Proscribing fraud and policing disclosure are special securities regulation goals that continue to be pursued in wake of the relentless advance of the internet. In its 1997 Report to Congress, the Securities and Exchange Commission (*SEC*) stated that it „is mindful of the benefits of increasing use of new technologies for investors and markets and has encouraged experimentation and innovation by adopting flexible interpretations of the federal securities laws."[2] Before looking at the May 4, 2000 Internet Release, lets turn to some of the earlier SEC initiatives in the area of electronic media that have been so facilitated today's e-commerce.

In its 1997 Report to Congress one can find a list of SEC regulatory pronouncements that is long and many-faceted, in both the 1933 Act/

---

[1] *Louis Loss*, Fundamentals of Securities Regulation 3 (1983).
[2] Report, *infra* note 4, at 39.

1934 Act contexts as well as in the Investment Company area. This Report provides a good research orientation in this area.[3]

In particular, three *SEC* Releases have contributed to a broad general approach to the use of electronic media and now to the internet.[4] Generally, the regulatory focus with regard to electronic media has been on the issues surrounding notice, access and evidence of delivery.[5]

In its Plain English Release, the *SEC* moved forward in promoting use of the internet by explicitly addressing guidance to internet use: Electronic filers are required to „state that the *SEC* maintains an internet site that contains reports, proxy and information statements, and other information regarding issuers that file electronically with the *SEC* and state the address of that site (http://www.sec.gov). Issuers are encouraged to give their Internet address, if available.[6]

Not only by means of Release, but also by means of No Action Letters, the *SEC* has provided encouragement and guidance on the use of the Internet. For example, the first initial public offering (IPO) in the United States carried out on the internet seems to have been in 1995.[7] This offering was permissible under Regulation A for nonreporting companies up to $5 million within a twelve month period. Rule 504 explicitly permits the use of the internet for up to $1 million.[8] In order to ensure that only accredited investors have access to a site, the *SEC* suggested that a ques-

---

[3] *SEC* Report to the Congress: The Impact of Recent Technological Advances on the Securities Markets (last modified November 26, 1997); see also, Statement by Chairman *Arthur Levitt, Securities and Exchange Commission*, Concerning On Line Trading, *SEC* News Digest 97-17 (January 27, 1999) L/S http://www.sec.gov/news/digests/01-27.txt; *see also* Plain English Disclosure Release Nos. 33-7497; 34-39593; IC-23011; International Series No. 1113; File No. S7-3-97 (January 28, 1998) http://www.sec.gov/rules/final/33-7497.txt.

[4] Use of Electronic Media for Delivery Purposes, Securities Act Release No.7233; Exchange Act Release No. 36345 (October 6, 1995); Use of Electronic Media by Broker-Dealers, Transfer Agents and Investment Advisers for Delivery of Information; Additional Examples Under the Securities Act of 1933, Securities Exchange Act of 1934, and Investment Company Act of 1940, Securities Act Release No. 728, Exchange Release Act No. 37182 (May 9, 1996); Use of Internet Web Sites to offer Securities, Solicit Securities Transactions or Advertise Internet Service Offshore, Securities Act Release No. 7516; Exchange Act Release No. 39779 (March 23, 1998) (Releases may be found at http://www.sec.gov).

[5] *See generally*, Securities and Exchange Commission Interpretative Release on the Use of Elecronic Media, Memorandum of Clearly, Gottlieb, Steen & Hamilton (May 12, 2000), cited at http://www.bondmarkets.com/regulatory/memalert2_em.shtml visited July 22, 2000; *see also* Sullivan & Cromwell Memorandum to Clients (*SEC* Provides Limited Additional Guidance on the Use of Electronic Media by Issuers and Market Intermediaries [May 17, 2000]).

[6] Plain English, *supra* note 4, at 39.

[7] *Spring Street Brewing Company* IPO (1995); *see generally* IPONET, *SEC* No-Action Letter, infra note 18 ; http://www.e-iponet.com(visited July 25, 2000).

[8] 17 CFR § 230.504(b)(2) (1998).

tionnaire or password be used.[9] As will be seen below, subsequent no-action letters have expanded the guidance on internet use.

II. May Release: Use of Electronic Media

The *SEC* released an interpretation of the securities laws, effective May 4, 2000 entitled Use of Electronic Media.[10] The guidance of the Release was focused on the areas of electronic delivery, web site content and online offerings. With regard to seven technology concepts, the *SEC* requested comments from the public. That the mission of this guidance was intended to be consonant with the general statement of mission formulated by Loss can be seen, perhaps, in the first two sentences:
> By facilitating rapid and widespread information dissemination, the Internet has had a significant impact on capital-raising techniques and, more broadly, on the structure of the securities industry. Today, almost seven million people invest in the U.S. securities markets through online brokerage accounts.

1. Electronic Delivery

For either an issuer or a market intermediary, the Release is clear that telephonic informed consent to electronic delivery is acceptable, but insisted that a record of such consent be retained. With regard to global consent, i.e. consent to delivery of all documents of any issuer, the *SEC* suggests that a broker-dealer obtain consent in a separate section of an account opening authorization. The *SEC* restated an earlier point that such consent must specify the specific electronic delivery medium to be used. The use of portable document format (PDF) as a permissible delivery medium is explicitly mentioned in the Release and the *SEC* took steps to clarify the Envelope Theory.

The Envelope Theory is the interpretative doctrine that documents in close proximity on the same web site menu are considered delivered together – hyperlinked documents are considered to be delivered as if „in the same paper envelope". Questions may arise, therefore, with regard to the presence of a hyperlink. The Release states that „if an issuer includes a hyperlink within a Section 10 prospectus, the hyperlinked information would become part of that prospectus. On the other hand, a hyperlink

---

[9] See Use of Electronic Media for Delivery, *supra* note 4, at 17 (example 20).
[10] Use of Electronic Media (Securities Act Release No. 7856; Exchange Act Release No. 42728 [May 4, 2000]) (Internet Release). The *SEC* requested that comments to the Internet Release be made by mid June 2000. The comments have now been published on the *SEC* web site at http://www.sec.gov/rules7s71100.html (visited July 24, 2000).

from an external document to such a prospectus would not result in the non-prospectus documents being deemd part of the prosepctus.[11]

2. Web Site Content

With regard to what is put on the web, the Release discusses issuer responsibility in general as well as issuer communication during a registration period. An issuer may adopt hyperlinked information, for example, by an explicit or implicit endorsement. Generally, when an issuer embeds a hyperlink, it is assumed the linked information has been adopted; again, there may be special concerns when an issuer is in registration, including with regard to links from a site even if that site is not a disclosure document.[12]

The Release also discusses the need to prevent confusion, suggesting that interposed screens and general layout may be helpful to investors. Finally, the Release notes that selective information hyperlinks may be viewed as adoption as attempts to control a flow of information.

During a registration period, the Release does not see problems with ordinary course of business and financial information, but does point out that in the case of a first registered public offering that at the same time establishes a web site, there may be a need to apply the guidance of the Release „more strictly."

3. Online Offerings

Online public offerings make use of investor questionaires on investment qualification, account opening procedures and directions on how to submit indications of interest.[13] The Release mentions that these techniques of online public offerings should not be seen to override the established principles that participants must wait until the effectiveness of the relevant registration statement before engaging in the sale of a security and that no written offers may generally be made outside of the prospectus.

Online private offerings make important use of the notion that there is not a general solicitation when there is a „pre-existing, substantive relationship between an issuer , or its broker-dealer, and the offerees."[14]

Finally, with regard to broker-dealer capacity, the Release reemphasies the need for the broker-dealers to have the ability to handle the high volume and volatility of heavy trading days.

---

[11] *Ibid.* at text accompanying nn. 35-44.
[12] *Id.* at text accompanying nn. 48-58.
[13] *See* the No-Action Letters cited below.
[14] *Supra*, note 11 at text accompanying note 84.

4. Technology Concepts

The Release concludes with a laundry list of seven technology questions upon which public comment is sought.[15] In the published commentary, these issues have been, in part, addressed and may well serve as indicators of future guidance in the area. Of clear concern is the question whether access equals delivery. Here, the factual question as to just how far the internet has penetrated the investor world is decisive: From the tone of the Release, it seems to be indicated that should electronic media become universally accessible and accepted, this principle might well be accepted.

III. Offering No Action Letters

1. Angel Capital Electronic Network

In 1997 a consortium of universities and other non-profits set up a listing service where start-up companies offer registered and unregistered securities to accredited investors. The operators of the site are not required to register as broker/dealers.[16] The staff noted that the system would not provide advice about the merits of opportunities, there would be only a nominal flat fee for use, and the network would not participate in any negotiations, handle funds or securities, nor provide other direct assistance.

2. IPONET

In 1996, a registered principal of a securities dealer established a password protected site to solicit individulas who would be accredited investors.[17] Questionaire would be on site. Indications of interest made by means of electronic cupon or card are acceptable. There was no general solitication under Regulation D.

3. Lamp Technologies

The *SEC* saw no violation of either the Securities Act or the Investment Company Act in a non broker-dealer company offering private investment company (hedge) funds to accredited investors by means of a password protected site. Originally, in 1997, Lamp had bound itself to requirements that

---

[15] These questions include: (1) access equals delivery; (2) electronic notice; (3) implied consent; (4) electronic only offerings; (5) access to historical information; (6) communication when in registration; and, (7) internet discussion forums.

[16] *Angel Capital Electronic Network*, SEC No-Action Letter [1997 Transfer Binder] Fed.Sec.L. Rep. (CCH) P 77, 305 at 77, 516, 77, 521-22 (Oct. 25, 1996).

[17] IPONET, [1996-97 Transfer Binder] *SEC* No-Action Letter, Fed.Sec.L.Rep. (CCH) P 77,252 (July 26, 1996).

the investors meet the requirements of „qualified eligible participants" under the Commodity Exchange Act and that subscribers to the site pay a month fee. These requirements were dropped in the 1998 No-Action Letter.[18] Despite the absence of the broker-dealer relationship, there was a pre-existing substantive relationship. Again, no general soliticitation under Regulation D was found.

4. Technology Funding Securities Corporation

The SEC staff did not object to the corporation accepting credit card payment for fund shares purchased through a web site. The corporation undertook to permit credit card use only for transaction on the web site, display a warning to investors against carrying the price as debt on the card, refrain from paying commission, and refrain from issuing credit cards.[19]

5. Wit Capital Corporation

In July 1999, the staff responded to *Wit Capital Corporation*[20] with a no-action letter providing some detailed guidance with regard to online public offerings. Importantly *Wit Capital*, a registered broker-dealer, was able to begin collecting final order confirmations from investors 48 hours before effective date. *Wit Capital* conducts business on it's web site http://www.witcapital.com and provides a special cul de sac for each public offering.

IV. Adjudicative Jurisdiction and Regulatory Supervision

The internet as a trading environment has developed rapidly. This development has brought the individual investor many tools she can use to trade as if she were a professional trader. In general, the internet has made it possible for individuals, consumers, to appear in an arena where previously only businesses or professionals were to be found. At the same time, states have developed certain protections for individuals (privacy) and consumers that now may serve to limit individual consumer access.

In these developments, the regulation of the securities markets, especially on the example of the United States as above described, has

---

[18] *Lamp Technologies, Inc.*, SEC No-Action Letter, 8 (Curent) Fed.Sec. L. Rep. (CCH) P 77, 453 at 78, 327 (May 29, 1998) and Lamp Technologies, Inc., SEC No-Action Letter, [1997 Transfer Binder] Fed.Sec.L. Rep. (CCH) P 77, 359, at 77, 804 (May 29, 1997).

[19] *Technology Funding Services Corporation*, SEC No-Action Letter, [Current] Fed. Sec. L.Rep. (CCH) P 77, 451, at 78, 319 (May 20, 1998).

[20] *Wit Capital Corporation*, SEC No-Action Letter 199 SEC No Act. LEXIS 620 (July 14, 199).

shown a willingness on the part of the regulator to move quickly with and not against technological developments. This has been done not in terms of directives or formal regulations, but rather by means of concept releases, no-action letters and permissive guidance, coupled with a tough enforcement police.

At the same time, thorny and fundamental judicial notions like jurisdiction and choice of law begin to lose their contours and established applicability. In the common law courts, concepts and criteria of adjudicative jurisdiction have been applied to the internet which take essential note of specific commercial activity. The *SEC* as regulator, in turn, has pragmatically limited its jurisdiction in terms of a doctrine of targeting.

It should be noted, however, that the *SEC* is not alone in this approach to pragmatic regulation. It could look here to the CFTC as a fellow traveler. The Commodities Futures Trade Commission, which regulates exchange traded futures in the United States, early exempted swaps from regulatory control.[21] This absence of control did not create a lawless sphere out of control; rare cases of abuse have been met with force and vigor. Rather, the growth of the international swaps market, with high use of technology and unceasing financial innovation is now legendary. Individual states and countries have endeavored to modify their statutes and regulatory schemes to keep pace with it.

Perhaps the internet will here show once again: The existence of a market paradigm, gently guided by the enlightened pragmatic regulator, can be more useful than the existence of a rigid statutory regulatory scheme.

Again, internet technology has presented opportunities and issues for international lawyers and United States security regulators. In regard to electronic commerce, the principles of jurisdiction and choice of law are developing under the impact of the internet, *inter alia* in the public policy concern to protect individuals. Courts in the United States, confronted with questions of personal jurisdiction, have split between on the one hand finding their adjudicative jurisdiction world wide and on the other hand attempting to limit it by focusing their attention on the actual sorts of activity performed at an internet site.

Internet commerce, especially to the extent it is retail commerce, and because it touches so closely the public policy concerns of privacy and consumer protection, raises the question as to how effective a private choice of law can be. If we turn to the public international law choice of law principle of territoriality, however, it looks like we go back to the world wide all-or-nothing approach. It is in response to this sort of di-

---

[21] *See generally*, A. Robert Pietzrak & Michael S. Sackheim, CFTC Exemption Procedures for Novel Derivative Transaction, 26 Sec. & Commodities Reg. 121 (1993); *but see* Report, *supra* note 2, at 47-48; *supra* text accompanying notes 337-51.

lemma that the *SEC* has used a principle in developing its regulative jurisdiction claims that leads forward: targeting. It should be remembered at all times, however, that the *SEC* claims world wide jurisdiction in matters of fraud.

In general, the *SEC* regulatory initiatives described above show concern not to slow down market development, whether for information delivery, primary market activity or secondary market regulation. Indeed, the *SEC* has urged increasing international cooperation and discussion of these issues. In this context targeting facilitates use of the internet both domestically and internationally.

Again to repeat, we should not forget the powerful example of the development of the derivatives markets and their embrace of standardization and technology. We see in this closely related market a powerful example of how the presence of a successful model document generated by the market, and not statutes, has been the way forward.

Given the rapid, spectacular growth of the internet in this decade, it is not surprising that the Web has „in many ways" transformed how capital markets operate. [22] The Web can be used to disseminate information about a company.[23] The Web can be used to sell shares of a company.[24] The Web can be used by broker-dealers to communicate with their clients.[25] The Web can be used to establish (alternative) trading systems.[26]

In commercial law, once the issue of jurisdiction is resolved, the choice of relevant law issue quickly arises. In the internet, these issues suddenly take on a new aspect and raise collateral questions like: What does „place" mean for web activity?

1. Adjudicative Jurisdiction: Bright Line or Sliding Scale

The question of jurisdiction has hit the courts noticeably in terms of intellectual property: Claimed violations of trademark or domain rights have already produced a growing body of decisions from which broad contours can be discerned with regard to issues, especially interesting in

---

[22] Statement by Chairman *Arthur Levitt*, *supra*, note 4; *see generally*, Statement of the Commission Regarding Use of Internet Web Sites to offer Securities, Solicit Securities Transactions or Advertise Internet Service Offshore Release Nos. 33-7516; 34-39779; IA-1710; IC-23071 International Series Release No. 1125 (March 23, 1998), http://www.sec.gov/rules/concept/33-7516.html; SEC Report to the Congress, *supra* note 4.

[23] *See* Use of Electronic Media for Delivery supra note 5; see also Plain English, *supra* note 4.

[24] *IPONET*, *supra* note 18.

[25] *See*, e.g. http://www.e-iponet.com (example of such a site).

[26] *See* Regulation of Exchange and Alternative Trading Systems Release No. 34-40760; File No. S7-12-98 (December 11, 1998) http://www.sec.gov/rules/final/34-40760.txt.

the United States with regard to the Constitutional issue of world wide due process of law.

It is the case in many jurisdictions that buyer and seller can select the law they feel most appropriate to their transaction; but, such choice of law generally may not deprive a consumer of protections granted as a matter of public policy. These protections are particularly evident if the seller has advertised in the consumer's jurisdiction or if the consumer has been induced by the seller to visit the seller's jurisdiction for purposes of the transaction.[27]

Although not yet at the Circuit Level, broadly speaking, two lines of thinking have emerged in United States District Court jurisprudence with regard to internet jurisdiction. Generally, in order not to violate the United States Constitution Amendment 14, which ensures „due process of law," there must be minimal contact and purposeful availment.[28] In the *Inset* body of cases, the courts have set a bright line holding that the presence of a Web site gives the court jurisdiction in a matter. In the *Zippo* body of cases, the courts attempt to establish a sliding scale.[29]

a) **Bright Line**

Inset Systems, Inc. v. Instruction Set, Inc. (937 F. Supp. 161 (D. Conn, 1996)[30] provided the U.S. District Court of Connecticut in a domain name case with the opportunity to rule that the Connecticut court had jurisdiction over a Massachusetts company although that company had no employees, regular business contacts, or offices in Connecticut. Inset, a software firm, had a trademark on its name and Instruction Set, a computer technology firm, had Inset.com as its domain name. The court found a Web site a more permanent form of advertising than, for example, radio or television and required no showing of actual hits on the site.

b) **Sliding Scale**

In *Zippo Manufacturing Co. v. Zippo Dot Com, Inc.* 952 F. Supp 1119 (W.D. Pa. 1997) the court looked at the specific internet activity in question: One company, Zippo Manufacturing, made lighters in Pennsylvania and another company, Zippo Dot, was an internet news service. It distinguished levels of activity, including (i) mere advertising, (ii) inter-

---

[27] *See Peter P. Swire*, Of Elephants, Mice and Privacy: International Choice of Law and the Internet, 32 Int'l Law 991 (1998).

[28] *See* International Shoe Co. v. Washington, 326 U.S. 310, 316 (1945).

[29] *See generally*, Michael J. Dunne & Anna L. Musacchio, Jurisdiction Over the Internet, 54 Bus. Law., 385, 391-95 (1998).

[30] *See* also Bensusan Restaurant Corp. v. King, 937 F.Supp 295 (S.D.N.Y. 1996), aff'd ___F.3d___, 44 U.S.P.Q. 2d (BNA) P 1051 (2d Cir. Sept. 10, 1997) (http://www.jmls.edu/cyber/cases/bensusan.html) (jurisdiction not found); Cybersell Inc. v. Cybersell Inc. (9th Cir. 1997)(http://www.laws.findlaw.com/9th/9617087.html).

active exchange of information and (iii) active doing business. The court was unwilling to find personal jurisdiction just on advertising.

It may be noted in passing that it seems that in Germany, Berlin courts are following the *Inset* line. In a judgment delivered on November 20, 1996, a Berlin court upheld an injunction against a Kansas company on the grounds that the company violated a domain name of a Berlin company because the Kansas company's Web site could be hit in Berlin.[31]

The notion of world wide adjudicative jurisdiction is being articulated for application to the Web. Courts have, so far, considered jurisdiction not in terms of public policy, but rather on the merits of intellectual property cases. Nonetheless, the intellectual property rulings already show the implicit public policy tensions in any such wide jurisdiction claim. Although some courts are prepared to find world wide jurisdiction, others are well aware of the need to limit that jurisdiction in terms of active business contacts or some other objective criteria.

2. Regulatory Supervision: Location, Target Group and Fraud

Choice of law in private (contractual) transactions is frequently simply a matter for the parties to chose, but not always.

a) The General Problem of Location

When public policy carve-outs are due to a regulatory scheme, then the question: Which regulatory scheme applies? is not usually a matter of choice of law, but rather of applicable law. Public International Law has obvious relevance to securities regulation *per se* as a matter of public policy, as well as to the extent privacy and consumer protection issues are also relevant to the securities market. Still, the question of applicable regulatory scheme seems perplexing when asked in the context of the Web. Again, this is perhaps due to the fact that the Web is not easy to locate.

In March, 1998, the *SEC* in the „Statement of the Commission Regarding Use of Internet Web Sites to Offer Securities, Solicit Securities Transactions or Advertise Investment Services Offshore", stated „The Internet permits market participants to disseminate advertisements and other information regarding securities and investment services across national borders. ... The purpose of this interpretation is to clarify when the posting of offering or solicitation materials on Internet Web sites would be considered activity taking place" in the United States.[32]

---

[31] *See* NJW 1997, 3321; *see generally Jens Bücking*, NJW 1997, 1886.
[32] Statement, *supra* note 22, at 1; *see generally id.* at 2-3 (text accompanying notes 1–4).

Location is somewhat of a metaphysical question with regard to the internet. The problem is how to limit it. Again, the *SEC*: „The development of the Internet presents numerous opportunities and benefits for consumers and investors throughout the world. It also presents significant challenges for regulators charged with protecting consumers and investors. ... Information posted on Internet Web sites concerning securities and investments can be made readily available without regard to geographic and political boundaries. Additionally, the interactive nature of the Internet makes it possible for investors to purchase electronically the securities or services offered."[33]

b) Securities Location: Target Group

With regard to the metaphysics of cyberspace there is a need to rethink location, and perhaps the experience of adjudicative jurisdiction in the intellectual property cases is here instructive. Regulators may look at the location of the recipient of a document (Web page), the issuer of the document, the location of the server, the location of the target audience, or participation in the document.

As seen above, looking to the „place" or „location" alone of the recipient can lead to the unlikely claim to jurisdiction over the whole of the World Wide Web and all players therein. In the United States, at least, courts following the *Zippo* line of reasoning are examining rather the participation aspect as an indicator for jurisdiction. The location of the issuer, as well as the location of the server, run afoul of the technical nature of the internet as a network designed to automatically reroute messages and avoid damaged links. Thus, the *SEC*, in the Statement, has opted for the target audience as a criteria for application of United States securities laws.

> Under this interpretation, application of the registration provisions of the U.S. securities laws depends on whether Internet offers, solicitations or other communications are targeted to the United States. We would not view issuers, broker-dealers, exchanges and investment advisers that implement measures reasonably designed to guard against sales or the provision of services to U.S. persons to have targeted persons in the United States with their Internet offers. Under these circumstances, Internet postings would not, by themselves, result in a registration obligation under the U.S. securities laws.[34]

In a nutshell, the *SEC* has opted for a „facts and circumstances" test of jurisdiction. If under the situation, the measures taken on a Web site are reasonably designed to keep the security or service out of the United States, then the *SEC* will not argue that United States securities laws apply. Such reasonable steps might include: A prominent disclaimer stating that the offer

---

[33] Statement, *supra* note 22 at 3 (text accompanying notes 6-8).
[34] Statement, *supra* note 22, at 2; see also id. (text accompanying notes 4–5).

is directed outside the United States; procedures to determine the address or telephone number of a person conducting a transaction; and there are not other links that might provide easy access by alternate route.[35] The *SEC* has recognized that there may be complicated situations of mixed onshore and offshore, private and public transactions and has provided examples in several cases of what might be reasonable targeting measures.[36]

c) Securities Police: Fraud

The 1998 Statement has in no way impacted the *SEC* position on jurisdiction with regard to fraud. „This interpretation does not address the anti-fraud and anti-manipulation provisions of the securities laws, which will continue to reach all Internet activities that satisfy the relevant jurisdictional tests."[37] These tests include that „substantial conduct or effects" occur in the United States; and that the defendant has „minimum contacts" with the forum and the exercise of jurisdiction would not „offend traditional notions of fair play and substantial justice." [38]

The *SEC* has a surveillance staff that routinely examines the Web. The *SEC* sees itself as bound by „all applicable legal requirements concerning privacy and due process. The Commission staff is required, pursuant to the Privacy Act,[39] to identify itself and the purpose of its inquiry when requesting information from the public. Although the staff may browse internet postings that are open to the public without violating this provision of the Privacy Act, certain sites demand the identity of potential investors before providing the details of a purported investment opportunity. The staff cannot inspect these promotions without identifying the law enforcement purpose of its inquiry. In addition, the Electronic Communications Privacy Act[40] places restrictions on the staff's ability to obtain information from internet access providers."

On October 28, 1998 the *SEC* conducted an „Internet Sweep" which it has described as „the first orchestrated nationwide operation by the *SEC* to combat Internet fraud."[41]

---

[35] *See* Statement, *supra* note 22, at 7 (text accompanying note 22); see also id. at 13 (note 31).

[36] *id.* at 11-19 (examples relate to different precaution for specific types of offerings).

[37] Statement, *supra* note 22, at 2; *see also id.* (text accompanying note 5).

[38] Statement, *supra* note 22, at 1, note 5; *see* Report, *supra* note 4 at 56 (text accompanying nn. 411-12).

[39] Privacy Act of 1974, 5 U.S.C. § 552a (1994).

[40] Electronic Communications Privacy Act of 1986, 18 U.S.C. §§ 1367, 2232, 2510-2522, 2701-2711, 3117, 3121-3127 (1994 and Supp. I. 1997).

[41] *SEC* Files Four More Cases Against Purveyors of Fraudulent Spam, Online Newsletters, Message Board Postings and Websites in it Ongoing Effort to Clean Up the Internet (visited April 27, 1999), http://www.sec.gov/news/press/99-24.txt.

V. Conclusion

The above reports certain recent developments in the efforts of the main United States securities regulator to come to grips with the rapid, relentless advance of internet use. Such efforts to date have been marked by a flexible approach, facilitating e-commerce growth. The *SEC* approach, together with certain general common law developements, in turn, point toward a rethinking some fundamental legal, not so say philosophical, jurisprudential notions.

M. Virtuelle Unternehmen

(Knut Werner Lange)

I. Einleitung

Die Welt der Informationstechnologie war schon immer auf der Suche nach neuen Ideen. Neben dem E-Commerce sind es zunehmend die Aktivitäten im B2B-Bereich,[1] die von sich reden machen. Denn mit dem Ausbau des Internet zu einer weltweiten Kommunikations- und Geschäftsplattform haben sich die Gestaltungsmöglichkeiten für Unternehmenskooperationen erheblich erweitert. Sie erhalten durch das Internet eine neue, bislang nicht gekannte Dynamik in Form sog. virtueller Organisationen bzw. virtueller Unternehmen. Virtuelle Auktionshäuser, virtuelle Direktbanken und virtuelle Buchhandlungen sind mittlerweile schon etabliert. Vielfach handelt es sich bei ihnen aber nur um einen weiteren Vertriebsweg, der über eine Tochtergesellschaft oder eine Konzernabteilung abgewickelt wird. Doch die Möglichkeiten des Internet reichen weit darüber hinaus. Gerade dieses neue Medium bietet nämlich hervorragende Chancen, um Flexibilitätsreserven zu aktivieren und Kernkompetenzen unternehmensübergreifend zusammenzuführen. Es erleichtert den Zugriff auf das weltweit vorhandene Wissenspotenzial.[2]

Bei der Lektüre der Tagespresse stößt man fast wöchentlich auf Nachrichten, die Internetaktivitäten großer Unternehmen betreffen. Hierzu zählen gemeinsame Internet-Einkaufsplattformen, virtuelle Fabriken, die Bildung virtueller Marktplätze im Internet oder die Gründung virtueller Gemeinschaftsunternehmen. Die immer raschere Entwicklung neuer Standards zwingt Unternehmen, flexible Organisationsstrukturen zu finden, um sich neuen Gegebenheiten schnell anzupassen und um auf Kundenwünsche und -bedürfnisse unverzüglich reagieren zu können. Eine Möglichkeit, eine solche flexible und kundenorientierte Struktur zu schaffen, stellt das virtuelle Unternehmen dar. Das Ziel der Unternehmen ist die Bereitstellung eines möglichst umfassenden Pakets an Dienstleistungen und Produkten, um neue Kunden zu gewinnen und alte weiter an sich zu binden. Hier bietet gerade das Internet eine chancenreiche Plattform für Unternehmen, da es eine direkte Verbindung zu jedermann und überall ermöglicht.

---

[1] Business-to-Business.
[2] *Ackermann*, HMD 200 (1998), 40 (41).

II. Begrifflichkeiten

Bevor mit der rechtlichen Bewertung des virtuellen Unternehmens begonnen werden kann, muss man sich zunächst über Begrifflichkeiten und typische Grundformen des virtuellen Unternehmens klar werden.

1. Definitionsversuche

In der wissenschaftlichen Diskussion befinden sich gegenwärtig folgende Definitionsansätze:

a) Zweckorientiert

Für die hier sog. zweckorientierte Definition stehen die Ziele des virtuellen Unternehmens im Vordergrund der Betrachtung. Danach ist ein virtuelles Unternehmen ein Zusammenschluss von Betrieben, der sich dynamisch konfigurieren und auch umkonfigurieren kann, um eine sich bietende Marktchance zu nutzen.[3] Diese Definition ist unvollständig, da sie sich nicht näher mit den notwendigen Koordinationsmechanismen befaßt. Sie ist nicht in der Lage, alle bedeutsamen Phänomene zu erfassen und zu bewerten.

b) Technikorientiert

Die Vertreter der hier sog. technikorientierten Definition sehen in dem virtuellen Unternehmen das Ergebnis einer konsequenten Weiterentwicklung prozessorientierter Organisationsformen auf der einen und der Informations- und Kommunikationstechnik auf der anderen Seite. Moderne Informations- und Kommunikationstechnik ist für sie die konstituierende Voraussetzung für ein virtuelles Unternehmen.[4] Hierbei wird aber verkannt, dass dies nicht auf alle denkbaren virtuellen Unternehmen zutreffen muss. Zudem können virtuelle Unternehmen auch andere kritische Erfolgsfaktoren aufweisen.

c) Institutionenorientiert

Für die Anhänger der hier sog. institutionenorientierten Definition steht das nach außen hin einheitliche Erscheinungsbild des virtuellen Unternehmens im Mittelpunkt. Gegenüber dem Kunden bleibt die in mehreren

---

[3] *Mertens/Faist,* WiSt 1996 (25. Jg.), 280; so betont vor allem *Scholz,* jurpc 1994, 2927, 2928, dass virtuelle Unternehmen „kein gemeinsames juristisches Dach" hätten.
[4] *Bergmann,* Zukunftsfähige Unternehmensentwicklung, 1996, S. 285 ff.; *Davidow/Malone,* Das virtuelle Unternehmen: der Kunde als Co-Produzent, 2. Aufl. 1997, S. 14 ff.; *Millarg,* in: Schwaninger (Hrsg.), Intelligente Organisationen, 1997, S. 141; vgl. ferner die Aufzählung der einzelnen Komponenten für die erforderliche Vernetzung bei: *Mertens,* Wirtschaftsinformatik 36 (1994), 169 (171).

M. Virtuelle Unternehmen

Unternehmen(steilen) stattfindende Erstellung von Problemlösungen und Produkten hinter der einheitlichen Präsentation verborgen.[5] An diesem Ansatz ist zu kritisieren, dass wiederum nur ein einziges Merkmal des virtuellen Unternehmens angesprochen wird.

d) Synthetische Definition

Andere Autoren sehen die einzige Möglichkeit der Definition virtueller Unternehmen in der Synthese der drei vorangegangenen Definitionen. Danach ist ein virtuelles Unternehmen ein raum- und zeitungebundenes, nicht institutionalisiertes, nicht hierarchisches, intendiert temporäres und projektbezogenes Netzwerk. Es besteht aus rechtlich selbständigen und in den nicht ins Netzwerk eingebrachten Bereichen auch wirtschaftlich unabhängigen Unternehmen(steilen). Zur Ausnutzung einer kurzfristigen, innovativen Marktchance bringen seine Mitglieder ergänzende vertikale und/oder horizontale Kernkompetenzen ein. Diese Ressourcen werden gemeinsam genutzt und, unterstützt durch Informations- und Kommunikationstechnik und das Vertrauensmanagement, koordiniert.[6] Oder anders ausgedrückt: „Ein virtuelles Organisationsnetzwerk kann als eine temporäre Kooperationsform von unabhängigen Firmen (Zulieferern, Koproduzenten, Distributoren, Kunden oder Konkurrenten) verstanden werden, das über moderne Informations- und Kommunikationstechnologien verknüpft ist und polyzentrische, komplex-reziproke Beziehungen unterhält, um Wissen (Know-how) zu transferieren, Fähigkeiten zu ergänzen und Kosten zu teilen, um hierüber bisherige und neue Produkträume und Märkte zu erschließen."[7]

Zu beachten ist jedoch, dass bei virtuellen Unternehmen eine Institutionalisierung nicht nur denkbar, sondern für die komplexe Struktur des virtuellen Unternehmens häufig auch notwendig ist.[8] Auch sind längst nicht alle virtuellen Unternehmen intendiert temporär. Vielmehr existieren auch Formen, bei denen die Zusammenarbeit in einem virtuellen Unternehmen über ein einzelnes Projekt hinausgeht.

2. Stellungnahme

Eine zufriedenstellende Definition der virtuellen Unternehmen ist also schlechterdings nicht möglich. Alle Definitionsversuche stellen auf ein bestimmtes Bild des virtuellen Unternehmens ab, ohne in ihrer Betrachtung zu berücksichtigen, dass virtuelle Unternehmen in verschiedenen

---

[5] *Homann/Neumann*, in: Engelien/Homann (Hrsg.), GeNeMe99, Gemeinschaften in neuen Medien, 1999, S. 109, 110.
[6] *Bullinger/Warnecke*, Neue Organisationsformen, 1996, S. 53 (54).
[7] *Wirtz*, ZfB Ergänzungsheft 2/2000, 1, 3 f.
[8] *Mertens/Griese/Ehrenberg*, Virtuelle Unternehmen und Informationsverarbeitung, 1998, S. 3; *Wolter/Wolff/Freund*, Das virtuelle Unternehmen. Eine Organisationsform für den Mittelstand, 1998, S. 7.

Formen vorkommen können. Der mit jeder Definition verbundene Versuch, komplexe Strukturen anhand einer griffigen Formel zu erklären, muss an der großen Vielzahl unterschiedlicher Typen scheitern. Aus diesem Grund kann man sich nur darauf beschränken, die kennzeichnenden Faktoren virtueller Unternehmen herauszuarbeiten.[9] Dabei ist zwischen wesentlichen und zusätzlichen Merkmalen zu unterscheiden.[10]

a) **Wesentliche Merkmale**

Wesentliches Merkmal eines virtuellen Unternehmens ist seine netzwerkartige Struktur. Solche Netzwerke sind in ihrer Struktur während der Dauer der Zusammenarbeit relativ stabil. Sie sind die Grundlage der Beziehung zwischen rechtlich selbstständigen, wirtschaftlich möglicherweise partiell abhängigen Unternehmen.[11] Die Konfiguration und Neukonfiguration des Netzwerkes erfolgt projektorientiert, d. h. das Netzwerk selbst ist durch offene und dynamische Strukturen gekennzeichnet. Dies hat zur Folge, dass je nach Projekt wechselnde Partnerschaften bestehen. Der Kreis der am virtuellen Unternehmen beteiligten Unternehmen verändert sich regelmäßig. Es handelt sich also zumeist um zeitlich begrenzte Kooperationen, welche sich nach Beendigung der Projekte wieder auflösen.

Man verzichtet weitgehend auf eine schriftliche Fixierung der Beziehungen.[12] Statt dessen wird regelmäßig auf Vertrauen gesetzt. Hierin ist ein weiteres wesentliches Merkmal virtueller Unternehmen zu sehen. Zugleich resultiert hieraus die Notwendigkeit des Einbaus von Kontroll- und Sanktionsmechanismen, um mögliche Missbrauchsanreize zu senken.[13]

Zwischen den Netzwerkteilnehmern findet fortwährend intensive und regelmäßige Kommunikation und Abstimmung statt, die man als drittes typisches Merkmal identifizieren kann. Dadurch wird das Netzwerk weiter gefestigt. Nur so ist diese Unternehmensform aufgrund der rechtlichen und weitgehend wirtschaftlichen Selbständigkeit der Partner in der Lage, die Kooperation zusammenzuhalten und zu koordinieren. Mit dieser Struktur ist das Fehlen einer per-se Dominanz eines Partners verbunden, was sich zugleich in einem weitgehenden Verzicht auf Institutionalisierung und Hierarchiebildung niederschlägt. Daraus folgt, dass neue

---

[9] So wohl auch *Wirtz* (o. Fußn. 7), S. 5 Tab. 2: Synopse zu Merkmalen der virtuellen Unternehmung; *Homann/Neumann* (o. Fußn. 5), S. 110. S. ferner *Arnold/Faisst/Härtling/Sieber*, HMD 185 (1995), 8, 10 ff., die zwar von einer „Arbeitsdefinition" ausgehen, anschließend aber einzelne Merkmale untersuchen. Kritisch zu den Definitonsversuchen auch *Hofmann*, HMD 192 (1996), 62 (64).
[10] Vgl. auch *Wolter/Wolff/Freund* (o. Fußn. 8), S. 7 f.
[11] *Szyperski/Klein*, DBW 1993, 187 (190).
[12] Auf Vertragsbeziehungen jedoch nicht. Das virtuelle Unternehmen wird daher auch als ein „vertragliches Konstrukt" bezeichnet, *Ackermann* (o. Fußn. 2), S. 46.
[13] *Bullinger/Warnecke* (o. Fußn. 8), S. 54; *Handy*, HBR May/June 1995, 40 ff.

Dienstleistungsprofile notwendig sind. Die auftretenden Aufgaben müssen dabei explizit einzelnen Funktionsträgern zugeordnet werden.

Gegenüber dem Kunden tritt das virtuelle Unternehmen als geschlossene Einheit auf.[14] Dieses Auftreten vermittelt dem Geschäftspartner eine gewisse Sicherheit. Er hat es nur mit einem einzigen Ansprechpartner zu tun, an den er sich halten kann, wenn Fragen auftauchen oder Probleme entstehen sollten. Würde man dem Kunden die Vielzahl der beteiligten Unternehmen gegenüberstellen, wäre ihm die Verfolgung seiner wirtschaftlichen und rechtlichen Interessen aufgrund der komplexen und häufig flüchtigen Struktur des Netzwerkes erheblich erschwert.

b) Zusätzliche Merkmale

Als ergänzendes Merkmal eines virtuellen Unternehmens ist eine Besonderheit bei der Zieldefinition festzustellen. Das virtuelle Unternehmen verfolgt das Ziel, kurzfristige und innovative Marktchancen zu nutzen. Die Bildung eines virtuellen Unternehmens wird notwendig, weil spezielle Kenntnisse und Fähigkeiten, die im „normalen" Unternehmen nicht vorhanden sind, schnell und kostengünstig durch eine befristete Kooperation aktiviert werden können.[15] Die am virtuellen Unternehmen beteiligten Unternehmen bringen einander ergänzende Kernkompetenzen ein. Jeder Kooperationspartner ist Experte für eine bestimmte Tätigkeit, die er i. d. R. kostengünstiger, zumindest aber besser als die anderen Kooperationspartner ausführen kann.[16]

Das virtuelle Unternehmen nutzt ferner in effizienter Weise modernste Informations- und Kommunikationstechnik. Es ist daher auch in der Lage, räumliche Begrenzungen zu überbrücken. Feste Standorte und ein fester Mitarbeiterstamm sind daher keine Charakteristika dieser Unternehmensform. Absprachen und Datenaustausch sind vielmehr über größere Entfernungen hinweg möglich.[17] Vor dem Hintergrund der typischen und der zusätzlichen Merkmale ist es möglich, Fallgruppen zu bilden, um so charakteristische Grundformen virtueller Unternehmen zu erfassen.

---

[14] *Homann/Neumann* (o. Fußn. 5), S. 110. Allerdings soll dabei keine „juristische Persönlichkeit" entstehen, so *Ackermann* (o. Fußn. 2), S. 46.
[15] *Wolter/Wolff/Freund* (o. Fußn. 8), S. 5.
[16] *de Vries*, in: Brill/de Vries (Hrsg.), Virtuelle Wirtschaft. Virtuelle Unternehmen, Virtuelle Produkte, Virtuelles Geld und Virtuelle Kommunikation, 1998, S. 53 (57).
[17] *Bergmann* (o. Fußn. 4), S. 285 – 287; *Bullinger/Warnecke* (o. Fußn. 6), S. 53.

III. Typische Erscheinungsformen virtueller Unternehmen

1. Spontane und flüchtige virtuelle Unternehmen

Diese Form des virtuellen Unternehmens geht von einem Unternehmen als Keimzelle aus. Das Unternehmen erkennt, dass es auf Grund mangelnder Kernkompetenzen nicht in der Lage ist, eine sich ihm bietende Marktchance allein zu nutzen. Es ist daher auf die Zusammenarbeit mit anderen Unternehmen angewiesen. Die erforderliche Koordination erfolgt über Informations- und Kommunikationstechnik.

Anhand spontaner und flüchtiger virtueller Unternehmen lässt sich der Lebenszyklus virtueller Unternehmen darstellen: Die erste Phase stellt die Initiierung des virtuellen Unternehmens dar. Sie ist die notwendige Voraussetzung dafür, dass die teilnehmenden Unternehmen überhaupt in eine konkrete projektbezogene Tätigkeit eintreten. Einen Teilbereich dieser Initiierung bildet die sog. Partnerwahl. Bei dieser sucht das Unternehmen für ein Projekt mögliche Partnerunternehmen aus. Zeitgleich läuft eine Grobplanung für das konkrete Projekt.

Ist die Partnerwahl abgeschlossen, kommt es zur zweiten Phase, der Realisierung. Es bildet sich das virtuelle Unternehmen durch eine Kooperationsvereinbarung zwischen den am virtuellen Unternehmen beteiligten Unternehmen. Aus der Grob- wird eine Feinplanung, zu der insbesondere die Verteilung der Aufgaben an die Netzwerkpartner gehört. Die Feinplanung mündet in der konkreten Umsetzung. Die dritte Phase bildet schließlich die Auflösung. Das virtuelle Unternehmen löst sich auf, ohne dass die beteiligten Unternehmen zu diesem Zeitpunkt weitere Kooperationsvorhaben bezüglich anderer Projekte vereinbaren.

2. Dauerhafte virtuelle Unternehmen ohne zentrales Management

Diese Form des virtuellen Unternehmens ist dadurch gekennzeichnet, dass sich das virtuelle Unternehmen nicht „spontan" bildet. Vielmehr haben sich schon im Vorfeld Unternehmen mit den unterschiedlichsten Kernkompetenzen zu einem Unternehmenspool zusammengeschlossen. Bevor ein konkreter Projektauftrag in Aussicht steht, werden potentielle Partnerfirmen für eine mögliche virtuelle Unternehmensorganisation zusammengeführt. Dadurch bekunden die beteiligten Unternehmen ein langfristiges Interesse an einer wie auch immer gearteten Zusammenarbeit.

Wenn eines der Unternehmen aus dem Unternehmenspool nun ein Projekt durchführen will, kommt es zu den bereits unter III. 1. beschriebenen Phasen des Lebenszyklusses – Initiierung, Realisierung und Auflösung –, wobei das Unternehmen, von dem die Idee ausgeht, auf die Partner des Pools zurückgreift.

M. Virtuelle Unternehmen 175

Als Beispiel für diesen Typus des virtuellen Unternehmens kann das IBK[18] dienen. Das Unternehmen selbst verfügt über keine beständige Organisationsstruktur. Man hat ein Partnernetzwerk von ca. 25 Organisationen aufgebaut und häufig werden neue Partnerschaften geschlossen, um neue Softwareprodukte zu entwickeln.[19] Ein weiteres Beispiel ist die Inform GmbH, ein Netzwerk für intelligente Automatisierungen.[20]

3. Dauerhafte virtuelle Unternehmen mit Koordinator

Je größer die Zahl derjenigen Unternehmen ist, die sich an einem Unternehmenspool beteiligen, desto augenfälliger wird das Fehlen einer Koordinierungsstelle. Dienstleistungen werden vor allem zur Koordination der Einzelaktivitäten und zur Kommunikation mit den Kunden benötigt. Sie müssen explizit einzelnen Aufgabenträgern zugeordnet und intern vergütet werden. Virtuellen Unternehmen fehlt ein dazu geschaffenes Organ; sie müssen daher nach Alternativen suchen. Hierdurch ergeben sich u. a. folgende Dienstleistungsprofile:[21]

- Broker: Er ist das Verbindungsglied zwischen Markt und Unternehmensnetzwerk. Er regelt den Vertrieb der Leistungen und Produkte und ist verantwortlich für das Marketing.
- Leistungsmanager: Ihn kann man auch als Netzwerkdesigner bezeichnen. Seine Aufgabe ist die Initiierung des virtuellen Unternehmens, d. h. er muss je nach Kundenwunsch die verschiedenen Kompetenzen der am Unternehmenspool beteiligten Unternehmen zu einer Gesamtlösung zusammenstellen.
- In-/Outsourcing-Manager: Hierbei handelt es sich um Ansprechpartner der beteiligten Unternehmen für die sogleich zu besprechenden Aufgabenträger. Sie sind innerhalb des Unternehmens für das Angebot und die Erstellung der Leistungen gegenüber dem virtuellen Unternehmen verantwortlich und dadurch eng in die Prozesse des Aufbaus und der Auftragsabwicklung des virtuellen Unternehmens eingebunden.
- Auftragsmanager: Als für die technische und organisatorische Koordination zuständige Stelle obliegt ihm das Projektmanagement. Er kommuniziert mit den In-/Outsourcing-Managern der am virtuellen Unternehmen beteiligten Unternehmen. Er ist zudem gegenüber dem Kunden verantwortlich für die Produkt- und Lieferqualität.
- Auditor: Er ist eine neutrale Revisionsstelle. Seine Aufgabe ist die Begleitung des Abwicklungsprozesses des virtuellen Unternehmens in Form von Revision und Controlling. Er überwacht die Einhaltung der

---

[18] Institut für Betriebsanalyse und Kommunikationsforschung.
[19] *Mertens/Griese/Ehrenberg* (o. Fußn. 8), S. 33.
[20] S.a. www.fuzzytech.com.
[21] *Mertens/Griese/Ehrenberg* (o. Fußn. 8), S. 12 ff.; *Wolter/Wolff/Freund* (o. Fußn. 8), S. 14 f.

Kooperationsregeln. Insgesamt minimiert er die Risiken für die beteiligten Unternehmen und die Kunden, die sich aus den spezifischen Eigenarten des virtuellen Unternehmens ergeben.
- Netzwerk-Coach: Er pflegt das Netzwerk, ohne dass seine Aufgaben von den konkreten Projekten bestimmt werden würden. Zu seinen Aufgaben gehört z. B. das Gewinnen und die Aufnahme neuer Partner für den Unternehmenspool, das allgemeine Vertrauensmanagement und Schlichtungsaufgaben in Konfliktfällen. Auch sorgt er für Aufbau und Pflege der Infrastruktur innerhalb des Netzwerkes.

Bei *Puma* ist diese Form des virtuellen Unternehmens in Planung. Man hat vor, die Zentrale in Herzogenaurach aufzulösen, so dass die einzelnen Unternehmen nur noch durch Informations- und Kommunikationstechnik miteinander verbunden sind. Man nähert sich also der dritten Stufe des virtuellen Unternehmens an, während man bis jetzt auf der vierten Stufe[22] steht.[23] Ergänzend soll auch die *Teamdesign GmbH* genannt werden, die selbst kein virtuelles Unternehmen ist, aber die oben angesprochenen Dienstleistungsprofile zur Verfügung stellt.[24]

4. Dauerhafte virtuelle Unternehmen mit Zentrale

In dieser Fallgruppe verbleiben einige oder alle Kerngeschäfte wie Entwicklung, Design, Marketing und Finanzen in einer Zentrale, welche die übrigen Unternehmensbereiche an verschiedene Unternehmen überträgt und deren Tätigkeiten koordiniert. Alle in diesem Verbund beteiligten Unternehmen stehen durch modernste Informations- und Kommunikationstechnik in ständigem Kontakt und stimmen ihre Tätigkeiten aufeinander ab. Diese Form des virtuellen Unternehmens entwickelt sich meist schrittweise aus Gründen der Portfoliobereinigung.

Die Formen der Zusammenarbeit können sich bis zu einem virtuellen Unternehmen entwickeln. Die Zentrale fungiert als Koordinator der vielfältigen Beziehungen zwischen Lieferanten, Kunden, anderen Dienstleistern und denjenigen Wettbewerbern, die ihre Kernkompetenzen vereinen, um ein Produkt herzustellen. Die Unternehmen bleiben häufig in unterschiedlicher Weise auch nach Abschluss einzelner Projekte mit der Zentrale verbunden. Dieser Typ des virtuellen Unternehmens ist auf langfristige Kooperation in einer starreren Form als bei den ersten drei genannten Typen ausgelegt, da die Partner nicht so schnell wechseln.

Ein Beispiel hierfür ist die *Puma AG*. Sie existiert als virtuelles Unternehmen seit 1993. Während man das Kerngeschäft Entwicklung, Design und Marketing im eigenen Haus beließ, wurden alle übrigen Funktionen

---

[22] Siehe gleich unter „4. Dauerhaftes Virtuelles Unternehmen mit Zentrale".
[23] S.a. www.pumabiz.com (unter dem Menü „Investor relations" das Untermenü „company overview" der Punkt „corporate mission").
[24] S.a. www.teamdesign.de.

auf ungefähr 80 Firmen rund um den Globus ausgelagert. Bei *Puma* aber ist ein Umbruch in der Organisationsstruktur in Planung.[25] Auch *IBM* gehört zu dieser Form des virtuellen Unternehmens, bei dem z.B. die Distribution von IBM-Produkten zunehmend von Partner-Unternehmen übernommen wird. *IBM* bietet mit seinen Partnerfirmen aber auch einen 24-Stunden-Service für den neuen E-Commerce-Sektor, Schulungen, Marketingaktivitäten etc.[26] Ein weiteres Beispiel ist *Lewis Galoob Toys*. In diesem Netzwerk beschränkt sich *Galoob* auf die strategische Führung, während Produktion, Distribution, Finanzbuchhaltung etc. von selbstständigen Dienstleistern ausgeführt werden.[27]

5. Ergebnis

Die vorgestellten virtuellen Unternehmen stehen exemplarisch für die große Vielfalt von Erscheinungsformen, die unter dem Oberbegriff zusammengefasst werden. Zudem handelt es sich nur um typisierte Modelle, zwischen denen die Grenzen fließend sind. So können beispielsweise auch bei dem Typus des dauerhaften virtuellen Unternehmens ohne zentrales Management einzelne Dienstleistungsprofile auftauchen.

Es ist ferner anzumerken, dass sich die vorgestellten Phasen der Entwicklung als eine Art Evolutionsbaum darstellen lassen. Grundlage vieler virtueller Unternehmen ist zunächst eine spontane und flüchtige Organisation, die schließlich im dritten Typ (dauerhaftes virtuelles Unternehmen mit Koordinator) gipfeln kann.

IV. Die rechtliche Betrachtung des virtuellen Unternehmens

1. Virtuelles Unternehmen als Gesellschaft bürgerlichen Rechts

a) Erscheinungsformen

Im Rahmen der rechtlichen Einordnung virtueller Unternehmen stellt sich die Frage, ob die beteiligten Unternehmen sich zu einer Gesellschaft zusammenschließen. Als denkbare Gestaltungsform kommt dabei die Gesellschaft bürgerlichen Rechts (GbR) i.S.d. §§ 705 ff. BGB in Betracht.[28] Wie alle Personengesellschaften beruht die GbR auf einem Vertrag, der auch formfrei oder sogar stillschweigend abgeschlossen werden kann.[29] Auf das Bewusstsein der Beteiligten, eine Gesellschaft zu gründen, kommt

---

[25] S.o. www.pumabiz.com.
[26] S.a. www.ibm.com.
[27] S.a. www.galoob.com.
[28] Zum Entstehen einer OHG s. unten IV. 2. b) bb).
[29] *Grunewald*, Gesellschaftsrecht, 3. Aufl. 1999, 1. A. Rdnr. 3; *Kraft/Kreutz*, Gesellschaftsrecht, 11. Aufl. 2000, S. 99 f.; *Kübler*, Gesellschaftsrecht, 5. Aufl. 1998, § 6 I 1 b; Jauernig/*Stürner*, BGB, 9. Aufl. 1999, § 705 Rdnr. 17.

es nicht an. So wurde von der Rechtsprechung die Absicht gemeinsamer Wertschöpfung als ausreichend angesehen.[30] Zwar wird bei virtuellen Unternehmen häufig kein gesamthänderisch gebundenes Vermögen gebildet; dies verhindert die Annahme einer GbR aber grundsätzlich nicht.[31] Eine GbR kann in Form einer Gelegenheitsgesellschaft vorliegen, die zur gemeinsamen Durchführung eines einzelnen Geschäftsvorhabens bzw. einer konkreten Einzelaufgabe, deren Umfang die Möglichkeiten eines einzelnen Unternehmens übersteigt, gegründet wird.[32] Eine gewisse Vergleichbarkeit ist zwischen bestimmten Erscheinungsformen virtueller Unternehmen und Arbeitsgemeinschaften im Baugewerbe (Arge) herzustellen. Die Arge ist ein Zusammenschluss rechtlich selbständiger Unternehmen zur Erbringung einer einzigen Werkleistung oder einer begrenzten Zahl von Werkleistungen.[33] Die Arge ist als „Unternehmen auf Zeit" zwischen Unternehmen und Unternehmenskooperation anzusiedeln. Arbeitsgemeinschaften von selbständigen Bauunternehmen zur Durchführung eines gemeinsamen Auftrags sind als GbR eingestuft worden.[34] Keine Vergleichbarkeit zwischen Arge und virtuellen Unternehmen besteht in den Fällen, in denen das virtuelle Unternehmen für eine unbestimmte Anzahl von Projekten gegründet wurde.

Im Gegensatz zur Körperschaft kann die GbR als Personengesellschaft eine reine Innengesellschaft sein, die nach dem Willen der Gesellschafter nach außen nicht in Erscheinung tritt, was bei Gelegenheitsgesellschaften häufig der Fall sein kann. Führt die Interaktion zwischen den Parteien des virtuellen Unternehmens nicht zu einem nach außen in Erscheinung tretenden einheitlichen System, kann eine Innengesellschaft vorliegen.[35] Da das einheitliche Auftreten gegenüber Kunden und Lieferanten aber gerade angestrebt wird, ist die reine Innengesellschaft nur in Ausnahmefällen anzutreffen. Daneben kann die GbR auch dafür verwendet werden, eine längerfristige Kooperation von Unternehmen zu organisieren.[36] Häufig schließen sich Partner auch zusammen, um bestimmte unternehmerische Teilfunktionen gemeinsam auszuüben.[37]

---

[30] *BGH*, NJW 1997, 3371 (3372).
[31] *BGH*, WM 1965, 793 f.; BGHZ 12, 308 (314 ff.) = NJW 1954, 1159, 1160; *Ulmer*, in: MüKo-BGB, 3. Aufl. 1997, § 705 Rdnr. 209 u. 221 ff.; *Kraft/Kreutz* (o. Fußn. 29), S. 110 f.; vgl. auch *Grunewald* (o. Fußn. 29), 1. A. Rdnr. 107. A.A. *K. Schmidt*, Gesellschaftsrecht, 3. Aufl. 1997, § 58 II 2.
[32] *Eisenhardt,* Gesellschaftsrecht, 8. Aufl. 1999, Rdnr. 38; *Kraft/Kreutz* (o. Fußn. 29), S. 97; *K. Schmidt*, (o. Fußn. 31), § 58 III 6.
[33] *K. Schmidt* (o. Fußn. 31), § 58 III 3; Palandt/*Sprau*, BGB, 59. Aufl. 2000, § 705 Rdnr. 37; *Ulmer* (o. Fußn. 31), Vor § 705 Rdnr. 30.
[34] *BGH*, WM 1994, 237 (238); NJWRR 1993, 1443 f.; NJW 1989, 895 (986 f.) (Poolvertrag); *OLG Düsseldorf*, DB 1996, 2173.
[35] *Mankowski*, DB 1999, 1854 (1857).
[36] *K. Schmidt* (o. Fußn. 31), § 58 II 1; Palandt/*Sprau* (o. Fußn. 33), § 705 Rdnr. 36.
[37] *Eisenhardt* (o. Fußn. 32), Rdnr. 39.

b) Problematik des gemeinsamen Zwecks

Entscheidende Voraussetzung für das Vorliegen jedweder Form einer GbR ist das Bestehen eines gemeinsamen Zwecks, wobei es sich um einen erwerbswirtschaftlichen oder ideellen Zweck handeln kann.[38] Hierzu ist festzustellen, ob tatsächlich Zweckidentität besteht, also die Vertragsparteien einen gemeinsamen Zweck verfolgen, oder ob jedes Unternehmen nur seinen eigenen Zielen nachgeht.[39] In diesem Zusammenhang muss eine rechtliche Bindung gewollt sein, und es darf nicht lediglich eine unverbindliche Vereinbarung vorliegen.[40] Das wechselseitige Erbringen von Leistungen reicht als gemeinsamer Zweck nicht aus.[41] Mit der Zweckverfolgung korrespondiert die Förderungspflicht: Liegt ein gemeinsamer Zweck vor, hat jeder Gesellschafter entsprechende Förderungsbeiträge zu erbringen. Fehlt es hingegen am gemeinsamen Zweck, entfällt auch die wechselseitige Förderungspflicht; es liegt kein Gesellschafts-, sondern lediglich ein Austauschvertrag vor.[42]

Die Frage, ob bei virtuellen Unternehmen stets ein gemeinsamer Zweck vorliegt, lässt sich angesichts des breiten Spektrums der zum Teil sehr unterschiedlichen Erscheinungsformen dieser Unternehmensart nicht eindeutig und pauschal beantworten. Es ist vielmehr anhand der vorgestellten Modelle zu differenzieren: Beim spontanen und flüchtigen virtuellen Unternehmen steht zumeist die zeitlich begrenzte Kooperation zur Bearbeitung kurzfristiger Einzelprojekte im Vordergrund. So löst sich das virtuelle Unternehmen auf, ohne das die beteiligten Unternehmen eine weitere Kooperation bezüglich anderer Projekte vereinbaren. Es kann sich um eine Gelegenheitsgesellschaft handeln, die nur als Innengesellschaft besteht. Hierfür ist genau zu prüfen, ob die Partnerunternehmen, ungeachtet des gemeinsamen Interesses am Erfolg des Endprodukts, rechtlich und wirtschaftlich gleichgerichtete oder aber unterschiedliche Absichten verfolgen. So existieren Fälle, in denen der Initiator für das Gesamtsystem verantwortlich ist, während die jeweiligen Partnerunternehmen nur für ihr (Teil-)Produkt bzw. ihre Dienstleistung zuständig sind, ohne beispielsweise an der Planung oder Vermarktung beteiligt zu sein. Hier liegt allenfalls ein mittelbares wirtschaftliches Interesse am Erfolg des Endprodukts vor, dass für die Annahme eines gemeinsamen Zweckes nicht ausreicht.[43]

---

[38] *Grunewald* (o. Fußn. 29), 1. A. Rdnr. 5; *Kraft/Kreutz* (o. Fußn. 29), S. 107; *Kübler* (o. Fußn. 29), § 6 I 1 c.
[39] *Ballerstedt*, JuS 1963, 253 ff.; *K. Schmidt* (o. Fußn. 31), § 59 I 3.
[40] Vgl. BGHZ 39, 156 (158); *Kraft/Kreutz* (o. Fußn. 29), S. 109.
[41] *Böhmer*, JZ 1994, 982 (989); Palandt/*Sprau* (o. Fußn. 33), § 705 Rdnr. 20.
[42] *Lange*, Das Recht der Netzwerke. Moderne Formen der Zusammenarbeit in Produktion und Vertrieb, 1998, Rdnr. 926; *Kübler* (o. Fußn. 29), § 6 I 1 d.
[43] Zur vergleichbaren Problematik bei just-in-time-Zulieferprozessen siehe: *Lange* (o. Fußn. 42), Rdnr. 957–966; *Martinek*, Moderne Vertragstypen III. Computerverträge, Kreditkartenverträge sowie sonstige moderne Vertragstypen, 1993, S. 297 ff.; *Sa-*

In einem virtuellen Unternehmen, das in Form einer virtuellen Fabrik existiert, können beispielsweise die beteiligten Partnerunternehmen ungeachtet des gemeinsamen wirtschaftlichen Interesses am florierenden Absatz des Endprodukts rechtlich sehr unterschiedliche Absichten verfolgen. Dies gilt vor allem dann, wenn es sich bei ihnen um selbständige Unternehmen handelt, die zeitlich begrenzt miteinander kooperieren und in einem Netzwerk auf unterschiedlichen Stufen der Wertschöpfung stehen. Ist der Initiator für das Gesamtsystem verantwortlich, hat der einzelne Lieferant keinen Einfluss auf Vertrieb, Service, Gestaltung des Endpreises oder Marketing. Bei ihm liegt wiederum allenfalls ein für die Annahme eines gemeinsamen Zwecks nicht ausreichendes mittelbares wirtschaftliches Interesse am Erfolg des Endprodukts vor.[44] In der virtuellen Fabrik wird schließlich keine Treuepflicht geschuldet, sondern korrektes Verhalten im Sinne der geschuldeten Leistung.

Unter Umständen fällt das gerade gewonnene Ergebnis jedoch anders aus, wenn die beteiligten Unternehmen nicht auf unterschiedlichen Stufen der Wertschöpfung stehen, sich aber dennoch in ihren Kernkompetenzen ergänzen. Das virtuelle Unternehmen ist in diesem Fall hinsichtlich seiner Steuerungsform polyzentrisch organisiert. So kann eine GbR entstehen, wenn die beteiligten Unternehmen gemeinsam die Ausweitung bestehender und die Erschließung neuer Markt- bzw. Geschäftsfelder anstreben. Entscheidend ist, ob sie einen über den mittelbaren wirtschaftlichen Erfolg des Endprodukts hinausreichenden Zweck verfolgen. Dieses gemeinsame Ziel kann einen gemeinsamen Zweck i. S. d. § 705 BGB darstellen.

Wiederum anders kann die Frage nach der GbR bei einer dauerhaften Zusammenarbeit mittels einer festen Organisation (Koordinator oder Zentrale) beurteilt werden. So kann zwischen den am virtuellen Unternehmen beteiligten Unternehmen eine GbR auch dadurch entstehen, dass sie sich auf das Entstehen einer festen Organisation verständigen. Für die Beantwortung der Frage, ob eine GbR zwischen den am virtuellen Unternehmen beteiligten Partnern vorliegt, ist in diesem Zusammenhang die Tatsache bedeutsam, ob das Innenverhältnis durch eine Über- bzw. Unterordnung mit entsprechenden Weisungsbefugnissen des einen Vertragspartners gekennzeichnet ist. Dann ist das Vorliegen einer GbR regelmäßig zu verneinen. Wirken die Beteiligten hingegen gleichberechtigt zusammen, wobei als Indizien Entscheidungs- und Widerspruchsrechte der Beteiligten in Bezug auf das konkrete Projekt dienen können,[45] kann eine GbR vorliegen. Der Koordinator bzw. die Zentrale fungiert dann nur als Arbeitseinheit bzw. gemeinsame Organisation.

---

xinger, Zulieferverträge im deutschen Recht, 1993, S. 148; *Wellenhofer-Klein*, Zulieferverträge im Privat- und Wirtschaftsrecht, 1999, S. 166 ff.
[44] *Lange*, BB 1998, 1165 (1166).
[45] Vgl. *Ulmer* (o. Fußn. 31), Vor § 705 Rdnr. 87, zur Abgrenzung gegenüber einem Dienstvertrag.

c) Förderungspflicht

Weitere Bedingung für die Qualifizierung als GbR ist die Pflicht jedes Gesellschafters, den gemeinsamen Zweck durch einen eigenen Beitrag zu fördern, § 705 BGB.[46] Die überwiegend einseitige Zuweisung von Förderungspflichten kann daher kein Gesellschaftsverhältnis begründen. Das Interesse am Erfolg des Endprodukts begründet kein gesellschaftsrechtlich relevantes Förderungsinteresse, sondern ist Ausdruck der vertraglichen Ausrichtung auf den Abnehmer. Die mittelbare Abhängigkeit des Lieferunternehmens vom Markterfolg des Endprodukts führt zwar zu einer wirtschaftlichen, nicht jedoch zu einer rechtlichen Verbundenheit im virtuellen Unternehmen. Das Vorliegen eines solchen mittelbaren wirtschaftlichen Zwecks ohne gemeinsame Förderungspflicht reicht für die Begründung einer Gesellschaft nicht aus.[47]

d) Folgen der Annahme einer GbR

Handelt es sich bei einem virtuellen Unternehmen um eine GbR, entstehen vielfältige Folgeprobleme, von denen die Geschäftsführungsbefugnis und die Vertretungsmacht besonders herausgearbeitet werden sollen. Gem. § 709 Abs. 1 BGB steht die Geschäftsführung, d.h. die auf die Verfolgung des Gesellschaftszwecks gerichtete Tätigkeit, allen Gesellschaftern gemeinsam zu (Gesamtgeschäftsführung).[48] Dies bedeutet, dass für jedes Geschäft die Zustimmung aller Gesellschafter erforderlich ist. Mit dieser Regelung ist eine mit der Idee virtueller Unternehmen nicht zu vereinbarende Schwerfälligkeit verbunden, weshalb die am virtuellen Unternehmen beteiligten Partner eine abweichende Regelung treffen sollten, was angesichts der Dispositivität der §§ 709 – 711 BGB grundsätzlich möglich ist. Dies kann nicht nur durch eine ausdrückliche Abrede geschehen, sondern auch stillschweigend oder konkludent durch die konkrete Aufgabenteilung innerhalb des virtuellen Unternehmens.

Damit für das virtuelle Unternehmen wirksam gehandelt werden kann, muss dem handelnden Gesellschafter Vertretungsmacht eingeräumt werden. Grundsätzlich fällt die Vertretungsmacht mit der Geschäftsführungsbefugnis zusammen, § 714 BGB, so dass entsprechend §§ 709 Abs. 1, 714 BGB Gesamtvertretungsmacht besteht.[49] Beim virtuellen Unternehmen kann aber der Wunsch entstehen, die Geschäftsführungsbefugnis und die Vertretungsrechte auf Dritte zu übertragen, die nicht Gesellschafter sind. Dies wird vor allem beim dauerhaften virtuellen

---

[46] *Grunewald* (o. Fußn. 29), 1. A. Rdnr. 8; *K. Schmidt* (o. Fußn. 31), § 59 I 4; *Ulmer* (o. Fußn. 31), § 705 Rdnr. 120 f.
[47] *Kübler* (o. Fußn. 29), § 6 I 1 d; Jauernig/*Stürner* (o. Fußn. 29), §§ 709–713 Rdnr. 2.
[48] *Eisenhardt* (o. Fußn. 32), Rdnr. 62 ff.; *Grunewald* (o. Fußn. 29), 1. A. Rdnr. 36; *Kraft/Kreutz* (o. Fußn. 29), S. 118.
[49] *Grunewald* (o. Fußn. 29), 1. A. Rdnr. 51; *Kraft/Kreutz* (o. Fußn. 29), S. 136; *Kübler* (o. Fußn. 29), § 6 III 2.

Unternehmen mit Koordinator bedeutsam, bei denen letzterer die verschiedenen Dienstleistungsprofile Geschäftsführungsaufgaben übernehmen soll.

Bei Personengesellschaften wie der GbR gilt der Grundsatz der Selbstorganschaft, wonach zumindest ein zur Geschäftsführung und Vertretung berufener Gesellschafter unbeschränkt geschäftsführungs- und vertretungsbefugt sein muss.[50] Unzulässig ist demnach, gesellschaftsvertraglich alle Gesellschafter von der Geschäftsführung auszuschließen, und einem Nichtgesellschafter das gesellschaftsrechtliche (mitgliedschaftsrechtliche) Recht und die Pflicht zur Geschäftsführung und/oder Vertretung zu übertragen.[51] Entsprechendes gilt für die Vertretung der Gesellschaft.

Dieser Grundsatz würde durch die ausschließliche Übertragung der Geschäftsführungsbefugnis und der Vertretungsmacht auf einen Dritten verletzt. Eine Drittorganschaft ist mit dem Wesen der Personengesellschaft nicht zu vereinbaren, denn es besteht eine zwingende Verbindung zwischen Mitgliedschaft und Geschäftsführung, die zur einsatzbereiten und verantwortungsbewußten Geschäftsleitung führt. Für das Verbot der Drittorganschaft wird ferner ins Feld geführt, dass die Koppelung von Unternehmensleitung und persönlicher Haftung anderweitige Kontrollmechanismen überflüssig macht. Gegen eine Drittorganschaft spricht schließlich das Verbot der Abspaltung einzelner Mitverwaltungsrechte von der Gesellschafterstellung, s.a. § 717 BGB.[52] Zu beachten ist aber, dass man die Begründung gesellschaftlicher Mitverwaltungsrechte auch auf anderem Wege herbeiführen kann. So enthalten die §§ 705 ff. BGB kein generelles Verbot von gesellschaftlichen Mitverwaltungsrechten Dritter. Daher kann auch bei der GbR eine unechte Gesamtvertretung möglich sein, wobei die Stellung des Dritten als (Mit-)Geschäftsführer widerruflich auszugestalten ist. Bei diesem Dritten muss es sich nicht zwingend um einen Prokuristen handeln. Es ist nicht ausgeschlossen, einem Dritten dienstvertraglich mit umfassenden Geschäftsführungsaufgaben zu betrauen und mit weitreichenden Vertretungsvollmachten auszustatten, die über den Umfang einer Prokura weit hinausgehen.[53]

e) Ergebnis

Die Frage, ob ein virtuelles Unternehmen als Gesellschaft bürgerlichen Rechts anzusehen ist, lässt sich weder pauschal verneinen noch einfach

---

[50] *BGH*, WM 1994, 237 (238); *Kübler* (o. Fußn. 29), § 6 III 1 b; *Ulmer* (o. Fußn. 31), § 709 Rdnr. 5: kritisch *Grunewald* (o. Fußn. 29), 1. A. Rdnr. 41 ff. u. 51 ff.
[51] *BGH*, DB 1982, 218 f.; BGHZ 51, 198 (199 f.); 41, 367 (369); 36, 292; 33, 105 (108).
[52] *BGHZ*, 41, 367 (369); 36, 292 ff.; zur Unzulässigkeit der Übertragung der Vertretungsmacht auf Dritte auch *Ulmer* (o. Fußn. 31), § 705 Rdnr. 5.
[53] *BGH*, WM 1994, 237 (238); BGH DB 1982, 846 f.

bejahen.⁵⁴ Es kommt vielmehr auf die konkrete Ausgestaltung im Einzelfall an. Je spontaner und flüchtiger das virtuelle Unternehmen organisiert ist, je weniger die Unternehmen über den eigenen wirtschaftlichen Erfolg hinaus einen gemeinsamen Zweck verfolgen, desto unwahrscheinlicher ist das Vorliegen einer GbR. Fehlt es an einer zentralen Verwaltung und wechseln die beteiligten Partner regelmäßig, wird ebenfalls keine GbR vorhanden sein. Umgekehrt ist das Vorliegen einer GbR, und sei es nur als Innengesellschaft, wahrscheinlich, je mehr feste Strukturen ausgebildet werden. Virtuelle Unternehmen können im Einzelfall mit einer Arge vergleichbar sein, was die Anwendung der entsprechenden Grundsätze nahelegt.⁵⁵

Diese knappen Ausführungen sollen nicht darüber hinwegtäuschen, dass das Gesellschaftsrecht mit virtuellen Organisationen Schwierigkeiten hat. An die Stelle von starren Unternehmenshierarchien treten dezentrale, modulare Gebilde, die von Autonomie, Kooperation und indirekter Führung geprägt sind. Mit der wesentlich intensiveren Einbeziehung Dritter in die Projektrealisierung verschwimmen die bekannten Unternehmensgrenzen zunehmend. Virtuelle Unternehmen gestalten flexibel und bedürfnisabhängig Netzwerke, in denen sie mit vor- und nachgelagerten Partnern zumeist für bestimmte Projekte und zeitlich befristet zusammenarbeiten. Daneben muss die Möglichkeit des laufenden Partnerwechsels gewährleistet sein. Hierauf muss das Gesellschaftsrecht die passenden Antworten erst noch finden.

2. Virtuelles Unternehmen und die Anwendung des Handelsrechts

Bei neuen Erscheinungsformen des Wirtschaftslebens wie den virtuellen Unternehmen stellt sich unwillkürlich die Frage nach der Anwendbarkeit des bekannten und bewährten Rechtssystems. Damit etwa das Handelsrecht anwendbar ist, muss man das virtuelle Unternehmen als Kaufmann i. S. d. HGB qualifizieren können. Wer Kaufmann ist, bestimmt sich nach § 1 Abs. 1 HGB. Kaufmann ist danach derjenige, der ein Handelsgewerbe betreibt; man spricht vom sog. materiellen Kaufmannsbegriff.

a) Der Begriff des Handelsgewerbes

Unter einem Handelsgewerbe ist jeder Gewerbebetrieb größeren Umfangs zu verstehen, § 1 HGB.

aa) Gewerbebegriff

Obwohl der Gewerbebegriff in einigen Gesetzen verwendet wird (vgl. etwa § 1 GewO, § 15 EStG), existiert keine einheitliche Legaldefinition.

---

⁵⁴ Zu ungenau daher *Müthlein*, HMD 185 (1995), 68 (70).
⁵⁵ Grundsätzlich enger hingegen *Scholz* (o. Fußn. 3), S. 2932, der davon ausgeht, dass das Virtuelle Unternehmen keine eigene Rechtsform hat.

Die ganz herrschende Meinung versteht unter einem Gewerbe im Handelsrecht die erkennbar plan- und berufsmäßig ausgeübte, selbstständige, aber nicht freiberufliche Tätigkeit.[56] Umstritten ist dabei lediglich, ob zusätzlich eine Gewinnerzielungsabsicht verlangt wird[57] oder ob auf eine entgeltliche Tätigkeit am Markt abzustellen ist.[58] Nicht einheitlich fällt das Meinungsbild auch bei der Frage aus, ob die Tätigkeit rechtlich zulässig sein muss.[59]

Plan- und berufsmäßig ist die entsprechende Tätigkeit, wenn sie auf eine gewisse Dauer angelegt[60] und auf eine unbestimmte Vielzahl von Geschäften als Ganzes ausgerichtet ist.[61] Dabei muss sich die Absicht des Handelnden auf eine Vielzahl von als Ganzes gedachten Geschäften beziehen, und dies muss Dritten gegenüber erkennbar hervortreten. Es ist nicht erforderlich, dass die Geschäftstätigkeit auf unbegrenzte Zeit angelegt ist, d. h. sie kann von vornherein befristet sein.[62] Ein Gewerbe i. S. v. § 1 HGB setzt die rechtliche Selbständigkeit seines Inhabers voraus. Selbständig ist derjenige, der seine Tätigkeit wesentlich frei gestalten und seine Arbeitszeit eigenverantwortlich bestimmen kann. Hierbei ist auf die rechtliche und nicht auf die wirtschaftliche Unabhängigkeit abzustellen.[63] Bei der Tätigkeit darf es sich nicht um einen der sog. freien Berufe handeln.[64] Bei Mischtätigkeiten ist auf die typische Tätigkeit abzustellen.[65]

Ob ein Handelsgewerbe betrieben wird, hängt somit von der konkreten Tätigkeit des virtuellen Unternehmens ab und lässt sich nicht pauschal für jedes Unternehmen beantworten. Bei spontanen und flüchtigen virtuellen Unternehmen stellt sich überdies die Frage, ob die Tätigkeit mit einer gewissen Dauerhaftigkeit betrieben wird.

---

[56] *BGHZ* 83, 382 (386); *BGHZ* 74, 273 (276); *BGHZ* 49, 258 (260); *Canaris*, Handelsrecht, 23. Aufl. 2000, § 2 Rdnr. 2 – 12; *Roth*, in: Koller/Roth/Morck, HGB, 2. Aufl. 1999, § 1 Rdnr. 4.
[57] So die Rspr.: *BGHZ* 83, 382 (386); *BGHZ* 66, 48 (49); vgl. *Boos*, DB 2000, 1061 (1063).
[58] So die h.L.: *K. Schmidt*, HandelsR, 5. Aufl. 1999, § 9 IV 2 d; *Roth* (o. Fußn. 56), § 1 Rdnr. 10.
[59] Bejahend: *Ruß*, in: HK-HGB, 5. Aufl. 1999, § 1 Rdnr. 38. Verneinend: *K. Schmidt*, in: MüKo-HGB, 1996, § 1 Rdnr. 22. Einschränkend *Hopt*, Handelsrecht, 2. Aufl. 1999, § 1 Rdnr. 27.
[60] *BGH*, WM 1986, 1466 zu § 55 GewO; *BGH*, WM 1982, 1429 (1430) zu § 56 GewO; *Roth* (o. Fußn. 56), § 1 Rdnr. 7.
[61] *BGH*, NJW 1987, 184 zu § 55 GewO; *Hopt* (o. Fußn. 59), Rdnr. 18.
[62] *Brox*, Handels- und Wertpapierrecht, 14. Aufl. 1999, § 2 Rdnr. 20; *Ruß* (o. Fußn. 59), § 1 Rdnr. 30.
[63] *Nickel*, in: GK-HGB, 6. Aufl. 1999, § 1 Rdnr. 5; *K. Schmidt* (o. Fußn. 58), § 9 IV 2 a cc.
[64] *Hopt* (o. Fußn. 59), § 1 Rdnr. 3; *Roth* (o. Fußn. 56), § 1 Rdnr. 12 – 15.
[65] *Canaris* (o. Fußn. 56), § 2 Rdnr. 11; *Ruß* (o. Fußn. 59), § 1 Rdnr. 3; *K. Schmidt* (o. Fußn. 59), § 1 n. F. Rdnr. 30.

bb) Art und Umfang

§ 1 HGB knüpft in seinem Absatz 1 die Kaufmannseigenschaft an das Betreiben eines Handelsgewerbes. Handelsgewerbe ist nach Absatz 2 jeder Gewerbebetrieb, es sei denn, das Unternehmen erfordert nach Art und Umfang keinen in kaufmännischer Weise eingerichteten Gewerbebetrieb.[66] Nach dem eindeutigen Gesetzeswortlaut kommt es nicht auf das Vorhandensein, sondern nur auf die Erforderlichkeit der Einrichtungen an. Diese ergibt sich kumulativ aus Art und Umfang des Gewerbebetriebs. Während die Art des Unternehmens eher qualitative Merkmale des Geschäftsbetriebs betrifft,[67] bezieht sich das Merkmal des Umfangs des Unternehmens stärker auf quantitative Kriterien.[68]

Die Erforderlichkeit des kaufmännischen Gewerbebetriebs ergibt sich aus dem Zusammenspiel zwischen Art und Umfang. So reicht beispielsweise ein hoher Umsatz nicht aus, wenn die Art des Geschäftsbetriebs einfacher Natur ist.[69] Allerdings beeinflussen sich Art und Umfang des Geschäftsbetriebs wechselseitig, so dass sehr hohe Umsätze auf die Notwendigkeit einer kaufmännischen Organisation hindeuten. Entscheidend ist daher das Gesamtbild des Betriebs.[70] Je mehr Aufgaben von den Partnerunternehmen auf das virtuelle Unternehmen übertragen werden und je mehr feste Strukturen dabei entstehen, desto eher ist von einem nach Art und Umfang ausreichenden Gewerbebetrieb auszugehen. Übernimmt das virtuelle Unternehmen hingegen lediglich Hilfsfunktionen, für die eine kaufmännische Organisation nur unnötiger Ballast wäre, liegt diese Voraussetzung regelmäßig nicht vor.

Die Tätigkeitsfelder virtueller Unternehmen sind außerordentlich vielfältig. Auch der Umfang der erforderlichen Einrichtungen differiert stark. Dabei können im Einzelfall sämtliche der angesprochenen Voraussetzungen des § 1 HGB erfüllt sein, so dass auch ein virtuelles Unternehmen ein Handelsgewerbe i. S. d. § 1 HGB betreiben kann.

b) Träger der Kaufmannseigenschaft

Nicht geklärt ist damit jedoch, wem das so definierte Handelsgewerbe zuzuordnen ist; mit anderen Worten, wer als Träger der Kaufmannseigenschaft anzusehen ist. § 1 Abs. 1 HGB begrenzt die Kaufmannseigenschaft

---

[66] Mit der negativen Formulierung wurde die Darlegungs- und Beweislast klargestellt. Vgl. *Krebs*, DB 1996, 2013 (2015, 2018); *Lieb*, NJW 1999, 35 f.; *Nickel* (o. Fußn. 63), § 1 Rdnr. 20.
[67] Beispiele bei *Nickel* (o. Fußn. 63), § 1 Rdnr. 17; *Roth* (o. Fußn. 56), § 1 Rdnr. 44.
[68] *Canaris* (o. Fußn. 56), § 3 Rdnr. 8 – 10. Ausführlich *Kögel*, DB 1998, 1802 (1804 f.).
[69] OLG Celle, NJW 1963, 540 f.; *K. Schmidt* (o. Fußn. 59), § 1 n. F. Rdnr. 62; im Ergebnis ebenso: *Ruß* (o. Fußn. 59), § 1 Rdnr. 43.
[70] BGH, WM 1996, 194 (195); BayObLG, NJW 1985, 982 (983); OLG Celle, BB 1983, 658 mit Anm. *Raab*; OLG Frankfurt/Main, BB 1983, 335.

auf denjenigen, der ein Handelsgewerbe „betreibt". Betreiber des Handelsgewerbes und damit Kaufmann ist derjenige, der durch die im Betrieb abgeschlossenen Rechtsgeschäfte unmittelbar berechtigt oder verpflichtet wird.[71] Durch dieses Merkmal wird die Verbindung zwischen Handelsgeschäft und Inhaber hergestellt. Nur von untergeordnetem Interesse ist es hierbei, ob die am virtuellen Unternehmen beteiligten Partnerunternehmen jeweils ein eigenes Handelsgewerbe betreiben. Wenn feststeht, dass ein Handelsgewerbe betrieben wird, stellt sich vielmehr die ungleich spannendere Frage, ob das virtuellen Unternehmen selbst als Kaufmann anzusehen ist.

aa) **Natürliche und juristische Personen**

Als Träger der Kaufmannseigenschaft kommen natürliche und juristische Personen sowie – mit gewissen Einschränkungen Gesamthandsgemeinschaften – in Betracht. Zwar kann jeder Mensch Inhaber eines Handelsgewerbes sein, da er nach § 1 BGB rechtsfähig ist. Dies trifft aber für virtuelle Unternehmen allenfalls in der Erscheinungsform als dauerhaftes Unternehmen mit Koordinator zu. Selbst hier ist außerordentlich zweifelhaft, ob man das virtuelle Unternehmen dieser Person zuordnen kann. Diese Person müßte als Geschäfts- oder Unternehmensinhaber bzw. Unternehmensträger anzusehen sein; dazu müßte das Gewerbe in seinem Namen betrieben werden.[72] Eine solche Betrachtungsweise widerspräche der Aufgabe des Koordinators und dem Selbstverständnis der am virtuellen Unternehmen beteiligten Partner.

bb) **Personen(handels-)gesellschaften**

Haben die Unternehmen ein dauerhaftes virtuelles Unternehmen mit Zentrale gebildet, kann unter gewissen Umständen eine GbR vorliegen.[73] Wenn man dies bejaht, hätte dies erhebliche Konsequenzen, da eine GbR nicht Trägerin eines Handelsgewerbes sein kann. Ist der Zweck der GbR nämlich auf den Betrieb eines Handelsgewerbes unter einheitlicher Firma gerichtet, liegt eine OHG und keine GbR vor, § 105 Abs. 1 HGB. Vor In-Kraft-Treten des Handelsrechtsreformgesetzes[74] galt dies gem. § 4 Abs. 2 HGB a. F. nicht für das sog. minderkaufmännische Handelsgewerbe. In der Vergangenheit stellte sich daher die Frage, ob die GbR selbst als Betreiberin eines minderkaufmännischen Gewerbes angesehen werden konnte. Das Problem ist durch die Aufhebung des § 4 HGB nunmehr

---

[71] Nickel (o. Fußn. 63), § 1 Rdnr. 10; K. Schmidt (o. Fußn. 59), § 1 n. F. Rdnr. 32 u. 48.
[72] Nickel (o. Fußn. 63), § 1 Rdnr. 10; Roth (o. Fußn. 56), § 1 Rdnr. 17; Ruß (o. Fußn. 59), § 1 Rdnr. 2.
[73] Vgl. oben IV. 1.
[74] Gesetz zur Neuregelung des Kaufmanns- und Firmenrechts und zur Änderung anderer handels- und gesellschaftsrechtlicher Vorschriften vom 22.6.1998; BGBl. I 1998, S. 1474.

M. Virtuelle Unternehmen

entfallen. Ferner besteht nach der Neufassung des § 105 Abs. 2 HGB für eine Gesellschaft mit einem Kleingewerbe die Möglichkeit, durch Eintragung in das Handelsregister zur OHG zu werden. Mangels Eintragung im Handelsregister wird ein Fall des § 105 Abs. 2 HGB bei virtuellen Unternehmen regelmäßig nicht einschlägig sein. Es bleiben nach neuem Recht nur zwei Möglichkeiten: Entweder wird ein Handelsgewerbe betrieben, dann liegt eine OHG vor, die selbst Betreiberin und damit Kaufmann ist, oder das Unternehmen erfüllt schon nicht die Voraussetzungen eines Handelsgewerbes.[75]

Der OHG ist nach § 124 Abs. 1 HGB eine eigene, von derjenigen der Gesellschafter zu trennende Rechtsstellung zugewiesen. Sie kann daher Betreiberin eines Gewerbes sein, vgl. § 6 Abs. 1 HGB. Hierfür ist das Vorliegen eines Gesellschaftsvertrags zwischen mindestens zwei[76] unbeschränkt haftenden Gesellschaftern, § 128 HGB, erforderlich, dessen Zweck auf den Betrieb eines Handelsgewerbes gerichtet ist. Der Gesellschaftsvertrag ist ein Vertrag i. S. v. § 705 BGB;[77] der Vertragsschluss bedarf keiner gesonderten Form. Wiederum müssen sich die Parteien auf einen überindividuellen Verbandszweck geeinigt haben.[78] Nicht notwendig ist, dass die Gesellschafter gerade den Betrieb einer OHG gewollt haben.[79] Denn die OHG entsteht beim Betrieb eines Handelsgewerbes von selbst. Dies gilt sogar dann, wenn die Gesellschafter diese Rechtsform vermeiden wollten, da insofern Rechtsformzwang gilt.

§ 105 Abs. 1 HGB setzt voraus, dass das Unternehmen der Gesellschaft unter einer gemeinsamen Firma betrieben wird, ansonsten handelt es sich um eine stille Gesellschaft i. S. v. § 230 HGB. Die Gesellschaft entsteht selbst dann, wenn sich die Gesellschafter auf keine Firma geeinigt haben, aber nach außen als Gesellschaft auftreten wollen.[80] Gesellschafter können neben natürlichen Personen auch juristische Personen sein; eine OHG/KG kann Gesellschafterin an einer anderen OHG sein.

Tritt das virtuelle Unternehmen somit mehr oder weniger als einheitliches Gebilde nach außen auf, so ist es u. U. OHG und damit Kaufmann, mit allen daraus folgenden Pflichten und der unbegrenzten Haftung sämtlicher Gesellschafter. Ist das virtuelle Unternehmen hingegen im Verhältnis zu Dritten nicht einheitlich präsent oder besteht es nur sehr kurzfris-

---

[75] *Michalski*, OHG-Recht, 2000, § 105 Rdnr. 32; *K. Schmidt* (o. Fußn. 59), § 1 n. F. Rdnr. 42; vgl. ferner *ders.* (o. Fußn. 31), § 46 I 1 c.
[76] GK/*Ensthaler* (o. Fußn. 63), § 105 Rdnr. 8; *Michalski* (o. Fußn. 75), § 105 Rdnr. 6; *Stuhlfelner*, in: HK-HGB, 5. Aufl. 1999, E I vor § 105 Rdnr. 2. Kritisch hierzu *Baumann*, BB 1998, 231.
[77] *Hopt* (o. Fußn. 59), § 105 Rdnr. 1; *Koller* (o. Fußn. 56), § 105 Rdnr. 5.
[78] Zum gemeinsamen Zweck vgl. oben IV. 1. b).
[79] BGHZ 32, 307 (310); BGHZ 22, 240 (243 f.); *Hopt* (o. Fußn. 59), § 105 Rdnr. 10.
[80] *Hopt* (o. Fußn. 59), § 105 Rdnr. 8; *Koller* (o. Fußn. 56), § 105 Rdnr. 11; *Michalski* (o. Fußn. 75), § 105 Rdnr. 38.

tig, ist die Kaufmannseigenschaft des virtuellen Unternehmens regelmäßig zu verneinen. Hier sind dann gegebenenfalls die beteiligten Unternehmen als Kaufleute i. S. d. § 1 Abs. 1 HGB zu qualifizieren, wobei es sich auch um Formkaufleute gem. § 6 HGB handeln kann.

c) Ergebnis

Ein virtuelles Unternehmen kann Kaufmann sein und damit den Regelungen des HGB unterworfen sein. Dies hängt jedoch sehr stark von der Art und dem Umfang der Tätigkeiten sowie davon ab, ob es als einheitliches Gebilde nach außen auftritt. Je flüchtiger und spontaner das Unternehmen ausgestaltet ist, desto seltener wird das HGB anwendbar sein. Könnte man das Vorliegen einer Kaufmannseigenschaft oder gar einer OHG bejahen, hätte dies weitreichende Konsequenzen, deren sich die Akteure zumeist nicht bewußt sind. Hierzu zählen etwa die registerrechtlichen Vorgaben oder die Buchführungspflicht, § 238 HGB. Die mit der Einstufung als Handelsgeschäft verbundenen Risiken treffen vor allem solche virtuellen Unternehmen, die durch Dauerhaftigkeit und feste Organisationsstrukturen gekennzeichnet sind.

Handelt es sich um ein nahezu vollständig virtuelles Unternehmen, kann die Kaufmannseigenschaft niemandem mehr zugeordnet werden. Das Gewerbe wird virtuell betrieben und abgewickelt, ohne dass eine Person oder ein Unternehmen als Unternehmensträger identifiziert werden kann.[81]

3. Virtuelle Unternehmen und Kartellrecht

a) Kartellrechtliche Bedeutung virtueller Unternehmen

Die starke Nutzung des Internets durch Unternehmen soll nach einer verbreiteten Auffassung zu einer Erhöhung der Wettbewerbsintensität führen, da diese Unternehmen weltweit präsent sind und die Konsumenten die Möglichkeit haben, sich über das Angebot von Firmen weltweit und sofort ohne große Transaktionskosten informieren zu können. Hieraus könnte man schließen, dass virtuelle Unternehmen kartellrechtlich stets unbedenklich wären, da eine lokale Anbieter- bzw. Nachfragermacht nicht mehr entstehen kann. Auf Grund der geringen Kosten für Informationsbeschaffung wird sich nach dieser Auffassung die Markttransparenz für die Gegenseite erhöhen. Der Markt im Internet kommt so der Vision eines perfekten Marktes recht nahe. Internethandel und Internetkooperationen scheinen zu einem grenzenlosen Wettbewerb zu führen, bei dem hohe Marktanteile durch das Hinzutreten neuer Wettbewerber schnell wieder abgebaut werden können.

---

[81] Zur vergleichbaren Problematik der Arbeitgeberschaft s. *Mankowski*, DB 1999, 1854 (1857 f.).

Gegen eine solch pauschale Sichtweise lässt sich einwenden, dass eine Steigerung der Anzahl der Marktteilnehmer mit einem Absinken der Markttransparenz einhergeht. Die Gefahr des sog. information overflow wird durch die anarchistische Struktur des Internet zusätzlich verstärkt.[82] Virtuelle Unternehmen stellen eine besondere Form der Unternehmenskooperation dar. Die meisten Formen der Unternehmenszusammenarbeit sind dadurch gekennzeichnet, dass der Wettbewerb zwischen den beteiligten Unternehmen abnimmt. Kartellrechtlich bedenklich wird dies, wenn die Kooperation negative Folgen für Dritte hat – seien es Wettbewerber, seien es Verbraucher. Vor allem bei virtuellen Unternehmen besteht die Gefahr, dass Konkurrenten in Teilbereichen zusammenarbeiten und so den Wettbewerb für diesen Geschäftsbereich begrenzen, wenn nicht gar ausschließen.

Hinzu kommen missbräuchliche Praktiken derjenigen Unternehmen, die den Marktzugang im weitesten Sinne kontrollieren können. Hierzu zählen die Bereitstellung von Kapazitäten für die Übertragung von Daten oder netzspezifische Dienstleistungen wie etwa Suchmaschinen. Bei diesem „Wettbewerb um das Internet" ist die Missbrauchskontrolle besonders gefordert. Aufgabe der Kartellbehörden muss es daher sein, den durch das Internet gesteigerten Wettbewerb zu sichern und zu erhalten.

b) Anwendbarkeit des Kartellrechts

aa) Deutsches Kartellrecht

Das deutsche Kartellrecht enthält in § 130 Abs. 2 GWB eine spezielle Kollisionsnorm für Auslandssachverhalte.[83] Danach findet das Gesetz Anwendung auf alle Wettbewerbsbeschränkungen, die sich im Geltungsbereich des GWB auswirken, auch wenn sie außerhalb des Geltungsbereichs des Gesetzes veranlasst werden.[84] § 130 Abs. 2 GWB ist keine Sach-, sondern eine Kollisionsnorm, die den Anwendungsbereich des Gesetzes abgrenzt. Die Vorschrift geht dem allgemeinen Kollisionsrecht vor und hat zwingenden Charakter.[85] Unternehmen können daher wettbewerbsbeschränkende Absprachen mit Inlandsberührung nicht dadurch dem Anwendungsbereich des GWB entziehen, dass sie – unter Berufung auf die durch das allgemeine IPR grundsätzlich geschützte Privatautono-

---

[82] *Beck,* WuW 1999, 460 (461).
[83] *OLG Frankfurt/Main,* WRP 1992, 331 (332); *Bach,* WuW 1997, 291 ff.; *Bechtold,* GWB, 2. Aufl. 1999, § 130 Rdnr. 11.
[84] *Immenga,* in: MüKo-BGB, 3. Aufl. 1998, nach Art. 37 EGBGB Rdnr. 32; *Kegel/Schurig,* Internationales Privatrecht, 8. Aufl. 2000, § 23 V 5; *Lange* (o. Fußn. 42), Rdnr. 502. A.A. *Meessen,* ZHR 143 (1979), 272 (280 f.).
[85] *Immenga* (o. Fußn. 84), nach Art. 37 EGBGB Rdnr. 15; *Lange,* BB 1996, 1997 (1999); *Rehbinder,* in: Immenga/Mestmäcker, GWB, 2. Aufl. 1992, § 98 Abs. 2 Rdnr. 7, jew. m.w.N.

mie – die Absprache einem ausländischen Recht unterstellen.[86] Auf Sachverhalte ohne Inlandsauswirkung findet das GWB keine Anwendung.

bb) Europäisches Kartellrecht

Eine § 130 Abs. 2 GWB vergleichbare Regel enthält der EG-Vertrag ebensowenig wie die Fusionskontrollverordnung (FKVO[87]). Der räumliche Geltungsbereich des EG-Vertrags ist in Art. 299 EG geregelt. Allerdings ist zwischen dem räumlichen Geltungsbereich und dem sachlichen Anwendungsbereich des Vertrags zu unterscheiden. Der sachliche Anwendungsbereich der europäischen Wettbewerbsregeln wird durch Art. 299 EG nicht begrenzt. Bei der Anwendung des primären wie des sekundären Kartellrechts wird die Frage nach der extraterritorialen Anwendung aus den Sachnormen heraus entwickelt. Nach dem Wortlaut der Art. 81 und 82 EGV bzw. der FKVO findet keine Beschränkung des Anwendbarkeitsbereichs auf Unternehmen statt, die der Gemeinschaft angehören.[88] Die Frage nach der extraterritorialen Anwendung des EG-Kartellrechts wird daher nach den allgemeinen völkerrechtlichen Regeln gelöst. Dabei wird das Bestreben, eine möglichst weite Anwendung der Vorschriften zu erreichen, durch das Völkerrecht begrenzt, an das auch die Gemeinschaft gebunden ist.[89] Es gelten die Grundsätze, mit denen die Hoheitsgewalt der Völkerrechtssubjekte bestimmt werden. Werden kartellrechtlich relevante Handlungen innerhalb der Gemeinschaft vorgenommen, kann ein entsprechendes behördliches Vorgehen auf das Territorialitätsprinzip gestützt werden. Betätigen sich Unternehmen im Ausland an wettbewerbsbeschränkenden Praktiken, die ihren Sitz in der Gemeinschaft haben, kann aufgrund des Personalitätsprinzips eingeschritten werden. Nach dem Auswirkungsprinzip soll das EG-Kartellrecht anwendbar sein, wenn sich die im Ausland vorgenommene Handlung innerhalb der EG auswirkt.

c) Relevanter Markt

Um die Auswirkungen eines Kooperationsvorhabens feststellen und bewerten zu können, muss zunächst der Markt ermittelt werden, der durch

---

[86] *Rehbinder* (o. Fußn. 85), § 98 Abs. 2 Rdnr. 222; *Kegel/Schurig* (o. Fußn. 84), § 23 V 5.

[87] Verordnung (EWG) Nr. 4064/89 des Rates vom 21.12.1989 über die Kontrolle von Unternehmenszusammenschlüssen (ABl EG 1990 Nr. L 257, S. 14), berichtigt in ABl EG 1990 Nr. L 257, S. 13, abgeändert durch Verordnung (EG) Nr. 1310/97 des Rates vom 30.6.1997 zur Änderung der Verordnung (EWG) Nr. 4064/89 des Rates vom 21.12.1989 über die Kontrolle von Unternehmenszusammenschlüssen (ABl EG 1997 Nr. L 180, S. 1), berichtigt in ABl EG 1998 Nr. L 3, S. 16.

[88] Langen/*Bunte*, Kommentar zum deutschen und europäischen Kartellrecht, 7. Aufl. 1994, Einf. zum EG-Kartellrecht Rdnr. 36; *Gleiss/Hirsch*, Kommentar zum EG-Kartellrecht, 4. Aufl. 1993, Einl. B Rdnr. 27; *Meng*, in: v. d. Groeben/Thiesing/Ehlermann, EG-/EU-Vertrag, 5. Aufl. 1997, Extraterritoriale Anwendung des EU-Rechts Rdnr. 65.

[89] *EuGH*, Slg. 1972, 1219 (1227). Vgl. ferner *Horn*, ZIP 2000, 473 (479 f.).

M. Virtuelle Unternehmen

den konkreten Fall betroffen ist (sog. relevanter Markt). Unter Markt versteht man den Ort, wo sich mehrere Anbieter um dieselben Kunden oder mehrere Nachfrager um dieselben Anbieter bemühen. Der relevante Markt ist also derjenige Markt, auf dem sich das Verhalten der Unternehmen auswirkt. Auf diese Weise erhält man den Rahmen, in dem die Auswirkungen des virtuellen Unternehmens auf den Wettbewerb untersucht werden müssen.[90]

aa) Räumlich relevanter Markt

Der räumlich relevante Markt umfasst ein Gebiet, auf dem die betroffenen Unternehmen als Anbieter oder Nachfrager von Waren oder Dienstleistungen auftreten, in dem die Wettbewerbsbedingungen hinreichend homogen sind und das sich von den benachbarten Gebieten unterscheidet. Dies trifft insbesondere dann zu, wenn die in ihm herrschenden Wettbewerbsbedingungen sich von denen in den letztgenannten Gebieten deutlich unterscheiden. Bei dieser Beurteilung ist insbesondere auf die Art und die Eigenschaften der betreffenden Waren oder Dienstleistungen abzustellen, ferner auf das Vorhandensein von Zugangsschranken, auf Verbrauchergewohnheiten und auf das Bestehen erheblicher Unterschiede bei den Marktanteilen der Unternehmen. Nennenswerte Preisunterschiede zwischen dem betreffenden Gebiet und den benachbarten Gebieten müssen ebenfalls berücksichtigt werden.[91] Hierbei kommt es darauf an, den Markt so abzugrenzen, dass nur die tatsächlich miteinander austauschbaren Produkte bzw. Dienstleistungen erfasst werden. Man hat also festzustellen, in welchem geographischen Raum mit welcher genauen Ausdehnung sich diejenigen Unternehmen gegenüberstehen, die dem Verhalten bestimmter Marktteilnehmer wirksam Wettbewerb entgegensetzen können.[92]

bb) Virtuelle Märkte?

Sucht ein Unternehmen einen Partner zur Realisierung eines bestimmten Projekts, kann es theoretisch auf Firmen aus aller Welt zugreifen. Stellt das virtuelle Unternehmen Produkte her bzw. bietet es Dienstleistungen an, die via Internet weltweit angeboten werden, ist ebenfalls theoretisch die ganze Welt angesprochen. Es stellt sich die Frage, ob das World Wide Web als räumlich relevanter Markt einzustufen ist mit der Folge, dass stets der Weltmarkt betroffen ist. Es muss – mit anderen Worten – geprüft werden, ob sich die Marktabgrenzung durch das neue Medium verändert. Der pauschale Hinweis darauf, dass das Internet Angebot und Nachfrage weltweit kostengünstig verfügbar macht, reicht als Anwort nicht aus.

---

[90] Kommission, XXII. Bericht über die Wettbewerbspolitik 1992, Rdnr. 231. Ähnlich auch Kommission, XXI. Bericht über die Wettbewerbspolitik 1991, Anhang III A. 7.
[91] *Lange*, Räumliche Marktabgrenzung in der europäischen Fusionskontrolle, 1994, S. 65 ff. S. ferner *Emmerich*, Kartellrecht, 8. Aufl. 1999, § 18 5; *Rittner*, Wettbewerbs- und Kartellrecht, 5. Aufl. 1999, § 6 Rdnr. 52.
[92] Kommission, XXI. Bericht über die Wettbewerbspolitik 1991, Rdnr. 46.

Tatsache ist zwar, dass durch die Verwendung des Internets als Informations- und ggf. auch als Austauschplattform für Waren oder Dienstleistungen ein weltweiter Kundenkreis erschlossen werden kann. Dieses Zugriffspotenzial beantwortet aber noch nicht die Frage nach den geografisch gegebenen Ausweichmöglichkeiten der Marktgegenseite. So ist zu bedenken, dass gewisse Güter durch eine hohe Transportkostenempfindlichkeit gekennzeichnet sind, so dass sie nur über kurze Strecken transportiert werden können.[93] Die anfallenden Transportkosten und die Transportfähigkeit einer Ware können auch beim Handel über das Internet Marktabgrenzungskriterien darstellen. Dies gilt vor allem dann, wenn die im virtuellen Unternehmen auszutauschenden Produkte oder Dienstleistungen nicht über das Internet verschickt werden können. Zölle, Steuern und andere Importbeschränkungen spielen bei der Festlegung des räumlich relevanten Marktes ebenfalls eine wichtige Rolle; sie sind klassische Handelsbeschränkungen.[94] Der Handel im Internet kann diese Beschränkungen nur „umgehen", wenn das Produkt bzw. die Dienstleistung mittels Internet übersandt werden kann.

Die nationale Marktaufsicht und die Regulierung der Märkte für bestimmte Waren und Dienstleistungen behindert den grenzüberschreitenden Handel nach wie vor nicht unerheblich, was zu einer engen, meist nationalorientierten, Marktabgrenzung führt. Unter anderem kann es Unternehmen faktisch verwehrt sein, sich an einem virtuellen Unternehmen zu beteiligen. Beispielsweise bestehen für den Handel mit verschreibungspflichtigen Medikamenten in der Gemeinschaft erhebliche staatliche Reglementierungen.[95] So ist der Marktzutritt für Arzneimittel in Deutschland nur bei Vorliegen einer Zulassung durch das Bundesinstitut für Arzneimittel und Medizinprodukte zulässig. Ferner wäre der Internetversandhandel mit apothekenpflichtigen Arzneimitteln in Deutschland wegen des Versandverbots des § 43 Arzneimittelgesetz selbst dann unzulässig, wenn er durch eine Apotheke betrieben würde.

Die Frage nach der Spezifizierung oder der Standardisierung eines Produkts spielt für die räumliche Marktabgrenzung ebenfalls eine erhebliche Rolle. So kann die unterschiedliche Spezifizierung der Produkte zu einer engen Marktabgrenzung führen, vor allem, wenn diese dazu dienen, lokalen Besonderheiten entsprechen zu müssen.[96]

---

[93] *BGH*, NJW 1980, 1389; *Emmerich* (o. Fußn. 91), § 18 5.
[94] *Jickeli*, WuW 1992, 195 ff.; *Schultze*, Marktzutrittsschranken in der Fusionskontrolle, 1988, S. 89.
[95] KomE WuW/E EV 2089 ff. Rdnr. 11; KomE v. 10.6.1991, Az. IV/M.072, „Sanofi/Sterling Drug", Rdnr. 17–18. Ausführlich: *Koenig/Müller/Trafkowski*, EWS 2000, 97, 98 f.
[96] KomE ABl EG 1991, Nr. L 320, S. 26 = WuW/E EV 1701 Rdnr. 20–23; KomE WuW/E EV 1542 Rdnr. 17.

M. Virtuelle Unternehmen 193

World Wide Web ist kartellrechtlich nicht automatisch gleich Weltmarkt. Bei der Zusammenarbeit im virtuellen Unternehmen muss genau untersucht werden, welches Produkt bzw. welche Dienstleistung von welchem Unternehmen eingebracht werden soll. Aus der Sicht der Marktgegenseite ist zu prüfen, inwieweit die Waren oder Leistungen mit anderen austauschbar ist, bzw. auf welchem Gebiet die betroffenen Unternehmen als Anbieter oder Nachfrager von Waren oder Dienstleistungen auftreten. Trotz weltweiter Verfügbarkeit des Internets kann dieser geografische Raum relativ klein sein. Ein „elektronischer Marktplatz" vergrößert zwar den Kreis der Partner, Kunden und denjenigen der Konkurrenten, ist aber nicht per se ein weltweiter Marktplatz.[97]

d) Unternehmenskooperation als Wettbewerbsbeschränkung

aa) Kartellverbot

Die Zusammenarbeit zwischen selbständigen Unternehmen im virtuellen Unternehmen erfasst nahezu alle Unternehmensbereiche und kennt zahllose Erscheinungsformen. Auch Kooperationen im Internet in Form virtueller Unternehmen können als Kartelle identifiziert werden. Verstöße gegen Art. 81 Abs. 1 EG liegen insbesondere, wenn durch die Vertragsgestaltung der Aktionsradius der beteiligten Unternehmen gegenüber Dritten beeinträchtigt wird oder Dritte in ihren Handlungsmöglichkeiten gegenüber diesen Partnerunternehmen beschränkt werden. Je stärker die Marktpositionen des virtuellen Unternehmens ist, je länger die Laufzeit der Vereinbarung ist und je intensiver die Bindung ausfällt, desto eher liegt ein Verstoß gegen Art. 81 Abs. 1 EG vor. Daher sind vor allem Klauseln problematisch, in denen beteiligten Unternehmen untersagt wird, an Dritte zu liefern, oder ihre Arbeiten auf andere Weise zu verwerten.[98]

Solange Unternehmen ohne Wettbewerbsbeschränkungen kooperieren, stellt ihre Zusammenarbeit keinen Verstoß gegen das deutsche Kartellverbot des § 1 GWB dar. Überbetriebliche Kooperationen erzeugen regelmäßig wettbewerbspolitisch positive Wirkungen, wenn an ihnen kleine und mittlere Unternehmen beteiligt sind, sie zur Hebung der Leistungsfähigkeit beitragen und den Wettbewerb auf den betroffenen Märkten nicht nachhaltig beeinträchtigen.[99] Eine kartellrechtliche Relevanz erreicht die Zusammenarbeit jedoch, wenn sie die wettbewerbliche Handlungsfreiheit der beteiligten Unternehmen einschränkt. Einkaufskooperationen werden beispielsweise dann wettbewerbspolitisch begrüßt, wenn es

---

[97] So im Ergebnis für den Internet-Handel mit Arzneimitteln auch: *Koenig/Müller/Trafkowski* (o. Fußn. 95), S. 103 f.
[98] Vgl. etwa *Lange* (o. Fußn. 42), Rdnr. 1069–1072; ders. (o. Fußn. 44), S. 1169; *Nagel*, EG-Wettbewerbsrecht und Zulieferbeziehungen der Automobilindustrie, Gutachten im Auftrag der EG-Kommission, Brüssel, Luxemburg 1992, S. 51.
[99] Vgl. Bayerisches Staatsministerium für Wirtschaft, Verkehr und Technologie, Kooperation und Wettbewerb, 4. Aufl. 1996, S. 10.

durch sie kleinen und mittleren Unternehmen gelingt, strukturell bedingte Nachteile gegenüber Großunternehmen auszugleichen, indem sie ihr Einkaufsvolumen bündeln. Dies gilt grundsätzlich auch für Einkaufskooperationen im Internet. Diese Form der Zusammenarbeit kommt auch den Verbrauchern zugute, da unterstellt wird, dass die erzielten Vorteile weitergegeben werden. Nach § 4 Abs. 2 GWB ist es möglich, Einkaufsgemeinschaften bzw. die gemeinsame Beschaffung von Dienstleistungen vom Kartellverbot freistellen zu lassen.[100]

Entscheidend ist somit nicht die Virtualität der Zusammenarbeit, sondern die konkrete Ausgestaltung der Kooperation. Hierbei muss im Einzelfall sehr genau untersucht werden, ob die Unternehmen miteinander im Wettbewerb stehen und ob ihre Kooperation den Wettbewerb beschränkt.

bb) Abgestimmte Verhaltensweise

Art. 81 EG und § 1 GWB enthalten das Verbot abgestimmter Verhaltensweisen. Der *EuGH* definiert die abgestimmte Verhaltensweise als „Form der Koordinierung zwischen Unternehmen (...), die zwar noch nicht bis zum Abschluss eines Vertrages im eigentlichen Sinne gediehen ist, jedoch bewußt eine praktische Zusammenarbeit an die Stelle des mit Risiken verbundenen Wettbewerbs treten lässt. Die aufeinander abgestimmten Verhaltensweisen erfüllen daher schon ihrem Wesen nach nicht alle Tatbestandsmerkmale einer Vereinbarung, sondern können sich insbesondere auch aus einer im Verhalten der Beteiligten zu Tage tretenden Koordinierung ergeben".[101]

Insbesondere die Zusammenarbeit im spontanen und flüchtigen virtuellen Unternehmen wird häufig nur geringe Auswirkungen auf den Wettbewerb haben. Aber auch in einem virtuellen Unternehmen können die beteiligten Partner ihr Verhalten abstimmen. Das Unternehmen kann sogar als Vehikel verwandt werden, um wettbewerbsbeschränkende Strategien zu etablieren. Entscheidend aus der Sicht des Kartellrechts ist dabei zunächst, ob es sich um Unternehmen handelt, die zueinander im Wettbewerb stehen. Ein abgestimmtes Verhalten kann ferner im Einzelfall nur schwer nachweisbar sein, da eine gleiche Reaktion von Wettbewerbern auch durch eine gleichartige Veränderung der Wettbewerbsbedingungen hervorgerufen sein kann. Das bewußte oder unbewußte Nachahmen und das gleichförmige Verhalten, wie sie insbesondere für eine oligopolistische Marktstruktur typisch sind, fallen nicht unter den Begriff der abgestimmten Verhaltensweise. Dies ist darauf zurückzuführen, dass die Gleichförmigkeit der Handlung nicht auf einer Abstimmung beruht, son-

---

[100] *Bechtold* (o. Fußn. 83), § 4 Rdnr. 5; Wiedemann/*Schroeder*, Handbuch des Kartellrechts, 1999, § 8 Rdnr. 78 f.
[101] *EuGH*, Slg. 1975, 1663, 1942 Rdnr. 26; *Roth/Ackermann*, in: Frankfurter Kommentar zum GWB, Stand Nov. 1999, Grundfragen Art. 81 EG-Vertrag Rdnr. 114.

M. Virtuelle Unternehmen

dern auf der Marktstruktur. Vor allem das enge Oligopol, § 19 Abs. 2 GWB, ist durch das Fehlen von Innenwettbewerb geprägt. Die Marktteilnehmer sind sich ihrer wechselseitigen Abhängigkeit bewußt und verhalten sich daher gleichförmig (bewusstes Parallelverhalten). Dies gilt vor allem für Märkte, die durch eine große Transparenz gekennzeichnet sind. Im Internet kann es an einer solchen Transparenz fehlen, wenn sehr viele Anbieter bzw. Nachfrager auf dem relevanten Markt auftreten und so die Übersicht verloren geht. Das Internet als Kommunikationsmittel erleichtert informelle Treffen und Absprachen.[102] Damit wird es den Kartellbehörden zusätzlich erschwert, den erforderlichen Nachweis zu führen. Allerdings dürften nur wenige Anbieter in der Lage sein, durch abgestimmte Verhaltensweisen den Wettbewerb spürbar zu beschränken.

cc) Missbrauchskontrolle

Nach Art. 82 EG ist die missbräuchliche Ausnutzung einer beherrschenden Stellung durch ein oder mehrere Unternehmen mit dem Gemeinsamen Markt unvereinbar, soweit dies dazu führen kann, den Handel zwischen den Mitgliedstaaten zu beeinträchtigen. Die Vorschrift geht davon aus, dass das System unverfälschten Wettbewerbs durch die Ausnutzung einer wirtschaftlichen Machtstellung gefährdet werden kann.[103] Ein Unternehmen besitzt eine beherrschende Stellung, wenn es aufgrund seiner wirtschaftlichen Machtstellung in der Lage ist, die Aufrechterhaltung eines wirksamen Wettbewerbs auf dem relevanten Markt zu verhindern, da es sich gegenüber seinen Wettbewerbern, seinen Abnehmern und letztlich gegenüber den Verbrauchern in wesentlichem Umfang unabhängig verhalten kann.[104] Kommission und *EuGH* ermitteln das Vorliegen einer solchen Marktstellung mittels Gesamtbeurteilung sämtlicher relevanter Faktoren, wobei der Marktanteil des beherrschenden Unternehmens eine herausgehobene Rolle spielt.[105]

Die wichtigste Norm zur Beurteilung einer möglichen Diskriminierung und Behinderung ist im deutschen Recht § 20 GWB, der in zwei unterschiedliche Teile zerfällt. Während Absatz 1 das Diskriminierungsverbot für marktbeherrschende Unternehmen enthält, normiert Absatz 2 ein

---

[102] *Beck* (o. Fußn. 82), S. 462.
[103] S. nur Wiedemann/*de Bronett* (o. Fußn. 100), § 22 Rdnr. 2; *Rittner* (o. Fußn. 91), § 10 Rdnr. 109 f.; *Möschel*, in: Immenga/Mestmäcker EG-Wettbewerbsrecht, 1997, Art. 86 Abs. 1 Rdnr. 1–5; *Schröter*, in: v. d. Groeben/Thiesing/Ehlermann, EG-/EU-Vertrag, 5. Aufl. 1997, Art. 86 Rdnr. 17.
[104] *EuGH*, Slg. 1980, 3775, 3793 Rdnr. 26 = GRUR Int. 1981, 315 ff.; Slg. 1979, 461, 520 Rdnr. 38; Slg. 1978, 207, 286; Langen/*Dirksen*, KartR, 7. Aufl. 1994, Art. 86 EGV Rdnr. 11 ff.
[105] *EuGH*, Slg. 1975, 1663, Rdnr. 379–380; Wiedemann/*de Bronett* (o. Fußn. 100), § 22 Rdnr. 19; ausführlich zur Marktstrukturanalyse: *Möschel* (o. Fußn. 103), Art. 86 Abs. 1 Rdnr. 74 ff.

Diskriminierungsverbot für sog. marktstarke Unternehmen. Gerade die letztgenannte Vorschrift führt zu einem weiten Anwendungsbereich des deutschen Diskriminierungsverbots und findet im europäischen Kartellrecht keine Entsprechung.

Das Verbot des Art. 82 EG erfasst die Verhaltensweisen eines Unternehmens in beherrschender Stellung, die die Struktur eines Marktes beeinflussen können, auf dem der Wettbewerb gerade wegen der Anwesenheit des fraglichen Unternehmens bereits geschwächt ist. Gleichzeitig muss die Aufrechterhaltung des auf dem Markt noch bestehenden Wettbewerbs oder dessen Entwicklung durch die Verwendung von Mitteln behindert werden, welche von den Mitteln eines normalen Produkt- oder Dienstleistungswettbewerbs auf der Grundlage der Leistungen der Marktbürger abweichen.[106] Die Missbräuchlichkeit wird ermittelt, indem man eine umfassende Güter- und Interessenabwägung unter besonderer Berücksichtigung der wettbewerblichen und wirtschaftlichen Auswirkungen der einzelnen Vertragsstrukturen vornimmt.

§ 20 GWB unterscheidet zwischen dem Verbot der Behinderung und dem Verbot der unterschiedlichen Behandlung. Allerdings ähneln sich die beiden Tatbestände stark und sind eng miteinander verknüpft. Aus diesem Grund trennt die Praxis in vielen Fällen nicht streng zwischen beiden Merkmalen und prüft häufig einen einheitlichen Diskriminierungstatbestand.[107] Der Begriff der Behinderung umfasst jede Beeinträchtigung der Aktionsmöglichkeiten eines anderen Unternehmens im Wettbewerb.[108] Das Verbot der Ungleichbehandlung schließlich untersagt es dem Normadressaten, wirtschaftlich gleichgelagerte Sachverhalte unterschiedlich zu behandeln.[109]

dd) Zusammenschlusskontrolle

Die FKVO gilt nach ihrem Art. 1 Abs. 1 für alle Zusammenschlüsse von gemeinschaftsweiter Bedeutung. Die Definition des Begriffs der gemeinschaftsweiten Bedeutung orientiert sich an Umsatzwerten. Gemäß Art. 21 Abs. 1 FKVO ist die Kommission ausschließlich zuständig für die Anwendung der Verordnung, sog. Ausschließlichkeitsprinzip.[110] Dane-

---

[106] *EuGH*, Slg. 1983, 3461, 3514; Slg. 1980, 3775, 3794 = GRUR Int. 1981, 315 ff.; Slg. 1979, 461, 552.
[107] *BGH*, WuW/E BGH 1530, 1531; *BGH*, WuW/E BGH 1429, 1431; *Bechtold* (o. Fußn. 83), § 20 Rdnr. 4; *Carlhoff*, in: Frankfurter Kommentar zum GWB, Stand Nov. 1999, § 26 a. F. Rdnr. 230.
[108] *BGHZ* 81, 322, 327 f.; *OLG Düsseldorf*, WuW/E OLG 2163; *Carlhoff* (o. Fußn. 107), § 26 a. F. Rdnr. 232; *Tetzner*, JZ 1977, 321 (324); *Wagner*, Die Fachhandelsbindung im deutschen und EWG-Recht, S. 109.
[109] *BGH*, WuW/E BGH 2483, 2490; *Bechtold* (o. Fußn. 83), § 20 Rdnr. 41; *Carlhoff* (o. Fußn. 107), § 26 a. F. Rdnr. 236.
[110] *Immenga*, in: Immenga/Mestmäcker EG-Wettbewerbsrecht, 1997, Art. 21 FKVO Rdnr. 1; *Langen/Löffler* (o. Fußn. 104), Art. 21 FKVO Rdnr. 4–5; *Wiedemann/Wagemann* (o. Fußn. 100), § 15 Rdnr. 7.

ben ist nach Art. 21 Abs. 2 UnterAbs. 2 FKVO das Wettbewerbsrecht der Mitgliedstaaten auf Zusammenschlüsse von gemeinschaftsweiter Bedeutung, Art. 1 und 2 FKVO, nicht anzuwenden. Diese ausschließliche Anwendbarkeit der FKVO gilt aber nur, wenn die Schwellenwerte des Art. 1 überschritten werden, darunter bleibt das nationale Kartellrecht grundsätzlich vollumfänglich anwendbar.[111]

Bei der Anwendung sowohl der deutschen als auch der europäischen Zusammenschlusskontrolle steht man vor der Schwierigkeit der sinnvollen Erfassung virtueller Kooperationen. Es stellt sich nämlich die Frage, ob Kooperationen auf Zeit als Zusammenschlüsse angesehen werden können. Hiergegen spricht vor allem, dass sich Kooperation zumeist auf bestimmte Geschäftsfelder beschränken, was sich mit dem Gedanken der Fusion nicht ohne Probleme verbinden lässt. Ernsthaft kommt die Anwendung von Zusammenschlusstatbeständen daher nur in Betracht, wenn die Zusammenarbeit in einem virtuellen Unternehmen langfristig angelegt ist und über eine sachlich begrenzte Kooperation hinausgeht.

Dies trifft vor allem auf Gemeinschaftsunternehmen zu. Sie unterliegen demnach im deutschen wie im europäischen Kartellrecht einer differenzierten Beurteilung. So werden konzentrative (Vollfunktions)Gemeinschaftsunternehmen mit gemeinschaftsweiter Bedeutung und kooperative (Vollfunktions)Gemeinschaftsunternehmen mit gemeinschaftsweiter Bedeutung nur nach der FKVO geprüft; letztere jedoch anhand der Kriterien des Art. 81 EG, Art. 2 Abs. 4 FKVO. Kooperative Teilfunktionsgemeinschaftsunternehmen mit gemeinschaftsweiter Bedeutung unterfallen dem Kartellverbot des Art. 81 EG i. V. m. VO Nr. 17.[112]

Seit der Mischwerke-Entscheidung des BGH[113] ist auch für das deutsche Recht geklärt, dass auf die Gründung eines Gemeinschaftsunternehmens sowohl das Kartellverbot als auch die Vorschriften der Fusionskontrolle Anwendung finden können. Eine Konzentration liegt vor, wenn das Gemeinschaftsunternehmen eine eigene unternehmerische Tätigkeit auf dem Markt ausübt.[114] Bewirkt das Gemeinschaftsunternehmen keine Koordination des Verhaltens der Muttergesellschaften – sog. konzentratives Gemeinschaftsunternehmen – ist § 1 GWB ausgeschlossen; es ist allein die Zusammenschlusskontrolle anzuwenden. In allen anderen Fällen wird eine Doppelkontrolle vorgenommen.

---

[111] 29. Erwägungsgrund der FKVO; *Albers*, CR 1990, 444, 449; *Ebenroth/Lange*, BB 1991, 845 (849 f.); *Mestmäcker*, in: Immenga/Mestmäcker, GWB, 2. Aufl. 1992, vor § 23 Rdnr. 91.
[112] Wiedemann/*Schroeder* (o. Fußn. 100), § 8 Rdnr. 19–20; vgl. ferner die Mitteilung der Kommission v. 2.3.1998 über die Beurteilung von Vollfunktionsgemeinschaftsunternehmen nach der Verordnung Nr. 4064/89 des Rates über die Kontrolle von Unternehmenszusammenschlüssen, Abl EG 1998, Nr. C 66, S. 1.
[113] *BGHZ* 96, 69 (77); vgl. ferner *BGH*, WRP 1998, 771 (774 f.).
[114] *Bechtold* (o. Fußn. 83), § 1 Rdnr. 45–46; GK-*Hootz*, 5. Aufl. 1999, § 1 Rdnr. 176–179.

Je mehr Funktionen von den Partnerunternehmen auf das virtuelle Unternehmen auf Dauer übertragen werden und je mehr feste und dauerhafte Strukturen es entwickelt, desto wahrscheinlicher ist das Vorliegen eines Gemeinschaftsunternehmens. Bei sich spontan bildenden virtuellen Unternehmen hingegen entsteht regelmäßig kein Gemeinschaftsunternehmen.

e) Ergebnis

Unternehmenskooperationen in Form virtueller Unternehmen stellen das Kartellrecht vor eine schwierige Aufgabe, der das bestehende Instrumentarium nicht in jedem Fall gewachsen ist. So sind grenzüberschreitende virtuelle Kooperationen nur begrenzt durch die einzelnen Nationalstaaten sanktionierbar. Auch wird der erforderliche Nachweis einer Wettbewerbsbeschränkung im Internet schwieriger. Virtuelle Unternehmen lassen zudem Unternehmensgrenzen verschwimmen. Partnerunternehmen und Konkurrent sind vielfach zumindest teilweise identisch. Schnell wechselnde und grenzüberschreitende Koalitionen sind vom Kartellrecht kaum zu fassen. Dabei stellt sich die grundlegende Frage, ob das kurzfristige Ausnutzen von Gewinnchancen mit einer Wettbewerbsbeschränkung gleichgesetzt werden kann.

V. Schluss

Von der Bezeichnung „virtuelles Unternehmen" wird keine genau abzugrenzende Unternehmensform erfasst. Vielmehr bezeichnet der Begriff eine Vielzahl von Erscheinungsformen, die dadurch gekennzeichnet sind, dass Unternehmen durch die Nutzung des Internets zur Kooperation entstehen. Dabei ist festzustellen, dass es das virtuelle Unternehmen nicht gibt. Auch die bislang vorgeschlagenen Definitionsversuche scheitern an dem großen Spektrum virtueller Unternehmen. Es ist daher unerläßlich, sich diesem Phänomen differenziert zu nähern.

Ebenso uneinheitlich wie die Erscheinungsformen des virtuellen Unternehmens ist dessen rechtliche Klassifizierung. Die Anwendung des Gesellschafts-, des Handels- und des Kartellrechts hängt in hohem Maße davon ab, welchen Unternehmenstypus man untersucht. Problematisch wird die rechtliche Beurteilung vor allem bei spontanen und flüchtigen virtuellen Unternehmen. Wegen des drohenden Wegfalls des Unternehmensträgers können zahlreiche Rechte und Pflichten nicht länger zugeordnet werden.

N. Rechtsfragen virtueller Unternehmensorganisation: Telearbeit

(Monika Schlachter)

I. Arbeit ohne Betrieb?

Vor dem Hintergrund der wirtschaftlichen Fortentwicklung der Industrie- in eine Informationsgesellschaft bleibt die Organisation des Faktors „Arbeit" von Veränderungsbestrebungen nicht ausgenommen: Hohe Arbeitsqualität in kurzer Zeit, bei niedrigen Kosten und zu flexiblen Bedingungen – das beschreibt das Anforderungsprofil an die Arbeitnehmer der Zukunft. Betreibt der Arbeitgeber als Vertragspartner ganz oder teilweise ein „virtuelles" Unternehmen, hat damit die Beschäftigung in einem Betrieb, die traditionell den Anknüpfungspunkt zahlreicher arbeitsrechtlicher Regelungen zu bilden pflegte, viel von ihrer früheren Bedeutung eingebüßt. Der Beschäftigte in einer solchen Organisation kommt nicht mehr zur Arbeit, vielmehr kommt die Arbeit zu ihm. Dasselbe kann allerdings auch schon dann geschehen, wenn sich die Vertragsparteien darauf verständigen, die für ein „real existierendes" Unternehmen zu erledigenden Aufgaben zumindest zum Teil außerhalb des Unternehmens zu verrichten, und Arbeitsergebnisse per Telekommunikation dorthin übermittelt werden. Die Tätigkeiten können permanent oder im Wechsel außerhalb der zentralen Betriebsstätte erbracht werden bzw. von geografisch mobilen Beschäftigten von wechselnden Einsatzorten aus durchgeführt werden; letzteres ist insbesondere im Service- und Vertriebsbereich bereits heute weit verbreitet, ohne dass virtuelle Unternehmensstrukturen dafür vorausgesetzt werden müssten.

1. Telearbeit

Gerade unter dem eingangs erwähnten „Anforderungsprofil" an die moderne Arbeitsleistung kann Telearbeit ihre Vorzüge[1] erweisen: Die Zeit, die zur Erledigung von Aufgaben benötigt wird, kann durch das Entfallen von An- und Abfahrtswegen verkürzt werden; die Kooperation von ungleichzeitig oder an unterschiedlichen Orten Beschäftigten wird leichter

---

[1] *Ewert/Teske*, Personal 1998, 428 ff.; *Apgar*, Harvard Business manager 1998, 53 ff.; *Beuthien*, ZTR 1996, 204 (205); *Körner*, NZA 1999, 1190 (1194); *Boemke*, BB 2000, 147.

und schneller gelingen; die Telearbeit über Grenzen hinweg[2] erlaubt das Ausnutzen von Zeitzonen zur Verkürzung der Bearbeitungsdauer trotz Einhaltung von Pausen, Ruhezeiten und arbeitsfreien Tagen. Kürzere Projektlaufzeiten sparen Kosten, ebenso der verringerte Aufwand für Betriebsstätten und Arbeitsplatzeinrichtung; internationale Telearbeit profitiert von teils geringerem Lohnkostenniveau im Ausland; Arbeitszeit- und Ablaufflexibilisierung kann, wenn sie den individuellen Bedürfnissen der Beschäftigten Raum gibt, zur Erhöhung der Arbeitszufriedenheit, der Motivation und damit auch der Arbeitsqualität beitragen.[3] Das Potenzial zum Aufstieg zu einer „Beschäftigungsform der Zukunftsbranchen" hat die Telearbeit also durchaus. Das erklärt wohl zum Teil, warum sich die Wissenschaft mit diesem Begriff so intensiv,[4] und zwar bereits zu einem Zeitpunkt befasst hat, in dem das praktische Interesse der Unternehmen an dieser Arbeitsform noch keineswegs ausgeprägt war. Diese Geringschätzung seitens der Praxis ist allerdings überwunden: nach einer vom *Fraunhofer Institut für Arbeitswissenschaft und Organisation* durchgeführten repräsentativen Befragung dürften in Deutschland derzeit 2,1 Millionen Telearbeitsplätze bestehen, mit zunehmender Tendenz.[5]

a) **Begriffsbestimmung**

Unter dem Begriff der Telearbeit wird üblicherweise eine Tätigkeitsform verstanden, die unter Nutzung von Informations- und Kommunikationstechnik Arbeitsergebnisse mindestens zeitweise in räumlicher Entfernung vom Betrieb als zentraler Organisationseinheit erbracht wird. Mögliche Arbeitsorte sind dabei die Privatwohnung des Mitarbeiters, dezentrale „Satellitenbüros", oder ständig wechselnde Einsatzorte wie Beförderungsmittel bzw. Geschäftsräume von Kunden. Telearbeiter können Aufträge und Ergebnisse online mit der betrieblichen Rechenanlage austauschen, begrifflich notwendig ist das jedoch nicht; der Austausch kann ohne weiteres durch andere Kommunikationsmittel wie Internet, Telefax usw. erfolgen. Organisatorisch kann die räumliche Ausgliederung der Arbeitsleistung aus einem zentralen Betrieb unterschiedlich gestaltet werden: die vollständige Entkoppelung von Arbeitsort und Betrieb wird durch ausschließliche Telearbeit („Teleheimarbeit") erreicht, doch wird diese Gestaltungsform derzeit nur selten praktiziert, und zwar tatsächlich

---

[2] *Wüthrich/Philipp*, Zfo 1998, 201 (202).
[3] *Ewert*, Personalführung, 1997, S. 512 (513).
[4] *Müllner*, Privatisierung des Arbeitsplatzes, 1985; *Wedde*, Telearbeit und Arbeitsrecht, 1986; *Pfarr/Drücke*, Rechtsprobleme der Telearbeit, 1989; *Kilian/Borsum/ Hoffmeister*, Telearbeit und Arbeitsrecht, 1987; *Simon/Kuhne*, BB 1987, 201 ff.
[5] Hochrechnungen des Instituts der deutschen Wirtschaft (IW) nach: Frankfurter Allgemeine Zeitung vom 3.6.2000, S. 63; ältere Schätzungen waren deutlich zurückhaltender, vgl. etwa BMA (Hrsg.): Studie „Entwicklung der Telearbeit", Bd. 269 a, S. 35, 99; vgl. auch *Schulz/Schmid/Krömmelbein*, WSI-Mitt. 1999, 711 ff.

N. Rechtsfragen virtueller Unternehmensorganisation: Telearbeit

in den Bereichen Programmierung und Datenerfassung. Die weitaus häufigere Organisationsform[6] ist derzeit die alternierende Telearbeit, bei der die Beschäftigten zeitweise im Betrieb, zeitweise außerhalb eingesetzt werden. Das ermöglicht sowohl die persönliche Abstimmung der Arbeitsinhalte und die Beteiligung am betrieblichen Geschehen wie die ungestörte Erledigung von Tätigkeiten mit hohen Konzentrationsanforderungen. Die typische Organisationsform für Außendienstler oder Kundendienst bzw. für Personen mit besonders ausgeprägten Mobilitätsanforderungen wie Führungskräften oder Journalisten ist demgegenüber die mobile Telearbeit, bei der die Anwesenheit am festen Arbeitsplatz bereits nicht mehr zum typischen Erscheinungsbild gehört, sondern durch elektronischen Kontakt zur Organisationszentrale ersetzt wird. Betriebsfern war diese Tätigkeitsform sachnotwendig immer schon, zur „Telearbeit" wurde sie durch die bessere und kostengünstigere Verfügbarkeit moderner Kommunikationstechnik. Die Organisation in Form von Satelliten- oder Nachbarschaftsbüros stellt demgegenüber lediglich eine Ausgliederung einiger Einheiten der Betriebszentrale dar, die lediglich den Vorteil eines in strukturschwache Gebiete verlagerten Standortes bietet, wodurch zeitaufwendige Pendelfahrten und die hohen Kosten für Betriebsstätten in Ballungsräumen reduziert werden können.

Welche der genannten Organisationsformen gewählt werden, hängt von den Zwecken ab, denen die Telearbeit überwiegend dienen soll. Freiräume für schöpferische Vertragsgestaltung werden von der Rechtsordnung nicht in auffälliger Weise eingeschränkt. Daher kann hier im wesentlichen bedarfsorientiert vorgegangen werden, insbesondere ist die Telearbeit keineswegs auf rein innerbetriebliche Organisationsformen zugeschnitten. Sie kann ohne weiteres standortübergreifend in Unternehmen eingesetzt werden, oder auch unternehmensübergreifend die Partner einer Wertschöpfungskette verbinden, von Zulieferern bis Abnehmern der Produktion. Sie ist zudem die „natürliche" Beschäftigungsform in virtuellen Unternehmen, die weitgehend ohne Betriebsstätte auskommen und daher ihre Aufgaben ausschließlich andernorts erledigen lassen müssen. Gestaltet wird die Telearbeit auch in diesen Fällen nach den Bedürfnissen der Beteiligten; die größere Entfernung zwischen den Vertragspartnern, die im virtuellen Unternehmen häufiger vorkommen kann, stellt für die Rechtsbeziehung kaum einmal zusätzliche Probleme.

---

[6] *Dulle*, Rechtsfragen der Telearbeit, 1999, S. 37; *Godehardt*, Telearbeit, 1994, S. 44; *Wedde*, NJW 1999, 527; *Bohne*, in: Alewell (Hrsg.), Zwischen Arbeitslosigkeit und Überstunden, 2000, S. 113 (120 ff.).

b) **Organisatorische Voraussetzungen für Telearbeit**
Aus Sicht derjenigen Unternehmen, die Telearbeit eingeführt haben, besteht der Vorteil dieser Organisationsform[7] in verbesserter Kundenorientierung sowie erhöhter Produktivität, in verkürzten Reaktionszeiten, Verringerung von Büroraumkosten, Verringerung von Mehrarbeitszuschlägen durch flexiblere Arbeitszeit,[8] der Nutzung regionaler Unterschiede im Entgeltniveau und der Chance zeitversetzter Kooperation mit ausländischen Partnern. Dem stehen Kosten für die technischen Voraussetzungen der Telearbeit gegenüber, Schulungs- und Einarbeitungskosten, sowie die Mehrbelastung der Führungskräfte durch langfristige Planung und Organisation sowie durch die Notwendigkeit der Ergebniskontrolle. Insbesondere von Gewerkschaftsseite ist Telearbeit auch deswegen kritisch beurteilt worden, weil sie gut außerhalb arbeitsrechtlicher Vertragsbeziehungen angeboten werden kann, also das Potenzial zur „Zwangsverselbständigung" ehemaliger Beschäftigter bietet. Dazu ist es bislang zwar nicht gekommen, aber eine Trendwende ist künftig nicht auszuschließen. Demgegenüber haben sich die in den 1980er Jahren gegen die Einführung von Telearbeit geäußerten Bedenken, die vornehmlich soziale Isolation der Mitarbeiter,[9] ihre Abkoppelung von innerbetrieblicher Kommunikation und anschließende Zuweisung von anspruchslosen Routinearbeiten abstellten, eher nicht bewahrheitet. Dem konnte dadurch begegnet werden, dass die ausschließliche Telearbeit praktisch kaum angeboten wird, sondern der erwünschte Betriebsbezug durch unterschiedlich festgelegte Zeiten von Beschäftigung im Unternehmen selbst gewährleistet wird.

Damit auch im Rahmen moderner Organisationsformen der Nutzen von Telearbeit erzielt wird, müssen eine Reihe von Voraussetzungen für den Erfolg beachtet werden:
- **geeignete Aufgabenbereiche**
Telearbeit eignet sich nicht für jede Art von Tätigkeit. Die ursprüngliche Beschränkung[10] auf lediglich solche Arbeitsinhalte, die klar definierte Aufgaben und Ergebnisse mit einer langfristig planbaren Laufzeit kombinierten, ist aber durch die Qualität der technischen Ausstattung erzwungen worden und entspricht keineswegs mehr dem gegenwärtigen Sachstand. Über die ursprünglichen Aufgabenbereiche wie Datenerfassung, Textverarbeitung oder Übersetzungen hinausgehende Einsatzbereiche[11] sind durch die verbesserten Kommunikationsmöglichkeiten unproblematisch gegeben. Die geeigneten Tätigkeiten müssen sich aber durch folgen-

---

[7] *Bohne*, in: Alewell (Hrsg.), Zwischen Arbeitslosigkeit und Überstunden, 2000, S. 113 (135 ff.); *BMWi, BMA*: Telearbeit, ein Ratgeber für Arbeitnehmer, Freiberufler und Unternehmen, S. 30 ff.
[8] *Godehardt*, Telearbeit, 1994, S. 166.
[9] *Godehardt*, Telearbeit, 1994, S. 200; *Zander/Rohr*, Personal 1998, 432.
[10] *Godehardt*, Telearbeit, 1994, S. 118 f.
[11] *Kilz/Reh*, Einführung in die Telearbeit, 1997, S. 25 ff.; *Boemke*, BB 2000, 147.

N. Rechtsfragen virtueller Unternehmensorganisation: Telearbeit

de Merkmale auszeichnen[12]: sie müssen zeitlich und inhaltlich selbständig erledigt werden können, ohne auf spontane persönliche Interaktion mit anderen angewiesen zu sein; sie dürfen keinen Einsatz von schriftlichen Unterlagen des Betriebes voraussetzen; wegen im allgemeinen fehlender Kontrollierbarkeit des Arbeitseinsatzes müssen sie ergebnisabhängig bewertbar sein; die Planung, Steuerung und Koordination der Tätigkeit muss über informationelle Instrumente gewährleistet werden können, statt durch persönliche Führung durch Vorgesetzte.

– **geeignete Mitarbeiter**
Telearbeit ist eine Betätigungsform, die durch ein hohes Maß an Eigenverantwortlichkeit gekennzeichnet ist.[13] Die Festlegung von Arbeitszeit und notwendigen Arbeitsschritten sowie die Bewertung von Arbeitsergebnissen als anforderungsentsprechend übernehmen die Mitarbeiter selbst und zwar weitgehend autonom. Dabei ist eine hohe Arbeitsqualität nur zu erreichen, wenn die Beschäftigten über starke Fähigkeiten zur Eigenmotivation verfügen; das umfasst nicht nur die Fähigkeit, beizeiten eine Aufgabe zu beginnen, sondern auch die Urteilskraft, mit der Arbeit aufhören zu können, bevor Stress und Überforderung zu Mängeln führen.[14] Da eine unmittelbare Kontrolle von Arbeitszeit und Arbeitstätigkeit selbst oft nicht möglich sein wird, muss die Beziehung zum Unternehmen auf besonderem Vertrauen gegründet sein. Die Möglichkeit eines Missbrauchs des eingeräumten Zugriffs auf persönliche Daten oder Arbeitsergebnisse kann am ehesten durch Loyalitätsbeziehungen ausgeschlossen werden.[15] Schließlich sind entsprechende technische Fertigkeiten im Umgang mit Hard- und Software, gegebenenfalls einschließlich Wartung und Anpassung, vorauszusetzen oder zu entwickeln.

– **geeignete Personalführung**
Da Telearbeit auf die Eigenverantwortung der Beschäftigten angewiesen ist, ist eine direkte Kontrolle des Arbeitsverhaltens oftmals selbst dann eher kontraproduktiv, wo sie technisch möglich wäre. Die Beschäftigten sollen das jeweils Erforderliche tun, müssen also bei der Aufgabenstellung, -planung und -entwicklung beteiligt sein, damit sie in Kenntnis der relevanten Zusammenhänge entscheiden können. Von den Führungskräften ist damit nicht mehr die Kontrolle der *Tätigkeit* unterstellter Mitarbeiter zu erwarten, sondern die Kontrolle der *Ergebnisse* und die Entwicklung von Strategien zur Motivation der ortsfern eingesetzten Beschäftigten.[16] Ein mehr kooperativer, auf gemeinsame Festlegung von

---

[12] *Godehardt*, Telearbeit, 1994, S. 120.
[13] *Ewert*, Personalführung, 1997, S. 512 (513).
[14] BMA, BMWi, BMBF, Telearbeit, ein Leitfaden für die Praxis, 1998, S. 26.
[15] *Johanning*, Telearbeit, 1997, S. 176 ff.; *Bohne*, in: Alewell (Hrsg.), Zwischen Arbeitslosigkeit und Überstunden, 2000, S. 113 (139).
[16] *Ewert*, Personalführung, 1997, S. 512 (514); *Niggl*, Zfo 1999, 221 ff.; *Glaser*, Arbeitgeber 1998, 95 (96 f.); *Frodl*, Personal 1998, 420 (426).

fachlichen Zielen und persönlichen Entwicklungsschritten der Mitarbeiter ausgerichteter Führungsstil muss an die Stelle der bloßen Anwesenheits- und Leistungskontrolle treten. Da mit diesem Perspektivenwechsel in gewissem Umfang Macht- und Kontrollverlust der leitenden Mitarbeiter einhergeht,[17] muss die notwendige Akzeptanz dafür ggf. durch Qualifizierungsmaßnahmen hergestellt werden.

c) **Schlussfolgerungen**

Aus den genannten Anforderungen an die Telearbeit lässt sich die Schlussfolgerung begründen, dass diese Organisationsformen zwar positive Entwicklungschancen für Unternehmen bietet, die technischen und organisatorischen Voraussetzungen sind allerdings recht aufwendig. Besondere Fehlerquellen entstehen aus dem ausgedünnten Bezug der dezentral Tätigen zum Unternehmen, wodurch sowohl die soziale Einbindung der Beschäftigten wie auch ihre Loyalitätsbeziehung zu leiden droht, so dass Kontroll- oder Steuerungsverluste möglich werden. Um dem vorzubeugen, ist es konsequent, dass sich auf nationaler Ebene die „alternierende" Telearbeit der reinen Telearbeit gegenüber durchgesetzt hat. Diese Beschäftigungsform ist aber bislang eher selten durch ein „virtuelles" Unternehmen organisiert, sondern nach wie vor durchaus an den hergebrachten betrieblichen Strukturen orientiert. Auch wenn die Arbeit ganz ohne „Betrieb", in einem rein virtuellen Unternehmen in der nahen Zukunft eher nicht zu einem Massenphänomen wird, ist sie in die Überlegungen einzubeziehen.

2. „Virtuelle Unternehmen"

„Virtuelle Unternehmen" sind als Rechtsbegriff bislang nicht eingeführt, im betriebswirtschaftlichen Zusammenhang wird dagegen vielfach darüber publiziert.[18] Die als kennzeichnend angenommenen Merkmale sind dabei durchaus nicht einheitlich, ein gewisser Kernbestand kann aber wohl als akzeptiert gelten: Die Realisierung von Marktchancen durch Zusammenführen einander ergänzender Kernkompetenzen verschiedener Anbieter, die sich auf begrenzte Dauer projektbezogen zusammenschließen und raum- und tageszeitungebunden im Wege moderner Informations- und Kommunikationstechniken miteinander kooperieren. Als weiteres Wesensmerkmal wird oft auch das Fehlen vertraglicher Beziehungen unter den Parteien genannt, das durch verstärkte Vertrauensbindung ersetzt werde. Wenn aber andererseits gerade auf eine organisatorische Einbindung über Kontroll- und Sanktionsmethoden verwiesen und besonderer Wert auf ein einheitliches Auftreten am Markt gelegt wird, so

---

[17] *Godehardt*, Telearbeit, 1994, S. 132 ff.
[18] *Wüthrich/Philipp*, Zeitschrift für Führung und Organisation (Zfo) 1998, 201 ff.; *Davidow/Malone*, Das virtuelle Unternehmen; *Frodl*, Personal 1998, 420 ff.

ist damit aus juristischer Sicht der Befund des „Fehlens" vertraglicher Beziehungen stark relativiert. Absprachen und Regeln sind für solche Organisationen nicht verzichtbar, fehlen dürfte es vermutlich eher an einer förmlichen Festlegung in Gestalt einer Vertragsurkunde.

Es scheint jedoch der Schluss gerechtfertigt, dass es Zusammenschlüsse unterschiedlich ausgeprägter Virtualität[19] gibt: Am einen Ende der Skala steht ein dauerhafter Verbund, den ein Initiatorunternehmen ins Leben gerufen hat, das die Projekte einwirbt und die Projektpartner hinzuzieht, die zur jeweiligen Aufgabenerfüllung erforderlich sind, und sämtliche Teilleistungen koordiniert und überwacht. Am anderen Ende der Virtualitätsskala wäre demgegenüber der „Ad-hoc-Verbund" anzuführen, der lediglich die zur Aufgabenbewältigung jeweils bestqualifizierten Anbieter bestimmter Teilkompetenzen zusammenführt und sich nach erfolgreichem Abschluss ohne Rest auflöst. Dazwischen können verschiedenste Formen unterschiedlicher Kooperationsintensität angesiedelt sein, deren Virtualitätsgrad mit dem Fehlen dauerhaft gemeinsamer Zwecke und mangelnder einheitlicher Organisations- und Leitungsstrukturen zunimmt.

Der Befund lässt für Zwecke des Arbeitsrechts vermuten, dass die Fähigkeit, Arbeitgeberstellung gegenüber Beschäftigten einzunehmen, ebenso wie das Bedürfnis, weisungsabhängige Personen zu beschäftigen, bei den schwach virtuellen Unternehmen am ehesten feststellbar sein wird. Je weniger organisatorische Verbundenheit dagegen im Projektzusammenschluss vorhanden ist, um so wahrscheinlicher werden sich die Beteiligten bloßer Austauschverträge bedienen, also externe Leistungen von Spezialisten hinzuerwerben, die zwar ein anforderungsentsprechendes Ergebnis abliefern müssen, dabei aber keiner inhaltlichen Weisung unterliegen. In allen Fälle wird der Verbund die notwendigen externen Leistungen aber elektronisch übermittelt bekommen, also in der einen oder anderen rechtlichen Form von Telearbeit. Die gegen diese Arbeitsweise erhobenen Bedenken auf der Kosten- und der Organisationsseite entstehen für das virtuelle Unternehmen ebenso wie für andere Betriebe, sind aber in diesem Falle mangels Alternative hinzunehmen.

II. Rechtlicher Status der Telearbeiter

An den genannten telearbeitsgeeigneten Aufgaben wird deutlich, dass es sich dabei – entgegen den ursprünglichen Vorstellungen – überwiegend gerade nicht um einfache, gering qualifizierte Arbeit handelt. Im Gegenteil nehmen die Anforderungen an die Selbständigkeit der auf diese Art

---

[19] Beispiele bei *Wüthrich/Philipp*, Zeitschrift für Führung und Organisation (Zfo) 1998, 201 ff.

Beschäftigten zu, und damit die Weisungsgebundenheit graduell ab. Da aber nun gerade die Weisungsabhängigkeit das entscheidende Merkmal ist für die Qualifizierung einer vertraglichen Beziehung als „Arbeitsverhältnis", zeigt sich hiermit die Möglichkeit,[20] Telearbeitsbeziehungen künftig außerhalb des Arbeitsrechts zu organisieren.[21] Unter welchen Voraussetzungen das rechtlich wirksam und tatsächlich aufgabenadäquat ist, bedarf der Untersuchung im Einzelfall.

1. Arbeitsverhältnis

Werden mit Telearbeit Beschäftigte als Arbeitnehmer qualifiziert, folgt daraus die Anwendbarkeit sämtlicher arbeitsrechtlicher Schutzvorschriften: Kündigungsschutz, bezahlter Erholungsurlaub, Entgeltfortzahlung im Krankheitsfall und an Feiertagen, öffentlich-rechtlicher Arbeitszeitschutz, ggf. tarifliche Rechte oder die Zuständigkeit des Betriebsrats für diese Personen hängen vom Arbeitnehmerstatus ab. Bekanntlich hat die Wichtigkeit dieser Einordnung aber noch nicht dazu geführt, dass der Arbeitnehmerbegriff gesetzlich geregelt worden wäre. Ob ein Beschäftigter Arbeitnehmer ist oder nicht, ist somit nach den Kriterien der Rechtsprechung[22] zu ermitteln, die jedoch eher einen „Typus" beschreiben als eine Definition enthalten. Verschiedene Indizien wie: Umfang der Weisungsgebundenheit, Eingliederung in die Organisation, Tätigwerden für ausschließlich einen Auftraggeber, Beschäftigung mit denselben Aufgaben, die bei diesem Auftraggeber sonst von Arbeitnehmern geleistet werden, werden regelmäßig erwähnt, ohne dass aus ihrem Vorliegen oder Fehlen definitiv das Bestehen oder Nichtbestehen eines Arbeitsverhältnisses geschlossen werden könnte. Sicher ist nur, dass es auf die von den Parteien gewählte Bezeichnung des Vertragstyps nicht ankommt, wenn diese mit der praktischen Vertragsdurchführung nicht übereinstimmt.[23]

Als wichtigstes Merkmal zur Kennzeichnung eines Arbeitsverhältnisses dient die Weisungsabhängigkeit bezüglich Gegenstand, Zeit und Ort der Tätigkeit.[24] Aber selbst dieses Kern-Kriterium ist abhängig von den Umständen des Einzelfalls zu beurteilen: höher qualifizierte Tätigkeiten setzen in der Regel Expertenwissen voraus, so dass der Gegenstand der Tätigkeit und die Art der Aufgabenerledigung vom Arbeitgeber tatsächlich nicht mehr angewiesen werden kann. Fehlende fachliche Vorgaben

---

[20] *Albrecht*, NZA 1996, 1240 (1241); *Boemke*, BB 2000, 147 (148); *Wank*, NZA 1999, 225 (230); *Peter*, DB 1998, 573.
[21] Befürchtet wurde die „Flucht aus dem Arbeitsverhältnis" insbesondere bei *Pfarr/Drüke*, Rechtsprobleme der Telearbeit, 1989, S. 140; *Wolmerath*, in: FS für Däubler 1999, S. 716 (722 f.).
[22] BAG, Urt. v. 9.6.1993, NZA 1994, 169 ff.
[23] BAG, Urt. v. 9.6.1993, NZA 1994, 169; Urt. v. 27.3.1991, NZA 1991, 933.
[24] BAG, Urt. v. 20.7.1994, AP Nr. 73 zu § 611 BGB Abhängigkeit; Urt. v. 26.7.1995, AP Nr. 79 a. a. O.

lassen einen Mitarbeiter also keineswegs automatisch zum Selbstständigen werden. Dasselbe gilt für Einschränkungen bei der zeitlichen und örtlichen Gebundenheit der Arbeitsleistung: Die modernen Formen der Arbeitszeitflexibilisierung ermöglichen sehr individuelle Entscheidungen für die Arbeitszeit und auch der Arbeitsort kann von bestimmten Beschäftigtentypen (z. B. Journalisten) durchaus selbst festgelegt werden.

Diese Überlegungen zeigen, dass das Kriterium der Weisungsabhängigkeit trotz stark verdünnter Kontroll- und Anweisungsmöglichkeiten regelmäßig[25] von Telearbeitern erfüllt werden wird: Vorgabe der Arbeitsinhalte und zu verwendenden Software,[26] ggf. Arbeitsweisungen an online-beschäftigte Mitarbeiter auf elektronischem Wege, sprechen für ausreichende fachliche Weisungsgebundenheit. Dass der Mitarbeiter flexibel auf inhaltliche Anforderungen der Aufgabe reagiert und jeweils situationsadäquat vorgeht, ist gerade kein Argument gegen den Fortbestand der Weisungsgebundenheit. Die örtliche Weisungsgebundenheit ist solange zu bejahen, wie der Arbeitgeber die zulässigen Arbeitsorte festlegt, fehlt also nur bei ausschließlich mobiler Telearbeit. Die zeitliche Weisungsgebundenheit kann technisch vermittelt werden, wenn bei online-Arbeitsplätzen die Datenübermittlung nur in festgelegten zeitlichen Grenzen zugelassen wird. Sie kann aber auch durch knapp kalkulierte Bearbeitungszeiten vermittelt werden, die dem Beschäftigten wenig Gestaltungsmöglichkeiten belassen. Muss sich der Beschäftigte in regelmäßigen Abständen melden bzw. empfangsbereit halten, liegt ebenfalls Weisungsbindung vor.

Das Merkmal der Eingliederung in die betriebliche Organisation[27] wird immer dann erfüllt sein, wenn die Telearbeiter für ihre Tätigkeit auf betriebliche Arbeitsmittel wie Daten usw. angewiesen sind oder auf die Zusammenarbeit mit anderen im Betrieb Beschäftigten. An der Eingliederung fehlt es also nur dann, wenn ein ausschließlich betriebsfern tätiger Telearbeiter mit eigenen Arbeitsmitteln[28] ohne Austausch mit anderen Beschäftigten arbeitet.

Das weitere Merkmal der Beschäftigung überwiegend für einen Auftraggeber ist jedenfalls dann gegeben, wenn das einer Vollzeitstelle entsprechende Arbeitsvolumen übernommen wird. Aber auch zeitlich in geringerem Umfang Beschäftigte erfüllen dieses Merkmal jedenfalls dann, wenn sie daneben nicht für Dritte Leistungen gegen Entgelt erbringen,

---

[25] *Albrecht*, NZA 1996, 1240 (1241); *Kilian/Borsum/Hoffmeister*, NZA 1987, 401 (404); *Goerke*, AuA 1996, 188 (189); *Wank*, NZA 1999, 225 (231); *Boemke*, BB 2000, 147 (149).
[26] *Wedde*, Telearbeit, 1994, S. 57 f.
[27] *BAG*, Urt. v. 23.4.1980, AP Nr. 34 zu § 611 BGB Abhängigkeit; Urt. v. 30.11.1994, AP Nr. 74 a. a. O.
[28] *Wank*, NZA 1999, 225 (231); *Peter*, DB 1998, 573 (574).

sondern sich etwa der Betreuung und Versorgung von Familienangehörigen widmen.

2. Arbeitnehmerähnliche Personen

Ist eine Beschäftigung in Telearbeit nicht als Arbeitsverhältnis ausgestaltet, weil es an der persönlichen Weisungsunterworfenheit sogar unter Berücksichtigung der stark ausgedünnten Anforderungen gegenüber hoch qualifizierten Beschäftigten fehlt, so ist der Status des Beschäftigten nicht zwingend der eines Selbständigen. Dazwischen angesiedelt ist die Kategorie der arbeitnehmerähnlichen Personen, die in wirtschaftlicher Abhängigkeit Dienst- oder Werkleistungen persönlich und im wesentlichen ohne Mitarbeit anderer erbringen und einem Arbeitnehmer vergleichbar sozial schutzbedürftig sind. Die Abhängigkeit, die die soziale Schutzbedürftigkeit begründet, ist bei dieser Gruppe also eine lediglich wirtschaftliche, auf der Ebene der Leistungserbringung sind sie weisungsfrei.

Der wichtigste gesetzlich geregelte (Sonder-)Fall der Beschäftigung als Arbeitnehmerähnlicher ist die Heimarbeit. Gem. § 2 Abs. 1 HAG ist Heimarbeiter, wer in selbst gewählter Betriebsstätte allein oder mit Familienangehörigen im Auftrag von Gewerbetreibenden erwerbsmäßig arbeitet, die Verwertung der Arbeitsergebnisse aber dem Auftraggeber überlässt. Anders als Selbständige tragen Heimarbeiter kein *wirtschaftliches* Risiko, ihnen verbleibt aber auch nicht der Gewinn aus ihrer Betätigung. Beiden Gruppen gemeinsam ist aber die *persönliche* Unabhängigkeit, die freie Zeiteinteilung sowie Unabhängigkeit von der Organisation des Auftraggebers erlaubt. Kontrollbefugnisse besitzt der Auftraggeber nur hinsichtlich der Arbeitsergebnisse, nicht über den Arbeitsablauf.[29] Anders als der Arbeitnehmer kann der Heimarbeiter seine Arbeitsstätte frei wählen, sie muss aber vom Betrieb als Auftraggeber getrennt sein und darf von diesem auch nicht kontrolliert werden. Telearbeit in Satelliten- oder Nachbarschaftsbüros kann daher nie Heimarbeit sein. Die überwiegend von der eigenen Wohnung aus tätigen Telearbeiter könnten dagegen dem HAG unterfallen,[30] da der Anwendungsbereich des Gesetzes nicht mehr[31] auf lediglich einfache Arbeiten beschränkt ist. Telearbeit ist zwar typischerweise Angestelltentätigkeit, doch steht das der Qualifizierung als Heim-„arbeiter" nicht entgegen.[32] Anwendbar ist das HAG aber nur, wenn direkte Überwachungsmöglichkeiten des Auftraggebers fehlen; daran wird es aber vielfach fehlen, wenn der Zugang zum betrieblichen Datennetz, oder Verhal-

---

[29] *Otten*, Heim- und Telearbeit, 1996, S. 336; *Wedde*, NJW 1999, 527 (528).
[30] *Saller*, NJW-CoR 1996, 300.
[31] *Kappus*, Rechtsfragen der Telearbeit, 1986, S. 167; *Peter*, DB 1998, 573 (575).
[32] *Collardin*, Aktuelle Rechtsfragen der Telearbeit, 1995, S. 29; *Wank*, Telearbeit, 1997, S. 52; *Wedde*, NJW 1999, 527 (528). Anders: *Otten*, Heim- und Telearbeit, 1996, S. 323 (336).

ten und Leistung der Beschäftigten elektronisch festgestellt werden können. Zudem gesteht § 2 Abs. 1 HAG den Heimarbeitern das Recht zu, sich zur Aufgabenerledigung ihrer Familienangehörigen bedienen zu dürfen. Ist somit vertraglich der Zugang zu den Arbeitsmitteln auf die Telearbeiter beschränkt, und eine höchstpersönliche Arbeitsleistung damit vereinbart, ist der Status als Heimarbeiter ausgeschlossen.

Diejenigen arbeitnehmerähnlichen Beschäftigten, die nicht dem HAG unterfallen, werden wegen ihrer wirtschaftlichen Abhängigkeit vom Auftraggeber jedenfalls teilweise in arbeitsrechtliche Schutzbestimmungen mit einbezogen.[33] § 12 a Abs. 1 Nr. 1 TVG nennt als Voraussetzung eine dem Arbeitnehmer ähnliche Schutzbedürftigkeit von Personen, die aufgrund von Dienst- oder Werkverträgen beschäftigt werden und ihre Leistung im wesentlichen ohne Mitarbeit Dritter persönlich erbringen. Welche Arbeitsrechtsnormen auf diese Gruppe angewendet werden, ist nicht abstrakt festgelegt. Es fehlt insoweit also an Berechenbarkeit. Darüber hinaus bietet es sich freilich schon aus anderen Gründen an, auf die Konzeption der Telearbeit mit Hilfe „arbeitnehmerähnlicher Mitarbeiter" zu verzichten, da sowohl bei alternierender Telearbeit wie bei online-Beschäftigung die betriebliche Einbindung des Beschäftigten zu stark ist, um das Leitbild des „Arbeitnehmers" zu verlassen. Ist dagegen keinerlei Bezug zur betrieblichen Tätigkeit erforderlich, braucht die Tätigkeit nicht als Heimarbeit organisiert zu werden, sondern es bietet sich die selbständige Dienstleistung als Alternative an.

3. Telearbeitsunternehmer

Voraussetzung für die Qualifizierung als Selbständiger ist, dass die Betreffenden persönlich und i. d. R. auch wirtschaftlich vom Auftraggeber unabhängig sind. Indizien dafür sind, dass die Betreffenden ihre Arbeit selbst organisieren, Mitarbeiter beschäftigen (dürfen) und selbst am (Absatz-)Markt auftreten, also nicht nur das wirtschaftliche Risiko ihrer Tätigkeit übernehmen, sondern auch den Gewinn realisieren. Dass diese Vertragsgestaltung derzeit gerade im Bereich der Telearbeit nicht stark verbreitet ist, beruht nicht vorrangig auf Sachzwängen, sondern auf der bewußten Entscheidung von Unternehmen. Da sich die Telearbeit gegenwärtig überwiegend im Bereich höherqualifizierter Tätigkeiten etabliert hat, die für das Unternehmen erhebliche Bedeutung haben und vertieften Einblick in betriebliche Strukturen und sensible Daten aller Art voraussetzt, wird eine engere Bindung des Dienstleistenden an das Unternehmen gewünscht.[34] Selbstständigen kann das zeitgleiche Tätigwerden für meh-

---

[33] Vgl. §§ 5 ArbGG, 12 BUrlG, 12 a TVG.
[34] *Collardin*, Aktuelle Rechtsfragen der Telearbeit, 1995, S. 13; *Wank*, Telearbeit, 1997, S. 50; *Wedde*, NJW 1999, 527; BMA (Hrsg.): Abschlußbericht von *Freudenreich/Klein/Wedde*, Entwicklung der Telearbeit, 1997, S. 23.

rere Auftraggeber nicht verwehrt werden, an Weisungen sind sie nicht gebunden und Kontrollrechte bezüglich der Art und Weise der Auftragsabwicklung bestehen nicht. Angesichts dessen wird die – rechtlich durch das Bestehen von „Treuepflichten" aus dem Arbeitsverhältnis abgesicherte – Loyalitätsbindung der Beschäftigten daher als besonders wertvoll eingeschätzt, die am umfassendsten durch den Arbeitsvertrag gesichert werden kann. Insbesondere für „virtuelle" Unternehmen, die sich nur auf kurzzeitig andauernde Vertragsbeziehungen mit ihren Mitarbeitern einlassen möchten, stellt sich die Frage nach der interessengerechten Gestaltungsform mit besonderer Schärfe: Ist die durch Treuepflichten gekennzeichnete Bindung von know-how-Trägern wichtig genug, arbeitsvertragliche Beziehungen eingehen zu wollen, oder bietet der Status des freien Mitarbeiters so viele Vorzüge, dass auf dieses Sicherungsmittel verzichtet werden kann? Die Antwort wird ggf. auch von Zahl und Eignung der verfügbaren Kompetenzanbieter abhängen.

III. Individual-arbeitsrechtliche Probleme der Telearbeit

Da sich die arbeitsvertragliche Organisation von Telearbeit als die bislang verbreitetste Form feststellen lässt, sollen die Rechtsprobleme angesprochen werden, die mit ihrer Einführung oder Durchführung verbunden sein können.

1. Einführung von Telearbeit

Telearbeit einzuführen, ist rechtlich nur dann problematisch, wenn lediglich einer der beiden Vertragsparteien dies wünscht. Anderenfalls kann im Wege eines Änderungsvertrages – Neueinstellungen auf Telearbeitsplätze werden wegen des erforderlichen besonderen Loyalitätsbezuges zum Betrieb selten in Betracht kommen – entsprechende Regelungen getroffen werden. Einigung sollte erzielt werden über die Anforderungen an die häusliche Arbeitsstätte, die zur Verfügung gestellten Arbeitsmittel, die zulässige Verteilung und Erfassung der Arbeitszeit, die Sicherstellung des Datenschutzes, Haftung bei Beschädigung von Arbeitgebereigentum, insbesondere auch durch Familienangehörige, Aufwandsentschädigung, Entgeltbemessung, Zutrittsrecht zum häuslichen Arbeitsplatz und Möglichkeiten zur Rückkehr an einen betrieblichen Arbeitsplatz.

Ist dagegen ein Arbeitnehmer nicht zum Wechsel in die Telearbeit bereit, ist die rechtliche Gestaltung weit schwieriger. Bisherige praktische Erfahrungen lassen allerdings darauf schließen, dass auf Arbeitnehmerseite mit einem beträchtlichen Interesse an dieser Arbeitsform gerechnet werden kann, ein Unternehmen also stets genügend Freiwillige finden dürfte. Nach den zuvor entwickelten Kriterien zur Auswahl telearbeitsgeeigneter Beschäftigter ist es daher unbedingt vorzugswürdig, Telearbeit

nicht unter dem Druck arbeitsrechtlicher Sanktionsinstrumente[35] einführen zu wollen. Theoretisch kämen jedoch folgende Arbeitgeberrechte zur Durchsetzung von Telearbeit in Betracht:
– Das Direktions- oder Weisungsrecht des Arbeitgebers erfasst – im Rahmen des billigen Ermessens gem. § 315 BGB – auch den Arbeitsort, wenn sich aus dem Vertrag selbst nichts anderes ergibt. Zur Einrichtung eines häuslichen Arbeitsplatzes kann der Beschäftigte auf diese Weise freilich nicht verpflichtet werden; hier wäre sowohl die Unverletzlichkeit der Wohnung (Art. 13 GG) wie auch die private Lebensführung des Beschäftigten betroffen, auf die der Arbeitgeber nicht einwirken darf. Eine Tätigkeit im Nachbarschaftsbüro wird dagegen von § 315 BGB gedeckt sein, ebenso die mobile Telearbeit in Berufen, bei denen das Tätigwerden an unterschiedlichen Einsatzorten zum Berufsbild gehört. In solchen Fällen ist ggf. das Mitbestimmungsrecht des Betriebsrats aus §§ 99, 95 Abs. 3 BetrVG zu beachten.
– Liegt die Zuweisung von Telearbeit an den Beschäftigten nicht mehr im Rahmen des Direktionsrechtes, könnte das Unternehmen eine Änderungskündigung aussprechen, § 2 KSchG. Das Änderungsangebot wäre gerichtlich daraufhin überprüfbar, ob dringende betriebliche Erfordernisse die Verlagerung der Arbeit in ein dezentrales Büro, oder die Einführung mobiler Telearbeit erforderlich machen. Außerdem würde festgestellt, ob diese Veränderung einem anderen Arbeitnehmer eher zumutbar gewesen wäre.
– Schließlich käme die Beendigungskündigung in Betracht, wenn das Unternehmen ausschließlich heimische Telearbeit nutzen will und der Beschäftigte dies verweigert. Eine betriebsbedingte Kündigung steht aber nur ausnahmsweise zur Verfügung, da eine Organisationsentscheidung zur Einführung von Telearbeit in aller Regel die Beschäftigungsmöglichkeit als solche nicht entfallen lässt; selbst der zentrale Arbeitsplatz in gegenständlicher Hinsicht entfällt nur dann, wenn eine ausschließliche Teleheimarbeit vereinbart werden soll, also zumindest nach gegenwärtiger Praxis äußerst selten. Eine betriebsbedingte Beendigungskündigung des Telearbeits-Verweigerers würde also am wahrscheinlichsten erfolgreich sein, wenn mobile Telearbeit von künftig selbständigen ehemaligen Mitarbeitern geleistet werden soll. Eine solche Umgestaltung der Vertragsbeziehung zu ehemaligen Mitarbeitern ist vom *BAG* bereits einmal als unüberprüfbare Unternehmerentscheidung anerkannt worden.[36]

---

[35] *Peter*, DB 1998, 573 (574).
[36] BAG, Urt. v. 9.5.1996, EzA § 1 KSchG Betriebsbedingte Kündigung, Nr. 85; dazu *Preis*, NZA 1997, 1073 (1079 f.).

Möchte der Arbeitnehmer dagegen Telearbeit übernehmen, ist aber vom Unternehmen dafür nicht berücksichtigt worden, hat er das in der Regel hinzunehmen. Ein Anspruch kann sich – sofern nicht vertraglich eingeräumt – allenfalls auf den arbeitsrechtlichen Gleichbehandlungsgrundsatz stützen, der aber dem Unternehmen lediglich die sachwidrige Ausnahme von einem allgemein befolgten Grundsatz verbietet. Sofern keine Unterscheidung nach Merkmalen getroffen wird, die gem. Art. 3 Abs. 3 GG oder § 75 BetrVG nicht zum Differenzierungsgrund gemacht werden durften, bleibt das Unternehmen in seiner Entscheidung frei.

2. Durchführung

Die Umsetzung der Telearbeit wirft nur wenige Fragen auf, die von den im „Normalarbeitsverhältnis" üblichen abweichen. Hingewiesen werden soll auf die Haftungsfrage, den Ersatz von Mehraufwendungen auf Arbeitnehmerseite und den Datenschutz.

a) Haftung

Die Haftung für Schäden am Arbeitgebereigentum ist bei Telearbeit deshalb besonders regelungsbedürftig, weil im häuslichen Umfeld nicht nur der Beschäftigte selbst, sondern auch Familienangehörige oder gar Besucher zur Schadensquelle werden können. Arbeitgebereigene Geräte können nicht ebenso gut vor unberechtigtem Zugriff geschützt werden wie innerbetrieblich, zumal dann, wenn aus Platzgründen kein abgeschlossener häuslicher Arbeitsbereich verfügbar ist.[37] Mobile Telearbeiter ohne häuslichen Arbeitsplatz geraten statt dessen leichter in Gefahr, Kunden des Arbeitgebers zu schädigen. Beide Gruppen können durch Bedienungsfehler an den technischen Geräten nicht nur Datenverlust bewirken, sondern auch betriebliche Zentraleinrichtungen schädigen, z. B. durch Einschleusen von Computerviren.

Angesichts der erhöhten Schadensrisiken bietet sich eine ausdrückliche Regelung an. Ohne eine solche richtet sich die Haftung nach den allgemeinen Grundsätzen,[38] die zu stark einzelfallabhängigen Ergebnissen führt. Die Haftungsbeschränkung tritt danach bei betrieblich veranlasster Tätigkeit immer dann ein, wenn die Beschäftigten nicht vorsätzlich oder zumindest grob fahrlässig gehandelt haben. Bei fahrlässiger, aber nicht grob fahrlässiger Schadensverursachung wird die Haftung entsprechend § 254 BGB zwischen Arbeitgeber und Arbeitnehmer verteilt.[39] Die Rechtsprechung erachtet eine Haftungserleichterung für geboten, wenn der Verdienst des Arbeitnehmers in deutlichem Missverhältnis zum Scha-

---

[37] *Albrecht*, NZA 1996, 1240; *Wedde*, Telearbeit, 2. Aufl. 1994, S. 113 ff.
[38] *BAG*, Urt. v. 11.3.1996, AP Nr. 109 zu § 611 BGB Haftung des Arbeitnehmers; Urt. v. 12.6.1992, AP Nr. 101 a. a. O.; Urt. v. 27.9.1994, AP Nr. 103 a. a. O.
[39] *BAG*, Urt. v. 27.9.1994, AP Nr. 103 zu § 611 BGB Haftung des Arbeitnehmers.

den steht.[40] Das kann bei Schäden an betrieblicher Hard- und Software leicht der Fall sein, allerdings nicht stets. Bedenkt man zudem, dass der Bereich der groben Fahrlässigkeit insbesondere bei der Wahrnehmung der elterlichen Aufsichtspflicht gegenüber Minderjährigen rasch erreicht ist, ist eine ausdrückliche Regelung der Haftungsfragen vorzugswürdig.

Ohne besondere Vereinbarung gelten die Haftungserleichterungen aus dem Arbeitsverhältnis dem Grunde nach nicht für Dritte,[41] auch nicht für Familienangehörige der Beschäftigten oder für Minderjährige, sofern sie nicht wegen mangelnder Einsichtsfähigkeit über § 828 Abs. 2 BGB geschützt sind. Doch ist diese Rechtsprechung auf der Grundlage einer innerbetrieblichen Tätigkeit der Beschäftigten entwickelt worden, während bei der Telearbeit im häuslichen Bereich das Schadensrisiko in das private Umfeld des Arbeitnehmers einzieht.[42] Dass in einem solchen Falle die Rechtsprechungsgrundsätze zur Haftungsminderung auch auf Angehörige ausgedehnt werden würden, die mit Telearbeitern in derselben Wohnung leben, ist jedenfalls nicht auszuschließen. Zumindest in der Literatur zur Telearbeit sind die Grundsätze zur Haftungsminderung daher bereits auf von Dritten verursachte Schäden erstreckt worden.[43] Dazu wird die im Zivilrecht[44] entwickelte Rechtsfigur vom „Haftungsausschluss mit Wirkung für Dritte" herangezogen, soweit diese Personen in erheblichem Umfang mit den arbeitgebereigenen Arbeitsmitteln in Berührung geraten.

Eine Hausratsversicherung würde Schäden am Arbeitgebereigentum meist nicht erfassen;[45] weiter wäre sie jedenfalls bei Vorsatz und grober Fahrlässigkeit des Versicherungsnehmers von jeder Leistungspflicht frei, § 61 VVG, und würde damit gerade die Fälle nicht abdecken, in denen nach haftungsrechtlichen Regeln der Arbeitnehmer zahlen müsste.

b) Aufwendungsersatz

Dem Telearbeiter entstehender Zusatzaufwand für Miet- oder Energiekosten sowie Telefonkosten ist vom Arbeitgeber gem. § 670 BGB zu erstatten,[46] wenn dies vertraglich nicht abbedungen wurde. Notwendigkeit und Umfang der getätigten Aufwendungen sind dabei vom Arbeitnehmer nachzuweisen; ist das zu umständlich, bietet sich die Vereinbarung einer Kostenpauschale an. Regelungsbedürftig sind auch die Fahrtkosten bei alternierender Telearbeit. Während bei mobiler Telearbeit die Fahrzeiten

---

[40] *BAG*, Urt. v. 12.10.1989, AP Nr. 97 zu § 611 BGB Haftung des Arbeitnehmers.
[41] *LAG Köln*, LAGE Nr. 7 zu § 611 BGB Gefahrgeneigte Arbeit.
[42] *Wedde*, NJW 1999, 527 (531).
[43] *Collardin*, Aktuelle Rechtsfragen der Telearbeit, 1995, S. 179 ff.; *Albrecht*, NZA 1996, 1245; *Kordey/Korte*, Telearbeit, 1996, S. 1514.
[44] *BGHZ* 61, 55.
[45] *Wedde*, Entwicklung der Telearbeit, 1997, S. 79.
[46] *Wedde*, NJW 1999, 527, 532; *Boemke*, BB 2000, 147 (152).

zur Arbeitsleistung zählen und deshalb stets vom Unternehmen zu tragen sind, kann dies anderenfalls nicht angenommen werden.[47]

c) **Arbeitszeit**

Das ArbZG gilt auch für Telearbeit, so dass die Höchstarbeitszeiten (grds. 8 Std./Tag bzw. 10 Std./Tag bei Ausgleich innerhalb von 6 Monaten), Ruhepausen (bei nur 6 Std.: 30 Min.; bei mehr als 9 Std.: 45 Min.) und Mindestruhezeiten (11 Std.) einzuhalten sind. Da der Arbeitgeber dazu verpflichtet ist,[48] diese Bestimmungen zu beachten, muss eine geeignete Zeiterfassung vereinbart werden. Technisch könnte dies in vielen Fällen elektronisch erfolgen, z. B. durch Zugriffskontrolle auf den Betriebsserver, doch führt dies sowohl datenschutzrechtlich wie unter persönlichkeitsrechtlichen Gesichtspunkten (Überwachungsdruck) zu Problemen. Vorzugswürdig und üblich ist daher die Zeiterfassung durch den Beschäftigten selbst, die in einem Arbeitsbuch[49] zu dokumentieren ist.

Die Lage der Arbeitszeit wird im wesentlichen vom Telearbeiter selbst bestimmt, um die Flexibilisierungschancen dieser Organisationsform zu nutzen. Mehrarbeits-, Nachtarbeits- oder Wochenendzuschläge können dadurch aber nicht beansprucht werden, wenn diese Arbeitszeiten nicht durch betriebliche Vorgaben veranlaßt worden sind.[50] Das Recht zur Anordnung betriebsbestimmter Arbeitszeiten steht dem Arbeitgeber des „Normalarbeitsverhältnisses" ohne weiteres zu; angesichts der Besonderheiten der Telearbeit sollte es ausdrücklich hervorgehoben werden.

d) **Datenschutz**

Da Telearbeit nur im Wege des Datentransfers möglich ist, ist der Datenschutz von besonderer Wichtigkeit; Abweichungen von Anforderungen des BDSG ergeben sich allerdings nicht, da das Gesetz an die Existenz personenbezogener Dateien anknüpft, nicht an Person oder Status der mit ihrer Verarbeitung Betrauten. Sicherungsbedürftig sind Daten im Telearbeitsverhältnis unter zwei Schutzrichtungen: Zum einen müssen Telearbeiter auf unternehmensinterne Daten zugreifen können, und zwar von außerhalb, so dass höhere Sicherheitsrisiken für das Unternehmen selbst entstehen. Andererseits können bei der bestimmungsgemäßen Verarbeitung Probleme wegen nicht ausreichender Kontrollierbarkeit durch den Datenschutzbeauftragten auftreten, wobei es um den Schutz der Personen geht, mit deren Daten der Telearbeiter arbeiten soll; aber auch die Arbeitsleistung des Telearbeitnehmers selbst kann auf diese Weise überwacht[51] und kontrolliert werden. Zur Sicherstellung des notwendigen

---

[47] *BAG*, Urt. v. 19.1.1977, AP Nr. 5 zu § 42 BAT.
[48] *Goerke*, AuA 1996, 188 (190 f.).
[49] *Albrecht*, NZA 1996, 1240 (1242).
[50] *Albrecht*, NZA 1996, 1240 (1243); *Boemke*, BB 2000, 147 (151).
[51] *Däubler*, RDV 1999, 243 (248 ff.).

Persönlichkeitsschutzes[52] ist der Arbeitgeber nach § 9 BDSG verpflichtet, alle technischen und organisatorischen Maßnahmen zu treffen, die den Datenschutz gewährleisten. Dazu gehören etwa: Zugangskontrolle, Speicherkontrolle, Benutzerkontrolle, Zugriffskontrolle, Übermittlungskontrolle usw. Die Verarbeitung personenbezogener Daten durch Telearbeiter ist unter datenschutzrechtlichen Gesichtspunkten ein betriebsinterner Vorgang gem. § 28 BDSG auch dann, wenn der Arbeitnehmer unterwegs oder von zu Hause aus tätig wird.[53] Im Rahmen der betrieblichen Geschäftszwecke ist dies ohne weiteres zulässig, sofern die Einhaltung des BDSG sichergestellt ist. Daher ist sicherzustellen, dass Unbefugten der Zugang zum heimischen Telearbeitsplatz verwehrt wird; der Telearbeitnehmer ist zur Anwendung bereitgestellter Sicherungsmaßnahmen zu verpflichten, die unberechtigte Kenntnisnahme durch Dritte ausschließen; Hard- und Software müssen geeignete technische Zugriffssicherungen enthalten. Die Sicherungsmaßnahmen können sich als derart aufwendig erweisen, dass sich der Kostenvorteil der Telearbeit relativiert.[54] Deshalb ist darauf hinzuweisen, dass § 9 Abs. 2 BDSG zwar nur solche Maßnahmen für erforderlich erklärt, die im angemessenen Verhältnis zum Schutzzweck des Gesetzes stehen, dass dies aber keine Senkung des Schutzniveaus aus Kostengründen gestattet. Ein häuslicher Telearbeitsplatz, von dem aus ein Zugriff auf betriebliche Systeme mit personenbezogenen Daten arbeitsnotwendig ist, kann also nicht ohne entsprechende technische Vorrichtungen zur Gewährleistung der Sicherheitsstandards eingerichtet werden.[55] Ist dies aus technischen oder aus Kostengründen nicht zu realisieren, muss auf heimische Telearbeit im konkreten Falle verzichtet werden.[56]

3. Zugangsrechte zum Arbeitsplatz

Da der Arbeitgeber verpflichtet ist, gem. § 5 ArbSchG und § 3 BildschArbV die Gefährdung des Beschäftigten durch seine Bildschirmarbeit zu beurteilen, muss er bzw. die betrieblichen Sicherheitsfachkräfte, Betriebsarzt usw. Zugang auch zum heimischen Arbeitsplatz haben. Dasselbe gilt für den Betriebsrat, der anders seiner Überwachungsaufgabe aus § 80 BetrVG nicht nachkommen kann, sowie für die zuständigen staatlichen Arbeitsschutzbehörden. Ein Zutrittsrecht der öffentlichen Stellen zur Pri-

---

[52] *Kilian/Borsum/Hoffmeister*, Telearbeit und Arbeitsrecht, 1987, S. 112; *Wank*, Telearbeit, 1997, S. 80 f.
[53] Ist die Telearbeit dagegen an Heimarbeiter oder freie Mitarbeiter vergeben worden, handelt es sich datenschutzrechtlich um Auftragsdatenverarbeitung im Sinne des § 11 BDSG; auch dies befreit den Auftraggeber nicht von seiner datenschutzrechtlichen Verantwortung.
[54] *Wedde*, NJW 1999, 527 (534).
[55] *Peter*, DB 1998, 576; *Wedde*, in: FS Däubler 1999, S. 703 (705).
[56] *Wank*, Telearbeit, 1997, S. 83; *Wedde*, in: FS Däubler 1999, S. 703 (709).

vatwohnung des Telearbeiters bedarf jedoch der ausdrücklichen Erlaubnis, da es anderenfalls mit dem Grundrecht der Unverletzlichkeit der Wohnung, Art. 13 GG, in Konflikt geriete. Das BVerfG[57] sieht in Art. 13 Abs. 1 GG das Recht garantiert, in der eigenen Wohnung „in Ruhe gelassen zu werden", so dass Telearbeiter den Vertretern der Wirtschafts-, Arbeits- oder Steueraufsicht den Zugang zur Wohnung mit Arbeitsplatz im Einzelfall gestatten oder verweigern können.[58] Allgemeine Zutrittsrechte haben diese Einrichtungen aus Art. 13 Abs. 3 GG bei konkreter Lebensgefahr oder zur Verhütung einer dringenden Gefahr für die öffentliche Sicherheit und Ordnung aufgrund eines Gesetzes. Zwar ist in der Literatur erwogen worden, jedenfalls ausschließlich beruflich genutzte Räume in der Privatwohnung dem arbeitsschutzrechtlich motivierten Zugang zu öffnen, weil eine konkludente Einwilligung des Beschäftigten stets zu unterstellen sei.[59] Da dem Schutz der Privatsphäre erhebliche Bedeutung zukommt, ist eine solche fiktive Einwilligung Bedenken ausgesetzt, denen besser bereits im Vorfeld begegnet werden sollte[60]: Im Änderungsvertrag, der die Beschäftigung mit Telearbeit regelt, ist das Einverständnis des Beschäftigten mit dem Zutritt der öffentlichen Stellen ausdrücklich zu regeln. Dabei ist allerdings zu bedenken, dass nur ein in jeder Hinsicht freiwilliges Einverständnis mit dem Zutritt zur Privatwohnung der Bedeutung des Grundrechts angemessen ist.[61] Dies ist bei Aufnahme eines Zutrittsrechts im Arbeitsvertrag nicht eindeutig, da ein Arbeitnehmer sich den entsprechenden Wünschen des Arbeitgebers faktisch nicht entziehen kann. Für die praktische Umsetzung bedeutet dies, dass es dem Telearbeiter möglich bleiben muss, seine Einwilligung frei zu widerrufen, wenn nicht öffentlich-rechtliche Befugnisnormen Eingriffe in Art. 13 GG zulassen. Zutrittsrechte des Arbeitgebers selbst oder von ihm Beauftragter bzw. des Betriebsrates lassen sich wirksam vertraglich begründen, da hiergegen nicht unmittelbar aus Art. 13 Abs. 1 GG Rechte geltend gemacht werden können. Aufgrund mittelbarer Drittwirkung können die Wertungen des Grundrechts allerdings zur Ausfüllung von §§ 242, 138 BGB herangezogen werden,[62] so dass ein vertraglich begründetes Zugangsrecht von Arbeitgeber und Betriebsrat gerichtlicher Kontrolle nicht völlig entzogen ist.

---

[57] BVerfGE 32, 54 = NJW 1971, 2299.
[58] *Wank*, Telearbeit, 1997, S. 72 f.
[59] BMA (Hrsg.): Studie „Entwicklung der Telearbeit", 1997, S. 142 ff. Kritisch: *Körner*, NZA 1999, 1190 (1191).
[60] *Wank*, Telearbeit, 1997, S. 76.
[61] *Collardin*, Aktuelle Rechtsfragen der Telearbeit, 1995, S. 48 ff.
[62] *Collardin*, Aktuelle Rechtsfragen der Telearbeit, 1995, S. 46; *Wank*, Telearbeit, 1997, S. 74; *Körner*, NZA 1999, 1190 (1191 f.).

IV. Betriebsverfassungsrechtliche Probleme der Telearbeit

1. Beteiligungsrechte des Betriebsrats

Zu den gesetzlichen Beteiligungsrechten des Betriebsrats, die bei der zur Zeit bereits praktizierten Form von Telearbeit bedeutsam werden können, gehören die Überwachungspflicht gem. § 80 Abs. 1 Nr. 1 BetrVG hinsichtlich des ArbSchG und der BildschirmArbV. Bei der Planung von Telearbeit ist der Betriebsrat gem. § 90 Abs. 1 BetrVG rechtzeitig zu unterrichten, insbesondere im Hinblick auf die technischen Geräte, Arbeitsabläufe und Gestaltung von Arbeitsplätzen. Kommt es dabei zu konkreten Verstößen gegen arbeitswissenschaftliche Erkenntnisse über die menschengerechte Gestaltung von Arbeit (Sicherheitsregeln für Bildschirmarbeitsplätze im Bürobereich; Verordnung über Sicherheit und Gesundheitsschutz bei der Arbeit an Bildschirmgeräten usw.), hat der Betriebsrat ein Mitbestimmungsrecht über Maßnahmen, die solche Belastungen ausschließen oder verringern können. Als echtes Mitbestimmungsrecht ist die Beteiligung des Betriebsrats in sozialen Angelegenheiten ausgestaltet, die sich auch auf Fragen von Arbeitszeit (§ 87 Abs. 1 Nr. 2 BetrVG) und Entlohnungsgrundsätzen (§ 87 Abs. 1 Nr. 10, 11 BetrVG) sowie auf technische Kontrolleinrichtungen (§ 87 Abs. 1 Nr. 6 BetrVG) und die Regelungen über Unfallverhütung (§ 87 Abs. 1 Nr. 7 BetrVG) beziehen. In diesen Fragen ist die Zustimmung des Betriebsrats Wirksamkeitsvoraussetzung für die Maßnahme. Ist Einvernehmen mit dem Betriebsrat nicht herzustellen, muss entweder die Einigungsstelle angerufen (und überzeugt) werden oder die Maßnahme unterbleiben.

Bei Fragen der Versetzung (§ 99 BetrVG) und Kündigung (§ 102 BetrVG) besteht ein Beteiligungsrecht des Betriebsrats ohne telearbeitsspezifische Besonderheiten über das bereits angesprochene Problem hinaus, dass das Unternehmen eine Tätigkeit in der Wohnung des Beschäftigten nicht erzwingen kann.

Erhebliche finanzielle Folgen kann weiterhin die Frage besitzen, ob es sich bei der Einführung von Telearbeit um eine – sozialplanpflichtige – Betriebsänderung handelt. Da Telearbeit sowohl die Arbeitsweise als auch den Standort, ggf. aber auch den Tätigkeitsbereich oder die Fertigung ändert, ist sie sozialplanpflichtig, sobald sie wesentliche Nachteile für wesentliche Teile[63] der Belegschaft haben kann. Diese können bei ausschließlicher Telearbeit in der Gefahr der sozialen Isolation, der Abkoppelung von betrieblichen Entwicklungsmöglichkeiten und Aufstiegs-

---

[63] Nach der Rechtsprechung sind dazu die Zahlenverhältnisse des § 17 KSchG maßgebend, bei einem Mindestwert von 5 % der Belegschaft; *BAG*, Urt. v. 7.8.1990, AP Nr. 34 zu § 111 BetrVG 1972.

chancen, oder generell in der Gefahr unvergüteter Mehrarbeit oder zu großer Arbeitsverdichtung bestehen.[64] Wenn solche Gefahren durch die Ausgestaltung der Telearbeit ausgeschlossen werden, also mit einem Nachteil nicht zu rechnen ist, ist damit eine sozialplanpflichtige Betriebsänderung jedoch nicht vermieden worden. Nach der Rechtsprechung ist nämlich bei Erfüllung der Regelbeispiele gem. § 111 Satz 2 Nr. 1–5 BetrVG[65] von einer Betriebsänderung i. S. d. Gesetzes stets auszugehen, auch ohne dass die „Nachteile" für die Belegschaft überprüft werden müssten. Eine Einführung von Telearbeit kann mehreren Regelbeispielen entsprechen, etwa einer „Verlegung von wesentlichen Betriebsteilen" (Nr. 2), wenn mindestens 5 %[66] der Belegschaft in Zukunft von Nachbarschaftsbüros oder von zu Hause aus arbeiten sollen, oder einer grundlegenden Änderung von Organisation, Anlagen oder Zweck des Betriebes (Nr. 4), wenn die Einführung von Telearbeit mit Umstrukturierung der Unterstellungsverhältnisse, Einführung von Gruppenarbeit oder der Anschaffung völlig neuer Maschinentypen einhergeht. Ist eine Betriebsänderung anzunehmen, ist zunächst ein Interessenausgleich mit dem Betriebsrat zu versuchen. Ist das vorgeschriebene Verfahren eingehalten und entweder eine Einigung erzielt worden oder die Vermittlung gescheitert, können die geplanten Maßnahmen (ohne Verpflichtung zum Nachteilsausgleich gem. § 113 BetrVG) durchgeführt werden. Eine Möglichkeit, die Einführung von Telearbeit zu verhindern, besitzt der Betriebsrat folglich nicht; er kann sie aber verteuern, denn der in § 112 BetrVG ebenfalls vorgesehene Sozialplan ist erzwingbar, kann vom Betriebsrat also auch über die Einigungsstelle durchgesetzt werden.

2. Telearbeit für einen Betrieb

a) Arbeitnehmer

Diejenigen Telearbeitsverhältnisse, die nach den oben benannten Kriterien als Arbeitsverhältnisse einzuordnen sind, können im Hinblick auf ihre Einbeziehung in die Betriebsverfassung problematisch sein. Welche Beschäftigtenkategorien das BetrVG nicht erfasst, gibt das Gesetz im wesentlichen vor:

Ob Telearbeiter von der Betriebsverfassung erfasst werden, hängt einerseits davon ab, ob sie gem. § 5 Abs. 1 BetrVG als Arbeitnehmer zu qualifizieren sind. Nicht einbezogen sind damit vor allem leitende Angestellte nach § 5 Abs. 3 BetrVG, freie Mitarbeiter (auch wenn sie wegen wirtschaftlicher Abhängigkeit „arbeitnehmerähnlich" sein sollten) und echte Selbständige. Dagegen sind Heimarbeiter gem. §§ 6 Abs. 1 und 2 Satz 2

---

[64] *Wank*, Telearbeit, 1997, Rdnr. 229 ff.
[65] *BAG*, Urt. v. 17.12.1985, AP Nr. 15 zu § 111 BetrVG 1972.
[66] *BAG*, Urt. v. 2.8.1983, AP Nr. 12 zu § 111 BetrVG 1972.

BetrVG für die Belange der Betriebsverfassung den Arbeitnehmern gleichgestellt. Einige Bestimmungen des Gesetzes erfassen gem. §§ 14 Abs. 2 und 3 AÜG auch im Betrieb tätige Leiharbeiter, die Mitwirkungsbefugnisse des Betriebsrats gem. § 99 BetrVG bestehen unter bestimmten Voraussetzungen auch gegenüber Fremdfirmenbeschäftigten im Betrieb.[67]

b) Betrieb

Vom Betriebsrat vertreten werden jedoch nur Beschäftigte „im Betrieb", § 1 BetrVG; inwieweit Telearbeit dem gerecht werden kann, ist differenziert zu beurteilen. Geht man zunächst einmal von einem Unternehmen mit realen Betriebsstätten aus, das u. a. auch unständig bzw. überwiegend gar nicht anwesende Telearbeiter beschäftigt, kann deren Einbeziehung in die Betriebsverfassung dem Grunde nach nicht zweifelhaft sein, denn es kommt für die Zuordnung von Telearbeitern zum Hauptbetrieb vorrangig auf eine Eingliederung der dezentralen Arbeitsplätze in die betriebliche Organisation an. Bei Online-Arbeitsplätzen ist dies schon durch die direkte Steuer- und Kontrollierbarkeit des Arbeitsablaufs unschwer zu bejahen.[68] Bei anderen Organisationsformen sind die inhaltlichen und organisatorischen Tätigkeitsbedingungen im einzelnen zu prüfen: gibt es nicht nur Rahmenvereinbarungen über Art und Zeit der Aufgabenerledigung, sondern einen direkten Bezug zu Tätigkeiten im Betrieb, die eine Koordination erforderlich machen, wird dadurch auch die Eingliederung bewirkt.[69] Die räumliche Trennung der häuslichen von den betrieblichen Arbeitsplätzen ist nicht entscheidend dafür, den Arbeitsplatz als nicht mehr betriebszugehörig anzusehen.[70] Statt dessen kommt es neben der Eingliederung in die Betriebsorganisation auf die Ausstattung mit arbeitgebereigenen Arbeitsmitteln und die inhaltlichen (ggf. auch: zeitlichen) Vorgaben für die Durchführung der Arbeitsleistung an.[71] Ist dies zu bejahen, so wird der ausgelagerte Arbeitsplatz des Telearbeiters für betriebsverfassungsrechtliche Zwecke als Teil des Hauptbetriebes behandelt. Die Telebeschäftigten werden vom Betriebsrat ebenso vertreten wie ständig im Betrieb anwesende Kollegen, auch wenn bestimmte Rechte rein tatsächlich von der konkreten Anwesenheit im Betrieb abhängen und deswegen von Auswärtigen nicht genutzt werden können.

Demgegenüber könnten Nachbarschafts- oder Satellitenbüros nach § 4 BetrVG eigenständige Betriebsteile darstellen, die einen gesonderten Be-

---

[67] *BAG*, Urt. v. 27.7.1993, AP Nr. 3 zu § 93 BetrVG 1972; kritisch *Hunold*, NZA 1990, 461.
[68] *Simon/Kuhne*, BB 1987, 201 (205); *Albrecht*, NZA 1996, 1240 (1243); BMA (Hrsg.): Studie „Entwicklung der Telearbeit", 1997, S. 210.
[69] *BAG*, Urt. v. 29.1.1992, AP Nr. 1 zu § 7 BetrVG 1972; *Albrecht*, NZA 1996, 1240 (1243).
[70] *Collardin*, Aktuelle Rechtsfragen der Telearbeit, 1995, S. 102; *Simon/Kuhne*, BB 1987, 201 (204).
[71] *Albrecht*, NZA 1996, 1240 (1243).

triebsrat wählen können, wenn sie räumlich weit vom Hauptbetrieb entfernt und dort mindestens 5 Telearbeiter beschäftigt sind. Die räumliche Entfernung kann allerdings die Eigenständigkeit eines Nebenbetriebes nur begründen, wenn es an der organisatorischen Einbindung in den Hauptbetrieb fehlt. Somit ist jedenfalls bei online arbeitenden Satellitenbüros trotz weiter Entfernung die Selbständigkeit in aller Regel zu verneinen. Aber auch im übrigen kann die Entfernung bei Telearbeitsplätzen nach dem Normzweck nicht dieselbe Bedeutung besitzen wie bei anderen Arbeitsverhältnissen: Sinn des Erfordernisses nach räumlicher Nähe ist die Gewährleistung von Kommunikation und Kontakt der Belegschaft untereinander sowie mit dem Betriebsrat; dies kann für Telearbeit auf technischem Wege vermittelt werden.[72] Die kostenträchtige Errichtung eines weiteren Betriebsrates wird sich somit im allgemeinen vermeiden lassen, denn die Beschäftigten können an der Betriebsratswahl des Hauptbetriebes teilnehmen und auch von diesem Gremium repräsentiert werden.

Ob und inwieweit auch virtuelle Unternehmen von der Betriebsverfassung erfasst werden, hängt – neben der Beschäftigung von Arbeitnehmern – weiterhin davon ab, ob sie in Deutschland einen Betrieb bilden. Auf die Staatsangehörigkeit der Beschäftigten stellt das Gesetz nicht ab, wohl aber auf die Belegenheit des Betriebes[73]: internationalprivatrechtlich ist das BetrVG nur anwendbar auf im Inland gelegene Betriebe. Werden deren Beschäftigte im Ausland eingesetzt, hängt ihre weitere Einbeziehung in das BetrVG davon ab, ob eine genügend enge Beziehung zum Inlandsbetrieb erhalten bleibt.[74] Dann, und nur dann, stellt sich die Auslandstätigkeit als „Ausstrahlung" des Inlandsbetriebes dar,[75] so dass die entsandten Arbeitnehmer weiterhin dem BetrVG unterfallen. Das wird insbesondere dadurch erleichtert, dass die Beschäftigten im Ausland nicht in einen anderen Betrieb eingegliedert werden, so dass ihre Tätigkeit nach wie vor der Organisation durch den Inlandsbetrieb unterliegt. Da zumindest die Organisationseinheit „Betrieb" im Inland gelegen sein muss, um das BetrVG anwenden zu können, würde durch eine Verlagerung ins Ausland der nachfolgenden Diskussion der Boden entzogen. Da es für ein virtuelles Unternehmen offensichtlich einfacher ist als für ein auf Gebäude und Maschinen angewiesenes, den Standort seiner Organisations- und Leitungseinheit zu verlagern, ist die hier diskutierte Anwendbarkeit des BetrVG nicht nur eine Frage nach der Auslegbarkeit oder Analogiefähigkeit des Gesetzes, sondern setzt stets voraus, dass eine unternehmerische Entscheidung für das Inland getroffen worden ist.

---

[72] *Fitting/Kaiser/Heither/Engels*, § 5 BetrVG Rdnr. 57.
[73] *BAG*, Urt. v. 27.5.1982, AP Nr. 3 zu § 42 BetrVG 1972; Urt. v. 17.12.1989, AP Nr. 27 zu IPR-ArbR.
[74] *BAG*, Urt. v. 7.12.1989, AP Nr. 27 zu IPR-ArbR.
[75] *Schlachter*, NZA 2000, 57 (63).

Setzt man eine im Inland belegene Organisationseinheit voraus, geht es noch um die Anpassungsfähigkeit des BetrVG an die besonderen Funktionsbedingungen der „Virtualität". Für die Einbeziehung virtueller Unternehmen entscheidend ist die Wichtigkeit des Vorhandenseins einer Betriebsstätte, und damit der räumlichen Verbundenheit der Beschäftigten. Hält man dieses Merkmal für den Betriebsbegriff für konstitutiv, ist die Betriebsratsfähigkeit selbst bei Unternehmen mit höchstens mittlerem Virtualitätsgrad bereits zweifelhaft. Dieses Ergebnis ist indessen nicht zwingend. Entscheidendere Bedeutung als die räumliche Verbundenheit besitzt nämlich die einheitliche Organisation und Leitung, die den arbeitstechnischen Betriebszweck realisiert.[76]

3. Telearbeit für ein virtuelles Unternehmen

a) Eingliederung in eine Organisation

Geht man vom bisherigen Befund aus, wonach es mehr auf einheitliche Organisation und Leitung eines gemeinsamen Betriebszwecks ankommt als auf die räumliche Nähe, müssen virtuelle Unternehmen nicht stets schon begrifflich aus der Betriebsverfassung ausscheiden. Maßgeblich wird es hier auf den Grad der Virtualität ankommen. Jedenfalls die höchste Virtualitätsstufe, bei der es an der einheitlichen Organisation fehlt, weil sich die Teilnehmer gezielt nur auf kurze Zeit[77] zur Durchführung eines konkreten Projektes[78] zusammenfinden, wird sich auch mit diesem erweiterten Betriebsbegriff nicht erreichen lassen: Hier verfolgt jeder Teilnehmer einen eigenen wirtschaftlichen Zweck, der sich zwar nur über den Erfolg des gemeinsamen Projektes erreichen, aber nicht als gemeinsamer arbeitstechnischer Zweck fassen lässt. Ebenso wird ein solcher Verbund mit den für ihn tätigen Personen eher seltener Arbeitsverträge abschließen, sondern – wenn überhaupt Einzelpersonen einbezogen werden – diese auf Dienst- oder Werkvertragsbasis mit selbständiger Tätigkeit beschäftigen. Wird das virtuelle Unternehmen durch solche Kooperation für ein konkretes Projekt gebildet,[79] passt das BetrVG seiner Struktur nach nicht.[80] Das Gesetz hat bisher zwar eine beachtliche Anpassungsfähigkeit bewiesen, so dass es von der Unternehmens- auf die Konzernstruktur übertragbar wurde, die auch in zahlreichen vernetzten Einzelstandorten bestehen kann, zum Teil auch international verstreut. Bei der Befassung mit virtuellen Unternehmen tritt jedoch eine weitere Qualität hinzu, die beabsichtigte Kurzlebigkeit des organisatorischen

---

[76] *Richardi*, NZA 2000, 161 (162).
[77] *Fricke*, AiB 1997, 31 (34); *Trautwein-Kalms*, WSI-Mitt. 1997, S. 172 ff.; BMA (Hrsg.): Studie „Entwicklung der Telearbeit", 1997, S. 199 f.
[78] *Lange*, BB 1998, 1165 ff.
[79] *Lange*, BB 1998, 1165 ff.
[80] BMA (Hrsg.): Studie „Entwicklung der Telearbeit", 1997, S. 204.

Verbundes: Die Beteiligten haben eine Kooperation zur Herstellung oder zum Anbieten von Produkten und Dienstleistungen vereinbart, die eine konkrete Nachfrage befriedigen und bei Beendigung dieser Aufgabe wieder auseinandergehen soll.[81] Die Flexibilität erfasst in diesem Fall nicht nur die Arbeitsbedingungen der Beschäftigten, sondern die Aufgabenstellung selbst.

b) Virtueller Betrieb

Betrachtet man demgegenüber diejenigen Virtuellen Unternehmen, die jedenfalls eine dauerhafte Organisation entwickeln, die die konkreten Projektteilnehmer auswählt, nach Bedarf einbezieht, ihre Tätigkeit koordiniert, steuert und überwacht und das einheitliche Auftreten nach außen übernimmt, kann sich der Betriebsbegriff durchaus als geschmeidig genug erweisen, diese Formen zu erfassen. Die virtuelle Organisation könnte selbst als „Betrieb" i. S. d. BetrVG eingeordnet werden, weil die dezentral tätigen Beschäftigten trotz fehlenden persönlichen Austauschs dauernd miteinander kooperieren müssen, um die übernommene Aufgabe erledigen zu können. Die gemeinsame Tätigkeit spielt sich zwar nicht in einem gemeinsamen Gebäude ab, sondern die Zusammenarbeit erfolgt über das Internet; die Kooperation ist damit indessen keineswegs virtuell, sondern höchst real. Lässt man es aber für die Eingliederung eines Telearbeiters in einen Betrieb genügen, dass er in diesen organisatorisch eingebunden ist, müsste dieselbe Einbindung auch zur Begründung eines „Betriebes" genügen können;[82] auf die räumliche Verbundenheit der Arbeitsstätten kommt es gerade nicht entscheidend an.[83]

Dagegen spricht möglicherweise die ggf. begrenzte zeitliche Dauer der Kooperation. Die – sonst vergleichbare – Einrichtung bloß als vorübergehend gedachter Arbeitsplätze beispielsweise im Kampagnebetrieb wird nämlich nur dann als „Betrieb" i. S. d. Gesetzes verstanden, wenn sie auf Kontinuität angelegt sind: Bootsverleih, Skischule, Obsternte usw. finden zwar nur für eine befristete Zeit statt, das aber jedes Jahr erneut.[84] Vergleichbares ist in einer virtuellen Organisation aber nicht zu erwarten, wenn sie für ein bestimmtes Projekt entstanden ist und mit ihm endet.[85] Andererseits ist bei einheitlicher Organisation des Projektes eine Einheit geschaffen worden, die nach dem Gesetzeszweck des BetrVG durchaus

---

[81] *Fricke*, AiB 1997, 31 (34); *Trautwein-Kalms*, WSI-Mitt. 1997, S. 172 ff.; BMA (Hrsg.): Studie „Entwicklung der Telearbeit", 1997, S. 199 f.; *Wolmerath*, in: FS Däubler 1999, S. 717 (718 f.).
[82] *Gamillscheg*, ZfA 1975, 357 (364); *Peter*, DB 1998, 573 (577).
[83] *BAG*, Urt. v. 24.2.1976 AP Nr. 2 zu § 4 BetrVG 1972; *Richardi*, § 1 BetrVG Rdnr. 31; a. A. *Gamillscheg*, ZfA 1975, 357 (399).
[84] *Richardi*, § 1 BetrVG Rdnr. 40, 107 f.; GK-*Kraft*, § 4 BetrVG Rdnr. 19.
[85] *Wüthrich/Philipp*, Zeitschrift für Führung und Organisation (Zfo) 1998, 201 (202 ff.); *Lange*, BB 1998, 1165 (1166).

die Errichtung einer Vertretung rechtfertigt: Je unklarer die Anwendbarkeit von Rechtsregeln auf Beschäftigungsverhältnisse im virtuellen Unternehmen ist, desto wichtiger ist die Beteiligung der Betroffenen an der kollektiven Ausgestaltung ihrer Arbeitsbedingungen. Daher spricht mehr dafür, auch die organisatorische Einheit auf Zeit als „Betrieb" i.S.d. BetrVG anzuerkennen. Wenn jedenfalls eine relevante Zahl von Telearbeitern stets zum „Stamm" einer Kooperation zählt, die vom Initiator regelmäßig beschäftigt wird und bei Folgeprojekten jeweils mit neuen Partnern ergänzt wird, so kann es sich bei dieser Organisation um einen Betrieb handeln. Es kommt auch ein selbständiger Betriebsteil gem. § 4 BetrVG in Betracht, wenn Projektarbeiten von den Aufgaben des Träger-Unternehmens inhaltlich unabhängig sind und einige der Beteiligten Planung, Abstimmung und Aufgabenüberwachung selbständig übernehmen.

Hält man hier einen Betrieb im betriebsverfassungsrechtlichen Sinne für möglich, sind auch die Vertretungen an die Bedingungen der „Virtualität" anzupassen. In Betracht zu ziehen wäre daher die Möglichkeit, einen „virtuellen" Betriebsrat zu wählen, der lediglich für die Dauer des Projektes amtiert und auch nur aus dem Kreis der Telearbeiter rekrutiert wird. Praktisch ist indessen bereits die Wahl des Betriebsrates im virtuellen Unternehmen mit den Bestimmungen des BetrVG nicht ohne weiteres vereinbar: Betriebsratswahlen können nur in Betrieben mit mindestens fünf Arbeitnehmern stattfinden; die Wählbarkeit zum Betriebsrat setzt nach § 8 BetrVG eine sechsmonatige Betriebszugehörigkeit voraus. Das Wahlverfahren als solches ist gem. § 3 WahlO-BetrVG zeitlich deutlich gestreckt. Die Betriebsratswahlen selbst finden regelmäßig alle vier Jahre statt, § 13 Abs. 1 BetrVG, gegen kürzere Abstände hat sich das Gesetz um der Kontinuität der Betriebsratsarbeit willen ausdrücklich entschieden. Eine Anpassung dieser Vorgaben an die Bedürfnisse eines Unternehmens, das sich andauernd im Prozess der Neuzusammensetzung und Umorganisation befindet, muss sich nicht nur vom Wortlaut, sondern auch vom bisherigen Leitbild des BetrVG entfernen.

Auch die Betriebsratsarbeit würde dadurch grundlegende Änderungen erfahren, weil im virtuellen Betrieb bestimmte bislang „übliche" Probleme nicht auftreten (Parkplätze, Kantinenpreise, Urlaubspläne), wohingegen andere zusätzliche Bedeutung erhalten: die Sicherstellung der Einhaltung von Arbeitszeiten; die Möglichkeit, trotz ggf. häufig wechselnder Beschäftigungsverhältnisse Urlaub nehmen zu können; die Auswahl derjenigen, die eine Anschlussbeschäftigung im Folgeprojekt erhalten; dabei zulässige Auswahlkriterien (z.B. Krankheit während der Laufzeit des Vorgängerprojektes); die Verantwortung des Unternehmens für die Weiterqualifizierung der Beschäftigten („employability") als Voraussetzung einer Anschlussbeschäftigung usw. Auch würde eine Interessenvertretung, die die Vertretenen nicht zu einer realen, sondern allenfalls zur

„virtuellen" Betriebsversammlung einladen kann, andere Formen der Kontaktpflege entwickeln müssen als Betriebsversammlungen oder den Besuch am Arbeitsplatz. Unternehmen könnten insoweit wohl mit einer deutlichen Kostenersparnis gegenüber den für einen „realen" Betriebsrat anfallenden Aufwendungen rechnen. Andererseits kann die Einhaltung von Arbeitszeitnormen, Arbeitssicherheitsbestimmungen oder der ergonomischen Gestaltung von Arbeitsplätzen unter den Bedingungen der räumlichen Entgrenzung nicht mehr vom Betriebsrat überwacht werden. Hier müssen andere Formen entwickelt werden, die einen Mindestschutzstandard gewährleisten.

c) Sonderformen

Wenn das Projekt von Mitarbeitern verschiedener rechtlich selbständiger Unternehmen gemeinsam durchgeführt wird, ist die Annahme eines Projekt-„Betriebes" nur begründbar, wenn er als Gemeinschaftsbetrieb der beteiligten Unternehmen konstruiert werden kann.[86] Das setzt eine Betriebseinheit sowie deren gemeinsame Leitung voraus; beides ist nach den Umständen zwar nicht ausgeschlossen, aber nicht leicht zu verwirklichen. Die beteiligten Unternehmen müssen eine einheitliche Organisation zur Steuerung des gemeinsamen Betriebszwecks schaffen.[87] Das *BAG* verlangt eine rechtliche Verbundenheit der Beteiligten, die den Kern der Arbeitgeberfunktion im personellen und sozialen Bereich als einheitliche Leitung institutionalisiert.[88] Die Leitungsvereinbarung kann allerdings auch konkludent getroffen werden,[89] so dass aus entsprechend vorhandenen Einrichtungen auf das Vorhandensein einer Vereinbarung rückgeschlossen werden kann.[90] Jedenfalls muss es sich aber um eine Vereinbarung zur gemeinsamen Führung seitens der beteiligten Rechtsträger handeln; in der Regel ist dies als BGB-Gesellschaft organisiert. Rechtsfolge ist in diesem Falle, dass für den Gemeinschaftsbetrieb ein eigenständiger Betriebsrat zu wählen ist. Er ist an einem etwaigen Gesamtbetriebsrat der Trägerunternehmen zu beteiligen,[91] wenn nicht die Kurzfristigkeit des Einsatzes und die wechselnde Gruppenzusammensetzung eine solche Verstetigung tatsächlich ausschließt.[92]

---

[86] *BAG*, Urt. v. 14.12.1994, AP Nr. 3 zu § 5 BetrVG 1972; *Richardi*, § 1 BetrVG Rdnr. 60; GK-*Kraft*, § 4 BetrVG Rdnr. 25.

[87] *BAG*, Urt. v. 17.1.1978, AP Nr. 1 zu § 1 BetrVG 1972; Urt. v. 25.11.1980, AP Nr. 2 a. a. O.; Urt. v. 29.1.1987, AP Nr. 7 a. a. O.; Urt. v. 14.9.1988, AP Nr. 9 a. a. O.

[88] *BAG*, NZA 1996, 1110.

[89] *BAG*, Urt. v. 7.8.1986, AP Nr. 5 zu § 1 BetrVG 1972.

[90] *Richardi*, § 1 BetrVG Rdnr. 66.

[91] *Joost*, Betrieb und Unternehmen als Grundbegriffe im Arbeitsrecht, S. 264; *Fromen*, in: FS Gaul 1992, S. 151 (184); *Däubler*, in: FS Zeuner 1994, S. 19 (29); *Richardi*, § 1 BetrVG Rdnr. 72; a. A. *Konzen*, ArbuR 1985, 341 (354); GK-*Kreutz*, § 47 Rdnr. 16.

[92] Wesentliche inhaltliche Änderungen ergeben sich insoweit auch nicht aus dem DGB-Entwurf zur Reform des BetrVG, der sich des Gemeinsamen Betriebs mehrerer

– Kommt eine Konstruktion als Gemeinschaftsbetrieb mehrerer Unternehmen nicht in Betracht, können die Telearbeitnehmer, die von außerhalb zur Projektarbeit hinzugezogen werden, auch als „Fremdfirmenbeschäftigte"[93] in das virtuelle Unternehmen eingegliedert werden. In diesem Falle besteht zwischen den Unternehmen, die das Projekt personell tragen, eine Vertragsbeziehung, zu deren Erfüllung ein Unternehmen seine Mitarbeiter im Wege der Telearbeit dem im anderen Unternehmen organisatorisch angesiedelten Projekt zur Verfügung stellt, um dadurch die vertraglich geschuldete eigene Leistung zu bewirken. Arbeitsrechtliche Beziehungen des Telearbeiters bestehen in diesem Fall nur zum jeweils eigenen Unternehmen, doch wird die Arbeitsleistung im „virtuellen" Projektbetrieb des Vertragspartners erbracht. Die Notwendigkeit der organisatorischen Abstimmung der Arbeitsleistung mit dem Projektbetrieb führt nicht zum Übergang des Weisungsrechts und damit der Arbeitgeberstellung auf diesen.[94] Soll der Projektbetrieb den Externen wie einen eigenen Arbeitnehmer einsetzen können,[95] so ist die vertragliche Beziehung zwischen beiden Unternehmen als Arbeitnehmerüberlassung einzuordnen, die jedenfalls wenn es am Konzerntatbestand fehlt, i. d. R. erlaubnispflichtig ist. In allen Fällen bleibt es aber betriebsverfassungsrechtlich dabei, dass der Externe Betriebsangehöriger bei seinem Vertragsarbeitgeber bleibt und auch vom dortigen Betriebsrat vertreten wird.[96]

– Schließlich kommt noch in Betracht, dass sich mehrere Dienstleistende zu einer Gruppe zusammenschließen, die ihre Tätigkeit gemeinsam dem virtuellen Unternehmen anbieten. Solche Gruppenarbeit liegt aber nur vor, wenn das Leistungsversprechen rechtlich auf die Erbringung einer Gesamtleistung der Gruppe gerichtet ist.[97] Das virtuelle Unternehmen könnte zwar auch Arbeitsverhältnisse mit allen Gruppenmitgliedern begründen, wodurch diese betriebsverfassungsrechtlich in die Belegschaft des Projektbetriebes eingegliedert werden. Werden dagegen ausschließlich Vertragsbeziehungen zu der Gruppe (BGB-Gesellschaft) eingegangen, die entweder als Werkvertrag oder Dienstverschaffungs-

---

Unternehmen besonders annimmt. Das Bemühen geht dahin, einen solchen Gemeinschaftsbetrieb leichter feststellen zu können, z. B. durch Schaffung einer dahingehenden Vermutung, wenn die am Betrieb beteiligten Unternehmen demselben Konzern angehören. Ob die damit angestrebte Vereinfachung gelungen ist, wird in der Literatur freilich bezweifelt, vgl. *Richardi*, NZA 2000, 161 (163 f.).
[93] BAG, Urt. v. 18.10.1994, AP Nr. 5 zu § 99 BetrVG 1972; Urt. v. 31.3.1993, AP Nr. 2 zu § 9 AÜG.
[94] *Dauner-Lieb*, NZA 1992, 817 ff.; *Richardi*, § 5 BetrVG Rdnr. 80.
[95] BAG, Urt. v. 30.1.1991, AP Nr. 8 zu § 10 AÜG.
[96] Gem. § 14 Abs. 2 Satz 2, 3 AÜG sind Leiharbeitnehmer allerdings auch im Entleiherbetrieb in eingeschränktem Umfang befugt, Rechte aus dem BetrVG (§§ 81, 82 Abs. 1, 84–86 BetrVG) in Anspruch zu nehmen.
[97] *Rüthers*, ZfA 1977, 1, 6, 34.

vertrag gestaltet sind, sind die Gruppenmitglieder typischerweise gerade nicht in diesen Betrieb eingegliedert.

d) Realisierungshemmnisse

Praktisch ist bei Weiterentwicklung des Betriebsbegriffes jedoch zu bedenken, dass die Betriebsverfassung um so rascher an die Grenzen ihrer Funktionsfähigkeit stößt, je mehr Unternehmen beteiligt sind und je kürzer einzelne Mitarbeiter beteiligt werden. Soweit der Telearbeiter in seiner täglichen Arbeitsleistung mit dem einstellenden Betrieb nichts mehr zu tun hat, sondern diesem nur noch die Arbeitsergebnisse wirtschaftlich zugute kommen, die der Telearbeiter in und für wechselnde Projekte erzielt, ist eine angemessene Interessenvertretung solcher Beschäftigter im Einstellungsbetrieb nicht zu erwarten. Sie haben weder gemeinsame Interessen noch Probleme mit der Belegschaft des Einstellungsbetriebes, die den dort amtierenden Betriebsrat gewählt hat. Dies alles schließt die Einbeziehung in eine vor Ort vorhandene Betriebsvertretung nicht stets aus, erschwert aber die Durchführung.

Nicht weniger praktischen Problemen begegnet die Organisation einer eigenständigen Betriebsvertretung im virtuellen Unternehmen. Dass für eine solche Einrichtung gerade wegen der drohenden Vereinzelung der Telearbeiter ein Bedürfnis besteht, garantiert weder eine hinreichende Interessenidentität der Beteiligten noch ihre Bereitschaft, sich für eine Interessenvertretung zu engagieren. Ob diese Schwierigkeit praktisch überwunden wird, dürfte auch von der wahrgenommenen Erforderlichkeit gemeinsamen Vorgehens abhängen: Solange es sich bei den Beschäftigten virtueller Unternehmen um hochqualifizierte, begehrte Spezialisten handelt, deren Marktmacht das Aushandeln adäquater Vertragsbedingungen auch auf individueller Ebene gewährleistet, wird ihnen die Errichtung kollektiver Interessenvertretungen entbehrlich erscheinen.

V. Internationale Telearbeit

Wird die Telearbeit nicht nur von Beschäftigten im Inland, sondern auch im Ausland geleistet, was bei einer Kooperation über das Internet kaum zusätzliche Schwierigkeiten aufweist, werden aus der Praxis oft Bedenken hinsichtlich des anwendbaren Arbeitsrechts erhoben. Bei genauerer Betrachtung erweisen diese sich aber in aller Regel als beherrschbar, und zwar aus folgenden Gründen:

1. Arbeitnehmer

Die auf den Vertrag anwendbare Rechtsordnung bestimmt sich nach je verschiedenen Normen, wenn es sich um einen Arbeitsvertrag oder um anderweitige schuldrechtliche Vertragstypen handelt. Der Telearbeitsvertrag ist also auch international-privatrechtlich darauf zu überprüfen, ob er sich als Arbeitsvertrag, Dienst-, Werk- oder Geschäftsbesorgungsvertrag einordnen lässt. Ist ein deutsches Gericht zur Entscheidung berufen, wird nach deutschem IPR geprüft, ob ein Arbeitsvertrag gem. Art. 30 EGBGB vorliegt. Die Abgrenzung ist nicht eindeutig,[98] stellt aber doch – ebenso wie im nationalen Recht – auf die Erbringung von Diensten gegen Entgelt bei Weisungsabhängigkeit und organisatorischer Eingliederung des Beschäftigten ab; zusätzlich werden zum Teil noch die aus der nationalen Diskussion ebenfalls bekannten[99] Gesichtspunkte der wirtschaftlichen Abhängigkeit bzw. durch das Fehlen eigener unternehmerischer Entscheidungsfreiheit begründeten Schutzbedürftigkeit des Beschäftigten herangezogen.[100] Im großen und ganzen werden die Einstufungen nach nationalem Recht und nach IPR einander folglich entsprechen.

2. Anwendbares Recht

Liegt ein Arbeitsverhältnis vor, so besteht grundsätzlich die Möglichkeit, das darauf anwendbare Recht vertraglich frei zu wählen.[101] Allerdings darf eine solche Rechtswahl dem Arbeitnehmer nicht den Schutz entziehen, der ihm ohne die Rechtswahl zustünde, Art. 30 Abs. 1 EGBGB. Haben die Vertragsparteien also eine Rechtswahl getroffen, so werden die Bestimmungen des gewählten Rechts verglichen mit den zwingenden Schutzbestimmungen derjenigen Rechtsordnung, die ohne eine solche Rechtswahl anwendbar wären.[102] Tatsächlich angewendet wird die gewählte Rechtsordnung nur insoweit, wie sie konkret mindestens ebenso günstige Bedingungen für den Arbeitnehmer normiert als die nicht abdingbaren Vorschriften des objektiv (ohne Rechtswahl) anwendbaren Rechts. Eine Rechtswahl, die es jedenfalls im Grundsatz zu gestatten scheint, durch „Abwahl" einer ganzen Rechtsordnung kostenträchtige Arbeitnehmerrechte zu beseitigen, erweist sich gerade zu diesem Zweck daher als unbrauchbar: Wer eine Rechtsordnung zur Anwendung bringt, die am Arbeitsort (bzw. ggf. dem Unternehmenssitz) nicht gilt, optiert damit tatsächlich für ein nicht kodifiziertes „Mischrecht", das sich aus den Vorschriften der gewählten Rechtsordnung und den im Einzelfall für

---

[98] *Martiny*, in: MüKo, 3. Aufl. 1998, Art. 30 EGBGB Rdnr. 8; *Franzen*, DZWiR 1996, 89; *Däubler*, NZA 1997, 613 (618).
[99] *Wank*, DB 1992, 90 ff.
[100] *Mankowski*, BB 1997, 465 (469).
[101] *Schlachter*, NZA 2000, 57 (58); *Schmidt-Hermesdorf*, RiW 1988, 938 (939).
[102] *Schlachter*, NZA 2000, 57 (60).

den Arbeitnehmer günstigeren Bestimmungen der objektiv anwendbaren Rechtsordnung zusammensetzt. „Unausweichlich"[103] sind insoweit die zwingenden gesetzlichen und tariflichen Arbeitnehmerschutzbestimmungen des Arbeitsortes, sofern die gewählte Rechtsordnung diesen Schutzstandard nicht noch überschreitet.

Welches Recht objektiv anwendbar wäre, ist davon abhängig, ob der Arbeitnehmer seine Tätigkeit „gewöhnlich in nur einem Staat verrichtet". Ob er dabei innerhalb dieses Staates herumreist, an mehreren Betriebsstätten, von unterwegs oder von zu Hause aus arbeitet, ist ohne Auswirkungen. Wer ausschließlich in einem Staat arbeitet, für dessen Arbeitsverhältnis gilt ohne Rechtswahl das Recht dieses Staates als dasjenige des gewöhnlichen Arbeitsortes, Art. 30 Abs. 2 Nr. 1 EGBGB. Verrichtet der Arbeitnehmer seine Tätigkeit üblicherweise in mehr als einem Staat oder hat er überhaupt keinen „gewöhnlichen" Arbeitsort, so ist auf das Arbeitsverhältnis die Rechtsordnung anwendbar, die am Ort der einstellenden Niederlassung des Arbeitgebers gilt, Art. 30 Abs. 2 Nr. 2 EGBGB. Ob man als einstellende Niederlassung diejenige ansehen soll, die den Arbeitsvertrag abgeschlossen hat, oder diejenige, in die der Beschäftigte eingegliedert ist, ist noch nicht geklärt.[104] Jedenfalls kommt es auf diese Streitfrage nur für solche Beschäftigten an, die als „mobile" Telearbeiter nicht einen einzigen gewöhnlichen Arbeitsort haben, weil sie in unterschiedlichen Staaten tätig sind. Der übliche Telearbeitsvertrag, der die alternierende oder ausschließliche Tätigkeit von zu Hause bzw. dem Satellitenbüro vorsieht, kennt folglich den gewöhnlichen Arbeitsort: den Standort des oder der Computer, von denen aus der Beschäftigte tätig wird. Ob diese Geräte von einem oder mehreren Schreibtischen aus bedient werden, ist für das Internationale Arbeitsrecht unerheblich, da es hier nur um die Zugehörigkeit zu einer Rechtsordnung geht und nicht um die Einordnung in eine Betriebsstruktur.[105] Das „Internet" als solches kann allerdings nicht als „Erfüllungsort" der Arbeitsleistung verstanden werden, um die Internationalität des Arbeitsverhältnisses zu begründen. Es ist lediglich technisches Hilfsmittel zur Leistungserbringung, nicht selbst Erfüllungsort.

„International" wird die Telearbeit also dadurch, dass der Beschäftigte in einem anderen Staat lebt und arbeitet als der Betrieb angesiedelt ist, für den er tätig wird. Aber selbst in diesem Falle ist der Bezug zum Recht des Betriebsortes enger und damit gem. Art. 30 Abs. 2, 2. Hs. EGBGB dessen Rechtsordnung maßgeblich, sobald der im Ausland lebende Telearbeiter als Grenzgänger alternierend im inländischen Betrieb tätig wird. Gerade

---

[103] *Gamillscheg*, ZfA 1983, 307 (336).
[104] *Schlachter*, NZA 2000, 57 (60).
[105] *Mankowski*, DB 1999, 1854 (1856).

N. Rechtsfragen virtueller Unternehmensorganisation: Telearbeit

die heute noch verbreitete Organisationsform der alternierenden Telearbeit wird also dafür sorgen, dass die maßgebliche Rechtsordnung diejenige ist, die am Betriebssitz gilt. Wie bereits gezeigt, ist es rechtlich nicht unzulässig, mit solchen Beschäftigten vertraglich die Geltung einer anderen Rechtsordnung als derjenigen ihres Betriebsortes zu vereinbaren, doch ist es aus praktischen Gründen in der Regel unzweckmäßig.

Die anwendbare Rechtsordnung sollte sich damit nur in Ausnahmefällen vom gewohnten heimischen Recht entfernen, nämlich wenn die Telearbeit von dauernd im Ausland tätigen Telearbeitern geleistet wird. Diese Beschäftigten haben als gewöhnlichen Arbeitsort den ausländischen Einsatzort, dessen Rechtsordnung das Vertragsverhältnis maßgeblich bestimmt, wenn die Parteien keine Rechtswahl getroffen haben. Bei Wahl der Rechtsordnung des Betriebssitzes würden die zwingenden Bestimmungen des ausländischen Rechts jedenfalls den Mindeststandard an Schutzrechten garantieren. Das Recht des Betriebssitzes wird in solchen Fällen trotz Rechtswahl nur geringe Bedeutung erlangen. Größeres Gewicht kommt dieser Rechtsordnung selbst unter dem Gesichtspunkt der in Art. 30 Abs. 2, 2. Hs. EGBGB verankerten Anknüpfung an das Recht der „engsten Verbindung" nur selten einmal zu. Die Arbeitsorganisation und Entgeltzahlung vom Unternehmenssitz aus wird nämlich selten die Bedeutung der tatsächlichen Leistungserbringung überwiegen. Wenn nicht der Telearbeiter ursprünglich am Betriebssitz beschäftigt war und erst später ins Ausland entsandt worden ist, bleibt er Mitglied seines lokalen Arbeitsmarktes und in das dortige Sozialsystem eingegliedert; gerade um der damit häufig verbundenen Kostenvorteile willen hat der Betrieb ja in vielen Fällen einen im Ausland arbeitenden Mitarbeiter beschäftigt. Objektiv anwendbare Rechtsordnung ist also bei Telearbeit aus dem Ausland grundsätzlich diejenige des Wohnortes. Von dieser Rechtsordnung durch „Abwahl" abweichen zu wollen, führt wieder zur Anwendung des aus in- und ausländischen Normen zusammengesetzten Mischrechts.

Diesem Problem kann jedoch effektiv durch eine Funktionsaufteilung begegnet werden, derzufolge der Auftraggeber nicht zugleich der Arbeitgeber ist, aber der Arbeitgeber seinen Sitz im selben (ausländischen) Staat hat wie die Telearbeiter. Immer wenn deren Vertragsbeziehungen nicht unmittelbar mit dem ausländischen Auftraggeber bestehen, ist die „Internationalität" gerade des Arbeitsverhältnisses dadurch aufgehoben: Gründet ein Konzern im Ausland lokale Tochterunternehmen, die Telearbeiter einstellen, anweisen, überwachen und entlohnen, liegt ein rein nationales Arbeitsverhältnis vor, das dem (ausländischen) Recht am Sitz der „Tochter" untersteht. Das gilt auch dann, wenn der Telearbeiter verpflichtet ist, seine Arbeitsergebnisse über das Internet an die im Ausland ansässige Muttergesellschaft weiterzuleiten. Dasselbe gilt erst recht, wenn die Telearbeiter bei einem selbständigen Vertragspartner des eigentlichen Auftraggebers beschäftigt sind, etwa weil der Konzern Teilbereiche ausgegliedert hat (Outsourcing).

3. Die Internationalität des virtuellen Unternehmens

Der Sonderfall des virtuellen Unternehmens, zu dem sich Kooperationspartner zwecks Ausführung bestimmter Projekte zusammenfinden, macht hier grundsätzlich keine Ausnahme. Die Internationalität dieser Gestaltungsform kann durchaus auf die Kooperationsverträge beschränkt bleiben, ohne sich im einzelnen Arbeitsverhältnis fortzusetzen. Auch dort ist festzustellen, wer Arbeitgeber der Beschäftigten ist. Erbringen die Beschäftigten weiterhin „ihrem" Betrieb die Arbeitsleistung, und sei es auch in Form des Fremdfirmeneinsatzes für oder im virtuellen Unternehmen, bleibt die arbeitsrechtliche Beziehung rein national. Das ändert sich erst, wenn das virtuelle Unternehmen selbst zum Arbeitgeber der Telearbeiter wird und einen anderen „Betriebssitz" hat als den Heimatstaat der Telearbeiter. Dazu muss nicht nur das virtuelle Unternehmen über hinreichend verfestigte organisatorische Strukturen verfügen, um überhaupt Arbeitgeberpflichten (steuerliche, sozialversicherungsrechtliche usw.) erfüllen zu können, es muss auch im Interesse beider Vertragsparteien liegen, dass ein Arbeitgeberwechsel stattfindet. Daran wird es in aller Regel fehlen, vielmehr wird eher eine Abordnung oder Arbeitnehmerüberlassung gewollt sein, wenn der Telearbeiter nicht ohnehin nur als „Fremdfirmenbeschäftigter" eingesetzt werden soll. Abgeordnete oder „verliehene" Telearbeiter werden jedoch gem. Art. 30 Abs. 2 Nr. 1, 2. Hs. EGBGB wie „vorübergehend entsandte" Beschäftigte behandelt, unterliegen also trotz vorübergehender Eingliederung in das virtuelle Unternehmen weiterhin dem Recht, dem der Arbeitsvertrag mit dem Verleiher untersteht.

Auch das virtuelle Unternehmen wird also nicht typischerweise mit „Internationalen" Arbeitsverhältnissen zurechtkommen müssen. Bei allen Vertragsbeziehungen, in denen eine Zwischenstufe vorhanden ist, die den Beschäftigten gegenüber Arbeitgeberfunktion wahrnimmt, kann dies vermieden werden. Lediglich in dem Fall, dass ein virtuelles Unternehmen externe Spezialisten für ein bestimmtes Projekt hinzuzieht, die vertraglich unmittelbar an den Verbund selbst gebunden werden sollen, gilt etwas anderes. Der lediglich als zeitgebunden gewollte Einsatz der jeweils besten verfügbaren Kräften für die Lösung der konkreten Aufgabe ist für virtuelle Kooperationen besonders attraktiv und wird daher auch zunehmend Bedeutung gewinnen. In diesem Fall verringern sich freilich die Vorteile einer arbeitsrechtlich strukturierten Vertragsbeziehung. Die typische Kooperationsform für solche Projekte unter kurzfristiger Beiziehung von Spezialisten dürfte vielmehr der Werk- oder Dienstvertrag sein. Freilich ist darauf zu achten, dass die tatsächliche Vertragsdurchführung diesem Etikett auch entspricht. Durch die Bezeichnung einer Vereinbarung als „Dienstvertrag" wird ein persönlich und wirtschaftlich von diesem einen Auftraggeber abhängiger Datenerfasser aus Indien auch internationalprivatrechtlich nicht zum Selbständigen. Eine solche Konstellation dürfte aber für Unternehmen der höchsten Virtualitätsstufe nicht kennzeichnend sein; diese werden vielmehr externe Kompetenz auf einem Niveau einkaufen wollen, das eine persönliche, über Arbeitsorganisation vermittelte Abhängigkeit des Leistenden gerade vermeidet. Der Vertrag wäre dann tatsächlich mit einem Selbständigen geschlossen worden; er bliebe zwar immer noch „international", doch die Probleme der (arbeitnehmerschützenden) Einschränkungen der Rechtswahl sind bei derartigen Vertragstypen gem. Art. 27 EGBGB viel geringer als beim Arbeitsvertrag.

Besondere Schwierigkeiten mit der Internationalen Telearbeit sind also entgegen dem flüchtigen ersten Eindruck schon deswegen eher seltener zu erwarten, weil diese nicht häufig vorkommt: International sind die Kooperations-, Netzwerk- oder Projektverträge, die zugehörigen Arbeitsverträge sind es in den meisten Fällen nicht.

O. Rechtsfragen virtueller Unternehmensorganisationen: Ertragsteuerrechtliche Fragen moderner Organisationskonzepte

(Ulrich Prinz)

I. Ausgangspunkt: Einige wirtschaftsreale Beobachtungen moderner Organisationskonzepte

Das internationale Wirtschaftsgeschehen ist derzeit durch enorme Umbrüche gekennzeichnet. Die betriebswirtschaftlichen Organisationseinheiten (mit ihren Führungsstrukturen) lösen sich immer weiter von „klassischen" rechtsförmlichen Unternehmensgestaltungen und konzernmäßigen Verbindungen. Die steuerrechtliche Einordnung derartiger Konzepte mit der (nationalen und internationalen) Zuordnung und Bestimmung von Einkünften (Gewinne oder Verluste) bereitet zunehmend Probleme. Momentan zu beobachtende Phänomene sind: Globalisierung und Internationalisierung der Wirtschaft; Konzentration auf geschäftliche Kernkompetenzen und im Gefolge „Merger of Equals" (bspw. der Zusammenschluss *Daimler/Chrysler* mit je einem Verwaltungssitz in Deutschland und in den USA) oder freundliche/feindliche Übernahmen; Einsatz moderner Informations- und Kommunikationstechnologien (vor allem dem Internet), um die Aktivitäten der diversen Kooperationspartner besser koordinieren zu können. Es ist in neuerer Zeit ein Trend zu beobachten weg vom funktional organisierten Stammhauskonzern hin zu Sparten- und Holdingstrukturen. Vor allem im Dienstleistungsbereich sind darüber hinaus in wachsender Zahl am Prozessablauf orientierte virtuelle Organisationsformen zu beobachten, um schneller auf Entwicklungstrends auf den internationalen Märkten reagieren zu können. Dies betrifft etwa das Global Banking und Global Trading.[1] Das Phänomen der „New Economy" hat sich zwischen-

---

Der Beitrag spiegelt den Diskussionsstand zum Zeitpunkt der Tagungsdurchführung im Mai 2000 wider und wurde um aktualisierende Hinweise ergänzt. Zischenzeitlich ist die Unternehmenssteuerreform 2001 in Gestalt eines Gesetzes zur Senkung der Steuersätze und zur Reform der Unternehmensbesteuerung (StSenkG) mit Datum v. 23.10.2000 (BGBl. I 2000, 1433) vom Gesetzgeber verabschiedet worden. Folgegesetze zur Fortsetzung der Unternehmenssteuerreform sind für das Jahr 2001 angekündigt, so dass kurzfristig mit erneuten Rechtsänderungen zu rechnen ist.

[1] Vgl. *Menzel*, Das Verrechnungspreissystem der Dresdner Bank AG, in: Raupach (Hrsg.), Verrechnungspreissysteme multinationaler Unternehmen, 1999 S. 175 ff.

zeitlich mit hoher Geschwindigkeit neben der „Old Economy" etabliert, drängt mit Börsengängen auf den „Neuen Markt" und greift jegliche Formen modernen elektronischen Geschäftsverkehrs (Stichwort: E-Commerce) auf. Erkennbar ist: Der deutlich zu beobachtende Technologieschub zieht manigfache Veränderungen im Recht (einschl. Gesellschafts- und Steuerrecht) nach sich.[2] Die „New Economy" ist bereits heute ein eigenständiges rechtliches Beratungsfeld.

Zwei Beispiele für derartige wirtschaftsreale Beobachtungen aus der jüngeren Vergangenheit:

– In der Wirtschaftspresse wird über die amerikanische *General Life Insurance Company of America* als der nach eigenen Angaben ersten und einzigen *virtuellen Versicherung* berichtet.[3] Kennzeichnend für eine derartige virtuelle Versicherung ist das Zusammenspiel von auf verschiedene Kooperationspartner ausgelagerten Produktionsschritten im Bereich Marketing, Finanzierung, Vertrieb und Produktgestaltung. Bis auf die Steuerung und das alles miteinander verbindende „Datawarehouse" sind sämtliche Funktionen ausgegliedert. Letztlich muss natürlich auch bei einer virtuellen Versicherung auf regionale Aufsichtssysteme Rücksicht genommen werden.

– *Endres*[4] berichtet über das virtuelle Holdingmodell der *Deutschen Bank*. Danach wird das gesamte Bankengeschäft organisatorisch, nicht jedoch juristisch in verschiedene Unternehmensbereiche untergliedert, die durch eine „virtuelle Holding" als übergreifender Klammer unter strategischen Gesichtspunkten geleitet werden. Eine „echte Holdingkonstruktion" wäre wegen der hohen Eigenkapitalbindung zu teuer geworden.

---

[2] *Noack*, ZGR 1998, 592. Als Überblick zu derartigen Entwicklungstrends aus betriebswirtschaftlicher und steuerrechtlicher Sicht s. auch *Raupach*, StuW 2000, 341; *Jäger*, NZG 2000, 1049; *Picot/Neuburger*, Der Beitrag virtueller Unternehmen zur Marktorientierung, in: Festschrift für Heribert Meffert, 2000, 119; *Albach/Specht/Wildemann*, Virtuelle Unternehmen, ZfB-Ergänzungsheft 2/2000; *Raupach*, in: Theissen (Hrsg.), Der Konzern im Umbruch, Stuttgart 1998, S. 59 ff.; *Herzig*, WPg 1998, 280; *Büschken*, DBW 1999, 778; *Krystek/Redel/Reppegather*, Grundzüge virtueller Organisationen, Wiesbaden 1997; *Wienandt/Nathusius* (Hrsg.), Unternehmungsnetzwerke und virtuelle Organisationen, Stuttgart 1998; *Schräder*, Management virtueller Unternehmungen, Frankfurt/Main 1996; *Müller-Stewens* (Hrsg.), Virtualisierung von Organisationen, Stuttgart 1997. Aus gesellschaftsrechtlicher Sicht s. *Noack*, Entwicklungen im Aktienrecht 1999/2000, Deutsches Aktieninstitut Dezember 1999; *Spindler*, ZGR 2000, 421; *Spindler/Hüther*, RIW 2000, 329; *Scherer/Butt*, DB 2000, 1009; *Grewlich*, RIW 2000, 337; *Heckmann*, NJW 2000, 1370; *Spindler*, NZG 2000, 1058; *Lange*, EWS 2000, 291; *Ensthaler/Gesmann-Nuissl*, BB 2000, 2265; anschaulich zum Bewertungsrecht im Internetzeitalter *Luttermann*, AG 2000, 459; zur Internet-Rechtsprechung *Herberger*, NJW 2000, 2082.
[3] S. Handelsblatt v. 31.1.2000.
[4] ZHR 1999, 441 (445).

Der in der Wirtschaftspraxis zunehmend zu findende Begriff „virtuelle Unternehmensorganisation" ist unscharf, rechtlich nicht definiert und vielgestaltig. Charakteristisch ist, dass die klassischen und realen rechtsförmlichen Unternehmensgrenzen aufgelöst werden und an ihre Stelle Netzwerkunternehmen mit offenen Konturen treten, die sich moderner Informationstechnologien bedienen und meist grenzüberschreitende Aktivitäten entfalten. Es besteht ein Trend hin zur „grenzenlosen Unternehmung".[5] Programmatisch ist in diesem Zusammenhang die Feststellung des Unternehmensberaters *Roland Berger*:[6]

> „Das ideale Unternehmen der Zukunft wird virtuelle Züge haben. Die Strukturen werden weit flexibler als früher und auch heute sein und sich permanent verändern. Das moderne „schlanke" Unternehmen kann an einem teuren Standort wie Deutschland nur intelligente Funktionen ausüben (etwa Forschung und Entwicklung, Logistik- und Qualitätsmanagement, Marketing und Financial Engineering, Projektmanagement). Arbeitsintensive Tätigkeiten werden an billigere Standorte verlagert."

Das deutsche Steuerrecht ist demgegenüber traditionell an hierarchischen und funktionalen Organisationen ausgerichtet. Hinzu kommen die stark differierenden nationalen Steuerrechtsordnungen, die bei europa- oder weltweit tätigen Unternehmen eine verstärkte internationale Steuerplanung bewirken (Nutzung von „Steuerarbitragen"). Zusammengefasst lautet die auf wirtschaftsrealen Beobachtungen begründete Bestandsaufnahme:

- rechtsförmliche Grenzen lösen sich auf in Richtung offener Netzwerkunternehmen bei Nutzung moderner Informationstechnologie;
- das deutsche Ertragsteuerrecht ist an hierachischen und funktionalen Organisationen ausgerichtet; nationale Ländergrenzen „schotten ab" in steuerlicher Hinsicht.
- Folge daraus ist: „Internationales Steuermanagement" der modern geführten Unternehmen.

Ziel des Beitrags ist es, auf einige aktuelle ertragsteuerrechtliche Diskussionspunkte im Bereich moderner Organisationskonzepte hinzuweisen, die im Grundsatz nicht neu sind, aber dennoch auf neuem Hintergrund beleuchtet werden müssen; ggf. auftretende umsatzsteuerliche Fragen bleiben außer Betracht.[7]

---

[5] Vgl. *Picot*, Handelsblatt v. 17.2.1999; *Picot/Reichwald/Wigand*, Die grenzenlose Unternehmung, 3. Aufl. Wiesbaden 1998.
[6] Handelsblatt v. 15.5.1996.
[7] Als Überblick zu umsatzsteuerlichen Aspekten des elektronischen Geschäftsverkehrs s. *OFD Münster* v. 7.12.1999, UR 2000, 128; wegen der Pläne der EU-Kommission zur einheitlichen Regelung für eine Online-Mehrwertsteuer s. FAZ v. 2.6.2000, 13; *Korf*, DB 2000, 1204; *Spanakakis*, DSWR 2000, 284; *Maßbaum*, RIW 2000, 739; *Hemmelrath*, NWB Blickpunkt Steuern 10/2000.

II. Bis Ende 2000 geltendes Recht: Ertragsteuerliche Problemzonen

Das deutsche Ertragsteuerrecht „tut sich schwer", eine leistungsfähigkeitsentsprechende Besteuerung modern strukturierter Unternehmenseinheiten mit grenzüberschreitenden Aktivitäten zu gewährleisten. Die Gründe dafür sind vielfältig.

Zum einen liegt dies daran, dass die unterschiedlichen länderspezifischen Steuerrechtsordnungen zunehmend für Funktions- und Gewinnverlagerungen genutzt werden; das internationale Steuergefälle sowie internationale Qualifikationskonflikte werden durch die Unternehmen zielgerichtet ausgeschöpft, bis hin zur Erzielung sog. „weißer Einkünfte".

Hinweis: Dies geschieht etwa durch „double dips", d. h. das doppelte Verrechnen von Aufwendungen in zwei verschiedenen Steuersystemen (z.b. „double dip Leasing"). Andere Methoden sind ein Betriebsausgabenabzug ohne korrespondierende Besteuerung von Betriebseinnahmen oder das Anstreben von Vorteilen durch unterschiedliche Periodisierung von Aufwendungen und Erträgen.[8]

Die „lokalen" Finanzverwaltungen versuchen, einer solchen Nutzung des Wettbewerbs der Steuersysteme durch abgestimmtes Verhalten (z. B. in Gestalt von simultanen länderübergreifenden Betriebsprüfungen oder internationalen Verständigungsverfahren) zu begegnen oder postulieren einen Gestaltungsmissbrauch i. S. d. § 42 AO. Letztlich wird diese Entwicklung hin zu einer Angleichung der unterschiedlichen länderspezifischen Steuerrechtsordnungen, zumindest der Entwicklung eines harmonisierten europäischen Steuerrechts führen. Auch die vereinheitlichte Entwicklung einer internationalen Rechnungslegung mit einer Angleichung der unterschiedlichen Rechnungslegungssysteme zeichnet sich ab.

Zum anderen ist aber auch bereits das nationale Steuerrecht in weiten Bereichen „veraltet". Als derartige nationale steuerrechtliche Problemzonen lassen sich derzeit ausmachen:
- **Lokalisierung des Orts der Geschäftsleitung:** Die Bestimmung des Orts der Geschäftsleitung (§ 10 AO = Mittelpunkt der geschäftlichen Oberleitung) ist – neben dem Geschäftssitz (§ 11 AO) – entscheidend für die unbeschränkte oder beschränkte Steuerpflicht einer Organisationseinheit in Deutschland. Dies kann etwa bei der netzförmigen Strukturierung und dezentralen Führung internationaler Aktivitäten einer Unternehmensgruppe, bei denen Geschäftsleitungsentscheidungen in

---

[8] Vgl. grundlegend *Jacobs*, Internationale Unternehmensbesteuerung, 4. Aufl. 1999, S. 631 ff., 956; weiterhin *Menck*, FR 2000, 414 (416); zur „Architektur von Steuergestaltungen" auch *Menck*, StBp. 2000, 121. Exemplarisch auch *BFH* v. 17.11.1999 I R 11/99, DStR 2000, 627 betr. dinglich gesicherte Niederlande-Darlehen.

Videokonferenzen ohne gemeinsame physische Präsenz gefällt werden, zu erheblichen Schwierigkeiten bei der Zuordnung des Besteuerungsrechts führen. Auch ist derzeit in der *BFH*-Rechtsprechung noch nicht abschließend geklärt, ob bei mehreren gleichgeordneten Unternehmensleitungen, die in verschiedenen Ländern bestehen und bestimmte Verantwortungsbereiche haben, jeweils nur ein, unter Umständen auch mehrere Geschäftsleitungsorte denkbar sind.[9] Als Folge kann dies bei polyzentrischer Unternehmensführung ohne institutionalisiertem Geschäftsleitungsort – neben internationalen Qualifikationskonflikten – zum ungewollten „hinein- oder herausrutschen" aus der unbeschränkten Steuerpflicht mit entsprechenden Gewinnrealisierungskonsequenzen in Deutschland führen. Die Gestaltungspraxis wird insoweit auf hohe Stabilität und klare lokale Verankerung des primären Besteuerungszugriffs achten müssen; problematische Strukturen sollten vor ihrer Umsetzung mit den zuständigen Finanzverwaltungen abgestimmt werden. Auch können unter Umständen ungewollte, durch die virtuelle Organisationsstruktur begründete (inländische oder ausländische) Betriebsstätten entstehen. Teilweise setzen Steuerregelungen neben der inländischen Geschäftsleitung zugleich auch einen inländischen Sitz voraus (etwa § 14 Nr. 2 KStG n.F.), wodurch doppelt ansässige Kapitalgesellschaften diskriminiert werden.

- **Organschaftsregelungen** mit den notwendigen Eingliederungsvoraussetzungen in finanzieller, wirtschaftlicher und organisatorischer Hinsicht unter Hinzutritt eines auf mindestens 5 Jahre angelegten Ergebnisabführungsvertrags (bei der Körperschaftsteuer, § 14 KStG) orientieren sich an einem hierarchischen Unternehmensaufbau. Dies führt bspw. bei internationalen Spartenkonzernen mit ausländischer Spartenleitung zu der Problematik, ob die rechtsförmlich vorzufindende Länderholding tatsächlich Organträgerfunktionen wahrnehmen kann. Auch ist ein grenzüberschreitender Ergebnisausgleich durch Organschaft im Grundsatz nicht möglich.

- **Steuerneutrale Umstrukturierungen** nach Maßgabe des Umwandlungssteuerrechts sind derzeit im wesentlichen auf das Inland beschränkt, wobei aus dem EU-Bereich Sonderregelungen aus der Umsetzung der europäischen Fusionsrichtlinie resultieren (insb. § 23 Abs. 4 UmwStG mit einer grenzüberschreitenden Buchwertverknüpfung). Internationale Umstrukturierungen mit Inlandsbezug führen daher häufig zu zwangsweisen Gewinnrealisierungen in Deutschland. Hinzu kommt,

---

[9] Vgl. *BFH* v. 15.10.1997 I R 76/95, BFH/NV 1998, 434, *BFH* v. 3.7.1997 IV R 58/95, BStBl. II 1998, 86; *BFH* v. 16.12.1998 I R 138/97, BStBl. II 1999, 437. Eingehend dazu *Breuninger/Krüger*, Festschrift für Albert Rädler, 1999, S. 79; weiterhin auch *Kempermann*, FR 1999, 758; *Gosch*, StBp. 1998, 106. S. schließlich auch Art. 4 Abs. 3 OECD-Musterabkommen.

dass das Umwandlungssteuerrecht teilweise enger ist als das Umwandlungsrecht bspw. im Bereich des Teilbetriebserfordernisses bei Spaltungen einschl. Ausgliederungen (§ 123 UmwG, § 15 UmwStG). Schließlich erweist sich auch die Grunderwerbsteuer zunehmend als „Umwandlungsbremse".

- **Verrechnungspreisfragen** in dezentralisierten, grenzüberschreitend tätigen Unternehmensgruppen oder virtuellen Netzwerken gewinnen an Bedeutung und müssen praktikabel gelöst werden. Der innerkonzernliche Geschäftsverkehr mit der steuerlichen Notwendigkeit von Gewinnrealisierungen steht im Gegensatz zum modernen, prozessorientierten Reengineering (Zusammenführung von Dienst- und Sachleistungen in geschlossenen Wertschöpfungsketten). Die klassischen transaktionsbezogenen Methoden – mit der Gefahr von Doppelbesteuerungen – stehen im Spannungsverhältnis zu gewinnorientierten Methoden, die das in der Unternehmensgruppe erzielte Gesamtergebnis länderspezifisch zuordnen. Ergebnisabgrenzungen bei Betriebsstätten bergen wegen ihrer fehlenden rechtsförmlichen Abgrenzung besondere Probleme. Neue Fragen, die derzeit international diskutiert werden, entstehen etwa beim Handel über das Internet.[10] Länderübergreifende APA's (Advance Pricing Agreements) können helfen, sind aber in der Praxis nur „mühsam" zu erreichen.

- **Das körperschaftsteuerliche Anrechnungsverfahren** für Gewinnausschüttungen in der Unternehmensgruppe und an die Anteilseigner funktioniert im Grundsatz nur im Inland; Steuerausländer sind davon ausgeschlossen. Dies erschwert bspw. internationale Joint-Venture-Gestaltungen und Repatriierung von Gewinnen (Motiv etwa für Stapled-Stock-Gestaltungen). Auch die nationalen und internationalen Schachtelprivilegien wirken nur unvollkommen (etwa wegen Problemen im Hinblick auf § 8 b Abs. 7 KStG und § 3 c EStG sowie wegen Mindestbesitzzeit und Mindestbeteiligungsquote) und schließen insb. Personengesellschaften weitgehend aus. Ein Verlusttransfer ist über Schachtelprivilegien nicht möglich.

- **Fehlende Rechtsform- und Finanzierungsneutralität der Besteuerung:** Dies führt bspw. bei Einsatz von Personengesellschaften mit Auslandsberührungen zu komplexen Qualifikationsproblemen (Sondervergütungen, Doppelbesteuerungsfragen). Andererseits knüpft § 8 a KStG mit der Begrenzung der Gesellschafterfremdfinanzierung nur an unbeschränkt steuerpflichtige Kapitalgesellschaften an. Betriebswirtschaftlich sinnvolle Finanzierungsstrukturen werden dadurch behindert.

---

[10] S. als Überblick *Utescher*, Internet und Steuern, Düsseldorf 1999; *Portner*, DSWR 2000, 118.

– **Problematik verdeckter Gewinnausschüttungen:** Die Ausrichtung an der „Rechtsfigur" des ordentlichen und gewissenhaften Geschäftsleiters bei der verdeckten Gewinnausschüttung „hinkt" modernen Unternehmensbedürfnissen hinterher. Die Fremdüblichkeit orientiert sich dabei meist an Vergangenheitsgrößen. Probleme entstehen bei Standortverlagerungen von Organisationseinheiten, bei denen unter Umständen Gewinnchancen transferiert werden oder bei der Höhe ergebnisabhängiger Bestandteile für Gesellschafter-Geschäftsführervergütungen. Auch ist die am „arm's-length-Grundsatz" ausgerichtete Berichtigungsvorschrift des § 1 AStG bei internationalen Verflechtungen zu beachten.
– **Außensteuergesetzliche Begrenzungen** bspw. im Bereich der Hinzurechnungsbesteuerung bei Konzernfinanzierungen können organisatorisch sinnvolle, mehrstufige Unternehmenskonzepte behindern. Die Abgrenzung aktiver von passiver Tätigkeit gehört dabei zu den kaum noch praktikabel handhabbaren Abgrenzungsfragen.

Die Bestandsaufnahme verdeutlicht die erheblichen „Schwachstellen" im deutschen Unternehmenssteuerrecht. Die von der Bundesregierung mit Wirkung ab 1.1.2001 durchgesetzte Unternehmenssteuerreform wird wohl nur in Teilbereichen Verbesserungen für moderne Organisationsstrukturen bringen.

III. Ausgewählte Beispiele für Steuerfragen moderner Organisationskonzepte

1. Überblick: Moderne Gestaltungstrends

Moderne Organisationsstrukturen international tätiger Unternehmen, die als „lernende Einheiten" offen für innovative Veränderungen sind, lassen sich kennzeichnen durch
– Abbau und Auflösung von Hierarchien durch Dezentralisierung, Modularisierung und Virtualisierung,
– Schaffung von (meist zeitlich befristeten) Kooperationen und Vernetzungen nach innen und außen bei stärkerer Betonung der Ablauf- gegenüber der Aufbauorganisation sowie
– neue Formen der Personalführung (z. B. im Rahmen von Teamkonzepten, Networking und Telearbeit) einschließlich moderner Vergütungssysteme.

Die nationalen und internationalen steuerrechtlichen Rahmenbedingungen spielen für die praktische Umsetzung derartiger Leitideen eine besondere Rolle. Dies lässt sich an vielen Beispielen für moderne Gestaltungstrends beobachten:

– Schaffung steueroptimierter Vertriebsstrukturen im inbound- und outbound-business durch Eigenhändler-, Kommissionärs- und Handelsvertretermodelle einschließlich der Nutzung eines Internet-Servers als „Vertriebsautomat" im niedrig besteuerten Ausland.[11]
– Schaffung neuartiger Kooperationsformen in Gestalt von Tracking-Stock-Strukturen, d. h. Beteiligung an Unternehmenssegmenten einer einheitlichen Gesellschaft mit auseinanderfallender vermögens- und ergebnismäßiger Zuordnung.
– Durchführung von Outsourcing-Maßnahmen, d. h. Verlagerung von bislang selbst durchgeführten Leistungen auf andere (unternehmensinterne oder unternehmensexterne) Stellen. Der *BFH* hat dies jüngst auch im Hinblick auf Outsourcing in Niedrigsteuerländern zugelassen:[12] „Die Beteiligung einer inländischen Kapitalgesellschaft an einer Kapitalanlagegesellschaft im niedrig besteuerten Ausland (hier: an einer gemeinschaftsrechtlich geförderten sog. IFSC-Gesellschaft in den irischen Dublin Docks) ist jedenfalls nicht deshalb gem. § 42 AO 1977 rechtsmißbräuchlich, weil die Abwicklung der Wertpapiergeschäfte im Ausland durch eine Managementgesellschaft erfolgt."
– Implementierung moderner Mitarbeitervergütungssysteme z. B. in Gestalt von Stock-Option-Programmen und modifizierter Arbeitnehmer- oder Mitunternehmerstellung. Treffend ist insoweit die Feststellung von E. Schmidt:[13] „Virtuelle Organisationskonzepte lassen eine neue Gattung von Einkommensbeziehern entstehen, die den Begriffsinhalt der Einkunftsarten 2 bis 4 des § 2 Abs. 1 EStG jeweils nur zum Teil entsprechen".
– Zunehmendes Ausweichen auf schuldrechtliche Vertragsbeziehungen anstelle von beteiligungsgestützter Beherrschung (bspw. Implementierung von Franchise-Systemen, Nutzung von Betriebsführungs- und Betriebsüberlassungsverträgen, Lizenzverträge).[14]

---

[11] S. etwa *Prinz*, FR 1997, 517 und FR 1996, 479. Eingehend dazu auch *Roser*, Steuerfolgen unterschiedlicher Vertriebskonzepte, in: Schaumburg/Piltz (Hrsg.), Steuererfolgen von Produktion und Vertrieb im Ausland, Köln 2000, S. 139; aus OECD-Sicht *Geurtz*, Intertax 2000, 173.

[12] BFH v. 19.1.2000 I R 117/97, IStR 2000, 182; vgl. dazu auch *Philipuwski*, DStR 2000, 262; *Raupach/Burwitz*, IStR 2000, 385; *Fromm*, DStR 2000, 706; *Schroer*, DStR 2000, 711. Dem Vernehmen nach will die Finanzverwaltung einen Nichtanwendungserlass zum *BFH*-Urteil v. 19.1.2000 herausgeben.

[13] FR 1996, 706.

[14] Siehe eingehend dazu *Raupach/Breuninger/Prinz* u. a., JbFSt. 1998/99, S. 327; *Raupach*, in: FS für Bezzenberger, 2000, S. 327.

2. Beispiel 1: Anerkennung der gewerbesteuerlichen Mehrmütterorganschaft bei Joint Ventures

Vor allem bei Joint Venture-Unternehmen, bei denen in der Anlaufphase üblicherweise Verluste entstehen, finden sich in der Praxis nicht selten sog. Mehrmütterorganschaften. Der steuerliche Zweck einer solchen Mehrmütterorganschaft ist die Herstellung der Organschaftswirkungen nicht nur zu einem Gesellschafter, sondern zu einer Mehrheit von Gesellschaftern. Die Mehrmütterorganschaft ist dabei als moderne Organisationsform für Unternehmenskooperationen eine Gestaltungsalternative zur Personenunternehmung, bei welcher die Ergebnisse, ggf. unter Beachtung des § 15 a EStG, unmittelbar den betroffenen Gesellschaftern zugerechnet werden. Die „Kooperationsdauer" muss wegen der Bindungswirkung des Ergebnisabführungsvertrags (EAV) auf mindestens fünf Jahre ausgerichtet sein.

Das Institut der Mehrmütterorganschaft ist gesetzlich nicht ausdrücklich geregelt. Es hat allerdings in ständiger Rechtsprechung durch den *BFH* im Ertragsteuerrecht Anerkennung gefunden und stützt sich als Rechtsgrundlage auf § 14 Nr. 1 und 2 KStG (a. F.) in teleologisch reduzierter Auslegung.[15] Die Finanzverwaltung hat die Mehrmütterorganschaft für das Körperschaftsteuerrecht in Abschn. 52 Abs. 6 KStR geregelt. Danach ist Voraussetzung für die steuerliche Anerkennung der Zusammenschluss mehrerer gewerblich tätiger Unternehmen mit grundsätzlich unbeschränkter Steuerpflicht zu einer GbR (ggf. Anwendung des § 18 KStG). Deren Zweck ist es, als reine Innengesellschaft eine Willensbildung der Mutterunternehmen gegenüber der gemeinsamen Kapitalgesellschaft zu sichern. Dabei muss nach Auffassung der Finanzverwaltung jeder der GbR-Gesellschafter ein eigenes gewerbliches Unternehmen unterhalten, welches durch die Organgesellschaft wirtschaftlich gefördert oder ergänzt wird; zum anderen muss insbesondere der Gewinnabführungsvertrag unmittelbar mit der GbR als Organträger abgeschlossen werden.

Neben der gesellschaftsrechtlichen Kritik an der Organträger-GbR als Willensbildungsinstrument wird vor allem die gewerbesteuerliche Besonderheit der Mehrmütterorganschaft im Schrifttum seit Jahren kritisch betrachtet.[16] Nach ausdrücklicher Anordnung in Abschn. 14 Abs. 6 GewStR 1998 stehen die Gesellschafter der GbR außerhalb des Organkreises, so dass eventuelle Gewerbeverluste im Joint Venture-Unternehmen nicht mit den Ergebnissen der Gesellschafter verrechnet werden können.

---

[15] So ausdrücklich *BFH* v. 14.4.1993 I R 128/90, BStBl. II 1994, S. 124; *BFH* v. 8.10.1986 I R 65/85, *BFH/NV* 1988, S. 190; s. auch *BFH* v. 24.3.1998 I R 43/97, BStBl. II 1998, S. 447.
[16] Vgl. eingehend *Raupach/Klotz*, Die Mehrmütterorganschaft – Rechtsinstitut zwischen Konzernrecht und Konzernsteuerrecht, WiB 1994, 137; ergänzend auch *Gosch*, StBJb. 1998/99, S. 201.

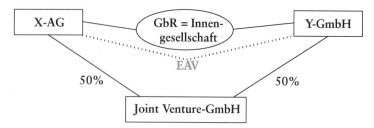

- Körperschaftsteuerlicher Organkreis: Abschn. 52 Abs. 6 KStR
- Gewerbesteuerlicher Organkreis: bislang Abschn. 14 Abs. 6 GewStR
  Änderung durch *BFH* v. 9.6.1999, DStR 1999, S. 2070
- gesetzliche Verankerung sinnvoll (jedenfalls für Verfahrensrecht)
- „nur" gewerbesteuerliche Mehrmütterorganschaft denkbar

Der *I. Senat* des *BFH* hat nunmehr in einem Judikat vom 9.6.1999[17] in Abweichung von Abschn. 14 Abs. 6 GewStR seine Rechtsprechung ausdrücklich geändert und eine „mehrfache Abhängigkeit" bei der gewerbesteuerlichen Mehrmütterorganschaft zugelassen; darüber hinaus enthält das Urteil interessante verfahrensrechtliche Hinweise zur konkreten Durchführung der Besteuerung. Im zugrundeliegenden Rechtsstreit ging es um das Problem, ob in der „zwischengeschalteten" GbR bestehende Verlustvorträge durch deren Beendigung verfallen. Die Leitsätze des Urteils lauten:

1. „Bei einer sog. Mehrmütterorganschaft sind die Beteiligung der lediglich zur einheitlichen Willensbildung in einer GbR zusammengeschlossenen Gesellschaften an der nachgeschalteten Organgesellschaft unmittelbar den Muttergesellschaften zuzurechnen (sog. Lehre von der mehrfachen Abhängigkeit). Die Organschaft besteht sonach zu den Muttergesellschaften und nicht zu der GbR ...
2. Die den jeweiligen Muttergesellschaften anteilig zuzurechnenden Gewerbeerträge und Gewerbekapitalien sind in entsprechender Anwendung von § 180 Abs. 1 Nr. 2 Buchst. a AO 1977 einheitlich und gesondert festzustellen."

Der *BFH* lehnt sich mit seiner geänderten Rechtsprechung an die gesellschafts- und konzernrechtlichen Vorgaben an, so dass die Ergebnisse der Organgesellschaft nunmehr sowohl körperschaftsteuerlich als auch gewerbesteuerlich den Mutterunternehmen als Organträgern zugerechnet werden; bei einer als Personengesellschaft angestalteten Joint Venture Unternehmung lässt sich dies gewerbesteuerlich nicht erreichen. Steuer- und Gesellschaftsrecht bewegen sich aufeinander zu. Dies wird gegenüber der bisherigen Rechtslage nicht nur dann zu steuerlichen Vorteilen füh-

---

[17] DStR 1999, 2070. Zwischenzeitlich hat die Finanzverwaltung im Hinblick auf eine geplante gesetzliche Regelung zur Mehrmütterorganschaft einen Nichtanwendungserlass v. 4.12.2000 herausgegeben.

ren, wenn die Organgesellschaft Verluste aufweist, sondern auch dann, falls bei sämtlichen, ggf. auch einzelnen Mutterunternehmen Verlustabzüge bestehen. Es sind allerdings auch materiell-rechtliche Steuernachteile denkbar, falls die Besteuerung beim Mutterunternehmen zu einer höheren Gewerbesteuerbelastung (bspw. aufgrund höherer Hebesätze oder durch Zerlegung) führt im Vergleich zur Geltung der alten Rechtslage. Dies kann letztlich Interessenkonflikte im Gesellschafterkreis nach sich ziehen; es stellen sich Fragen des Nachteilsausgleichs.[18]

Aus besteuerungspraktischer Sicht sind zwei Bereiche zu trennen:
- Zur „Vergangenheitsbewältigung" erscheint eine Übergangsregelung der Finanzverwaltung erforderlich, die aus Gründen der Billigkeit und des Vertrauensschutzes nach Auffassung von *Gosch*[19] am besten als Wahlrecht ausgestaltet werden sollte: Beibehaltung der bisherigen Handhabung oder Rückabwicklung entsprechend neuer Rechtslage. Insoweit können sich auch verfahrensrechtliche Fragen der Bestandskraft ergeben. Die Finanzverwaltung stellt einschlägige Änderungsanträge der Steuerpflichtigen derzeit ruhend. Letzlich kann dies alles zu Verwerfungen im Gewerbesteueraufkommen der Gemeinden führen.
- Für die Zukunft wird für die Vertragsgestaltung zu beachten sein, dass die Ergebnisabführungsverträge unmittelbar mit den Mutterunternehmen als Organträger abzuschließen sind; ggf. kommt demnächst auch eine „nur" gewerbesteuerliche Organschaft (ohne Ergebnisabführungsvertrag) in Betracht, was in zeitlicher Hinsicht deutlich flexibilitätserhöhend wirken würde. Sind die Vertragsparteien entgegen der neuen Rechtsprechung daran interessiert, die GbR weiterhin als Organträger fungieren zu lassen, so ist eine gesamthänderisch strukturierte GbR denkbar, die die Anteile an der Organgesellschaft hält und folglich nicht mehr als reine Innengesellschaft ausgestaltet ist. Ein Nichtanwendungserlass durch die Verwaltung (zwischenzeitlich mit Datum vom 4.12.2000 verabschiedet) oder gar ein „Nichtanwendungsgesetz" sind dagegen hochproblematisch und würden die steuerlichen Rahmenbedingungen in Deutschland nachhaltig verschlechtern.

3. Beispiel 2: Dual-Resident-Gesellschaften nach der Centros-Entscheidung des EuGH v. 09.03.1999

Die Centros-Entscheidung des *EuGH* v. 9.3.1999[20] ist zu einer Kernfrage des internationalen Gesellschaftsrechts ergangen (Sitztheorie versus Gründungstheorie), hat aber darüber hinaus erhebliche Bedeutung für

---

[18] Zu ersten Kommentierungen des Urteils s. *Luxem*, GmbH-StB 2000, 3; *kk*, KÖSDI 2000, 12254; *Gosch*, DStR 1999, 2073. S. aktuell auch *FG Münster* v. 30.8.1999, EFG 1999, 1302 (nicht rechtskräftig), AZ beim BFH: IV R 75/99.
[19] DStR 1999, 2074.
[20] DB 1999, 625 m. Anm. *Meilicke*.

verschiedene Steuerfragen mit Auslandsberührung (soweit an den Sitz der Gesellschaft angeknüpft wird). Der *EuGH* hat in dem Judikat zum Inhalt der Niederlassungsfreiheit (Art. 43, 48 EGV = Art. 52, 58 EGV a. F.) im Zusammenhang mit der Mobilität von Kapitalgesellschaften in der Europäischen Gemeinschaft Stellung genommen; danach verstößt die Verweigerung der Eintragung der Zweigniederlassung einer ausländischen Kapitalgesellschaft in einem anderen Mitgliedstaat als jenem, in dem sie errichtet wurde, gegen die Niederlassungsfreiheit in der EU. Die Fragen sind für moderne, virtuelle Unternehmensorganisationen mit hoher länderübergreifender Flexibilität sehr bedeutsam.

Im Ausgangsfall zur Centros-Entscheidung ging es um ein dänisches Ehepaar, welches eine britische Private Limited Company mit einem minimalen Stammkapital gegründet hat, deren einzige Niederlassung sich in Dänemark befinden sollte. Die dänischen Behörden verweigerten die Eintragung der Niederlassung ins dänische Handelsregister, da die gewählte Vorgehensweise rechtsmißbräuchlich sei und lediglich der Umgehung der dänischen Kapitalschutzvorschriften diene. Der *EuGH* gelangte statt dessen zum Ergebnis, dass die Verweigerung der Eintragung der dänischen Niederlassung als Verstoß gegen die Niederlassungsfreiheit zu werten ist. Zulässige nationale Abwehrmaßnahmen werden vom *EuGH* nur unter engen Voraussetzungen akzeptiert. Um die aus der Centros-Entscheidung abzuleitenden gesellschaftsrechtlichen Konsequenzen hat sich ein erheblicher Meinungsstreit entwickelt.[21] Zwischenzeitlich hat der VII. Senat des BGH die Frage nach der Vereinbarkeit der Sitztheorie mit dem europäischen Recht auf Niederlassungsfreiheit in einem Vorlagebeschluss vom 30.03.2000 erneut an den *EuGH* gebracht.[22] Insoweit bleibt die gesellschaftsrechtliche Entwicklung abzuwarten.

Unabhängig von der konkreten gesellschaftsrechtlichen Bedeutung der Centros-Entscheidung im Hinblick auf die generelle Unvereinbarkeit der Sitztheorie mit Europarecht, ergeben sich steuerliche Folgewirkungen überall dort, wo der deutsche Steuergesetzgeber zwischen verschiedenen Gesellschaften nach Maßgabe des Orts ihrer Gründung differenziert. Dies betrifft in der Praxis vor allem „doppeltansässige Kapitalgesellschaften", die nach ausländischem Recht gegründet werden und (etwa durch Zuzug) über eine Geschäftsleitung in Deutschland verfügen; in umgekehrter Richtung sind auch Wegzugsfälle denkbar. Der deutsche Gesetzgeber steht insoweit unter „Handlungsdruck", dem er allerdings erfah-

---

[21] Als Überblick s. *Bungert*, DB 1999, 1841; *Görk*, GmbHR 1999, 793; *Roth*, ZGR 2000, 311; *Zimmer*, ZHR 2000, 23; *Borges* RIW 2000, 167; *Meilicke*, GmbHR 2000, 6999; *Altmeppen*, DStR 2000, 1061. Zu einer instruktiven rechtsvergleichenden Untersuchung Deutsche GmbH/Englische private limited company s. *Fleischer*, DStR 2000, 1015.
[22] VII ZR 370/98, BB 2000, 1106. Zur Entwicklung in Österreich s. *OGH*-Beschluss v. 15.7.1999, RIW 2000, 378, wonach die Sitztheorie teilweise aufgegeben wird.

rungsgemäß nur recht zögernd nachkommt. Dies zwingt die betroffenen Steuerpflichtigen dazu, im Fall von einschlägigen Steuernachteilen, Rechtsbehelfe zu führen mit dem Ziel einer Vorlage an den *EuGH*. Im wesentlichen lassen sich folgende aufgrund der Centros-Entscheidung steuerkritische Bereiche ausmachen, die der „Nachbesserung" bedürfen:
- Erforderlich ist die Eingruppierung ausländischer Kapitalgesellschaften mit inländischer Geschäftsleitung unter die Regelung der unbeschränkten Körperschaftsteuerpflicht nach § 1 Abs. 1 Nr. 1 KStG. Nach dem umstrittenen Liechtenstein-Urteil des *BFH* v. 23.6.1992[23] liegt dagegen der Anwendungsbereich des § 1 Abs. 1 Nr. 5, § 3 KStG vor; dies beurteilt der *BFH* allerdings nunmehr in einer jüngeren Entscheidung ausdrücklich als offen.[24] Die steuerrechtliche Einordnung doppeltansässiger Kapitalgesellschaften würde danach den im Inland gegründeten Kapitalgesellschaften entsprechen; sie nehmen uneingeschränkt auch am Körperschaftsteueranrechnungsverfahren teil.
- Die Reichweite des § 8 b Abs. 1 KStG (steuerneutrale Weiterausschüttung von EK 01 im Konzern) sowie des § 8 b Abs. 2 KStG a.F. (Steuerbefreiung für Veräußerungsgewinne qualifizierter Auslandsbeteiligungen) muss sich im Gefolge der Centros-Entscheidung auch auf nach ausländischem Recht gegründete Kapitalgesellschaften erstrecken. Dies ist bislang wegen der Einordnung derartiger Gesellschaften unter § 1 Abs. 1 Nr. 5, § 3 KStG mit diskriminierender Wirkung nicht möglich (Änderung durch die Unternehmenssteuerreform). Auf der anderen Seite sind derartige doppeltansässige Kapitalgesellschaften bei Ausschüttungen an die Auslandsgesellschafter im Grundsatz zum Kapitalertragsteuerabzug verpflichtet, soweit anzuwendende Doppelbesteuerungsabkommen sowie die Mutter-Tochter-Richtlinie nicht Quellensteuerreduzierungen bzw. -befreiungen auch für nach ausländischem Recht gegründete Kapitalgesellschaften vorsehen.
- Im Hinblick auf die Gesellschafterfremdfinanzierung nach § 8 a KStG sind auch doppeltansässige Kapitalgesellschaften zu erfassen. Dies entspricht der bisherigen Auffassung der Finanzverwaltung,[25] die sich allerdings dabei über die Liechtenstein-Entscheidung des *BFH* hinweggesetzt hat. Im übrigen wird der die Steuerausländer diskriminierende Charakter des § 8 a KStG immer offenkundiger.[26]

---

[23] BStBl. II 1992, S.972
[24] BFH v. 16.12.1998 I R 138/97, BStBl. II 1999, S.437; kritisch auch *Wassermeyer* in: Widmann (Hrsg.), Besteuerung der GmbH und ihrer Gesellschafter, 1997, S.90.
[25] So Tz. 5 des BMF-Schreibens v. 15.12.1994, BStBl. I 1995, S.25
[26] Vgl. dazu neuerdings den Aussetzungsbeschluss des FG Münster v. 24.1.2000, FR 2000, 561. Danach bestehen ernstliche Zweifel, ob die Regelungen des § 8 a KStG mit der Niederlassungsfreiheit aufgrund von Art. 43 EGV vereinbar ist. Zwischenzeitlich ist im Hauptsachverfahren ein Vorlageersuchen durch das *FG Münster* (Beschluss v. 21.8.2000, FR 2000, 1214) an den *EuGH* ergangen. Zum Diskussionsstand s. *Prinz*, FR 2000, 563 und 1216.

- Im Bereich der Organschaftsregelung werden die zulässigen grenzüberschreitenden Fallgestaltungen auf Basis der Centros-Entscheidung zunehmen. Insbesondere die Vorschrift des § 14 Nr. 3 KStG (a.F.), auf die neuerdings auch § 2 Abs. 2 Satz 2 GewStG i.d.F. des StEntlG 1999/2000/2002 mit Wirkung ab Erhebungszeitraum 1999 entgegen der *BFH*-Rechtsprechung Bezug nimmt, diskriminiert die nach ausländischem Recht gegründeten Kapitalgesellschaften dadurch, dass neben dem Ort der Geschäftsleitung auch der Sitz im Inland gefordert wird.[27] Zukünftig sollten daher auch ausländische Kapitalgesellschaften mit Geschäftsleitungssitz im Inland sowohl als Organträger als auch als Organgesellschaft zulässig sein.
- Für bestimmte Wegzugs- und Zuzugsfälle sieht § 12 KStG eine Schlussbesteuerung bei Aufdeckung der stillen Reserven vor. Die dabei zu erfassenden Fallgestaltungen sollten im Lichte der Centros-Entscheidung neu beurteilt werden. Beim Zuzug einer im Ausland gegründeten Kapitalgesellschaft ins Inland durch Verlegung der Geschäftsleitung und Wechsel aus der beschränkten zur unbeschränkten Steuerpflicht liegt kein Realisationstatbestand vor.[28] Nach § 12 Abs. 2 KStG sind die stillen Reserven auch dann zu versteuern, wenn das inländisches Betriebsstättenvermögen eines Steuerausländers „als Ganzes auf einen anderen übertragen wird", wobei die Regelungen des UmwStG unberührt bleiben; beim Wechsel des Steuerausländers von der beschränkten zur unbeschränkten Körperschaftsteuerpflicht dürfte ein solcher Realisationsakt nach Maßgabe der Centros-Entscheidung nicht mehr zulässig sein.
- Schließlich können sich aufgrund der Centros-Entscheidung auch im Hinblick auf die Anwendung der Doppelbesteuerungsabkommen bei doppeltansässigen Kapitalgesellschaften zur bisherigen Rechtslage abweichende Rechtsfolgen ergeben. Üblicherweise sind aber auch bereits unabhängig davon doppelansässige Gesellschaften aufgrund ihrer inländischen Geschäftsleitung abkommensberechtigt.[29]

---

[27] Vgl. *BFH* v. 10.11.1998 I R 91 102/97, DB 1999, 783 und *OFD Frankfurt* v. 22.11.1999, FR 2000, 112; *OFD Düsseldorf* v. 14.2.2000, BB 2000, 498 betr. VZ bis einschl. 1998.
[28] Dazu auch *Schwedhelm/Binnewies*, DB 1999, 1420.
[29] Vgl. eingehend zu den steuerlichen Folgen der Centros-Entscheidung *Soergel*, DB 1999, 2236; *Fock*, RIW 2000, 42; *Koblenzer*, EWS 1999, 418; *Eilers/Winands*, IStR 1999, 289; ausführlich auch *Staringer*, Besteuerung doppelt ansässiger Kapitalgesellschaften, 1999; *Schwedhelm/Binnewies*, GmbH-StB 2000, 100; *Saß*, IWB 2000 Fach 11 Europäische Gemeinschaften, Gruppe 2, 409 (v. 24.5.2000); eingehend zum Wegzugsfall aus Deutschland *Dreissig*, DB 2000, 893; zu einem Richtlinienvorentwurf der EU zur Verlegung des Gesellschaftssitzes s. ZIP 1997, 1721.

IV. Paradigmenwechsel und Modernisierung durch Unternehmenssteuerreform ab 1.1.2001?

1. Gesetzgebungsstand: Abschaffung des körperschaftsteuerlichen Vollanrechnungsverfahrens; erste Einschätzung

Der deutsche Steuergesetzgeber hat mit Wirkung ab 1.1.2001 eine grundlegende Unternehmenssteuerreform verabschiedet. Es handelt sich um das Steuersenkungsgesetz vom 23.10.2000, welches vom Grundsatz mit Wirkung ab 1.1.2001 gilt. Im Zuge der Reform wird das körperschaftsteuerliche Anrechnungsverfahren vor allem wegen Europarechtswidrigkeit abgeschafft und eine definitive Körperschaftsteuer von 25% (zuzüglich Gewerbesteuer und Solidaritätszuschlag) mit einer Nachbelastung auf Gesellschafterebene nach Maßgabe des sog. Halbeinkünfteverfahrens eingeführt.[30] Zur Vermeidung von Doppel- oder Mehrfachbelastungen im Unternehmensverbund ist eine generelle Freistellung von laufenden und aperiodischen Beteiligungserträgen vorgesehen, verbunden mit Abzugsbeschränkungen auf der Aufwandsseite (§ 3 c EStG, § 8 b Abs. 5 KStG); Umstrukturierungsmöglichkeiten werden dadurch deutlich flexibler. Darüber hinaus war ein Optionsrecht für bestimmte Personenunternehmen (einschließlich Freiberuflern) geplant, sich (in jeder Beziehung) wie Körperschaften besteuern zu lassen, welches allerdings letztlich vom Gesetzgeber nicht umgesetzt wurde.

Die Einflussnahme der Unternehmenssteuerreform auf moderne Organisationskonzepte ist diffus:
– Einerseits ist das Organschaftsrecht „entrümpelt" worden, indem für Körperschaftsteuerzwecke (nicht aber für die Gewerbe- und Umsatzsteuer) auf das Erfordernis organisatorischer und wirtschaftlicher Eingliederung verzichtet wurde. An der Notwendigkeit eines Ergebnisabführungsvertrags (mit den entsprechenden Haftungsfolgen) wird dagegen festgehalten. Die steuerartenspezifische Zersplitterung des Organschaftsrechts steigt dadurch deutlich. Hinzu kommt, dass die Organschaft im Hinblick auf die Beteiligungsertragsbefreiungen in Unternehmensgruppen und dem damit verbundenen Abzugsverbot für Aufwendungen (ggf. ausgestaltet als Fiktion) einen Bedeutungswandel

---

[30] Zu Konzept und Wirkungen s. *Rödder*, WPg 2000, 57; *Rödder/Schumacher*, DStR 2000, 353 und 1459; *Prinz*, FR 1999, 1265 und FR 2000, 1061, 1255; *Schiffers*, GmbHR 2000, 205. Zwischenzeitlich haben zwar verschiedene Professoren der Betriebswirtschaftslehre die Beibehaltung des Anrechnungsverfahrens gefordert, vgl. *Siegel/Bareis/Herzig/Schneider/Wagner/Wenger* mit Zustimmung von 72 Fachkollegen, Verteidigt das Anrechnungsverfahren gegen unbedachte Reformen!, BB 2000, 1269. Dennoch hat der Gesetzgeber die geplante Abschaffung des Anrechnungsverfahrens realisiert.

durchmachen wird. Im übrigen wirkt die Ausweitung des § 8 b Abs. 2 KStG auf sämtliche in- und ausländische Kapitalgesellschaftsanteile flexibilitätserhöhend.

- Andererseits sind in Einschränkung des Grundsatzes der Finanzierungsfreiheit die Grenzen der Gesellschafterfremdfinanzierung nach § 8 a KStG bei wesentlich beteiligtem steuerausländischen Anteilseignerkreis verschärft worden. Hinzu kommt, dass die Regelungen zur deutschen Hinzurechnungsbesteuerung ggf. einen deutlich größeren Anwendungsbereich bekommen werden, wobei diverse Wertungswidersprüche auftreten.[31] Im übrigen ist eine Öffnung des Umwandlungssteuerrechts für grenzüberschreitende Transaktionen nach dem momentanen Gesetzgebungsstand nicht vorgesehen.

2. Geplantes Optionsmodell für Personenunternehmen: „Virtuelle Kapitalgesellschaft" (§ 4 a KStG-E)

Eine neue steuerorientierte „Handlungsalternative" für Unternehmensstrukturen sollte das geplante Optionsmodell der Bundesregierung für bilanzierende Personenunternehmen darstellen. Zentrale Rechtsgrundlage dafür war § 4 a KStG-E. Es sollte eine „virtuelle Kapitalgesellschaft" im gesellschaftsrechtlichen Kleid einer Personenunternehmung (Einzelunternehmen, Personengesellschaft) entstehen. Das (unwiderrufliche) Antragsrecht zielte im Hinblick auf die (verfassungsrechtlich problematische) Steuersatzspreizung – 25% Körperschaftsteuersatz, progressiver Einkommensteuertarif für natürliche Personen bis 48,5%, abgesenkt ab 2005 auf 42% – darauf ab, eine rechtsformneutrale Besteuerung zu bewirken und hatte (jedenfalls aus theoretischer Sicht) eine erhebliche Breitenwirkung. Es handelte sich um den am meisten umstrittenen Teil der Unternehmenssteuerreform, dessen politische Realisationschancen von vornherein sehr ungewiss waren und der letztlich auch nicht vom Gesetzgeber umgesetzt wurde. Darüber hinaus erwartete man, dass nur ein kleiner Teil der Personenunternehmen in Deutschland von der angebotenen Optionsmöglichkeit Gebrauch machen würde.

Neben einer Fülle von Detailfragen ergaben sich beim Optionsmodell zwei rechtssystematische Grundsatzprobleme:
- Einerseits wäre es zu einem Bruch zwischen Steuer- und Gesellschaftsrecht gekommen, was mittelfristig zu erheblichen rechtlichen Verwerfungen geführt hätte. So sollten bspw. für ein optierendes Einzelunternehmen (angemessene) kalkulatorische, aber rechtlich nicht existente Tätigkeitsvergütungen anerkannt werden. Auch wären Pensionsrückstellungen für einen solchen Einzelunternehmer möglich gewesen. Auch bei Unternehmenskäufen (Erwerb eines optierten Personengesell-

---

[31] Vgl. *Wassermeyer*, IStR 2000, 114 und 193.

schaftsanteils) hätten sich ganz neue Fragen im Kaufvertragsrecht ergeben, bis hin zu abzuändernden Steuerklauseln.
- Andererseits erschien fraglich, ob ein bloßes „Überstülpen" der Regeln des KStG der besonderen Situation von Personenunternehmen gerecht würde. So könnten bspw. aus Entnahmen des Personenunternehmers Gewinnausschüttungen werden, was üblicherweise Anpassungen der Entnahmerechte in den Gesellschaftsverträgen erfordert hätte. Bereits der „Griff in die Kasse" bei einem Einzelunternehmer hätte eine verdeckte Gewinnausschüttung bewirkt. Die Abgrenzung einer Einlagenrückzahlung von einer Ausschüttung würde zu Problemen führen. Hinzu kommen erhebliche Interessenkonflikte im Gesellschafterkreis einer optierenden Personengesellschaft, da das Optionsrecht nur einheitlich ausgeübt werden konnte.

Letztlich hätte eine Tendenz zur Optionsausübung nur bei dauerhaft ertragsstarken Personenunternehmen mit einem hohen Anteil zu thesaurierender Gewinne bestanden. Hinzu wäre gekommen, dass die Option möglichst langfristig ausgerichtet sein sollte. Stets sollte auch eine „echte rechtliche Umwandlung" als Handlungsalternative bedacht werden. Wegen all dieser Problembereiche und Fragen hat der Gesetzgeber schließlich (wohl zu Recht) auf die Umsetzung des Optionsmodells verzichtet.

3. Joint Venture „auf Zeit" wegen geplanter Veräußerungsgewinnbefreiung (§ 8 b Abs. 2 KStG)

Zur Vermeidung von Mehrfachbelastungen bei Dividendenausschüttungen in Unternehmensgruppen ist im Steuersenkungsgesetz eine umfassende „Beteiligungsertragsbefreiung" vorgesehen, welche ohne Rücksicht auf Beteiligungshöhe und Besitzzeit arbeitet und sich sowohl auf inländische wie auch auf ausländische Dividenden erstreckt. Inlands- und Auslandsbeteiligungen sollen dadurch europarechtskonform gleich behandelt werden; dies bedeutet eine internationale Öffnung des deutschen Steuersystems. Flankierend sind allerdings diverse „Missbrauchsschranken" eingebaut worden (insb. eine 7jährige Veräußerungssperre gem. § 8 b Abs. 4 KStG n. F.).

Da der Gesetzgeber bei Kapitalgesellschaften das systematisch gebotene Ziel verfolgt, Dividenden und Veräußerungsgewinne (einschließlich windfall-profits) gleich zu behandeln, ist mit § 8 b Abs. 2 KStG eine Steuerbefreiung von Veräußerungsgewinnen eingeführt worden. Eine Steuerbefreiung für Gewinne aus der Veräußerung von Anteilen an Personengesellschaften erfolgte für Körperschaftsteuerzwecke dagegen nicht. Als Konsequenz aus der Steuerbefreiung von Kapitalgesellschaftsanteilen bleiben Veräußerungsverluste und Teilwertabschreibungen steuerlich unberücksichtigt; gleiches gilt für Wertaufholungen. Die Steuerbefreiung des § 8 b Abs. 2 KStG ist für Veräußerungen ab dem Jahre 2002 vorgesehen.

Im Hinblick auf die vorgesehene Veräußerungsgewinnbefreiung sind derzeit Joint Ventures „auf Zeit" anstelle von direkten Vollveräußerungen zu beobachten; der geplante steuerfreie „Exit" ist bereits im Joint Venture-Vertrag angelegt. Ein Gestaltungsmissbrauch gem. § 42 AO ist darin nicht zu sehen, da lediglich in Vorbereitung auf eine gesetzgeberische Maßnahme gehandelt wird. Auch werden derzeit Call- und Put-Optionen im Hinblick auf die vorgesehenen Rechtsänderungen eingesetzt.

V. Zusammenfassung und Ausblick

Das derzeit zu beobachtende Aufbrechen tradierter Organisationsstrukturen bis hin zu virtuellen Einheiten in der „New Economy" erfordert modernisierte Besteuerungskonzepte, die den geänderten wirtschaftlichen Erfordernissen Rechnung tragen. Dies kann letztlich nur durch den Gesetzgeber erfolgen, der die steuerlichen Rahmenbedingungen in sinnvoller Weise flexibilisiert, ohne besteuerungssystematische Notwendigkeiten „über Bord" zu werfen. Die auftretenden Fragen sind im Grundsatz nicht neu, die Lösungen erfordern aber ohne Zweifel wegen des geänderten wirtschaftlichen Hintergrunds Akzentverschiebungen, ggf. sogar Systemänderungen. Darüber hinaus führt die Globalisierung der Wirtschaft im Besteuerungsbereich zu einem länderübergreifenden Anpassungsdruck, der zunächst den europäischen Markt, anschließend aber auch Drittländer mit umfasst. Schließlich besteht für die Unternehmen die Notwendigkeit eines planungsorientierten länderübergreifenden Steuermanagements, etwa durch Nutzung von double dips, die Vermeidung „vagabundierenden" Aufwands sowie den Einsatz steueroptimierter hybrider Gestaltungen. Letztlich führen aber nur tatsächliche Funktions- und Substanzverlagerungen zu den gewünschten Ergebnissen. Die von der Bundesregierung initiierte Unternehmenssteuerreform 2001 genügt den modernen Anforderungen der Unternehmensrealität nur in begrenztem Umfang.

P. Unternehmensrecht und Internet – Ausblick aus der Sicht der deutschen Rechtspolitik

(Ulrich Seibert)

I. Aufgabenstellung

Man beginnt zu begreifen, dass kein Lebens- und damit auch kein Rechtsgebiet vom Internet unberührt bleiben wird. Die Börsen haben mit einer gewaltigen Vermögensverschiebung von der alten zur sog. new economy – auch nach Korrektur einiger Übertreibungen – schon vorweggenommen, was sich in der Wirtschaft voraussichtlich in den nächsten Jahren abspielen wird. Das Bundesministerium der Justiz ist dabei, in allen Rechtsgebieten und auf allen Justizfeldern über notwendige Veränderungen und greifbare Chancen nachzudenken. Ich kann hier von vielen verschiedenen Aktivitäten nur die der Arbeitsgruppe elektronischer Rechtsverkehr der *Bund-Länder-Kommission für Datenverarbeitung und Rationalisierung in der Justiz (BLK)* erwähnen.[1] Anders als beim E-Commerce, dem elektronischen Geschäftsverkehr, geht es hier um den Einzug des Internet und insbesondere der E-Mail in die gerichtlichen Verfahren. Betroffen ist sowohl der Verkehr der Gerichte mit den Verfahrensbeteiligten, aber auch die interne elektronische Aktenbearbeitung und -archivierung. Die Ergebnisse sollen auf der nächsten Justizministerkonferenz, liebevoll JuMiKo genannt, vorgestellt werden.

---

[1] Die Konferenz der Justizministerinnen und -minister hat in der Sitzung am 7./9.6. 1999 folgenden Beschluss gefasst: „(1) Die Justizministerinnen und -minister halten es für notwendig, im Zuge einer weiteren Rationalisierung des Geschäftsablaufs bei den Gerichten und Staatsanwaltschaften und im Hinblick auf den „Vorschlag für eine Richtlinie des Europäischen Parlaments und des Rates über bestimmte rechtliche Aspekte des elektronischen Geschäftsverkehrs im Binnenmarkt" den Geschäftsverkehr mit Gerichten und Staatsanwaltschaften, einschließlich der Abgabe verfahrensrechtlich relevanter Erklärungen, auch im Wege der elektronischen Übermittlung zu ermöglichen und dies im Modellversuch zu erproben. (2) Die Justizministerinnen und -minister bitten die Bundesministerin der Justiz nach Vorbereitung der Prüfung durch die Bund-Länder-Kommission für Datenverarbeitung und Rationalisierung in der Justiz, die rechtlichen Voraussetzungen zu prüfen und in geeigneten Bereichen die dafür erforderlichen gesetzgeberischen Schritte einzuleiten, wobei die Eröffnung des elektronischen Geschäftsverkehrs mit den Registergerichten besonders vordringlich erscheint."

II. Internationalisierung und Digitalisierung

Aber kommen wir zu den mir anvertrauten Zuständigkeiten. Wir haben in der letzten Wahlperiode im Handels- und Gesellschaftsrecht ein außergewöhnlich umfangreiches Programm absolviert, ich erinnere nur an das KonTraG, das Handelsrechtsreformgesetz, die gesellschaftsrechtlichen Teile des KapAEG und des Euro-Einführungsgesetzes sowie an das Stückaktiengesetz.[2] Danach hätte man sich ein Verschnaufpause gewünscht. Aber es kam anders. Der Takt, in dem die technologische Entwicklung und die Märkte die Gesetzgebung zur Anpassung treiben, nimmt an Geschwindigkeit zu. Man könnte deshalb das gesetzgeberische Programm im Handels- und Gesellschaftsrecht für diese Wahlperiode unter das Motto „Digitalisierung und Internationalisierung" stellen.

III. EDV und Handelsregister

Zunächst zu einem vielleicht weniger spannend klingenden, aber doch sehr wichtigen Thema. Ich glaube, da sind sich alle einig: Die Handelsrechtsreform war ein gutes Gesetz.[3] Unbefriedigend bleibt aber noch die Papierform der Handelsregisterakten, der Kommunikation mit dem Register und der Registerbekanntmachungen. Wir sollten uns darüber im Klaren sein, dass das Papiermedium in allen drei Fällen kaum eine dauerhafte Zukunft hat. Mit den §§ 8a und 9a HGB sind gewisse bundesgesetzliche Voraussetzungen für das EDV-Handelsregister geschaffen. Diese durch das *Registerverfahrensbeschleunigungsgesetz von 1993 eingeführten Änderungen,*[4] waren damals gewiß sehr mutig, sind heute aber schon überholt, zu vorsichtig und zu restriktiv.[5] Es kommt aber nicht allein auf den Bund an. Das Handelsregister ist Ländersache. Lange Zeit ist dort wenig geschehen. Wir sind damit weit hinter den Stand des Auslands zurückgefallen. Dabei reicht es schon, wenn wir den Blick nach Osten richten; in Polen, der Tschechei, in den baltischen Staaten ist man hier weiter als wir. Es fehlte vor allem am Geld, mitunter scheiterte die Aus-

---

[2] *Ernst/Seibert/Stuckert*, KonTraG-KapAEG-StückAG-EuroEG, Textausgabe mit Einführung, Düsseldorf 1998.
[3] S. *Schaefer*, Handelsrechtsreformgesetz, Einführung, Texte, Erläuterungen zu den geänderten Vorschriften, Köln 1999; ferner: Die Reform des Handelsstandes und der Personengesellschaften, Schriftenreihe der Bayer Stiftung, Bd. 5, München 1999.
[4] Gesetz vom 20.12.1993 (BGBl. I S. 2182).
[5] Herbe Kritik bei *Noack*, Entwicklungen im Aktienrecht 1999/2000, S. 31: „unbeholfene Ausdrucksweise", „zopfiges Erfordernis", „tiefes Misstrauen gegen diese neuartigen Dinge".

P. Unternehmensrecht und Internet – Ausblick

stattung der Gerichte mit EDV auch am Denkmalschutz (wegen der Kabelschlitze) oder man hatte einfach keine Lust zu Investitionen, wegen der jahrelangen Diskussion um die Übertragung der Handelsregister auf die IHK.[6] Letzteres Projekt dürfte jetzt gestorben sein, da die Bundesministerin der Justiz solchen Plänen eine Absage erteilt hat.

1. Umsetzung in den Ländern

Erfreulicherweise haben sich seit kurzem die Bemühungen der Länder um die elektronischen Handelsregister erheblich verstärkt. Es gibt zwei verschiedene in der Vorbereitung befindliche Verfahren:
- Berlin/Brandenburg: AUREG
- Bayern/NRW/Sachsen/Sachsen-Anhalt, sog. RegisSTAR-Projekt

2. Zum RegisSTAR-Projekt

Beabsichtigt ist eine elektronische Registerführung und eine Online-Auskunft aus dem Handelsregister. Es soll Internettechnologie eingesetzt werden; der Zugriff kann dann mit normalem Browser von jedem Computer aus geschehen. Gedacht ist an eine zentrale Speicherstelle für jedes Bundesland. Das ist natürlich unbefriedigend. Die spätere Vernetzung der Speicher auf Bundesebene und in einem weiteren Schritt auf europäischer Ebene (European Business Register) sind aber wohl technisch möglich. Im Ergebnis muss es ein europäisches Portal geben, das zu allen elektronischen örtlichen Registern verzweigt.

3. Zeithorizont

Derzeit laufen erste Tests, seit Anfang 2000 ist die Software soweit fertig, dass erste Großtests laufen können. Ab Mitte 2000 kann dann die Umstellung einzelner Handelsregister beginnen. Hierzu bedarf es einer Umschreibung der vorhandenen Datenbestände. Dies soll durch Einscannen mit OCR-Schrifterfassung geschehen. In einem ersten Schritt sollen wegen der Masse nur aktuellere Datenbestände übertragen werden und nicht die gesamte historische Entwicklung in den Registern (gelöschte Eintragung).
Der Bundesgesetzgeber wird diese Bemühungen begleiten müssen. Die bisher im HGB vorgesehene Online-Auskunft ist beschränkt auf einen engen Kreis Auskunftsberechtigter (§ 9a Abs. 2 HGB). Die Länder wünschen eine Öffnung des Kreises der Auskunftsberechtigten auf jedermann.[7] Ferner sieht das bisherige Recht ein umständliches und völlig

---

[6] S. dazu zuletzt: *Schöpe*, ZRP 1999, S. 449; *Ulmer*, ZRP 2000, 47; *Dieckmann*, ZRP 2000, 44.
[7] Vgl. Beschluss der 71. Konferenz der Justizministerinnen und -minister am 24. und 25.5.2000 in Potsdam: „Neufassung der §§ 9, 9a HGB und § 79 BGB zur Ermöglichung eines Abrufverfahrens, in dem jedermann nach seiner Identifikation Daten aus

unpraktikables Genehmigungsverfahren vor. Dies muss ebenfalls in Frage gestellt werden. Das bisherige Online-Auskunftsverfahren ist ferner beschränkt auf die im Register eingetragenen Daten. Nicht umfasst sind weitere zum Handelsregister eingereichte Unterlagen (Bilanzen, Gesellschafterlisten). Auch hier besteht rechtspolitischer Druck auf eine Ausweitung der online einsehbaren Unterlagen. Dies ist aber mit der Wirtschaft wegen datenschutzrechtlicher und wettbewerblicher Sensibilität vorsichtig abzuklären. Das *Bundesministerium der Justiz* ist gegenwärtig dabei, einen Gesetzentwurf vorzubereiten. Zugleich müssen sämtliche Registerverordnungen (die Handelsregister-, Partnerschafts-, Genossenschaftsverordnung) überarbeitet werden. Wegen der Gebühren für den Online-Abruf ist ebenfalls eine Verordnung in Vorbereitung.

IV. EU-Kommission: SLIM IV

Bleibt die **Papierveröffentlichung**. Sie ist unter anderem Gegenstand der Erörterungen der sog. SLIM IV-Gruppe der EU-Kommission, die hier nur kurz erwähnt werden, da *Kallmeyer* und *van Hulle* die Vorschläge dieser Gruppe in diesem Band ausführlich behandeln. Es geht dort z. B. darum, in der 1. gesellschaftlichen Richtlinie elektronische Kommunikationsmedien zuzulassen.[8] Wenn eines fernen Tages einmal kompletter Zugriff auf die Registerdaten für jedermann besteht, wird sich die Frage nach Sinn und Zweck der zusätzlichen Veröffentlichung der Eintragungen in einer „National Gazette" stellen. Bis entsprechendes in Deutschland aufgegriffen wird, kann es freilich noch lange dauern. Da haben wir ja z. B. den Bundesanzeiger mit einer komplexen Anteilseignerstruktur.

Aber man sollte vielleicht schon vorher einmal darüber nachdenken, wo man im Kleinen etwas tun kann. Zum Beispiel ob die Mehrfachveröffentlichung der Registereintragungen gem. § 10 HGB noch zeitgem. ist? Sie ist jedenfalls eine schwere Kostenbelastung für den Mittelstand, die nur zu rechtfertigen ist, wenn sie wirklich dringend benötigt wird. Und nach meiner persönlichen Auffassung wird sie nicht mehr dringend benötigt, denn es erscheint mir schwer vorstellbar, dass die unübersichtlichen und disparaten Handelsregisterbekanntmachungen, die wir im hinteren Teil der Tageszeitungen zu überblättern gewohnt sind, überhaupt noch in nennenswertem Umfang gelesen werden.

---

den maschinell geführten Registern übermittelt werden können, Klarstellung dass der Abruf auch auf abgeschlossene Blätter erstreckt werden kann, Wegfall der bislang in § 9 a Abs. 1 HGB enthaltenen Beschränkung auf die Eintragungen im Registerblatt."

[8] So z. B. Art. 3 Abs. 1 – Anlegen einer „Akte", Art. 3 Abs. 3 – auszugsweise Abschriften oder Angaben auf ein schriftliches Verlangen und vor allem Art. 3 Abs. 4: Amtsblatt (Bulletin national).

Ähnliches gilt für die Vielfachveröffentlichung von Eintragungen bei der Hauptniederlassung und zugleich durch die Gerichte sämtlicher Zweigniederlassungen. Auch hier ist die Papierform ohnehin (im übertragenen Sinne) „auslaufende Materie". Aufgrund von Vorschlägen der Länder und der Verbände ist in den – noch unten zu behandelnden – Namensaktienentwurf eine radikale Beschränkung der Mehrfachveröffentlichungen durch die Gerichte der Zweigniederlassungen eingefügt worden.

V. Form der einzureichenden Unterlagen

Was nun die Form der einzureichenden Unterlagen betrifft, stehen wir noch am Anfang. Es sei aber erwähnt, dass im KapCoRiLiG,[9] in dem es bekanntlich um die Offenlegung der Jahresabschlüsse der GmbH und der GmbH & Co. KG geht, ein erster Schritt getan ist. Das HGB[10] ermöglicht es den Ländern, für die beim Registergericht einzureichenden Jahresabschlüsse etc. statt der Papierform künftig die Übermittlung per E-Mail oder auf elektronischen Trägermedien (z. B. Diskette, CD-ROM) *zu verlangen*. Ja, tatsächlich zwingend vorzuschreiben und nicht nur zuzulassen. Wenn die Länder diese Vorschrift tatsächlich nutzen, wird viel Platz in den Kellern der Amtsgerichte frei.

VI. Das Namensaktiengesetz

Mit dem Namensaktiengesetz kurz: NaStraG (Namensähnlichkeiten mit ausländischen Börsenplätzen sind rein zufällig) reagiert die Bundesregierung gleich in zweifacher Hinsicht auf den Einfluss, man möchte fast sagen „impact" der Neuen Medien auf das Unternehmensrecht: Zum einen wird das Recht der Namensaktie grundlegend modernisiert und zum anderen werden rund um die Hauptversammlung alle bürokratischen Formvorschriften überprüft und soweit möglich ganz abgeschafft.
Der Referentenentwurf ist im November des letzten Jahres an die Länder und Verbände zur Stellungnahme versandt worden. Er ist auf sehr positive Resonanz gestoßen, vielfach wurde auf eine beschleunigte Verabschiedung gedrängt und mitunter wurde ein Inkrafttreten noch vor der Hauptversammlungssaison 2000 gefordert. Das war nicht besonders realistisch,

---

[9] Gesetz zur Durchführung der Richtlinie des Rates der Europäischen Union zur Änderung der Bilanz- und Konzernrichtlinie hinsichtlich ihres Anwendungsbereichs (90/605/EWG), zur Verbesserung der Offenlegung von Jahresabschlüssen und zur Änderung anderer handelsrechtlichen Bestimmungen (Kapitalgesellschaften- und Co.-Richtlinie-Gesetz) vom 24.2.2000, BGBl. I, S. 154.
[10] S. § 8a Abs. 2 HGB – Rechtsverordnungsermächtigung für die Länder.

deutet aber den hohen Erwartungsdruck an. Aufgrund der Stellungnahmen sind einige wichtige Änderungen am Entwurf gemacht worden. Sehr hilfreich für die Reformüberlegungen zur Namensaktie waren vom Deutschen Aktieninstitut begleitete Gespräche mit den Experten aus den betroffenen Unternehmen, so von *Siemens, DaimlerChrysler, Deutsche Telekom, Dresdner* und *Deutsche Bank* und den Versicherungen *Allianz* und *Münchener Rück*, der Aktionärsvereinigungen sowie der Clearinggesellschaft.

Außerdem sind weitere Änderungen zur Euro-Umstellung im Gesellschaftsrecht und die oben erwähnten Bekanntmachungserleichterungen aufgenommen worden.

Der Entwurf ist am 10.5.2000 vom Bundeskabinett als Regierungsentwurf und am 16.11.2000 in 2. und 3. Lesung vom Deutschen Bundestag verabschiedet worden.

Es kann hier nur ein kurzer Überblick über die wichtigsten vorgeschlagenen Regelungen gegeben werden:

1. Regelungen zur Namensaktie[11]

– Das Aktienbuch wird künftig Aktienregister genannt.
– Die in das Aktienregister einzutragen Daten des Aktionärs werden neu und präzise geregelt (§ 67 Abs. 1 AktG).
– Die Mitwirkung der beteiligten Kreditinstitute bei der Übermittlung der Daten an die Aktienregister wird eindeutig geregelt und datenschutzrechtlich legitimiert (§ 67 Abs. 4 AktG).
– Auf die Vorlage der Aktienurkunden bei Beantragung der Eintragung in das Register wird verzichtet. Die voll-elektronische Registerführung und Aktualisierung wird ermöglicht.

---

[11] Jüngste Stimmen zur Namensaktie und zum NaStraG-Entwurf: *Zätsch/Gröning*, Neue Medien im deutschen Aktienrecht: Zum RefE des NaStraG, NZG 2000, 393; *Bachmann*, WM 1999, 2100; Stellungnahme des Handelsrechtsausschusses des Anwaltvereins zum NaStraG, NZG 2000, 443; *Spindler*, ZGR 2000, 420; *Diekmann*, BB 1999, 1985; *Leuering*, ZIP 1999, 1745; *Noack*, ZIP 1999, S.1993; *ders*., DB 1999, 1306; *ders*., Die Umstellung von Inhaber- auf Namensaktien, in: FS für Gerold Bezzenberger, 2000, *Westermann/Mock* (Hrsg.), S.291; *ders*., Entwicklungen im Aktienrecht 1999/2000, Hrsg. *Deutsches Aktieninstitut*, Frankfurt 1999, S.27; *Happ*, Vom Aktienbuch zum elektronischen Aktionärsregister. Einige Bemerkungen zu einem altehrwürdigen aktienrechtlichen Institut, in: Festschrift für *Gerold Bezzenberger*, 2000, *Westermann/Mock* (Hrsg.), S.111; und ganz ausführlich: Die Namensaktie, herausgeben vom Deutschen Aktieninstitut, Frankfurt 2000; Regeln zur Namensaktie sind nicht zeitgemäß, *M. Casper* in FAZ v. 10.9.1999, S.23; Das deutsche Aktienrecht soll fürs Internet fit gemacht werden, Handelsblatt v. 16.9.1999, S.5; Gesetzesänderung soll Namensaktie den Weg ebnen, Börsenzeitung v. 19.11.1999, S.3; Justizministerium will Formzwänge ausräumen, Trend zur virtuellen Hauptversammlung/Erleichterte Rechtsregeln für Namensaktien, FAZ v. 11.12.1999, S.25.

P. Unternehmensrecht und Internet – Ausblick 257

– Der Aktionär erhält ein Auskunftsrecht über seine Daten. Das bisherige Einsichtsrecht bezüglich aller anderen Aktionäre wird gestrichen (§ 67 Abs. 6 AktG).
– Kleinen Aktiengesellschaften wird hier aber Satzungsfreiheit gewährt.
– Eine Zweckbindung wird eingeführt, die regelt, was die Gesellschaft mit den Aktionärsdaten tun darf. Sie darf sie u. a. zu Zwecken der Werbung für eigene Produkte benutzen.
– Die Hinterlegungsfristen (für Inhaberaktien) und die Anmeldefristen (für Namensaktien) werden auf einheitlich sieben Tage einander angeglichen (§ 123 Abs. 3 Satz 1 AktG und § 123 Abs. 4 AktG).
– Die Mitteilungspflicht (HV-Einladung, Tagesordnung etc.) obliegt bei Namensaktien künftig allein der Gesellschaft (§ 125 Abs. 2 Nr. 3 AktG). Kreditinstitute und Aktionärsvereinigungen geben die Mitteilungen nur weiter, wenn sie als Legitimationsaktionär im Aktienregister eingetragen sind (§ 128 Abs. 1 AktG).
– Aufwendige Nachmailing-Aktionen werden durch einen Versendungsstopp vermieden (§ 125 Abs. 2 Nr. 3 AktG).
– Namensaktie und Inhaberaktie werden hinsichtlich der Stimmrechtsvertretung angeglichen. Bei beiden ist die verdeckte Vertretung („für den, den es angeht") künftig möglich.
– Auf die Vor- und Hinterlegung der Vollmachtsurkunde durch den Stimmrechtsvertreter bei der Gesellschaft wird (wie schon bisher bei der Inhaberaktie) auch bei der Namensaktie verzichtet (§ 135 Abs. 4 AktG).

2. Regelungen zur Öffnung des Aktienrechts für neue Medien

– Videokonferenz-Sitzungen des Aufsichtsrats werden erleichtert (§ 108 Abs. 4 AktG).
– Die Gesellschaftsmitteilungen an die Aktionäre können künftig – wenn der Aktionär damit einverstanden ist – in anderer als schriftlicher Form (insb. also per E-Mail) gemacht werden (§ 125 Abs. 2 AktG).
– Anstelle durch Übersendung von Formblättern kann die Weisungserteilung an die Depotbank künftig auch durch Bildschirmformulare o. ä. erleichtert werden.
– Das Teilnehmerverzeichnis in der Hauptversammlung braucht nicht in Papier ausgelegt zu werden, sondern kann auf Bildschirmen dargestellt werden (§ 129 Abs. 4 Satz 1 AktG).
– Auf die Unterzeichnung des Teilnehmerverzeichnisses durch den Vorsitzenden wird verzichtet.
– Das Teilnehmerverzeichnis wird nicht mehr zum Handelsregister eingereicht, sondern kann bei der Gesellschaft für zwei Jahre eingesehen werden (§ 129 Abs. 4 Satz 2 AktG).
– Die Form der einfachen Stimmrechtsvollmacht wird satzungsdispositiv gestellt (§ 134 Abs. 3 AktG) – dadurch werden dem proxy voting vergleichbare Verfahren in Deutschland möglich.

– Die Stimmrechtsvollmacht an Kreditinstitute und Aktionärsvereinigungen ist künftig an keine gesetzliche Form gebunden – es bleibt den Beteiligten überlassen, geeignete Sicherungskriterien zu vereinbaren. Damit wird die elektronische Stimmrechtsvollmacht im electronic banking und auch das sog. cross border voting möglich.

– Auf eine breite Initiative der Wirtschaft hin wird auch die 15-Monats-Befristung aufgehoben und durch eine jährliche Information ersetzt. Die sog. 15-Monatsvollmacht wird dann eine echte Dauervollmacht (§ 135 Abs. 2 AktG).

– Zuletzt wird auch die Ermächtigung des Legitimationsaktionärs bei Namensaktien von der gesetzlichen Form befreit (§ 135 Abs. 7 AktG).

3. Weitere Deregulierungen

– Die gefährliche Falle der Nachgründung in § 52 AktG wird radikal entschärft (Heilungsvorschrift ferner in § 11 EG-AktG und Rückwirkung in Art. 7).[12]

– Die Bekanntmachung von Eintragungen im Handelsregister des Gerichts der Zweigniederlassung wird auf wenige für die Zweigniederlassung wesentliche Verhältnisse beschränkt (§ 13 Abs. 6 HGB).

– Bekanntmachungen zu Kommanditisten werden beschränkt (§ 162 Abs. 2, § 175 Satz 2 HGB).

Das NaStraG sollte unbedingt noch bis zur Hauptversammlungssaison 2001 verabschiedet werden. Es musste dafür also bis spätestens Januar 2001 verkündet sein. Da die große Zustimmung zu dem Entwurf und natürlich auch die positive Presse der Politik nicht verborgen geblieben sind, konnte das Gesetzgebungsverfahren unter großer Zustimmung aller Fraktionen (Ausnahme: PDS) rasch und fristgerecht abgeschlossen werden.

VII. Die Zukunftsthemen

Das NaStraG soll unser Aktienrecht fit für das Internet machen. So stand es in der *FAZ* – das klingt gut und ist auch sicher richtig. Dennoch ist das nur der Anfang. Das NaStraG hat vorbereitenden Charakter. Es ergeben sich daraus aber mögliche Antworten auf mehrere sich abzeichnende Fragen:

---

[12] Jüngere Literatur hierzu: *Bröcker*, ZIP 1999, 1029; *Krieger*, Zur Reichweite des § 52 AktG, FS für Carsten P. Claussen, *Martens/Westermann/Zöllner* (Hrsg.) 1997, S. 223; *Diekmann*, ZIP 1999, 2149; *Lutter/Ziemons*, ZGR 1999, 479; *Martens*, ZGR 1999, 548; *Pentz*, NZG 2000, 225; *Werner*, NZG 2000, 231; *Holzapfel/Roschmann*, Nachgründung gem. § 52 AktG, in: FS für Gerold Bezzenberger, 2000, *Westermann/Mock* (Hrsg.), S. 163; *Ries*, GmbHR 2000, R 105; *Noack*, Entwicklungen im Aktienrecht 1999/2000, Hrsg. *Deutsches Aktieninstitut*, Frankfurt 1999, S. 27.

– Kann es angesichts der Internationalisierung der Aktionärsstruktur der börsennotierten Gesellschaften richtig sein, dass bei der Stimmrechtsausübung die nationalen Aktionäre weitgehend unter sich sind? Grenzüberschreitend läuft heute fast gar nichts – schon gar nicht im Bereich der Privatanleger. Die elektronischen Medien bieten eine Antwort auf die Probleme der weltweiten Aktionärsinformation und die grenzüberschreitende Stimmrechtsausübung. Das NaStraG bereitet jedenfalls national diese Entwicklung vor, die aber international auf der Ebene der Kommission und möglicherweise auch der *OECD* vorangetrieben werden muss.

– Kann es weiter angesichts der geschilderten Entwicklung der Aktionärsstruktur richtig sein, dass auf den deutschen Hauptversammlungen die deutschen Aktionäre praktisch unter sich sind? Und zwar ganz überwiegend die aus der näheren Umgebung. Auch zu diesem Problem bieten die neuen Medien denkbare Lösungen. Und das NaStraG eröffnet – freilich noch zaghaft – erste Möglichkeiten. Mit der Zulassung elektronischer Stimmrechtsvollmachten wird die sog. Tele-Hauptversammlung[13] denkbar, bei der eine Kern-Hauptversammlung stattfindet und an einem anderen Ort, ggf. auf einem anderen Kontinent eine oder mehrere Trabanten-Hauptversammlungen, von denen aus die Stimmen der dortigen Aktionäre zur Kern-Hauptversammlung elektronisch überspielt und von dem Stimmrechtsvertreter vor Ort abgegeben werden. Das wird auch für grenzüberschreitend fusionierte Unternehmen eine interessante Option.

Und zuletzt: Wie wird die Hauptversammlung der Zukunft denn überhaupt aussehen?[14] Auch hier können die neuen Medien neuartige Antworten geben – aber: der Einsatz der Technik muss und wird bestimmt werden von der vorrangigen Beantwortung der Frage nach dem grundsätzlichen Konzept. Abgesehen von dem unbestrittenen Bestand an Beschlusszuständigkeiten, ist der Frage nachzugehen, welchen Zweck denn die Hauptversammlung der Zukunft erfüllen soll – welchen äußeren Rahmen soll sie haben? Soll sie eine Art Notartermin zur Protokollierung der weltweit elektronisch eingesammelten Stimmen sein, kurz, uninteressant und nicht mehr. Soll sie eine gigantische Showveranstaltung sein, ein In-

---

[13] Zu dem Gesamtkomplex: *Däubler-Gmelin*, WM 1999, 169; *dies.*, Die Hauptversammlung der Zukunft – Im Zeitalter des Internet, in: http://www.humboldt-forum-recht.de/1-2000/; Shareholder Voting rights and Practices in Europe and the United States (*Baums/Wymeersch* Edit.), London 1999; *Noack*, ZGR 1998, 592; *ders.*, BB 1998, 2533; *ders.*, Modern Communications and Company Law, European Business Law Review, 1998, 100; *Riegger/Mutter*, ZIP 98, 637; *Seibert*, BB 1998, 2536; *Latham*, The Internet will drive Corporate Monitoring, www.corpmon.com; *Zwissler*, GmbHR 2000, 28; *Hohlfeld*, GmbHR 2000, R 53; *Hasselbach/Schumacher*, ZGR 2000, 258.

[14] S. auch *Seibert*, Gesellschaftsrechtliche Reformvorhaben in Deutschland und Europa in: RWS- Gesellschaftsrechtstagung 1999, Tagungsband, S. 339.

fotainment-Event mit Musik und Unterhaltung und gleichzeitiger Übertragung dieses farbenfrohen Ereignisses über TV und Internet weltweit? Eine wirkungsvoll inszenierte Marketingveranstaltung für Produkte und Aktien? Kann sie genutzt werden als Plattform, auf der informierte Aktionäre mit Stimmrechtseinfluss um die beste Strategie des Unternehmens ringen? Oder soll sie eine Ersatzveranstaltung für den Kleinaktionär sein, der zu den wirklich spannenden Analystenmeetings nicht zugelassen ist; sozusagen einmal im Jahr die Industrielenker, die Machthaber der globalen Wirtschaft zum Anfassen für den kleinen Mann? Oder soll sie gar ein Ehemaligentreffen für die Betriebsrentner vor Ort sein?

Die Justizministerin hat jedenfalls den Wunsch, in den nächsten Jahren diesen Fragen grundsätzlich nachzugehen.[15] Wenn wir uns klar darüber sind, was wir eigentlich von der Hauptversammlung wollen, werden wir uns auch näher mit so spannenden Fragen wie der virtuellen Hauptversammlung befassen. Das klingt nicht nur schön, es ist ja auch nicht einmal unwahrscheinlich, dass es so kommen wird. Das würde aber grundlegende Auswirkungen auf unser aktienrechtliches Aktionensystem, das Fragerecht und weitere Mitwirkungsrechte haben. Das ist alles heute noch nicht ausgegoren. Wenn man Global Player hat mit vielen Milliarden umlaufender Aktien und Millionen Aktionären weltweit, die alle über das Internet den easy access zur Hauptversammlung haben, dann ist unser heutiges System in Frage gestellt. Unser geltendes Aktienrecht lebt von der Voraussetzung, dass nur wenige davon Gebrauch machen, dass ganz wenige Aktionäre tatsächlich zu den Jahresversammlungen erscheinen und noch weniger ihr Fragerecht und weitere Aktionärsrechte ausüben.[16] Wenn Aktionäre von Ulan Bator bis Sydney und aus allen anderen Winkeln der Welt sich in die virtuelle oder jedenfalls ins Internet übertragene Hauptversammlung einschalten und Fragen stellen können und die faktischen Schwellen dies zu tun durch die Verbreitung und die geringen Kosten der neuen Kommunikationsmedien sinken, dann müssen wir noch sehr viel weiter denken. Wir müssen auch antizipieren, wie die zukünftigen Aktionäre sich verhalten werden. Es wächst eine neue Generation von Investoren heran, die keinen Bankberater mehr braucht, sondern selbst über das Internet alle Informationen ohne Zeitverlust haben will. Wenn ich bei Universitätsvorlesungen eine Diskussion zu grundsätzlichen wirtschaftspolitischen Fragen anrege, werde ich als erstes nach Aktientipps gefragt – oder wie *Art Buchwald* es im Herald Tribune formuliert hat: „I attended my first college graduation for this year. It was different from the previous ones. I discovered that

---

[15] S. Ausführungen der Bundesregierung in der Antwort auf eine kleine Anfrage der *FDP* „Verbesserung der aktienrechtlichen Anfechtungsklage" in: BT-Drs. 14/2653 (neu).
[16] BB 1998, 2536.
[17] *Stock* and *Gown*, 4.5.2000, Page 20.

this is the first class that is more interested in investing money than in the opposite sex.".[17] Zu meiner Zeit war das anders. Dieser neue Anlegertyp wird andere Bedürfnisse haben und einen anderen Umgang mit der Technik. Aktionäre werden sich zunehmend in Chatrooms kontaktieren und vielleicht sogar ihre Stimmen bündeln. Sie werden voraussichtlich nicht acht bis zehn Stunden einer herkömmlichen Hauptversammlung beiwohnen, werden aber im World Wide Web surfend mal hier mal da kurz hineinschauen wollen – was man „GA-Zapping" nennen könnte. Die Gesellschaften werden um die Zukunftsvision weiterzuspinnen, Übersetzungsprogramme für alle wichtigeren Anlegersprachen der Welt einsetzen, man wird Online eintreffende Aktionärsanfragen EDV-gestützt durch adrette und kompetente aber komplett virtuelle Investor Relations Agenten beantworten.

Der Fantasie sind keine Grenzen gesetzt. Das macht unsere Zeit und die Rechtspolitik in dieser Zeit so aufregend.

Q. Rechtspolitischer und internationaler Ausblick

(Harald Kallmeyer)

I. Die SLIM-Gruppe zur Vereinfachung des Gesellschaftsrechts

Die *EU-Kommission* hat im Jahre 1999 eine kleine Experten-Gruppe berufen, die Vorschläge zur Vereinfachung und vor allem Aktualisierung der Ersten und Zweiten gesellschaftsrechtlichen Richtlinie erarbeiten sollte. Die Arbeitsgruppe bestand sowohl aus Vertretern der Justizministerien einiger Länder wie etwa Österreich, Italien, Spanien, Luxemburg, Finnland, als auch aus Praktikern, also Notaren, Rechtsanwälten, Unternehmensjuristen. Während es bei der 2. Richtlinie, der sog. Kapitalrichtlinie, um die Berücksichtigung neuer kapitalmarktrechtlicher Entwicklungen ging, stand bei der Revision der 1. Richtlinie zur Publizität der Aktiengesellschaft die Nutzung der neuen Medien im Vordergrund. Der Referent hat als Mitglied der Arbeitsgruppe erreicht, dass auch die 11. Richtlinie über die Publizität bei der Errichtung von Zweigniederlassungen in die Beratungen einbezogen wurde.

II. Unionsweiter Zugang zu den Dokumenten von Handelsgesellschaften

Die 1. Richtlinie enthält bekanntlich Vorschriften zur Handelsregister-Publizität der Aktiengesellschaft. Sie stammt aus dem Jahre 1968. Allein dieses spricht für ihre Revisionsbedürftigkeit. Ihre Vorschriften wurden übrigens in Deutschland auch für die GmbH umgesetzt.

Die *SLIM-Gruppe* hat sich in ihren Beratungen vorrangig mit der Verbesserung der Publizität mit Hilfe elektronischer Kommunikation sowie mit der Erstreckung der Publizität auf die gesamte Europäische Union beschäftigt. Anlaß hierfür war einmal die Verwirklichung des Binnenmarkts, andererseits die Entwicklung der elektronischen Medien. Die Zielvorstellung war, dass alle Dokumente und Daten, die die Unternehmen nach der 1. Richtlinie zu veröffentlichen haben, in der ganzen europäischen Union für jedermann elektronisch zugänglich sein sollen. Zu den zu veröffentlichende Dokumenten gehört namentlich die Satzung der Gesellschaft. Auch die Daten der Personen, die die Geschäfte führen und die Gesellschaft vertreten oder die einem Kontrollorgan angehören, sind elektronisch zu verbreiten. Dieses Ziel kann am besten erreicht werden, wenn das Handelsregister beziehungsweise die Handelsregisterakte elektronisch geführt wird. Soweit das noch nicht möglich ist, müssen die eingereichten Dokumente zum Zwecke der Verbreitung in elektronische Dateien umgewandelt werden. Hierzu müssen die Mitgliedsstaaten verpflichtet werden. Ein perfektes System würde bedeuten, dass die Dokumente von vorne herein von den Unternehmen als Datei eingereicht werden bzw. Anmeldungen zum Register in elektronischer Form erfolgen. Die Arbeitsgruppe war jedoch der Meinung, dass hierzu die Unternehmen nicht gezwungen werden können.

Die *SLIM-Gruppe* war sich darüber im Klaren, dass elektronische Registerführung zulässig sein sollte, aber nicht mit sofortiger Wirkung verbindlich vorgeschrieben werden kann. Ohne weiteren Aufschub sollte aber die internationale elektronische Verfügbarkeit (Online-Zugang) der Unternehmensdaten erreicht werden. Die Mitgliedstaaten sollten deshalb dafür Sorge tragen, dass zumindest alle laufend nach den nationalen Vorschriften in Papierform veröffentlichten Unternehmensdaten und -unterlagen zum Zwecke der unionsweiten Verbreitung innerhalb angemessener Zeit in elektronische Dateien umgewandelt werden. Darüber hinaus sollten die Mitgliedstaaten verpflichtet werden, den grenzüberschreitenden Zugang zu diesen Daten zu organisieren. Dieses sollte und kann mit sofortiger Wirkung verlangt werden

Nach einer Übergangszeit von fünf Jahren sollten darüber hinaus die Register in allen Mitgliedsländern elektronisch geführt werden. Die elektronische Verbreitung soll dann für die Publizitätswirkung an die Stelle der Veröffentlichung in Papierform treten, insbesondere an die Stelle der Veröffentlichung im Amtsblatt. Wenn das Register elektronisch geführt wird, sollen auch elektronische Anmeldungen zum Register zugelassen werden, aber nicht obligatorisch sein

Die *SLIM-Gruppe* hat diese Ziele einmütig befürwortet. Die Kommission ist aufgefordert, die 1. Richtlinie entsprechend umzugestalten, damit diese Ziele erreicht werden können. Die Gruppe hat bewusst von Formulierungsvorschlägen abgesehen. Sie hat auch nicht zu der Frage Stellung genommen, ob das elektronische Register nach der geltenden Fassung der Richtlinie möglich wäre. Denn es sind hier jedenfalls klarstellende Änderungen wünschenswert.

III. Das Sprachenproblem

Die Gruppe hat sich auch mit dem Sprachenproblem befasst. Die von ihr vorgeschlagene Lösung besagt, dass die Dokumente in der Heimatsprache des Unternehmens verbreitet werden können, dass also keine Übersetzung in andere Sprachen der Europäischen Union gefordert wird. Dies gilt jedenfalls, soweit das Unternehmen nicht Zweigniederlassungen in anderen Ländern hat.

Der nationale Gesetzgeber sollte zulassen, dass die Unternehmen die Dokumente in einer anderen EU-Sprache einreichen und verbreiten lassen. Außerdem können die Mitgliedstaaten zulassen, dass zusätzlich weitere Sprachen benutzt werden, auch z. B. fernöstliche.

Wenn also ein französischer Kunde eines deutschen Unternehmens sich über das deutsche Unternehmen anhand der Handelsregister-Unterlagen informieren will, so muss er die Dokumente, die in deutscher oder beispielsweise englischer Sprache vorliegen, selbst in die französische Sprache übersetzen lassen, es sei denn, das Unternehmen verbreite freiwillig eine französische Version.

IV. Zweigniederlassungen

Die *SLIM-Gruppe* hat sich auch mit der Situation der Zweigniederlassungen befasst. Insofern wurde die 11. Richtlinie in die Erörterung einbezogen.

Das Problem bei den Zweigniederlassungen ist, dass die Gesellschaft nach dem Recht des Heimatstaates errichtet wurde, das das Registergericht im Gastland nicht beurteilen kann und sollte. Da es sich nur um eine Zweigniederlassung und nicht um den Hauptsitz handelt, ist hier auch die Sitztheorie nicht angesprochen. Deshalb ist auch die Centros-Entscheidung des *EuGH* im Ausgangspunkt zutreffend. Die Eintragung einer Zweigniederlassung einer nach den Vorschriften eines anderen Mitgliedsstaats errichteten und dort eingetragenen Gesellschaft kann nicht mit Rücksicht auf das nationale Gesellschaftsrecht verweigert werden.

Die *SLIM-Gruppe* hat sich vor diesem Hintergrund zu einer radikalen Lösung entschlossen: Auch soweit ein Unternehmen Zweigniederlassungen in anderen Mitgliedländern der Europäischen Union hat, soll die Eintragung im Handelsregister im Heimatstaat und die vorgeschriebene elektronische Verbreitung der Unternehmensdaten und -dokumente ausreichen, es sei denn, das Unternehmen möchte für die Zweigniederlassung besondere Rechtsverhältnisse schaffen. Eine Eintragung der Zweigniederlassung im Gastland ist nicht erforderlich. Allerdings ist in diesem Fall für die Erfüllung der Publizitätsanforderungen eine Übersetzung bestimmter wesentlicher Unternehmensdaten in die Sprache des Gaststaates der Zweigniederlassung obligatorisch. Die Übersetzung muss im Gaststaat beglaubigt werden.

Als Nachweis der Existenz der Gesellschaft gegenüber Behörden einschließlich Finanzverwaltung im Gaststaat der Zweigniederlassung genügt ein Auszug der im Heimatstaat eingereichten Dokumente mit Übersetzung und einer Bestätigung des Heimatstaats, dass die Dokumente eingereicht wurden.

Die Publizität durch das Handelsregister des Heimatstaats ist auch hinsichtlich der Vertretungsverhältnisse ausreichend. Organmitglieder brauchen nicht zur Eintragung im Gastland angemeldet zu werden und bedürfen schon gar nicht einer Zulassung im Gastland. Möglich ist es aber, einen besonderen Vertreter für eine im Gastland eingetragene Zweigniederlassung zu bestellen.

Dieses Konzept ist durch den Grundsatz der Inländerbehandlung geboten. So wie im Inland das Unternehmen an einem anderen Ort eine schlichte Betriebsstätte unterhalten oder aber auch eine im Handelsregister einzutragende Zweigniederlassung errichten kann, muss auch grenzüberschreitend ein solches Wahlrecht gelten. Jede andere Lösung wäre mit der Niederlassungsfreiheit unvereinbar.

V. Ausblick

Mit den Vorschlägen der Arbeitsgruppe zur Unternehmenspublizität sollen die modernen Kommunikationstechniken auch auf dem stark verrechtlichten Gebiet der Handelsregisterpublizität genutzt werden. Es hat sich gezeigt, dass dies ein Anliegen aller Mitgliedstaaten ist.

Alle diese Vorschläge sind zur Verwirklichung des Binnenmarkts unerlässlich. Da sie nur verwirklicht werden können, wenn alle Mitgliedsländer mitwirken, sollte insoweit ausnahmsweise zu dem Instrument der Harmonisierung gegriffen werden.

Durch die Verwirklichung der Vorschläge der Gruppe kann man dem Fernziel eines europäischen Unternehmensregisters näher kommen. Da keine politischen Widerstände gegen die Verwirklichung dieser Vorschläge zu erwarten sind, ist mit einer solchen Entwicklung in naher Zukunft zu rechnen.